# 千里走运河

## 运河城镇笔记

冯并——著

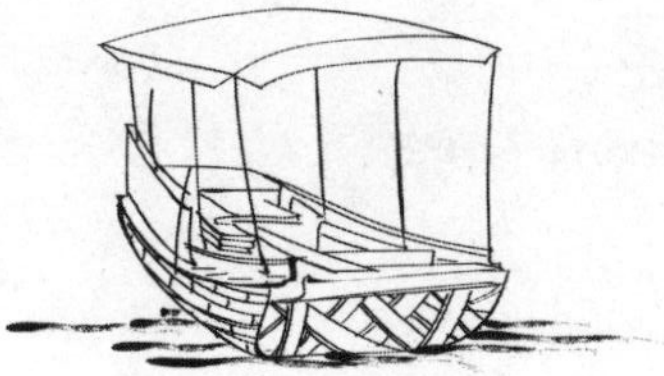

中国出版集团
中国民主法制出版社
全国百佳图书出版单位

**图书在版编目（CIP）数据**

千里走运河——运河城镇笔记／冯并著. —北京：中国民主法制出版社，2022.4

ISBN 978-7-5162-2776-3

Ⅰ. ①千… Ⅱ. ①冯… Ⅲ. ①大运河－历史 Ⅳ. ①K928.42

中国版本图书馆 CIP 数据核字（2022）第 031827 号

**图书出品人：** 刘海涛
**出 版 统 筹：** 石　松
**特 约 编 审：** 沈锡麟
**责 任 编 辑：** 张佳彬　姜　华　高文鹏

---

**书　　名**／千里走运河——运河城镇笔记
**作　　者**／冯　并　著

---

**出版 · 发行**／中国民主法制出版社
**地址**／北京市丰台区右安门外玉林里 7 号（100069）
**电话**／（010）63055259（总编室）　63058068　63057714（营销中心）
**传真**／（010）63055259
**http**：//www. npcpub. com
**E-mail**：mzfz@ npcpub. com
**经销**／新华书店
**开本**／16 开　710 毫米×1000 毫米
**印张**／20.5　**字数**／305 千字
**版本**／2022 年 10 月第 1 版　2022 年 10 月第 1 次印刷
**印刷**／三河市宏图印务有限公司

---

**书号**／ISBN 978-7-5162-2776-3
**定价**／68.00 元

# 前言

中国的大运河是一张巨大的人工水网，是当年漕运的重要通道。从隋唐大运河和京杭大运河的历史印迹上看，上半部宛若一个正三角形，下半部呈一条弧线，覆盖了中原和东南地区的许多经济发达地区。它是中国历史上政治、经济、文化发展的载体，也是中华文明延续的血脉。它对我们来讲，不仅是一种文化记忆和民族精神力量的体现，还是一种我们永远的骄傲，更是中华文明发展的见证。现在，它依旧滋润着中华大地，书写着全新的发展篇章。

运河城市拥有巨大的文化旅游资源，可以带动许多民生产业和市场扩容，这是毋庸置疑的。自从新冠肺炎疫情发生以来，国际国内旅游业首当其冲，因而需要不断地启动内需市场。旅游市场是其中的一个重要着力点。如何提升文化旅游产业的档次，完善流通体系，同样需要我们作出进一步努力。

中国运河文化具有历史的厚重感，需要从不同层次上去挖掘它的内涵和外延，为扩大内需提供新的空间，在市场经济赖以发展的物流、人流、信息流的交换中，使其不断发挥作用。对大运河的过去、现在和未来系统地进行回顾和前瞻，是文化进步的本能，也是经济发展的本能。智慧和创新时代的来临，将会提升它的效能。

运河城市是城市发展的重要侧面，行走在运河城市里，谁都会有新的认知和收获。运河既是一个不断发展变化的交通系统，还会承担新的市场使命。在现代社会里，交通方式的丰富性已经今非昔比，便捷的航空、高速铁路和高速公路成为新的出行方式和物流通道，但这并不意味着运河交通、水上交通就会退出历史舞台。这是笔者利用四个多月的时间，穿越许多运河城镇，并写作这本笔记的一个突出感受。

中国大运河已经成为世界物质和非物质文化遗产中极其宝贵的财富，但它也是活的经济产业载体。我行走在运河城镇里，不仅会有一种阅读历史文化、一览锦绣山河的愉悦，也会有对运河未来发展的某些思索。古老运河书写了中华民族的水文化、水经济、水智慧，是中国政治、经济、文化演进的一部百科全书。它让我们进一步认知中华文明的源远流长，进一步认知中华文明包含着的利用自然和改造自然的能力。中国一代一代的水利人，充分利用了自然山河地理资源，付出相对较少的代价，构建并不断更新了极为庞大的运河体系，有效连接了中国东西南北广大地区的经济和市场，在中华文明的发展中起到了巨大作用。运河城市是中华民族发展星空中一颗永远闪亮的星。

描述运河城市、记录古今形态以及今后的演变，不只是为了叙说过往，更是为了适应城市现代化发展的多种需求，提高人们保护运河、利用运河的自觉意识，在更广阔的空间里优化市场的发展结构。老河有新传，新河有古韵，运河的文化价值、经济价值，在经济内外循环相互促进的新发展格局中，可以发挥新的更大的作用。

我们至少会引发这样的思考。比如，中国大运河所展示的中国创造智慧和水科技，会在未来流通产业中发挥什么样的新作用，它与我们提倡的绿色宜居城市又有着怎样的关联；运河的保护和持续运作，对中华文明的发展，对区域经济的一体化发展和乡村振兴、城市建设，有着怎样紧密的关联；甚至，中国的大运河能否全面复兴，新运河又从哪里开始出现等。

我们仅仅思考这些是远远不够的，运河的复兴并不只是一篇环境美化的大文章，还有着事关现实和未来经济与市场发展的巨大意义。首先是古代物流运输成本的比较。在漫长的农耕社会里，水路特别是运河运输，更适合长距离较大吨位的物资运输。比如隋唐永济渠的开凿，主观上是为了征服辽东便利漕运，客观上整合了南北资源。有学者进行了相关考察，具体如下：一是明代宝坻县县令袁黄所著《皇都水利》中记载："按三吴民运白粮自苏松至张家湾凡三千七百余里，自湾抵京仅六十里，而水运之舟价与陆运之车价略相当，是六十里之费抵三千七百里之费也。"由此可知，在那个时代，水运价大约是陆运价的六十分之一。二是明代巡漕御史吴仲上书嘉靖皇帝提请疏浚通惠河的奏折中说，“一舟之运，约当十车”。这还没有算上气候对道路的影响。

其次是现实经济生活的物流成本比较。现代社会有发达的海陆空交通，运河水运似乎已经可有可无，但根据实际比较研究，水路每吨公里的综合运价是铁路的三分之一，是公路的六分之一；如果从耗能来比较，水运耗能是公路运输耗能的八分之一，是铁路运输耗能的二分之一。从绿色低碳环保和碳达峰、碳中和的目标要求上讲，运河水运的复兴是迟早的事情。中国的运河体系轮廓明显，有一半多运程已达三级以上标准，仅济宁至杭州段的运能已经接近于长江，如果京杭大运河、卫运河乃至隋唐大运河全都进入复航阶段，那会是一个什么样的状态呢？

至少，就一些大宗工农业和矿产品来讲，综合物流成本会大大降低；至少，人们拥有了新的内河游轮旅游选择；至少，沿运河城市和乡村增添了新的振兴手段，城乡融合和共同富裕多了一条路。更不用说人工整理水系对于减灾有着怎样的现实意义。

大运河体系的复兴有必要，也符合经济社会需求，但现实可能性又有多大呢？从目前来看，主要制约在济宁以北和卫运河流经的水流不足，主要的问题是华北干旱缺水，且干支流出现了一定程度的紊乱，但根据气候周期变化研究的有关成果和预测，大运河全面复兴的机遇开始出现了。我国现代气象学的奠基人竺可桢提出历史气候周期变化，将中国五千年气候变化划分为四个温暖期和四个寒冷期。很多迹象表明，随着降雨带的北移，我国北方开启了新一轮的湿润期，有学者甚至说，未来四十年的气候可能不会是唐朝了，而是进入到西周时期的气候温润时代。近十多年来，毛乌素沙漠降大雨，沙漠开始变绿，西北干涸的古河道开始流动，野生的芭蕉开始越过秦岭，腾格里沙漠边缘久已消失的青土湖也重现碧波荡漾的水面，甚至塔里木盆地南缘的和田地区出现了洪水，而叶尔羌河和柴达木的河流也开始水利枢纽建设。在这样的变化中，华北平原“漏斗”也会被重新灌满水而达到地下水新的平衡。北方运河的缺水问题开始有了答案。

在古代，华北地区多数时候是河湖众多，九河水系发达。在 20 世纪 70

年代纷纷断流，地下水超采近两亿立方米，总量相当于黄河三年的流量。2004 年，北京的密云水库蓄水量首次降至历史最低水平。2003 年底开启了南水北调中线工程，竣工后七年里调水四百亿立方。但从 2012 年开始，华北降雨量开始增加，密云水库蓄水量增加到历史最大值。李商隐在《关门柳》中吟咏的“永定河边一行柳”，已经成为眼前的寻常景象。九河中的滹沱河曾经有过的“霞明深浅浪，风卷去来云”（卢照邻《晚渡滹沱敬赠魏大》）景象也开始再现。目前，不仅是复兴南北运河和卫运河的最好时机，也是通过整理河道恢复干旱时期被连乱了的水系的关键时期，要归还被挤占了的运河和自然河流水道，而不仅仅是去建设湿地公园。多雨期也有多雨期的新情况新问题，更要有新的规划。绸缎上可以绣花，麻袋上可以绣帆。2021 年夏秋，河南、山西的超量降雨是一个警示。如何一盘棋操作，趋利避害，令水各归其源，产生新的综合效益，是我们面对的重要的新问题。雄安新区的建设，其实也考虑了这种百年千年大计，规划了京安（雄安）运河和保天（保定）运河，九河地区将会出现新的运河环形布局。

京杭大运河是中国四大河流之外最长的人工河流，一般分为七个历史段落和现实段落。北运河和南运河是以天津为原点划分的，接下来就是鲁运河、中运河、淮扬运河，包括里运河和早期的邗沟，还有江南运河和浙东运河乃至跨越江浦古道抵达泉州刺桐大港的水脉山。隋唐大运河，北有永济渠和后来的卫运河对接，南有繁荣了七百年的通济渠和至今依然繁荣的江南诸运河。本书大体上以运河城市的发展和运河走向为参照坐标，按照运河演变的年代顺序进行了编排，其中既有历史文化穿插，也有采写的现实视角和连接性。内容上一共分为四卷，在谋篇结构上有分有合。在适当章节里，也插入运河的一些特殊形态，如胶州湾的海运河，连接泉州的古商道和人们正在谋划的南北大水道，包括西江的平陆运河，等等。大运河的某些段落，目前仍然异常活跃，伴随城市规模扩容，运河主河道也会发生调整演变，这使运河再现“宜航则航，宜游则游”的往日盛景，也使运河有了新的经济分工。不论它们现在是怎样的一种变化状态，都会勾起人们对它前世今生的回忆和未来的遐想。运河城市因运河而生，因运河而发展，也因运河的保护利用和复苏而变化。运河是人类水文明，也是我们永远的伟大劳动的创造。

从运河新老地标城市的角度来讲，已有定论的重要运河城市，大大小小约有三十五座，用三十五篇简行笔记来记叙，自然会挂一漏万。而且城镇的规模不尽一样，发展状态各有千秋，但都可以从昔日和今日运河流水声中，倾听和感知运河水的律动。这些运河城镇我都去过，有的不止一次，有的则是走马观花，但也留有一定的印象。书写运河城镇，本身就有正面性和侧面性，运河功能和水体环境也在不断地发生变化，加上视角视野各异，只能是写意多于写实，能够反映笔者在运河城市里的感受，也就不负此行了。

是为前言。

冯　并

2020 年 12 月初稿于北京

2021 年 10 月改定于北京

# 目录

## 一卷



## 二卷

## 三卷



## 四卷

# 一　卷

# 邗沟月正明

多次到扬州，看的皆是蜀冈一线诸般风景。瘦西湖和二十四桥自不必说，欧阳修的平山堂和鉴真法师的大明寺，是一定要盘桓流连的。记得第一次到扬州，是20世纪80年代中期，先到平山堂，后谒大明寺，在寺里与住持攀谈了半个时辰，又到大明寺里正在复建的栖灵塔遗址，那时才对栖灵塔有了比较多的了解。以前读唐诗，一直对诸多唐朝诗人登临栖灵塔感到好奇，举凡李白、刘长卿、白居易、刘禹锡、高适等一流诗人都登临过。李白的诗是“万象分空界，三天接画梁。水摇金刹影，日动火珠光”。刘长卿的诗是“北塔凌空虚，雄观压川泽。亭亭楚云外，千里看不隔”。白居易的诗是“半月悠悠在广陵，何楼何塔不同登。共怜筋力犹堪在，上到栖灵第九层”。刘禹锡是同白居易一起登临的，“步步相携不觉难，九层云外倚阑干。忽然笑语半天上，无数游人举眼看”。但后来，再不见唐宋诗人的登临之作了。为什么呢？原来此塔有佛骨舍利，唐代武宗会昌灭佛，连塔一同灭掉了。1980年，鉴真大师塑像回大明寺“探亲”时各界提出复建，才有栖灵塔再次出现。平山堂是欧阳修任职扬州知府时建的，是当时文人雅集之所。欧阳修辞世后，他的学生苏轼前后几次到扬州，均要拜谒平山堂，曾经写有著名的《西江月・平山堂》：“欲吊文章太守，仍歌杨柳春风。”苏轼在欧阳修谢世二十年后任扬州知府，续建谷林堂。

彼时的扬州，不仅是商业流通的枢纽，也是江南士人到京城应试、江北士人到吴越交游的必经水路。北宋庆历八年（1048），欧阳修出任扬州知府。他很会选地方，在蜀冈建了不大不小的平山堂，居北向南，其名取与江南诸山齐平之义，引来文人雅聚。梅尧臣有诗句“千山飞影横过江”，王安石有诗句“淮岑日对朱栏出”。“苏门四学士”之一的秦观是地道扬州高邮人。北宋元丰年间，苏轼离开贬谪之地黄州，准备到汝州去。初冬时节秦观与苏轼在扬州相见，一起盘桓了一个多月，秦观一路相送，苏轼写下了依依惜别的

《虞美人》：“波声拍枕长淮晓，隙月窥人小。无情汴水自东流，只载一船离恨、向西州。　竹溪花浦曾同醉，酒味多于泪。谁教风鉴在尘埃？酝造一场烦恼、送人来。”长淮是指淮扬运河通向汴京的一段水路，竹溪花浦事，指的是五年前他们一起游览过无锡、松江和吴兴的旧去处。扬州成为苏轼精神调整的一方暂时休憩之地。

栖灵塔无疑是扬州城的制高点。此番登顶鸟瞰，蜀冈形胜一览无余。虽然扬州最早的古城址邗城在那里，我并未去寻找，但唐代的罗城也即今日扬州老城区上下，看得更清晰。想那最早的邗沟运河，也在蜀冈之下，甚至连著名的瘦西湖和二十四桥，也会在邗沟故道上。我曾经住过的扬州宾馆，前有绿树成荫的深深河沟，应该也是邗沟的故道和护城河，东西流向，河上石桥的北面，是一座占地很大的庙宇，西边就是乾隆的御码头。两岸已经被绿化，那无疑是后来整修的一段邗沟旧迹。

扬州是一座流动着商气和诗气的城，是人文荟萃之地。曹丕有《至广陵于马上作》，鲍照有《芜城赋》。唐初，孟浩然、李白、高适、王昌龄、王建、白居易、刘禹锡都来过这里。王昌龄有《客广陵》，李白有《静夜思》，都是由扬州引发思乡情愫的千古名篇。至于晚唐的杜牧，不仅留下“二十四桥明月夜”，也有“谁知竹西路，歌吹是扬州”，后来，他对沉迷于扬州生活，也有割不断理还乱的“十年一觉扬州梦”的某种反思。更有甚者，扬州人为了徐凝的“天下三分明月夜，二分无赖是扬州”，居然把一座城门命名为“徐凝门”。诗人张祜的诗歌更叫绝，“人生只合扬州死，禅智山光好墓田”。到了宋代，王安石和沈括的仕途经历也离不开扬州。沈括曾经写有《扬州重修平山堂记》。姜夔也写有独具慧眼的咏扬州诗词。那时的扬州经过兵燹以后，已经不再是杜牧眼中的旧时样，但终究还是有差别的。入清以后，王士祯也曾在扬州为官五年，先后举行过两次“红桥修禊”，后来的修禊，则由师从王士祯的两淮盐运使卢见曾主持了。袁枚和“扬州八怪”的主要成员都曾有参与，规模最盛时，和修禊韵者七千余人，编次得诗三百余卷。清末民初，吴敬梓的《儒林外史》也是在扬州创作的。李涵秋的小说《广陵潮》取材背景也在扬州，连载在上海《大共和日报》上。还有近现代的学人周叔弢、刘师培、余冠英，以及作家朱自清、汪曾祺等人，可以说从扬州走出来的名家数不胜数。

从盛唐时代的孟浩然到李白，粗粗算起来，少有哪位诗歌大家没有在这里留有自己的吟唱。与李白同时代的崔颢，名气大，虽传世的作品不算多，但在扬州写下《维扬送友还苏州》。对崔颢的诗《黄鹤楼》称赞不已的李白，在扬州写下《别储邕之剡中》，然后买舟南去，直向天姥山。他也曾经在这里与崔侍御酬酢，写出“自是客星辞帝座，元非太白醉扬州”。李白在扬州写作的诗歌，约有几十首。

杜甫在年轻时游吴越，也要从洛阳和鲁东先到扬州中转，虽然在他早年的诗作里，很少见到有关于扬州的直接描述，但他在蜀地与秦地诗人裴迪，一道在成都东亭赏梅，诗里提到“东阁官梅动诗兴，还如何逊在扬州”。何逊是南朝梁诗人，曾在扬州写有著名的《咏早梅》。杜甫路过扬州的时候，也许不是梅开季节，因此在蜀中也只能借何逊的咏梅诗兴来赞美扬州的梅花。

扬州的梅花主要分布在邗江区梅花岭，那里的广储门外有著名的“史可法衣冠冢”与“史公祠”。明末史可法困守扬州，城破后被戮并出现清兵“扬州十日”屠城的惨案。史可法的出生地在哪里，也有多种说法，《明史》记载的是北京大兴籍，河南祥符（今开封市）人，那梅花岭的点点红梅也由后来史公殷红的血迹所化。

杜甫的心里不仅有扬州的梅，也有扬州的点滴记忆，“商胡离别下扬州”“老夫乘兴欲东流”（《解闷十二首》）。无独有偶，李白也曾在扬州写过一首《估客乐》：“海客乘天风，将船远行役。譬如云中鸟，一去无踪迹。”

在中唐时期，扬州还见证了白居易同刘禹锡在扬州的首次见面。唐宝历二年（826），经历二十多年流浪生涯的刘禹锡，从和州返回洛阳，途经扬州，恰逢因病辞去苏州刺史回京的白居易也路过扬州。在接风席上，白居易作有《醉赠刘二十八使君》，对刘禹锡的遭遇深表同情。刘禹锡即席写下了《酬乐天扬州初逢席上见赠》：“巴山楚水凄凉地，二十三年弃置身。怀旧空吟闻笛赋，到乡翻似烂柯人。沉舟侧畔千帆过，病树前头万木春。今日听君歌一曲，暂凭杯酒长精神。”沉舟也许多见于奔流不息的扬子江里，或者也在通向扬州运河的河汊中。刘禹锡虽然历经磨难，诗中并不见更多悲戚，却在“病树前头万木春”的希望里，给人以莫大激励。这首诗虽作于扬州但没有写到扬州，这也算是赠送给扬州人的精神财富。

从扬州渡去江南，向来是诗人们充满诗情画意的水行之路，从晚唐开始，运河岸边送别之风，一时盖过了初唐长安灞陵伤别的风头。例如诗人薛逢，在其《送卢缄归扬州》一诗中咏吟“关河日暮望空极，杨柳渡头人独归”，惆怅离别之情更胜一筹，而且摆脱了宦旅话别的老套子。

然而，令游者更感兴趣的，还是明清以来留下的城市旧迹，特别是扬州的巷、扬州的街和扬州的园林。

扬州的巷多，多到有五百余条，几乎是巷连巷，巷套巷，形成一张巷网。扬州的巷细，有的细小到两人对行，一人只能贴墙让另一人先过。名字也奇怪，有的叫作蛇尾巷（后改五福巷、五谷巷），有的叫剪刀巷、螃蟹巷、羊巷、板井巷、粉妆巷等。有些来头和典故的如探花巷，是因为出过探花郎；观巷则因为欧阳修在此观赏过琼花，建有“琼花观”和“无双亭”。在那时，蜀冈有平山堂，罗城里有“琼花观”和“无双亭”，风头相同。扬州的琼花与芍药也由“琼花观”而名扬天下。扬州老城里，也有类如北京小条胡同的，如紧邻小秦淮河的仁丰里，从南至北排列着的狭巷无以具名，索性一二三四五地叫了下来。很像是北京的那些“条”。走扬州的小巷要慢慢走，慢慢看，稍不留神，没准就错过了哪位“扬州八怪”的旧地头。

扬州旧城的园林也很多，绝不是一个个园和一个何园就能道尽的。在广陵路的犄角里，有个“二分明月楼”，居然是“旱园水作”的园林代表；甘泉路上，还有状如瓢葫芦的“匏庐”；丁家湾有“小盘谷”；东关还有“逸圃”和“冬荣园”，后者是盐商陆静溪的祖产，他的女儿陆英远嫁安徽后，养育了有名的“合肥四姐妹”。此外，个园附近还有一个“寿芝园”。现在，扬州最大的园林应是三湾公园，位于古运河三湾段，在扬州南区瘦西湖外，是扬州古运河比较有年头的一段，是明朝万历年间将运河裁弯取直形成的，有一种运河的古韵味道。

扬州最繁华的是十字街，也叫辕门街。清末《续扬州竹枝词》咏道：“辕门桥上看招牌，第一扬州热闹街。闻道开张生意好，时新茶食鹤林斋。”说起吃茶来，最有名气和雅气的还是“三春”，即“富春”“冶春”

"共和春"。所谓"早上皮包水，晚上水包皮"，那算是扬州生活的一大特色。这种由来已久的生活样式，只有广东早茶可以比得，但不分时辰早晚，后者在食不在茶，前者在茶也在食。十字街闹市分左右。左是左卫街，钱庄最多，是彼时的金融中心；右是缎子街，那里是绸缎珠宝庄，都是高档消费的去处。翠花街后来向南延伸到古运河，现在称为渡江路。

老城是唐代开始修建兴起的，明清进入了鼎盛期。旧罗城里还有很多专业市场街，如街面已经拓宽了两倍的皮市街等。有历史商业气氛的，还是南河下商业街区。在清中叶，朝廷曾经实行过"盐引"商业专营，这里便出现了倒卖"盐引"的引市街。相邻的街上还有一座"盐宗庙"，供奉着盐商的老祖宗夙沙氏、胶鬲和管仲，旁边就是卢氏"盐商第一楼"。最有人气的历史名街还是"双东"，即东圈门和东关街。东圈门原来也是商业街，那里有朱自清的故居，还有文气味十足的旌忠巷，相传南朝梁萧统的"文选楼"即建于此地。

昔日商人们谈生意，最有传统环境气氛的，是澡堂子和吃茶的地方，这也许是扬州传统服务行业兴起"三把刀"，即剃头刀、菜刀、修脚刀的由来。扬州师傅搓澡技术好，为此，苏轼写了一首风趣的《如梦令》："水垢何曾相受，细看两俱无有。寄语揩背人，尽日劳君挥肘。轻手，轻手，居士本来无垢。"在明清时期，扬州城里有澡堂一千多家，日夜营业，所以民间有句歇后语"澡堂的灯笼——天天挂"。好风雅的乾隆皇帝自然不会落后，也为扬州的搓背修脚写下一赞："扬州搓背，天下一绝；修脚之功，乃肉上雕花也。"

东关街比较长，东至古运河边，西至国庆路，全长一千多米。这条街从唐代就开始出现了，足有一千二百多年的历史，是中国十大历史文化名街之一。

以前来扬州，都没有来得及细逛细看，这一回要看个痛快。东关街里名吃甚多，蟹黄包不用说，河蟹、菱角和红烧猪头也是名吃，前几年还有清蒸鲥鱼，但随着长江鲥鱼的渐渐绝迹，如今已经很难品尝到了。东关街是明清时期的商业街，也是在唐代罗城基础上修建的。那时的东关街，街面上市井繁华，商家林立，"陆陈行""油米坊""瓜果行""鲜鱼行""八鲜行""竹木行"，招牌罗列街边，应时吃食应有尽有。现在，有些老招牌也亮了出来，但时移世易，虽招子如旧，可毕竟带有现代商业的新烙印。

值得一看的是，清嘉庆年间两淮盐业巨头黄至筠修建的个园。个园的前门在东关街中段，后门在与东关街平行的另一条街上，横跨了两条大街，无形中保留了东关街的整体框架。个园里以竹石为主景，以分峰用石为特色。名之为“个”，或有多种含义：一是园主黄至筠爱竹，造园多取竹的心虚体直君子儒雅之义；二是园林颇有个性。个园用了二十年的时间不断营造完善，前后耗银六百万两，一时间与北京颐和园、承德避暑山庄和苏州拙政园并列为中国四大名园。

黄至筠原籍杭州，出生于河北赵县，成为盐业巨贾后入籍扬州，是一位比胡雪岩还要早不知多少辈的“红顶商人”。他担任过正二品顶戴的盐运使，曾两次获得进京为皇帝祝寿且在圆明园里听戏的特别恩宠。他是一个商业奇才，同时也喜欢书画。在个园的抱山楼下，尚存有他所画的扇面石刻，刻石左边有题字：“拟宋人小品，个园黄至筠。”《扬州画苑录》里也有关于黄至筠的记载，言其“素工绘事，有石刻山水花卉折扇面十数个，深得王（翚）、恽（寿平）旨趣”。王翚是清代著名画家，名号很多，其作品《唐人诗意图》曾经以一亿多元的天价拍出。黄至筠在当时能够深得王、恽二位的旨趣，可见其文化修养之深厚。

黄至筠的个园，是在购入部分小玲珑山馆基础上改建的，而那小玲珑山馆也非等闲之地，是扬州马曰琯、马曰璐兄弟创办的著名藏书楼，也称“街南书屋”。小玲珑山馆现在已经复建。小玲珑山馆的名字，来自门首一块稀有的宣和太湖石。因为苏州已有玲珑山馆在先，故以“小”名之。马氏兄弟原本也是成功的大盐商，但同时精于校勘装帧。小玲珑山馆曾经藏书十万余卷，仅为《四库全书》的修撰，就提供过七百七十六种珍本，其勘刻的书籍亦素有“马版”之称。“扬州八怪”中的金农、汪士慎、高翔和郑板桥，或曾经馆于马家，或与其有频繁交往，并以藏书楼为核心，相与结为“邗江吟社”。这个吟社应当是有清一代文人结社和书籍勘刻出版的雏形和集大成。“扬州八怪”能够聚集在扬州，成为一种影响深远的历史文学现象，不能不说与小玲珑山馆和“邗江吟社”的活动有极大关联。如此看来，扬州的盐商，并不尽是喜钻钱眼之人，他们的文化行为，也不能以附庸风雅视之，他们的文化活动，与扬州积淀已久的书香气是分不开的。

扬州人爱竹爱石，也由来已久，中唐诗人卢仝客居扬州时，发生了一段与竹石对话的趣味诗事。卢仝生于河南济源，祖籍范阳（今河北涿州），号玉川子，一生未仕，隐居王屋山与嵩山，玉川就是王屋山下的一条溪流。卢仝与韩愈、孟郊属于同期诗人。北宋词人欧阳修曾有“卢仝韩愈不在世，弹压百怪无雄文”的评价。因为语出怪异且有深意，如他的千言《月蚀诗》等，卢仝又被视为与李贺风格略有相近的诗人。他们在安史之乱中赴扬州，结识了当地萧才子和二三朋友，并寄居在萧才子正准备出售的宅院里。这宅院里有石有竹也有花草池塘，萧才子出远门去歙州，这里就成了卢仝与诗友谈天说地的地方。一段时间相处下来，朋友很希望卢仝得其宅而长久留居下来，但卢仝总归不可能长留扬州，也就有了委婉致谢的《萧宅二三子赠答诗二十首》。这一组诗以《客赠石》开篇：“竹下青莎中，细长三四片。主人虽不归，长见主人面。”然后是《石让竹》《竹答客》《客答石》《客谢竹》，《竹请客》在诙谐游戏中道出“我本泰山阿，避地到南国。主人欲移家，我亦要归北”的言语。组诗里还有“谢井”“谢马兰”“谢蛱蝶”“谢虾蟆”等，看似文字游戏，实则满带主客间的真情厚谊。他以石以竹拟比人间情谊，他能感受到扬州人对竹石的那份欢喜。

运河边徐凝门大街转角有一座何园，也有一些特色，但一看就是清末民初的一座中西合璧的园林建筑。扬州老城保留了这样一些具有不同时段文化底色的建筑，也揭示出扬州人的文化包容。扬州城建并没有大拆大建，旧城完好地保留下来，较高的现代建筑都在老城之外。在老城细长的横街小巷里行走，昔日扬州人物的某些遗影旧迹，也时常很打眼地闪现在眼前。

自从大运河申遗成功以来，东关街的游人越来越多。入夜，东关古渡旁运河街里的灯光更亮了，逛完东关街，自然会步入运河边。这段运河很宽，对行的游船南来北往，并不觉得拥挤。夜景也让人感到吃惊，五颜六色的灯光映在运河水面，浑如置身七彩虹中，几座风格各异的运河桥南北排开，辉映着两岸的商街。河在虹中还是虹中有河，置身船上，真有些今夕何夕之感。

扬州运河是大运河最早的一段，即淮扬运河的核心段落，也是古代隋唐大运河即通济渠和京杭大运河，包括永济渠和江南河的交叉点和接续点。在历史时空里，古扬州被称为“淮左名都”，其古代所处地位类似近代的上海。扬州人阅尽了长达两千五百多年江左江右的春色秋景，也造就了历史繁荣和起落的一幕幕。

古扬州最早叫邗城，位置在蜀冈之上。为了规避洪水，那时的城市一般都建在高地和浅丘上，因此以“陵”命名城市是一个普遍现象。秦汉时期也有过扬州刺史部的设置，但中心并不在这里。在东晋和南北朝时期，扬州也叫“南兖州”或者“吴州”，隋开皇九年（589）才改称“扬州”，但治所在长江南岸的丹阳，这里称作“江都”，唐高祖时中心移到江北，扬州才成为它的专用地名。

在很长时间里，我一直有种不解，按中国古老的典籍《尚书·禹贡》中记载，“淮海惟扬州”，扬州包括了现在的江苏、安徽、江西乃至浙江和福建，是一个古九州的大域名，为什么将这样重要的地理概念给了它？想想也是，这里从盛唐开始就进入了全盛时代，唐人素有“扬一益二”之说，乃是扬州繁华天下第一的意思；如果那时还有第三座大的城市，也就是岑参诗句里的“凉州七里十万家”了；如果再加上发生过安史之乱的范阳蓟城，也即北京的前身，这四座城市正好构成一个地理上的、由多个“金三角”组成的平行四边形。无论是已经形成的隋唐大运河即通济渠，还是蜿蜒流去的长江水，都凸显了古代多个经济“金三角”的流通和交通架构，而扬州正好在这个“金三角”的运河东顶部上。

隋炀帝杨广称帝后，曾经三次乘龙舟巡游扬州，“舳舻相接二百余里，照耀川陆。骑兵翊两岸而行，旌旗蔽野”。隋炀帝为什么那么钟情于扬州？后来知道，扬州不仅风光迷人，他在即位十五年前，就开始担任扬州总管，并在扬州总管位上登上了皇位，因此扬州也算是他的发祥之地。他曾经预感到自己终会葬身在这里，对着镜子自语道：“好头颅，谁当斫之！”一语成谶，公元618年，隋炀帝被宇文化及使校尉令狐行达缢杀于江都，葬于江都宫流珠堂，唐贞观元年才改葬于扬州城北的雷塘。这个隋炀帝能武也能文，也曾经作有《春江花月夜二首》，其一道：“暮江平不动，春花满正开。流波将月去，潮水带星来。”对于通济渠的开凿，晚唐诗人皮日休曾说：“隋之疏淇（永济渠）、汴（通济渠），凿太行，在隋之民，不胜其害也；在唐之民，不胜其利也。今自九河外，复有淇、汴，北通涿郡之渔商，南运江都之转输，其为利也博哉。”那么，我们应当如何历史地看待隋炀帝的功与过？

在隋唐前后，罗城靠近湖河分离后的运河，形成了很大的码头市场，这就是过去的罗城和现在老城区的由来。在那个时代，无论是做官的还是经商的、得意者或失意者，都要把扬州作为出行和中转的首选之地。隋唐时代丝绸之路的内循环和外循环，在很大程度上也是围绕淮扬运河、通济渠和江南运河运转的。在通江口岸上，每年过往的船只就有二十万条。这样大的船流量，只有扬州运河才能担得起来。

那么，这样一个重要的经济古都市，其历史活力的源头是哪里呢？无疑离不开最早的运河系统和运河邗沟，而扬州城最早的名称是邗城，也与邗沟是相呼应的。邗城或者邗邑的来历，古今学者多有争议，据《庄子》《墨子》和《管子》的记载，吴国与邗国相邻，后来把邗国灭了。在吴王夫差继续经略北方欲与齐国争霸时，将邗国遗民派遣到江北，开凿邗沟而建立邗城。这些记载应当是信史。“干”“邗”相通而后者带有“邑”字旁，也反映了这样一种特殊的关系。因此，邗国旧地在不在无锡，对于古扬州的建城历史，并不特别重要，重要的在于它是中国最古老也是最大的运河城市。公元前486年，吴王夫差下令从邵伯镇开凿直通邗城的人工河道，蜿蜒北去，中国大运河的一篇大文章，也就由此开笔了。

邗沟是隋唐大运河和京杭大运河的幼年。唐代诗人白居易在《长相思·汴水流》里吟唱，“汴水流，泗水流，流到瓜洲古渡头”，十分明确地勾勒出淮扬运河、隋唐通济渠与江南运河对接的景象。邗沟引长江水，出邵伯湖、高邮湖（樊梁湖），北至宝应，在淮安古末口入淮。邗沟故道虽然经历了岁月沧桑变化，但旧迹犹在。邗沟目前留有一段长三里的古河段。

应该说，邵伯镇是邗沟的底部，是个千年大古镇。邗沟的开凿要利用湖泊，是春秋时代生产力相对低下的必然选择。但古运河道利用湖泊，也有两个不便，一是湖水涨落无定，无法建造固定码头；二是运道的水量不易控制。但人终归是有办法的，后来也就出现了河湖分离，让自然的湖泊成为调节“水柜”：运河水落，可以通过闸口放水；运河水盛大，则可以向湖里排洪。

河湖分离后，淮扬运河沿着邵伯湖、高邮湖的岸边独立成运，这是古扬州人的智慧和航道设计的一个创造。

邗沟是连接扬州大小湖泊最早的人工水道。清代人徐庭曾撰《邗沟故道历代变迁图说》，它南起长江，北连邵伯湖、高邮湖和射阳湖，一直到淮安的山阳县，绵延四百里，分为五个段落，这就是后来淮扬运河的雏形。隋唐宋以后，历经多次疏浚和开发，在裁弯取直中出现了相对独立稳定的水道，但最早的淮扬运河，应当是在蜀冈下的河湖沟汊里运行的。

到蜀冈南面的邗沟路行走，在邵伯湖的沟渠河湖里转悠，从螺蛳湾桥一直走到了黄金坝，看到了坝上一侧复建的一座“大王庙”，庙里除有吴王夫差的塑像，居然还有汉吴王刘濞的塑像。刘濞也曾开过一条通向海门和南通的河沟，怪不得南通也有运河通向扬州，并有“运盐河”的专用名称。那位“夫吴有诸侯之位，而实富于天子”的刘濞，曾经挑战皇位而带头挑起“七国之乱”，但他开辟的运盐河奠定了扬州商贾云集的东南都市地位。“七国之乱”后，汉景帝将吴国改为江都国，封其子刘非为江都王。在汉武帝时，董仲舒曾出任国相。刘非的后继者刘建，也因谋反而自杀，但他的女儿刘细君被封为“江都公主”，远嫁乌孙，成为青史留名的一位汉室女性。那时的老百姓，是不管也管不了谁来当天子的，他们把刘濞也尊为“金龙大王”，要赞美和纪念的，还是运盐河为扬州带来的繁荣。

相比之下，吴王夫差更有开创运河之功，虽然他的动机在于开疆拓土诸侯争霸，在开凿邗沟之外，还在山东定陶，引菏泽水南流入泗水，因其水源来自菏泽，故称菏水，让那时的江、河、淮、济四大水系出现了初步的连通。要不是他一心要北上与齐一争高低而后方空虚，被卧薪尝胆的越王勾践一举灭掉，说不定今日京杭大运河的鲁运河段，也被他早早地开通了。

古邗沟的这一段古运河道，在2006年，已被列入全国重点文物保护单位。一天傍晚，我在古邗沟的水岸上走了两个来回，河面开阔，绿树成荫，西边的霞云正在慢慢消失，早升的月亮却已轮廓分明，挂在了渐来渐暗的天幕上。流水波澜不惊，在月幕下摇动，不由得再次想起唐代诗人徐凝的“天下三分明月夜，二分无赖是扬州”和杜牧的“二十四桥明月夜”。徐凝是白居易很欣赏的元和诗人，对扬州的月描述夸张，概括到了极致，他对扬州月色的赞美，是在长安所写的《忆扬州》里。杜牧的诗作《寄扬州韩绰判官》是他离开扬州后对以往扬州生活的追忆，他全都写扬州的诗是《扬州三首》，其中的“谁家唱水调，明月满扬州”，是他挥之不去的记忆。在唐诗里，月是一个鲜明的主题，从扬州的月到杭州的月和剡溪的月，从洛阳的月到淮上的月，乃至海边的月和关山的月，无不笼罩着运河流水，萦绕在旅人心头，但扬州的月格外明亮。

扬州的月明媚、皎洁，或与扬州少雾的气候有关，明月夜长久地留驻在人们心里。一般来说，在扬州赏月，最佳的去处，还是蜀冈之下的二十四桥。二十四桥的桥名历来众说纷纭。看那新修的桥体，也有二十四柱，台阶也是二十四级，大约是为了圆一种惯常的说法，但从另一位唐代诗人张乔《寄维扬故人》的诗句“月明记得相寻处，城锁东风十五桥”也能推知，因此也有学者认为，这是彼时桥的一个口语序号。“二十四”在扬州话里的发音为“念泗”或者“哩四”，北京通州张家湾运河边也有一座运盐古码头的名字叫“哩四河”，其中有什么人事关联，谁也搞不清，但人们宁愿相信其中有一些扬州盐商的故事在。

虽然多次去过二十四桥，但这一回我更愿意到邗沟去看月。二十四桥的现代灯光有些太明艳了，多多少少改变了昔日月光独照的自然月景，虽然人们也不想回到那时的夜景中去。但看过运河彩虹般的灯光后，到同样有灯火的邗沟老河去，更会体味到昔日扬州的幽静月夜底色。

扬州的明月是独特的，可以照你到二十四桥去觅古，但也可以到邗沟，去感受更古老的月色。现在的邗沟，是闲下来的野运河，但野运河有野运河的美；或者说，那里还会是月色独照的水银泻地的一个崭新世界。月亮从天幕投下它的光影，伴着昔日的运河水一起潺潺流动，带着人们穿越千年，去体味白居易的“不厌东南望，江楼对海门”（《东楼南望八韵》），去遥想卢纶的“山映南徐暮，千帆入古津”（《泊扬子江岸》），去重温杜牧的“谁家唱水调，明月满扬州”“街垂千步柳，霞映两重城”（《扬州三首》），甚至也可以在这里重读郑板桥的“千家养女先教曲，十里栽花算种田”。运河上下，古烟火气虽已飘去，但古老的风韵并未完全消弭，尤其是想到王建的那首

《汴路即事》：“千里河烟直，青槐夹岸长。天涯同此路，人语各殊方。草市迎江货，津桥税海商。回看故宫柳，憔悴不成行。”更令人有些浮想联翩。《汴路即事》大约是吟咏大运河商业气息的第一首诗，也是绝无仅有地吟唱运河连接海上丝绸之路市场盛况的一首很有特色的唐诗。

扬州吸引着古往今来无数商贾和士人，也一直吸引着后来的游人和学人。在古邗沟的月光下，我邂逅了一对来自北京的大学生，他们正在写作有关朱自清的论文，对邗沟的野景也是赞不绝口。

朱自清是哪里人？如果讲原籍，是绍兴人，讲出生地，则是广东梅州，但其父亲任职淮扬榷运局，他便在扬州度过了少年时代。朱自清对扬州有一种由衷的故乡情，他总是在文章里说，“我是扬州人，祖籍绍兴，家住扬州”“我家跟扬州的关系，大概够得上古人说的‘生于斯，死于斯，歌哭于斯’了”。因此从文化根系上讲，他更应该是一位受扬州文化濡染的文学家。我问来自北京的这对大学生，为什么要来看邗沟？他们笑了笑说，您不是也来了吗？朱先生父亲的“背影”应该在运河旁邗沟边出现过，他的《荷塘月色》虽然写于北京，其中并不乏对扬州月色的感怀。朱自清先生同古来的许多文学大家一样，对月色特别是扬州月色最敏感，而邗沟的月色，要比现代街景里的月色，或许更有还原感和时空感。

邗沟月正明。在月光下，河湾里的荷花开得多么静美，又多么有动感。顺着他们的目光看去，在脚下的水湾里，月下的荷叶果然在月光里闪着晶莹水珠，水珠在微风里不断来回滚动。我蓦地记起《荷塘月色》中的几句话：“月光如流水一般，静静地泻在这一片叶子和花上。薄薄的青雾浮起在荷塘里。”“塘中的月色并不均匀；但光和影有着和谐的旋律，如梵婀玲上奏着的名曲。”在《荷塘月色》里，朱先生还提到了江南采莲的“妖童媛女”和看采莲“嬉游的光景”，但他也不无伤感地讲，“这真是有趣的事，可惜我们现在早已无福消受了”。为什么这样讲呢？虽然他离开了扬州，但到底还是惦记着江南，也因为他所处的时局和社会感受同我们是不一样的。

朱自清还有一篇散文《看花》，是写扬州的花的，除了荷花，还有栀子、玉兰、茉莉和月季，大多是白色的，淡雅素净。这一些花，同无边的月色倒是很相配。

作为文学形象，月亮向来是“天涯共此时”的一个心理符号，产生的心理共鸣很巨大，既会带人们追逐旧时光影，也会带我们去看让人心旌摇曳的水月互映。那一夜，因为有这对大学生做伴，我们在邗沟的草地上坐了很久很久，一直到月色褪去，东方开始出现鱼肚白，才不得不离开。

# 听涛水长城

里运河的船帆已经消逝，淮安的运河游船，也早已换成了电瓶船和仿古游船。虽然会带有某些时代发展留下的痕迹，但也能让人找回旧日里运河的十足动感。

淮安曾是邗沟之尾，但又是中运河之头。对于京杭大运河和隋唐大运河远去的历史背影来讲，那无疑是另一个经济金三角的顶角和水运陆运的三岔路口。北去宿迁、邳州，可以进入鲁运河，而中运河即是从淮安到台儿庄的一段，然后北上济宁，或者南去扬州，船只在瓜洲渡重新启程，或在邗沟的原点三江营入江，横渡长江进入江南运河。因此，说淮安是京杭大运河承上启下一大关节，是京杭大运河的一颗心脏，也是十分妥帖的。

淮河有众多的支流，从西也从北熙攘流来，行舟在洪泽湖与淮河相互纠缠的航道里左冲右突，都要聚集在淮安的港湾锚地卸货，装货装人再出发。尤其是在黄河开始夺淮后的七百年里，淮河水在很长时间找不到自己的独立入海口，里运河便成为“南船北马”的水陆码头，并让水流相对安然地分流，入江入海，厥功至伟。在湖北的襄樊和河南的南阳之间，也有过水陆相因的“旱码头”，但属于区域运河连通，对南北大运河来说，淮安是一个更大的历史运河坐标。

淮安有多个历史名称，如楚州、两淮和淮宝，淮宝比较传神而淮安更为准确。说淮宝，或许是因为它的南面有个宝应县，但淮安确乎是淮河的一个镇淮和镇湖宝地，京杭大运河的通畅和淮河的安全，系于淮安。特别是中华人民共和国成立之后，淮河上游山区，先后修建了佛子岭、梅山、磨子潭等大小两千多座水库，又开挖了新淮河、新汴河等许多新河，淮河排洪入海能力大为增强。新汴河是在20世纪六七十年代开挖的，与汴河古道南北平行。此外还有西起洪泽二河闸的苏北灌溉总渠，引导水流进入又一条新的东汴河，流入黄海，同时还有淮沭新河与淮河的入海水道。一定要说淮安是浮在一片水网中的一座“城市航母”，从大趋势上看，也不算是太蹩脚的比喻。

淮安从南朝齐永明七年（489）正式置县算起，已经有一千多年的历史。在隋唐时期，由于当时的运河通济渠直接对接盱眙、古泗州和淮阴，淮安曾经隶属于古泗州。后来经历“黄河夺淮”的历史变化，古泗州部分陆沉，而淮安城如其名，成为淮河和洪泽湖里的安全港湾。在明代，淮安迎来了它最为辉煌的发展期，开始设立漕运总督府，并且开凿了里运河，形成了“南船北马”的水陆交替物流枢纽。在唐朝，长江流域的商业都市，从来是“扬一益二”，即以扬州、益州（成都）为两个中心。但在明清时期，却是淮、扬、苏、杭四城并列，淮安被排在了第一位。彼时的淮安常住人口超过五十万人，是那时一般城市人口容量的一个极值。淮安曾经作为江淮省省会，管理过西到庐州（合肥）和滁州的广大地区。江淮省后来被裁撤了，但它的运河枢纽地位一直没有大的改变。

淮安之安，首先在于能安淮河之乱，同时也能安洪泽之波；其次是在开通里运河过程中，形成水陆相连的物流人流转运中心。清初又从这里开启了中运河北上鲁运河的新运程，大运河南北贯通，形成了长达一千七百九十七公里以上的南北运河干线。如果把支线、延长线和历史上裁弯取直的过渡线路计算在内，再加上隋唐通济渠和永济渠的大部分线路，中国的运河弯曲回环，总长度不止四千公里。

淮安居于京杭大运河的中心，地处洪泽湖的东岸偏北。这里有分工明确的二河闸和三河闸，二河闸对着北面的几条新河，主要起着排洪灌溉调节水流的作用；三河闸对着邗沟方向的白马湖、高邮湖、邵伯湖，也即现今有名的金湖旅游区。三河船闸是1969年开工建设的。1984年和1990年经过两次大修缮，分流排洪更加游刃有余，但在“黄河夺淮”的七百年里，南徙的黄河与淮河及洪泽湖，一直是个三角冤家，有许多一下子说不清的恩怨。这些恩怨虽然由于黄河河道的再次北徙有所了结，但留下的灾难性后果和隋唐通济渠的阻滞，却要花费更多的时间去消化。

明代里运河的开凿和清初中运河的开挖，乃至北方的运河连通工程，是一个巨大的挑战，这个挑战只有善于和敢于治水的华夏民族才能担负得起。清初中运河开通后，里运河结束了它的历史使命，但也是淮安的一次运河再出发。

到了淮安，这样的感受变得更加清晰。也就是说，除了庆幸大运河系统在历史上有这样一方安澜的立足之地外，更多地会想到，我们的运河是一部连续不断的开发历史，也是我们民族不断利用水流传播文明的一部煌煌发展史。我们对运河的连续系统开发，应当是世界最早也是最为成功的。尽管有研究者比较说，在公元前 7 世纪，亚述帝国就曾开凿了第一条水渠，但那与其说是运河，莫如说是引入淡水的渠流设施，并不是用来航运和灌溉的真正意义上的运河。真正运河的出现，是在公元前 5 世纪前后的中国，而淮安是中国大运河的第一终点，也是具有持续性连接的一个新起点。

淮安的气候十分温和，地处中国气候带秦岭淮安一线的南北分界，所谓“橘生淮南则为橘，生于淮北则为枳”，极其准确地描绘了这样一个自然气候过渡。已经立秋，毫无凉意，许多江南的树种在这里郁郁而生，而北方习见的芦苇在这里也常常见到。我们入住的白鹭湖山庄是新建的园林客舍，不乏江南江北的混合景观气息，只是占地大了些，不如苏州园林那样咫尺见景。白鹭湖山庄在水渡口大道的一头，另一头是一条颇有气势的高架路，对面是一座国际摄影馆和相应的水景广场，广场下的小湖没有刻意整理，倒也有几分野趣。国际摄影者既然要到这里聚集展览，可见淮安能够入镜的镜头会有很多，而淮安人对自身拥有的景观资源，又有多么的自信。

由水渡口大道向右，可以去河下古镇。此行的重点在清江浦古闸和古码头，还有被誉为“水上长城”的淮阴高家堰一线，河下古镇只能一带而过。但我知道，位于旧城区北门一带的河下古镇，几乎浓缩了淮安古今历史和大部分名胜。在那里，一段旧城垣正在沉思过往的历史，也在张望着未来。河下古镇确乎是淮安历史文化的聚焦点。这里有镇淮楼、总督漕运部院和古淮安府衙，还有梁红玉祠和她击鼓摆阵的巾帼塑像，当然还有很大的淮安运河博物馆。但是，到那里参观周恩来童年故居的人更多。周恩来童年时住在镇淮楼西路驸马巷。十二岁之前，他一直在那里读书。勺湖、萧湖、月湖和文渠的水，在其故居周边流过。20 世纪 60 年代，淮安家乡人去看望周总理，他还深情地谈起小时候在那里划船打水仗。镇淮楼前有百十株蜡梅，少年周恩来读书处，窗前也有一株蜡梅。记得上一次，我是晚冬时节去淮安的，梅花开得正盛，满枝满丫，让人盘桓许久，不忍离去。莲花街上，还有陶行知先生于1929年创办的新安小学。1935年，十四名新安小学学生在陶行知的后继者汪达之先生带领下，开始了“新安旅行团”的救亡游学活动，行程五万余里，团队一度增加到六百人，这是陶行知先生“知行合一”教育理念重要的成功实践。

我们此行的重点在里运河和高家古堰，也就没有在河下镇逗留过长时间。返回白鹭湖山庄，再顺着水渡口大道左拐，路经《西游记》的作者吴承恩的故居打铜巷，再向前去，很快就到了清江浦里运河。东西向的大街一侧有一座大寺院，国师塔的地标巍然露出。从大寺院一侧的“花街”走了进去，便是整修得异常整洁的里运河遗址公园。“花街”是这里最古老的码头街道，与里运河合成“丁”字形。里运河是景区也是市民的休闲之地，虽然开发投资巨大，但无论是外来游人还是当地居民，都可以免费随时进入，游人观光和居民休闲两不误，多有几分宾至如归的亲切感。里运河经过了细致整理，保留着历史自然状态。从右手边过去，没走几步就是若飞桥和清江浦古闸。“若飞桥”是为了纪念黑茶山飞机失事逝世的王若飞而命名的，它与里运河古闸连体，古闸之北几步路之遥，就是闻名已久的“石码头”。

石码头的名称并没有什么奥秘，是雍正六年所建的运河石级石磴，是“南船北马、舍舟登陆”的古运河交通史的承担者和见证者。一座“南船北马舍舟登陆”碑就立在附近，记录了里运河的前身后世和市场功效。别看里运河码头地方不是很大，但装下了曾经的淮安运河市场。清江浦从丑小鸭变身白天鹅的孵化，也在这运河两岸。清江浦是淮安的古代“经济开发区”，也是淮安城市扩容的第一步，而里运河的水旱码头——石码头，就是它的硬核。

所谓康熙、乾隆数下江南，在中运河通航之前，也是以这样水陆并行的模式行走的，并不是人们想象中的一排龙舟首尾相连，浩荡南下。他们也要有几次水陆转换，而淮安则是龙舟南行的重要中转点。这里有固定的御码头，而淮安总督府院设置，不仅是为了管理漕运和规划修建中运河，同时也是迎接圣驾的一种必然规格。更重要的是，南北客商北上南下的行程，无一例外都要在这里切换。

里运河出现于明初。由于淮安南邻洪泽湖和淮河，彼时的运河水路很不通畅，南船到此，面临着“舍舟登陆”的长途陆路行程，从石码头上岸，再到王家营去换乘马车。这样一来，里运河两岸也就成了店铺林立的商市，旅店、货栈、饭庄、镖局和脚夫行应有尽有，清江浦也成为古淮安最繁荣的市场大集镇，那个短短的“花街”，名字保留至今，自然也难免引起人们一丝暧昧联想。石码头还有一个功用，就是确保人货的安全。船只穿越运河古闸，是逆水行，水深浪急风险大，在石码头上下船，也就成为最安全的行程选择。清江浦的石码头造成了里运河两岸的市场繁华，也让淮安华丽转身，成为当时运河的第一商业重镇。

站在石码头和清江古闸口，向里运河的来路望去，里运河居然是双向河道，运河中间是细长的中洲岛，岛上一条林荫路上，有青江浦记忆馆、淮安名人馆等。记忆馆里有运河市场的记录，名人馆少不了淮安的古人先贤，如韩信、枚乘、鲍照以及唐代“大历十才子”之一的吉中孚，还有宋代的梁红玉、明代的吴承恩、清代的刘鹗和关天培以及著名画家边寿民，自然也会有大名鼎鼎的李公仆，以及近代的金石名家罗振玉等。岛上还有一间戏曲博物馆，到这里观览，我才知道文武昆乱不挡的京剧“通天教主”王瑶卿，以及京剧老生泰斗周信芳，都是淮安人永远的骄傲。

淮安也是历代诗人往来之地，唐代的李白、杜甫、白居易、刘长卿和宋代的苏轼都来过，也都有过咏淮安的诗篇。最值得提起的是“苏门四学士”之一的张耒，是淮安的老乡亲。公元 1054 年张耒生于淮安，字文潜，号柯山，人称宛丘先生和张右史，祖籍是亳州谯县，但长期生活在淮安。他在《思淮亭记》中自称，“予淮南人也”。他十七岁时离开淮安，游历了很多地方，写出了《函关赋》。他在游学陈州时认识了苏辙和苏轼，与二苏有师生之谊。北宋熙宁六年（1073）二十岁时中进士，授为泗县主簿，泗县就在淮安附近。北宋熙宁八年（1075），苏轼任密州知州时修筑超然台，曾经邀其作《超然台赋》。张耒虽声名鹊起，但仕途不畅。前十年官位卑微，有诗自嘲，“我迂趋世拙，十载困微官”（《悼逝》）。元丰年间参加太学学士院考，入为秘书省正字、著作郎和起居舍人，才有了些许转机，曾以直龙阁学士衔知润州，但后来也被列入了元祐党人，从润州徙宣州，再贬黄州酒税监督，复贬复州（湖北天门）。宋徽宗时被召回汴京，任太常寺少卿，出知颍州、汝州。他为人正直也很念旧。苏轼从海南返回，秦观之子秦湛也从广西藤县奉父柩归葬扬州，张耒情不能已，在颍州江边举哀祭奠，惊动了言官，被再次贬到房州，并在黄州安置。他在那里没有固定官舍，只能在柯山赁屋居留，遂自号“柯山”。在“苏门四学士”里，他是最重感情的一个，因友情也祸及己身。一直到宋徽宗诏令废除党人的惯性说法，才移置陈州并监岳庙，死于陈州，最终归葬于淮安。

《全宋词》收有张耒词六首，有《少年游》《秋蕊香》《风流子》《满庭芳》《鹧鸪天》等。张耒诗学白居易、张籍，比较平易畅达，但也哀婉绮丽。他的《风流子・木叶亭皋下》是悼亡妻之作，“芳草有情，夕阳无语，雁横南浦，人倚西楼”，尤其是“空恨碧云离合，青鸟沉浮”“情到不堪言处，分付东流”，感情之真挚，让人为之动容。他一生的大半时间都在宦途中漂泊，有一首迎春诗：“水乡清冷落梅风，正月雪消春信通。昨夜园林新得雨，杏梢争放晓来红。”既平实也颇有灵性。李清照在少女时代曾经作有《浯溪中兴颂诗和张文潜二首》，文潜就是张耒的字，其原诗也是很有气势的。

张耒与隋唐大运河极有缘分。他担任安徽泗县主簿和泗州知府时，多次往来通济渠上，在宿州作有很多诗，如《宿州》《宿州道中》《离宿州后寄兄弟》等。讲那里的气候，“野云不作雪，仲冬气犹蒸”；讲那里的人情，“昨日饮我者，主人出金觥”“殷勤买酒谢船师，千里劳君聊转橹”；讲那里的风情，“眼明初见淮南树，十客相逢九吴语”；讲自己的心愿，“幅巾会作淮南叟，白发相收一钓船”。他是极有淮安人心性的一位历史文化人物。

里运河位于里下河地区西侧，长达十公里，地处淮扬运河的接口。里运河中洲岛的两侧建筑，在修旧如旧的基础上，尽量保持了清末民初时的原汁原味，北岸头的老商铺门脸还在，甚至还有一座一看就有点历史年头的清真寺。南岸除了游船码头，还有一座高大的铜像，是永乐年间担任海上漕运总兵官的陈瑄像。陈瑄是淮安里运河开发的实际主持者和奠基者。里运河是明成祖永乐十三年（1415）开凿的，在永乐时期，陈瑄与郑和，一主丝路海上外循环，一主海运河运内循环，堪称丝路和运河双璧。因为他治理漕运和开疏运河有功，又加上平倭战绩显著，被封为平江伯。在他之后还有一位潘季驯，也曾经以工部左侍郎总理河漕，提出治理黄淮和整治运河的规划，并提出了“束水攻沙”“蓄清刷黄”“以河治河”的思路。这些举措，相对稳定了黄河自徐州以下河道，因此也曾被擢升为工部尚书。

清江浦之所以以“清”名之，是因为里运河水清，这与潘季驯“蓄清刷黄”的治水思路有直接关联。可惜他因张居正之事受到牵连，竟被削职为民。为了纪念陈瑄和潘季驯开发运河的功劳，淮安市特意在里运河南岸塑了陈瑄的铜像，并在道路一侧修筑了陈潘二公祠。他们都是值得大书特书的明代运河开拓人物。

在明初，淮扬运河面临三难，一是长江入口水比较浅急，需要背纤；二是淮安至徐州，水程多半在洪泽湖里，水势捉摸不定；三是淮扬运河在淮安古末口入淮，因为有防洪坝，需要驳船转运。陈瑄引管家湖的水至新庄口入淮，在前任乔维岳所开凿的沙河基础上，开凿了清江浦的里运河，相对解决了后两个问题。里运河起到了承上启下的作用，对京杭大运河具有重大的过渡性意义。

清江浦里运河的历史功能和景观外延，在短时间里是看不完的。本来安排一个小时的时间，居然延续到中午，也就没有更多的时间去看另一条尚在运行的新的运河河道。这条河道是 20 世纪 60 年代初开凿，因为城市体量扩大，清江浦区人口集中，平地挖河少拆迁，需要尽量做到两全其美，于是河道南移了两公里。

中午，淮安的一位朋友特意安排了一家淮扬菜的老字号，邀请我们尝尝正宗的淮安土菜再赶路。这位朋友很细心，看我年纪大，特意约了两位老者，他们是淮安掼蛋协会的顾问和副会长。

他们都很健谈，也很好客。在没有就餐之前，先要“掼掼蛋”。把玩扑克打升级称为“掼蛋”，并有正儿八经的“掼蛋协会”的名堂，我过去是有耳闻的，以为是开玩笑的成分居多，尤其是“饭前不掼蛋等于不吃饭”这样的话，一直认为是戏言，但“掼蛋协会”程顾问的一席话，让我对“掼蛋”有了新感受。他说，“掼蛋”娱乐源于运河船工的业余生活，以突然打出有四张数值相同的牌——“炸弹”为决胜。船工业余生活需要娱乐，但如何比巧智，而非沾染其他陋习，要有引导自律，因此“掼蛋协会”不仅作为社会社团进行了注册，还列入了正规体育比赛。现在，江苏各地大都有“掼蛋协会”，这也算是淮安人的一个小发明。在他们“掼蛋”中，程顾问还说起了淮安的美食八大怪：饭前掼蛋赛一赛，蒲草也能做成菜，活鱼锅贴人人爱，软兜长鱼第一菜，小壶喝酒比喝茶快，萝卜当作水果卖，盱眙小龙虾大盆卖，包子包水皮不坏。这个淮安的美食八大怪，倒使我对淮扬菜系的乡土特色有了新认识。

淮安是淮菜的发源地之一，淮菜扬州菜合二为一，也就是大名鼎鼎的淮扬菜。扬州的大煮干丝和蟹黄包有名，淮安的鼓楼茶馓、红烧狮子头和洪泽湖大闸蟹有名。茶馓曾获巴拿马国际博览会银质奖，据说，《屈原赋》中有茶馓的描述，但我以为，更多是来自清真饮食。想不到的是，在美食八大怪里，蒲草也能做成菜，如此平常甚至有些不可能的草茎，居然成为美食，还有新的“掼蛋”就餐仪式，这也破除了八大菜系是贵族菜肴的一种迷信。淮菜从根上说，就是淮扬老百姓的菜，像徽菜一样，是老百姓的吃法，我能到这样的老字号来品尝美食，也有一种饮食文化的还原感受。

看一个城市的服务业发达不发达，城市靓不靓，并不需要看别的，饮食文化的特色与服务水平高低，是一个重要的衡量尺度。作为历史悠久的运河城市，淮安商业饮食至今弥漫着市井人家飘出来的香气，说明文化的持久和普遍，才是文化传承的主因。怪不得淮安的人气一直那么旺，也怪不得全国的新冠肺炎疫情还没有全面清零，淮安就一马当先，成为国家跨境电子商务综合试验区之一。淮安运河的水上运量也许没有昔日那么大了，但他们又开始培育“空中运河”“空中商军”，说到底还是来自古今运河生长起来的商业基因。目前，淮安还在写着一部永远没有结尾的运河大书。从某些章节来看，也就萌生出一种感觉，不到淮安，算不得了解京杭大运河，也算不得到过京杭大运河。

里运河是本大书，还需要有更多的时间去翻阅，其中最重要的一章历史，便是素有“水上长城”之称的淮阴高家堰，还有清口枢纽以及隋唐大运河入淮的古末口。高家堰始建于东汉建安五年（200），由东汉的广陵太守陈登续建，比隋唐大运河开凿的时间早得多，所以也被称为“汉堰”。在中唐大历年间，高家堰进一步加高。明万历八年（1580）加固为石砌大坝，康乾时代进一步维修，成为淮河和洪泽湖之间的一道坚固屏障。它默默守护着淮河，淮河少了险情，淮安便成为洪泽水乡边的一个安全岛。20 世纪 20 年代初，也有过一次突发的江淮大洪水，部分地区出现受淹的险情，但有了这道固若金汤的大堤，淮安仍然是淮之安。

在赶往淮阴的路上，我特意绕到淮安老城南门外淮河入海水道看了看，这里是淮河和外运河新的交汇处。淮河与运河十字流，许多船只在运河一侧鱼贯而行，不急不慢地驶过闸口。这里是亚洲最大的水上“立交桥”。

到淮阴的路很通畅，这里的开发度相对低些，道路也比较曲折，明显的路标也不是很多。我们要在当天天黑以前赶到盱眙去，因此也就放弃了去韩信庙和古末口、码头镇和清口枢纽的打算，只能向着邗沟的北尽头山阳一望再望，那里就是通往扬州运河的二闸口。清口枢纽附近有个双闸村，双闸隔着运河遥遥相对，也是少见的一道风景线。

在乡间道路上曲折穿行，终于看到了石砌的高家堰标台。左侧下方就是宽阔的淮河临堰河道，河中有一些老式船在游动，但不是很多。过了标台，高家堰渡口和高家堰村就到了。两边看看，原来我们就行驶在高家堰不宽不窄的坝面上。临淮河的一侧，坝面正在修整，没有完工，也正好保留了一些原始风貌。为了方便人们游览，这里立有说明牌，还有乾隆御制碑和从下游移来的康熙时代铸造的镇河铁牛。若不是这些标志，谁也不会想到，这朴实无华的地方，居然会是如雷贯耳的高家堰。看来，平凡和神奇有时会是一对孪生兄弟，而宏大的构思往往会在平凡的巧思中诞生。

高家堰，北起淮阴区码头镇，南到今洪泽区的蒋坝镇，高家堰是其中最关键的一段。高家堰一边是洪泽湖，一边是淮河，中间须有屏障。因为这里地势险要，康熙五次南巡，四次到过这里，所做的，无非是安置镇河铁牛，还有传说中的“九牛二虎一只鸡”的治淮祈愿。镇河铁牛是珍贵的运河物质文化遗产，需要加倍保护，后来乾隆的所作所为，似乎比他的祖父来得更实在一些。一是如目前保存在河闸管理处的御制碑中有记载，在乾隆之后，朝廷拨付的石工经费由不定期拨款变为年度拨款，保证维修经费能够及时到位；二是修造了名曰“仁义礼智信”的五座调节水坝，在夏秋洪泽湖涨水之际即时调节，加上明代石砌的大坝，高家堰体的安全系数得到了提高。

行走在高家堰坝顶，初望去，似乎并没有“水上长城”的感觉，但转向高家堰村的渠口小桥头，面向洪泽湖已经退去的村庄北缘，“水上长城”露面了。墙体由每块六十厘米高的青石条砌就。露出地面的高有五层半，近两人高。桥边有几位老者正在拉家常，一打听，这露出地面的一截，还不到坝高的三分之一。如果全露出来，少不了有三层楼那么高。想必那时的洪泽湖湖面要比现在高许多，否则也不会有“水上长城”下的这些居民点。面对这青石条砌就的“水上长城”，我们只有惊叹。它砌得是那样的严丝合缝，了无痕迹。黏合剂是用什么材料做成的？早在5世纪之前，这里的石工师傅们，在没有现代吊装机械的条件下，又是如何完成这“水上长城”工程的？怎么去看，怎么去摸，它都比现代水泥勾缝的公路护坡不知高明出多少，那堤堰笔直笔直，闪着青石的余光。

坐在高家堰桥头上，与这里的一位老哥，东一句西一句闲聊，不时回头看看这堵壮观的“水上长城”，在天上云缝露出的缕缕阳光照耀下，闪动着亮亮的光斑。风起了，是桥边的树叶在飒飒作响，还是南边不远处洪泽湖隐约传来的涛声？我努力地倾听着、辨识着，似乎很遥远，又很真切。眼前流动的好像是水，但又不是洪泽湖水，那是一段一段流动的石工岁月。我不知道对面的老哥是农民，还是做过“扳船汉”，抑或也是石头工匠的一位后人。他白发苍苍，大约有八十岁的年纪了，脸上的皱纹很深，但耳音很好，声音也洪亮，身子骨还硬朗。看着他，我不期然地想起了大禹。大禹老年时的模样或许就是这样吧。哎，有些走神了，我向他抱拳称谢，起身走向了面临淮河堤的另一侧。淮河的面容，一下子全看清了，水在从容地流动，它激流涌动起来又会是什么样子？远处也有闸，是新建的，再远处就是运河。

老码头正在整修，一道斜坡还保留着，下到水边，有些细草，不见芦苇荡，看来对淮河河堤的整修，还是很到位的。我坐在堤边，默默地看着水面，细细地听着水声。河上传来隐约的划水声。一条船划了过来，船上的老艄公，在与岸上的一位小闺女高声搭话，说话间，一条活鱼伴着一丝水花，从船头抛了过来，鱼儿摆着尾，在岸上的草窠落下，鳞光闪闪，接着就是小闺女清脆的笑声，在堤上响了起来。

# 寻迹泗州城

到淮安，是不能不到盱眙去的，那里不仅有南北闻名的小龙虾，还有令人遐想的都梁香草。这里是隋唐大运河的重要节点，也是唐诗中经常提到的“淮口”和“汴口”。在七百多年的隋唐大运河运行中，“淮口”和“汴口”目睹了太多的兴衰，同时它也是多种社会、自然因素导致隋唐大运河落幕的一个见证者。盱眙的运河，或许与京杭大运河的南北流向没有更直接的交集，但京杭大运河的里运河和隋唐大运河的东出口，都同它牵过手。盱眙是洪泽湖边的一座幸运之城，躲过了一场又一场洪灾，颜容依然秀美。它孕育了一座红色的摇篮，那里的黄花塘曾经是新四军军部和华中局的驻地，刘少奇、陈毅、黄克诚、邓子恢、罗炳辉等老一辈革命家都在这里战斗过；洪泽湖西岸的泗洪，还有彭雪枫将军的墓园。

盱眙有一个古色古香的别称“都梁”，称都，是因为楚怀王曾经在这里建过都；称梁，是因为都城建在南山上。隋炀帝修运河，曾经在这里建有都梁行宫，叫作都梁宫。盱眙南山生长一种学名叫泽兰的香草，花开五朵，白色，有异香，叫作都梁香草。屈原生在楚怀王的时代，因此完全有可能在都梁待过，他的《离骚》中，多有关于香草美人的品格比喻，或许是受到了都梁香草的直接启发。

它为什么又叫盱眙呢？是因为在古汉语语汇里，张目为盱，直视为眙。在四围皆是平野河汊的地方，突然崛起一座高高的都梁山，登山而望，眼前是淮河，再远处便是洪泽湖群，在这样一个居高临下的平台上，安能不去睁大眼睛，直勾勾地极目四望？盱眙的山，当然不会是孤零零的一座，还有翠屏峰、风坡岭、宝积山，但都梁南山也即“第一山”，是其中最高最秀美也最有文化底蕴的一座山峰。那里不仅山形好，孔子的后人孔安国任临淮太守时，其治所在今泗洪，而临淮曾经下辖盱眙，所以也就在此创立过“崇圣书院”。这都梁山上建有大成殿，有很多摩崖石刻，也是儒家文化的一方圣地。

因为都梁南山的高大秀美，北宋的大画家米芾，在北宋绍圣四年（1097）出任涟水军使时，路过这里，欣然赋诗："京洛风尘千里还，船头出汴翠屏间。莫论衡霍撞星斗，且是东南第一山。"（《第一山怀古》）前两句讲他东行的来路，后两句称赞都梁山。东南第一山的结尾句，可以作两种解释：一是东南一行，看到的第一座高山是都梁山；二是此山是可与衡山、霍山相比的东南第一山。对于米芾第一山题字的原出处，历来争议多多，除了盱眙，还有泰安少岱说，有武当说，有谷山说，甚至还有宁波灵山寺说等。第一山的碑刻，盱眙的不一定是原创，但有第一山的题咏和米芾对东南第一山的夸赞，不仅增添了它的名气，也是他诗歌的原创地。

米芾不仅是画家和书法家，也是一位诗人。苏轼在知密州时写有"明月几时有"的千古绝唱，一时无人可比，有胆气和才气再写中秋月，再填《水调歌头·明月几时有》的人，只有米芾。"可爱一天风物，遍倚阑干十二，宇宙若萍浮"，意在感慨自己的浪迹天涯，其意境虽然不及苏轼阔大，但也是一种独特感受。这首词虽不是在盱眙写的，但他在盱眙吟咏"东南第一山"时，同样是画眼和诗眼独具。他在盱眙游历和吟咏过不少地方，如《宝积山落照》《清风山闻笛》，但最有名气也最给盱眙提气的，还是那首《第一山怀古》。说怀古，其实没有古，只有画家眼前的景色和对自己经历的感叹。

在两宋，咏盱眙第一山或曰南山的，还有北宋人梅尧臣的"朝来汴口望，喜见淮上山"，秦观的"林梢一抹青如画，应是淮流转处山"。苏轼则有《浣溪沙·细雨斜风作晓寒》。在唐代，咏盱眙的诗人也不少，骆宾王有《早发淮口望盱眙》。常建在大历年间任盱眙尉，有"泊舟淮水次，霜降夕流清"（《泊舟盱眙》）。韦应物有"落帆逗淮镇，停舫临孤驿"（《夕次盱眙县》）。李敬方有"汴水通淮利最多，生人为害亦相和"（《汴河直进船》）。刘禹锡从苏州北上过淮阴，也曾写一组乐府诗《淮阴行五首》："簇簇淮阴市，竹楼缘岸上。好日起樯竿，乌飞惊五两。今日转船头，金乌指西北。烟波与春草，千里同一色。船头大铜镮，摩挲光阵阵。早晚使风来，沙头一眼认。何物令侬羡，羡郎船尾燕。衔泥趁樯竿，宿食长相见。隔浦望行船，头昂尾𧍝𧍝。无奈挑菜时，清淮春浪软。"他生动细腻地描写了这一段运河的舟行，也许是船行畅达，他没有在盱眙驻舟，因此也没有留下有关盱眙和泗州的诗来，是为遗憾。但淮阴向西的一段穿淮水路还是风光无限引人入胜的。

也许是因为米芾的题咏，北宋的林逋、黄庭坚、贺铸都来过这里，南宋的陆游、杨万里、韩元吉、戴复古也留有他们的诗歌作品。林逋的《盱眙山寺》很特别，“下傍盱眙县，山崖露寺门”。这是他一生难得的一次杭州之外的远游。相传他一生不到集市，守着“梅妻鹤子”，终老杭州，但他居然打破了惯例，题咏了盱眙的山寺，若不是有谁托吟这首诗，这可是比米芾题诗还要有格调的诗坛逸事。

人称“贺鬼头”的贺铸，其《游盱眙南山示杨介》一诗，是他出任泗州通判时的作品，想必他是南山的常客。黄庭坚的《次盱眙同前韵》也有寓意：“此去二十年，持家西过宋。起予者白鸥，归兴岌飞动。宫殿明宝坊，山川开禹贡。破浪一帆风，更占梦中梦。”一句“山川开禹贡”，表达了他对隋唐大运河开凿的正面看法。

陆游的《次韵郑盱眙见寄并简其甥刘君》中，有“衣上空嗟京洛尘，故交半作白头新。众中初得见吾子，东观已疑无若人”之语，是评价盱眙人物的。陆游去盱眙恐怕不止一次，他生在淮河上，是母亲随父亲到汴京述职的途中出生的，大约也是这个缘由，父亲给他起了陆游这个名字。他四岁时随父母返回家乡，盱眙是必经之地，只是那时他的年龄还小，但也能够记事儿了。吟咏泗州的唐代诗人里，还有曾经参与平定安史之乱的边塞诗人高适，其时守备淮扬，写有《过阴陵作》。阴陵就是灵璧，与泗州和盱眙在同一条运河航线上，他借项羽事抒发了自己的感慨。

杨万里是南宋诗人，他活跃在诗坛上的时候，“第一山”的山名已经定格，他因为宋金南北分治而不能往游盱眙第一山，以及滁州的“天下第一亭——醉翁亭”，心中一直感到很遗憾，所以在诗中直接写道：“第一山头第一亭，闻名未到负平生。”那时的第一山，楼观峥嵘，林泉浩流，别有风光，加上洪泽湖和古淮河白帆点点，白鸥起舞，又有哪位诗人会闻之而不心动呢？

当然，盱眙除了第一山，还有同样令人心动的铁山。铁山有一座东汉时期的铁山寺，由中国一位大和尚严佛调主持修建，向来有“小九华”之称。梅尧臣在看过第一山后，又到了铁山，一路吟道：“来寻淮上寺，老桧莫知年。劫火已镕像，樛枝宁改烟。根拏怪石入，节驳苍苔坚。欲问浮波箭，空嗟此独传。”梅尧臣仿佛预见到百年后的泗州城会有一劫，但这劫不是火灾而是水患。

古泗州有大灾难而盱眙却安然无恙，正是因为有第一山作屏障，也有铁山作后盾。面对洪泽湖和古淮河暴发的洪水，人们是没有其他办法可想，所以即使在古泗州被淹废之后，盱眙依然能够“南瞰淮水，北控汴流”，成为隋唐通济渠最后的坚守者，并与淮阴、扬州形成了新的掎角之势，维持了淮扬运河和里运河的畅通。只是，通济渠已被来自黄河的洪水拦腰斩断了，盱眙在很长时间里只能孤军据守，成为隋唐大运河的最后一个据点。

我们抵达盱眙第一山时，天色未晚，天降阵雨。虽说杨万里有诗云，“破雨游山也莫嫌，却缘山色雨中添”，但大雨中登山终究是不方便的，且又不识山中的都梁香草，上去也只能看看楼台亭阁，只好怏怏地离去，在山对面寻到的泗州饭店住了下来。

住室窗口正对着第一山，在雨雾中看山，倒也别有一番情趣。雨急时看南山，像是泼墨山水；雨小时看南山，恰似一幅水粉画；雨停了看南山，阳光露出云缝，又是光线阴暗分明的一幅油画，让你在天幕间看到了不同光线下的不同绿色。

入夜了，还想着白天的旅程和运河的事，从第一山，一直想到了洪泽湖乃至淹没在淮河里的古泗州城，联想到秦观的那首《泗州东城晚望》。我在琢磨着，从地图上看，这第一山明明在盱眙的东北角，为什么会叫作南山呢？这南山之南，该不会是从古泗州的角度去看的吧？秦观的《泗州东城晚望》清楚地讲到“应是淮流转处山”，此山也就是被称为南山的“第一山”。这古泗州城的东城门似乎对着南山“第一山”的转角，而古泗州城好像是在盱眙的西北边。也就是说，被淹没或废弃的古泗州城，应当在淮河上行偏西北方向。如果这样推导合理，那南山就该是古泗州城向着盱眙方向的泗州南山了。在我的推断里，盱眙应当是古泗州的一座子城，就像淮阴和淮安一样，它们之间的距离很近，甚至近到可以目测，但它们之间隔着的应该是淮河，然而这毕竟是地理方向上的一种推测，判别则要靠考古学家的水下考古来证实。

我之所以对古泗州如此好奇，并不仅仅因为它曾经是一座繁华的城市，有很多唐宋诗人来过，主要因为它也是隋唐大运河，也即通济渠的一座重要地标城市，它的存在和繁荣，曾经见证了隋唐大运河的繁荣轨迹，它的消失，也标志着隋唐大运河的衰落。但它究竟是如何消失的？经历了多长时间？又是在什么时候，泗州城址的一部分淹没在洪泽湖或者淮河里，大部分埋藏在地下？全部谜底仍然笼罩在迷雾里。

拨开这团迷雾很重要，有助于我们还原隋唐大运河七百年繁荣的历史，有助于勾画出隋唐大运河通济渠的全貌，也有助于了解中国运河系统更为精确的空间坐标和时间坐标。一部中国运河史，也就是新旧运河不断更替和更新的历史，可以通过这种更替和更新，透视特定阶段里中国古代乃至近代政治、经济、文化曲折变化的史实。古泗州的消失，并不只是一句“黄河夺淮”或者一句“庞贝古城”就可以完全说得清楚的，应当有着多种复杂的因素和更为长期的演变过程。那么，它消亡的第一幕，又是怎么拉开的？它长达七百年的繁荣和后来的一束落幕追光，又是在什么样的背景下出现的？在洪泽湖和古淮河纠缠不清的这个历史运河的大舞台上，是什么力量给了它最后的一击？在此后的几百年里，大运河的东南西北地理坐标又是如何切换为新的南北坐标？等等。这一切，时间知道，盱眙知道，第一山同样知道。

隋唐大运河的开凿是水到渠成的事情，但也是由隋唐之前中国政治、经济、文化呈现为东西轴线放射状态所决定的。隋唐通济渠的前身，是梁惠王所开凿的鸿沟。隋炀帝定都洛阳后，在汉魏阳渠的基础上开通了洛河阳渠和千金渠，由洛阳皇宫西苑和洛口进入黄河，保证了来自河阴和河阳的粮食仓储供给。但更远的漕运，并不是河阳和河阴的仓口就能够完全承载的。于是就从荥阳板渚引黄河水，沿着鸿沟东行，经浪荡渠，进入开封和商丘睢阳后，再经虞城、永城、萧县、徐州，复到淮北（相城）、宿州、灵璧和临淮，在古泗州及盱眙进入淮河，又从淮扬运河到达扬州。

隋炀帝以骄奢淫逸和横征徭役而亡国著称，也因为修建这条大运河留下了恶名。骄奢淫逸是真的，但这又是古代帝王的享乐本性使然。隋朝的短命，或者与这条运河的开凿有一定的关联，但完全将之归于通济渠的开凿，也会陷入一种历史认知误区。通济渠开凿工程浩大，但拥有一定开凿的基础条件，前有鸿沟，后有汴水、濉河和泗水进入淮河，因水就势，虽然动用了上百万民夫，但不到半年时间也就完成了。公元 608 年后，又开发了江南运河，隋唐大运河的流势也就很快形成了。

隋炀帝为人所诟病的，其实是供他享乐的四十余座离宫和江都的“迷楼”。迷楼在今天已经踪迹全无，但晚唐出现的杂录《南部烟花记·迷楼》里，曾对这个神秘的行宫有所描写：“迷楼凡役夫数万，经岁而成。楼阁高下，轩窗掩映，幽房曲室，玉栏朱楯，互相连属。帝大喜，顾左右曰：‘使真仙游其中，亦当自迷也。’故云。”据说，在冬天花少的季节，隋炀帝令人在园林里制作绢花，令春天永驻。因为离宫众多，工程巨大，监工督造者之一的麻叔谋残暴，又在后世演绎为“麻虎子来了”的话，以阻吓爱哭的小孩子。隋炀帝开凿运河也就成为暴政的象征，但对这条运河的评价，历来总是众说纷纭。特别在晚唐，诗人许浑的“四海义师归有道，迷楼还似景阳楼”(《汴河亭》) 是一种评价；李敬方的“汴水通淮利最多，生人为害亦相和”(《汴河直进船》) 是一种评价；皮日休的“若无水殿龙舟事，共禹论功不较多”(《汴河怀古二首》) 又是一种评价。把隋炀帝的政治经济行为和生活行为，同隋唐大运河的功用和功利区分开来看，通济渠的经济文化交流作用还是厥功至伟的。

隋炀帝应当是一位功过是非都很明显的帝王。他曾经平定青海，在河西走廊的山丹举行了“万国博览会”，是对汉代开辟的陆上丝绸之路的又一次经略。盛唐丝路的繁荣正是建立在山丹会盟的基础上的，而通济渠的开通，也应当是海上丝绸之路进一步发展的新高潮。晚唐诗人皮日休用“共禹论功不较多”的评价来评说隋炀帝开凿运河，无疑有着社会经济发展的历史大眼光。

从时间上讲，通济渠运河足足运行了七百多年，这是前无古人、后无来者的历史大事件。更何况，隋炀帝不仅南开通济渠，接着又在汉魏白沟的基础上完善了北向的永济渠，且利用了汉魏白沟和黄河故道，形成了后来“卫运河”的主要框架。这条永济渠虽然也受到黄河频繁改道的特定历史影响，但运作的时间也在千年以上，从这个角度来讲，要说隋炀帝是系统开通梳理中国运河系统的第一人，恐怕也是讲得过去的。

回到古泗州上来。自隋唐以来一直到北宋，古泗州的地位，一直如同后来淮安在京杭大运河拥有的地位一样，也曾经是一个运河之都。它与盱眙一道，扼守着从汴河到淮河的通济运河南端。南宋时期宋金对峙，出现了起因比较复杂的黄河第一次夺淮事件，这应是通济渠开始衰落的第一幕。宋金对峙使得长江南北贸易量大减，人员往来也受到直接影响，通济渠也就在用进退废中渐渐淤塞了。要说"黄河夺淮"，在东汉之后就曾发生过，但影响长达几百年，宋金对峙时期的骤变还是最有历史影响的一次。这一次夺淮，并不是因为突发的自然灾害导致黄河决堤，而与宋金之间的政治军事形势密切相关，即在南宋建炎二年（1128）汴京失陷后的一段时间里，黄河下游一度成为宋金征战拉锯地区，东京留守杜充无力抗金，索性从滑县附近黄河李固渡掘开堤坝，原本已成地上悬河的黄河汹涌南流，一直流到了徐州，黄河长期夺淮大幕也就由此拉开。这个历史灾难，是黄河改道引起的，也是战争带来的一场次生大灾难，因此也可以说是始于由宋金战争造成的"人祸"。

在这次改变黄淮关系的历史变化中，始建于北周大象年间，有着一千五百年历史的泗州古城，开始连续不断地遭到打击，但紊乱的水运秩序还是维系了很长时间，一直到清康熙年间，才最终废弃。也就是说，在隋唐和北宋时期，汴水和泗水本来合作得很好，黄淮之间也基本算是相安无事，但既有平衡在宋金时期被打破，恶性循环从此开始。南宋绍熙五年（1194），黄河再次惯性决堤，河水进入梁山泊后分为南北两支。南支再度裹挟洪水入淮，引起洪泽湖水暴涨，古泗州城频频被淹，黄河洪水洗劫了徐州汴水、泗水交汇处，淮河原有入海水道开始丢失，河水在盱眙以北地区大量储存下来，将本来分散的洪泽湖群连成了一个洪泽大湖。

这样的状态总体上经历了将近五百年，古泗州城面临的风险也持续了将近五百年，古泗州城面临多轮冲击，出现城毁人去的局面。对于这种不断遭受洪水袭击的风险，北宋"苏门四学士"之一的张耒首先感受到了。他在宋哲宗年间做过泗县主簿，后来又做过泗州知府，在他大量的有关泗州的诗里，几乎找不到多少亮色，而且多半是在他离开泗县和泗州时所作。从他有关诗作的题目来看，主要是《发泗州》《离泗州有作》《夜泊泗上阻风雨》《离泗州冒大雪》，甚至还在《过泗州，推官王永年致仕还乡，王年四十而致仕，士大夫所少也》一诗中，表达了对同僚王永年刚到四十岁就告老还乡的羡慕之情。他明白，自己虽然不坐在火山上，但坐在洪流的浪口尖上，对于眼前的一切，他是无能为力的。

为什么呢？身体不好经常生病是一个因素，但从其诗歌的内容来看，他此时的内心也比较灰暗，不是“万艘猎猎战风桅，我亦孤舟别岸隈。漠漠晓云生木末，萧萧飞雨送帆开”，就是“扁舟七日闲，浪作老龙戏。舟师慎艰险，长跪请佛事。晚山水如屋，晓山水如地。清平一潭风，浪阵卷旗旆”，要么就是“风云淮上欲移山”“沧波岁晚合知还”等。

古泗州城在洪泽湖和淮河之间，城址的地理定位本来就充满了变数，比如，在唐开元二十三年（735），泗州州治就曾经迁往临淮（今泗洪一带），明初又移到盱眙北淮河对岸，也即现今展开考古的地带。清康熙十九年（1680），古泗州城再次被淹，近十分之一的城垣没入洪泽湖和淮河河道中，余下的部分被泥沙淤积。终于在清康熙三十五年（1696）一次大雨涝积之后，朝廷不得不下令将泗州迁往虹县，并从州治规格降为县治规格，正式宣告了古泗州治的结束。清咸丰五年（1855），黄河再次北移到山东利津，进入渤海，洪泽湖和淮河才算进入相对稳定期，但泗州旧地早已废弃，一部分埋入地下，又经历了二百多年。

康熙时新设的泗县属于凤阳地区，其原居民大部分是古泗州城居民的后代，当地的地方戏曲也称为“泗州戏”。这种人文与地域迁徙分离的历史现象，也给最初的古泗州城地理方位研究带来了一定的困惑。古泗州城究竟是全部还是一部分沉入洪泽湖或者变了河道的淮河中，准确的城市遗址又在哪里，曾经引起很多争论。争论各方所依据的资料各有记录，但更多的是根据其中某一段历史记录文本，并不一定审视过古泗州城沉浮几百年的全过程。因此，在规模考古工作开展前，各有所见也是很正常的。加上唐代开元年间曾将泗州的州治迁往临淮，进一步增添了地理方位判断上的复杂性，盱眙说、泗县说、泗洪说皆有之。但近年来田野考古钻探所得的报告说，古泗州城一角沉入了淮河，大部分埋在了盱眙临近淮河的河滩上，而那里“旗杆滩”和“城根滩”的老地名，也给出了这样的线索指向。

古泗州城埋在地下的部分，应当在与盱眙的第一山隔淮河而相望的地带。所谓古泗州城是另一个“庞贝古城”的说法，讲讲倒也无妨，但总归有些极而言之。因为古泗州城所受的冲击，并不是单一的突发灾难事件，在洪泽湖和淮河水位高时，部分城垣或在水中，水位低时，也会有残墙冒头，总之是一种渐进性消亡。

从2000年开始，为了发展旅游事业，盱眙县请来有关专家，陆续进行测探和研讨，河中一些建筑残留尚在，陆地上先后打了七千多个钻孔，相继发现了古泗州城的城门、城垣和东西街道一角，也获取了一些砖瓦和瓷器残片。有关报告甚至很有把握地说，古泗州城是椭圆形的，长近三里、宽二里，有五个城门，进一步明确了古泗州城的水下部分在淮河里，而不是在更为广袤的洪泽湖里。考古人员说，古泗州城百分之九十的遗存在地下，距离洪泽湖有十一公里。这些判断或者更接近古代诗人对泗州和盱眙地理关系的某些描写，因此也就更有说服力。

洪泽湖是一个不断演进的湖泊。在隋唐时期，洪泽湖原是淮河中下游水陆相连的一个湖泊群，由破釜涧、富陵湖以及万家湖等组成，其基底是地壳的断裂凹陷。在隋代称为“洪泽浦”，现在水域面积大致稳定在五百平方公里，并出现了淮河湖湾等三大湖湾。盱眙在西南高地上和临淮的水湾边，古泗州城便在今日盱眙附近。

第二天清晨，雨停了。我们先到第一山门前的状元桥走一遭，再回到泗州饭店，与同行者会合。他们对我说，巧啦，这饭店身后就是盱眙的淮河港，船多着呢，还不快去看看！绕到酒店后身，果然是一个不大不小的港口，对面小山上，还有高高的灯塔。这港湾是分区作业的，下边深水区里是货运航道，上行船下行船正在对驶，看那船的体量，大多在数百吨排水量。我们这边是靠岸的几条渔船，最靠边那条船的前甲板上，几位渔民正在忙碌，对刚捕捞上来的鱼进行初加工。问了问，是淮河特产的小白鱼，他们刚刚收网回来。雨后清晨，天气有些冷，但他们戴着胶皮手套，干得很快。不一会儿就处理完一箱。我有事无事地问起了古泗州城，渔民们一开始有些茫然，听不懂我在说什么，后来似乎有些明白了，用手向东边一指，听说就在那边的淮河大水湾里。这似乎对上了我们听到的那些考古新信息。总体来看，这盱眙和古泗州城作为隋唐大运河南段昔日里的共同漕运中心，确乎有着合而为一的近邻关系。古泗州城的预判位置与秦观的《泗州东城晚望》“应是淮流转处山”大体符合预期，我们作为游者，似乎也有了些成就感。

雨后在盱眙城里走走，是件很惬意的事情。我以前吃过盱眙小龙虾，但没有在盱眙这个地方吃过。品尝盱眙小龙虾虽然不是吃早餐的规定节目，但过了这村就没这店了，我也要了一小盆复炒的小龙虾品尝起来。

昨日傍晚进城的时候，已经感受到盱眙小龙虾之城的浓烈气氛，城边龙虾馆的装修，给食客呈现不一样的观感，许多广告匾额，这里写着李大龙虾，那里写着张大龙虾，好像没有一个“大”字，不足以显示盱眙小龙虾产业经营者的气派与经营规模似的。盱眙的龙虾产业早已名扬四海，超过百万吨加工量级，这是一个非常特别的产业现象。

朋友对我说，最早盛产小龙虾和吃小龙虾的是南通的海门，他的苏南老家河沟稻田里，也常见小龙虾，谁也没想到可以食用，更没有想到它会风靡南北。看来，小龙虾产业的发展史也同螃蟹产业的发展史一样，需要第一个敢吃敢创新的人去试验。他接着说，深加工和烹饪技巧也是一个关键。他曾经听人说，盱眙小龙虾产业的发展不全在小龙虾本身，而在于烹制加工的技巧和特色。最早的一位龙虾馆老板，娶的媳妇好像是四川人，自然会把川菜的麻辣手艺用到小龙虾的烹制中，特别地出味。想想也是，吃小龙虾，吃的不是它有多少虾肉，不是多么的有营养，而是就好这个口味儿。尤其是年轻的女顾客，咂了一只又一只，一会儿就吃掉一盆，有时会全然不顾吃相，丢掉矜持，却换来了享受美食的愉悦。

看来，做什么产业，都要有自己的技艺和路数。这大约也是盱眙小龙虾发展的一个小秘密，但我更佩服当地商业服务业的公务人员，在很早的时候，他们怎么能想到为这个特别的食品产业而为之一路鸣锣开道呢？

# 中运河剪影

中运河是大运河江北段最好走的河段，去中运河必去宿迁，按照一般的走法，需要从盱眙返回到淮安，或陆路或水路，沿着大运河的北行方向，穿过泗阳，抵达宿迁。中运河从清初开通以来，是运河标准最高的一段，河道宽，水也深，开得了千吨货船，但同我一道出行的王治平先生告诉我，从盱眙到宿迁，有直达的高速公路，很便捷。虽然不路过泗阳，但可以看到泗洪。在中运河水系中，这两个带“泗”字头的老县城是颇为重要的。泗洪也曾经直接管辖过盱眙。

汴水和泗水是隋唐大运河的两大主角，如果还有第三个重要角色，那就是流经宿州的濉河。隋唐迄至北宋，通济渠也曾叫广济渠。就汴水来讲，泗州城以东的汴运河被称为“东汴水”，泗州城以西的汴运河被称为“西汴水”，泗州城成了隋唐大运河的分段界标。但也有另一个说法，东西汴水是以开封为界。如果从古汴水的来路方向看，泗州城北面的宿迁和淮北当是一个更明显的分界点，古汴水从开封方向流来，经过宋州（商丘）、永城、宿县和灵璧，一路南流到洪泽，北边被称为“北汴水”，南边被称为“南汴水”。西汴水是隋唐大运河的上源，名义上是通济渠家族里的“老大”；东来的泗水则是主事的“老二”，因为它的来水更多一些。它们在徐州以下交汇，要寻找它们之间的牵手秘密，不只在徐州，更多要到洪泽湖北岸的宿迁去。这里带“泗”字头的县区太多了，如泗洪、泗阳、泗县等。泗阳就坐落在古泗水之北，而现在属于宿州的泗县，在古泗水之南。泗水发源于山东，从东北方的曲阜流来，在洪泽湖之北与汴水交汇，是隋唐大运河入淮水流的主要补充。宿迁与古泗州城相望于洪泽南北，那里自然会是一个重要的运河地理环节。

宿迁也有很多古名称，最著名的是下邳和下相。在秦汉时期，徐州附近的沛县等，也就是刘邦被称为沛公的地方称为上邳，现在的邳州和宿迁也就称为下邳。下相的古名称，则是因为它与淮北市相对，形成了区域闭合圈。宿迁在南北朝时也称宿豫，后来因为要避唐代宗李豫的名讳，改称宿迁。当然，它与许多古老地名的来历一样，同样也有方国部族败落而迁徙的历史故事桥段，有说原住民来自鲁地宿国的旧族，但更有可能的是来自宿州的古宿国人的迁移。

宿迁有不少能征惯战的历史人物，如韩世忠虽然是陕北人，但在这里的老营口驻过军。南宋初年还有一个叫魏胜的宿迁籍将军，曾经在海州和涟水抵御南下的金兵，也是一个辛弃疾式的义军首领，做过海州（连云港）和楚州（淮安）的知州，在金主完颜亮南进时，曾经锁石沉江，阻挡过金船，冲入敌阵时落马阵亡，时年只有四十五岁。魏胜是南宋名将，只因缺少一些同辛弃疾相比的诗才，即便有如项羽一般“力拔山兮气盖世”的功夫，名声终究不够显赫。

宿迁北望齐鲁，南接江淮，在洪泽湖之北的骆马湖边。对中运河来说，骆马湖和洪泽湖是两个调节运河水流的超级大“水柜”，骆马湖的功能更直接更明显一些。宿迁虽然在“黄河夺淮”中同淮河与洪泽湖一道受过难，但中运河的开通，给了它难得的机会。依仗骆马湖水，宿迁成为中运河边新的明星城市。有了中运河和宿迁，淮安里运河“舍船登岸”的历史结束了，新的运路开始畅通，船只可以从淮安直上邳州和台儿庄，同鲁运河实现对接，一举打破了隋唐大运河衰退后出现的物流瓶颈，让古汴水和古泗水汇流的运河，在新的格局里高效运转起来。在近几百年里，中运河成为南北大运河轴线中承上启下的畅通河道，也成为京杭大运河吞吐货流的强大后盾，并促进了清初以来的运河再度繁荣。现如今，繁荣更进一步，宿迁运河港越来越繁忙。2018 年宿迁的货物吞吐量达到了八百万吨，正在向千万吨级运河港规模发展。在宿迁和邳州之间的一段，中运河水深可达十五米，抵得上一般海港的水深。

骆马湖为中运河和宿迁市的发展提供了丰富的水资源，而且一直是二类水质，这样的水资源优势同其区位资源优势结合起来，给宿迁这座新兴的工业城市提供了更多发展能量。这里湖泊众多，叫得上名字来的就有一百多个，而淮河的另一条重要支流濉河也流过泗洪，其运能之大，能与它相比的河港城市并不多见。在与宿迁相对角的临淮半岛上，还有一段三十公里的古老运河河段，是古通济渠的残留河道，运行也一直很正常。那里有大徐城和徐君墓，年代可追溯到周朝后期的东夷徐偃王时代。

中运河的称呼，无疑是因为这段运河居于整个京杭大运河的中段。骆马湖的称呼，又是所据何来呢？好像有从《禹贡》而来的，充满神话色彩，但穿越到更为古老的时代。这个骆马湖也曾叫龙马湖，这个名字或许更接近于它的地理原形和大湖气质。有的说法同“徽骆驼”们联系在一起，这里的徽商很多，但那时是随口说说。历史上龙马湖又名“骆马湖”，倒也不算离谱。因湖水多，湿地也比较多，在古代是养马的好地方，项羽的骑兵就来自这里。他的那匹乌骓马，或许就在骆马湖边的草滩上奔驰过。

宿迁和中运河丰富的水资源，从一些镇名就可以看得出来，比如顺河镇、皂河镇、龙河镇、新河镇、青伊湖镇、临河镇、高渡镇，乃至出产双沟大曲的双沟镇、洋河大曲的洋河镇等。好像是无水不成镇，但其中最有运河韵味的乡镇，莫过于宿迁的四大古镇，即黄墩镇、埠子镇、嶂山镇和皂河镇，外加一个比较邻近的窑湾。

我们在黄墩镇待了一个小时，中午到了皂河镇，最后去宿迁北部的嶂山镇。黄墩镇有些意思，一是古老，别称“曹瓦”，青石板铺成的曹瓦古街还在，粉墙黛瓦，从春秋战国开始，这里就是“鱼米之乡”，有特别的水乡古镇情调。二是在元代，这里有过南粮北运的中转仓库，仓库的庄台相对较高，但在明初的一次“黄河夺淮”中，地面蒙上了一层厚厚的黄泥。乾隆二下江南时经过这里，看到了显眼的黄泥台地，也就顺口赐名为“黄墩”。现在的黄墩，也是宿迁的一个“粮仓”，但它东拥骆马湖，毗邻中运河，水产养殖也是产业中的优选。

最有中运河文化底蕴的，还是皂河古镇。那里地处宿迁城区之外，是中运河古文化中心，见证过“黄河夺淮”的一幕幕，也见证了中运河的全面开通和运转。皂河镇得名于皂河。皂河是发源于山东郯城墨河的一条支流，因为河底土色发黑，便被称为“皂河”。皂河在清初从自然河流转型为中运河道。在较早时间里，中运河走的是骆马湖，水深不一，码头也不固定，并且经常受到南徙黄河水流的影响。乾隆年间在皂河西岸修筑了大堤，皂河变身为运河，中运河也就横空出世了。

皂河其实就是中运河的主河道，皂河古镇也是货真价实的中运河古镇，它的水域占全镇面积近三分之二，骆马湖环抱着它，运河流贯其间，有环湖大道穿过镇里，常住人口超过六万人。著名的安澜桥就在皂河镇头上，桥边就是乾隆驻跸五次的“龙王庙行宫”和他泊船的“御码头”。镇里还有令人瞩目的建于清代嘉庆年间的一个陈家大院，占地六亩，回廊式六进院落，有六十六间各种用途的房间，配有一个大粮仓，是典型的清代徽派建筑。陈家大院原来是骆马湖马姓商人的住宅，后来转售给陈姓鲁商，可见这里各路商帮众多，财力是十分雄厚的。抗日战争期间，陈家大院曾被夺占并作为一支侵华日军的司令部，中华人民共和国成立后收归国有，一度成为运河货船站。现在是游人常去的宿迁古建群，但也应当是中运河早年的航站所在地。

因为时间关系，皂河镇的各个角落没有来得及细看。古镇水乡景色宛然，饮食文化也很有特色，这里是叶家烧饼，那里是王家牛肉锅贴，还有宿迁瓦块鱼，民间烟火气很浓。老街位于镇北，石板路两边有店铺，有的是马头墙式高耸的徽派老建筑，但后来的新建筑也不少。也许是希望恢复古镇的旧观，但又不能过多动迁，人们在皂河东岸开出一些河滩地，大约有千把亩，推土机正在那里平地。场区门前挂了一个临时路牌，叫“通圣街”，这名字是从古镇里带过来的，还是因为这里有接过圣驾的“龙王庙行宫”呢？在路牌的右手边，就是我们此行要看的那座异乎寻常的分水龙王庙。

在旧时，龙王庙到处都有，但专司分水的分水龙王庙，却是运河大闸口边的标配。骆马湖是江苏的四大湖泊之一，也是中运河边除洪泽湖之外的最大的蓄水湖。在分水关节处，建有大的分水龙王庙是必然的，但这个分水龙王庙在运河上下名头大到了皇帝也要住，这又是什么缘故？其一是这里的龙王庙庙会声名远播，从明代起就有上万人参与，是个热闹的地界。但那庙会并不是在龙王庙里举行，而是在皂河镇南首的金龙大王庙前。其二是在众多龙王庙里，分水龙王庙规格最高，而清代的皂河古镇庙会居然会扎起“全副銮驾”，这自然与乾隆南巡驻跸是分不开的。

但皇帝出巡住进龙王庙，似乎从来没有听说过。乾隆下江南有很多戏说，尤其是住在海宁的陈阁老家中，还被好事者演绎出一些身世故事。这里虽然没有类似的民间传说，但乾隆皇帝六下江南五次要住在皂河镇的分水龙王庙里，倒是为它披上了不少神秘的色彩。

其实说起来也简单。乾隆皇帝刚继位的时候，淮河上并不太平，京杭大运河的一些段落，尤其是淮河以北，还是“断头”依旧。他的爷爷康熙皇帝几次到淮安，因为洪泽湖与淮河的水患而寝食难安，除了责罚一众地方官员治河不力，也只能在这里铸一头镇湖牛，在那里扩建一座龙王庙。从时间上讲，敕建安澜龙王庙的是顺治皇帝，雍正皇帝和后来的嘉庆皇帝也重修过，但庙真正改建是在清康熙二十三年（1684）。这个皂河镇分水龙王庙，属于皇家龙王庙。乾隆皇帝用来做临时行宫，还是顺理成章的。只是乾隆五次到宿迁，都住在分水龙王庙里，并不是他对这里的景色情有独钟，即所谓他的诗里所赞的“第一江山好去处”，而是焦虑于淮河水患连连和大运河的阻塞状态。大运河“中焦阻塞”，关系到南来漕粮多寡，也关系到朝廷税收，更关系到龙椅能不能坐得安生。从顺治年间开始，开凿中运河的议论就开始出现了，清康熙十五年（1676），淮河下游几处决口，到了第四代，依然是这个样子，这怎么可以呢？再说清康熙二十五年（1686）时，邳州到台儿庄的东西向运河一段已经修通了，他再不干一件运河大事情，怎么去向皇爷爷交代？于是开凿中运河的事，一时之间也就成了他心头的大事。

然而，乾隆皇帝能够住在分水龙王庙，而且连住五次，也是“康乾盛世”中的一桩大事。他知道，没有他的“督战”，玩忽职守的大臣们还不知要将工程拖延多久。再说，这里的皂河古镇也不算冷清，分水龙王庙的周围，陆续修建了龙潭、香茗榭等，住烦了可以去散散心，所以无论从哪个方面讲，他的选择还是有道理的。并不能说，乾隆皇帝六次下江南，都是为了寻欢作乐，或者去认子虚乌有的生身父母。在他眼里，中运河南连淮扬运河，北接台儿庄和济宁运河，除了山东聊城的一段里还有二百公里的旱路，那是元明之后形成的一段，要想让南粮源源不断漕运到京城，只能在中运河身上先打主意。

无论怎样去分析，乾隆皇帝五住龙王庙的动机，终究还是明白的。作为当朝君王，在一些方面，乾隆皇帝比他的爷爷康熙皇帝还要讲求实际一些。康熙皇帝下江南到淮安，当地官员向他诉说修堤的重要性，要求朝廷拨款。

在当地传说里，康熙皇帝为这事做过一次微服私访，有河工从另一个角度对他讲，修不修堤还不是一回事？好多银两最后不都进了修堤官员的腰包？康熙皇帝回来大发雷霆，不分有无贪污劣迹，把所有要求修堤的官员全部革职，结果不久后河堤还是决开了。有人评说，康熙皇帝反腐败颇有力，殊不知这事也要两面看，那时他的国库财政吃紧，拿不出钱来。把不同的事放在一个锅里炒，终究不是个好的评价法。乾隆皇帝却有些不同，在龙王庙居住期间，把临时拨付治河经费改为年拨付，运河治理也就开始常态化了。

皂河古镇虽然也收门票，但属于象征性的，我们很方便地进入庙里。这是一个占地三十六亩、四院三进、中轴线分明的大院落，似庙非庙，似宫非宫，有一种说不出来的感觉。从海晏门进入第一道院落，金砖铺地，北侧是山门。有趣的是，第一道院落里最醒目的是坐南朝北的一座古戏楼。这古戏楼有些说道儿，那时这里有一个叫刘永富的民间艺人，善唱“拉魂腔”，这“拉魂腔”脱胎于柳琴戏，是从鲁地沿着运河传来的，经过刘永富的创新改造，凄婉的唱腔不仅拉走了乡人的魂，把住在龙王庙里的乾隆皇帝的魂也勾了一下。乾隆皇帝一高兴，便把龙王庙里的戏台赐给他，成为刘家班的专用戏台。宿迁人常说一句老话，“不听拉魂腔，吃饭也不香。一听柳叶琴声响，绣楼小姐要跳墙”，可见这戏的魔力有多大！后来我们也知道，这并不只是故事的包装，“拉魂腔”现在依然吸引着宿迁的观众，一年的演出至少有二百场。

第二道院落是乾隆规制的御碑亭，第三道院落是龙王殿，第四道院落是禹王殿。乾隆皇帝并不与龙王一起住，他住在更高规格的禹王殿里。禹王殿有黄色琉璃瓦顶，是乾隆皇帝休息议事的地方。这里有钟鼓楼、东西宫，东西有御花园和御膳房等，规模不大，结构也算紧凑。这样一种变通的行宫，在古代帝王的生活中，堪称少见。住在禹王殿，有没有自比大禹的意思，只有他自己心里知道。

看过安澜龙王庙，沿着庙墙外的道路，向安澜大桥走去。刚拐过龙王庙墙角，宽宽的运河水道就出现在眼前，敢情这龙王庙就建在运河边，那御码头也建在运河的河湾里。思忖间，运河上驶来了一串机动船，每条船近百米长，四艘千吨货船居然连在一起航行，向皂河镇方向驶去。这可是一列水上火车，中运河的运能真让人有些吃惊了。

穿过皂河电灌站一侧的道路，很快就来到安澜大桥桥头。安澜大桥显然是后建的，具有现代桥梁的典型特征，从运河桥的这一头，一眼看不到另一头，中运河的宽度由此可见。从这里上行，一路上见到的运河桥，犹如安澜大桥一样，钢梁铁架，高速公路通过桥面，有的还是现代风格的斜拉桥。

站在安澜大桥边，远望波光粼粼的运河水和骆马湖，心潮有些起伏。河面上，方才见到的许多连在一起的“水上火车”络绎不绝。如果水再深一些，会不会驶得更大的轮船，也未可知。再远望四周，一湖一河之间，是一片金黄的油菜花田，是花岛似花洲，在阳光下组合出另一种淮上水乡色彩。中运河两岸，并没有江南小桥流水那般细腻深沉的风韵，但有一种天生的自然壮美。据说，宿迁正在修建骆马湖东岸的“宿豫运河”，要把运河水引入其核心商业区宿豫区下相街道，这对古来有名的“下相”，自然会是锦上添花。

很想在运河和骆马湖上乘船一游，但没有机会，我们也就穿过皂河安澜大桥和后来经过的诸桥，向宿迁东北方向的嶂山镇奔去。嶂山镇是宿迁的北大门，是沿着运河一直向北的高速公路的重要交通节点。那里的嶂山闸，在江苏水系里号称“第二闸”，是中运河北上南下的咽喉，也是河湖水资源的转换调节枢纽。嶂山闸位于运河和新沂河交界处，一排闸口横在骆马湖与中运河高低错落的空间里，很有气势。从嶂山镇的嶂山大道西去，一眼就能看到河闸的身影，嶂山闸闸体雄浑沉稳。据说闸口全启，每秒排水量可达一千立方米以上，这个流量是十分惊人的。嶂山闸之所以重要，还在于它是沂沭泗河洪水东调南下的水源进口，也是骆马湖与中运河相互调控水位的关键设施。有了这排闸口，骆马湖也就成为中运河边的一泓活水，在运河相对缺水时补平水位，让运河载得起千吨船，也载得起整个宿迁城。这里的人说，我们来得不是时候，要是赶上嶂山闸泄洪的时候，骆马湖水飞流直下，涛声如雷。他们还说，这里的闸头鱼很有名，是地道的农家做法，煮熟的鱼肉呈“蒜瓣”状，但现在是禁渔期，我们是没有福气消受了。

嶂山是宿迁北面的一道地理屏障，距离宿迁市中心只有七公里。它的主峰叫峨嵋嶂，是宿迁的最高峰。之所以叫峨嵋嶂，是因为它有峨嵋的秀险突兀。嶂山镇在嶂山闸的西头，有一条百年老街，猪市、羊市、粮市、菜市俱全，一年四季集市从不消停。嶂山镇与其他古镇风貌有些不同，这其实是运河边的一个中心贸易市场。在百年老街逛逛，不买什么，也是很有兴味的，但真正让人记住的，还是隐约可见的峨嵋嶂和嶂山闸线条清晰的坝体，嶂山闸下，运河河面阔大。什么是江山形胜，这里就是。

公路一直在骆马湖湖西侧向北延伸，途中又见黄墩。再向北，就是新沂市窑湾镇，那里已经到了徐州的地界。窑湾镇也有千年以上的历史，曾经是“东望于海，西顾彭城，南瞰淮泗，北瞻泰岱”的商业大镇。昔日里钱庄、当铺俱全，还设过运河过境的税卡。窑湾镇不仅有古城墙，还有三座炮塔，中炮塔下，是一路长青石板铺成的中宁街。街上的饭铺招牌，说明这里的饭菜已经是徐州风味，有鸡汤麦仁熬的饦汤就馓子，有地锅菜贴饼子，还有绿豆酿的酒，要不是刚吃过饭，真想在这里撮一顿。窑湾镇有大镇的底气，是因为它是运河旁的一个平安角，即便是在无数次“黄河夺淮”的险情中，都能够平安无恙，因此它在徐州三面临水时，便成为徐州通向南边的唯一门户。历史上这里会馆林立，有山西商人的，有江西商人的，也有苏州、镇江、扬州商人的，是淮北的一个商业中心。

中午时分，我们终于赶到了邳州。

邳州是徐州东端一个既老又新的城市，曾经也是“黄河夺淮”的一个要冲。明嘉靖四十四年（1565），黄河曾在上邳和沛县决口，总理河道都御史潘季驯全力治河，南北奔波，没少到过这里。明隆庆四年（1570），黄河再次在下邳即现在的邳州决口，他又投入到这段黄河的治理中，并在这里提出拟筑长堤，实行束水攻沙理论，收到了一定效果。邳州现在是中运河连接鲁运河的中转点，其港口属于徐州港的一个港区，区位比较重要。

进入城郊公路路口，打听了一下，往东是曾经利用黄河故道行船的老渡口码头，那里也有一个运河小镇。因为黄河故道早已结束了它替代运河的行船功能，往日的运河小镇开始演变为城东的一个街区。在黄河故道上行舟，也是“黄河夺淮”后很长一段时间的景象，但历史场景已经发生变化，不看也罢。倒是去城里的途中，看到了一方湿地公园，有一座是春分桥的红色单孔拱桥，横跨在公路边的湖心里，引人注目。这桥是新建的，桥体的设计构思似乎来自《清明上河图》里的虹桥，但有现代韵味。直觉告诉我，这里的湖水不一定来自运河，恐怕还是黄河故道的积水经过处理而形成的。这个别出心裁的湿地公园，使我对并不熟悉的邳州顿生好感。它的北面和东边是大片树林掩映的商业楼和住宅，像是新市区。春分桥下的黄河故道，居然给邳州带来城市发展的一种新意境。

邳州城市不算大，分为新市区和老城区，昔日的运河镇在它的东头，最繁忙的邳州港区在老城区西南。在邳州的路边饭店用过午餐，我们向邳州老市区的南端走去。邳州的老市区很整洁，中运河的邳州码头就在那里。我们走的是邻近运河的单行道，高高的运河堤坝可以行车，并将旧城主街和运河隔开，道路多少有些高低起伏，河务管理部门和港口的牌子十分明显，不用多问路和导航，很快就能抵达运河码头东边的泊船区。

这是中运河邳州港的一个河湾，更宽也更弯曲一些，有明显的越河河汉和泊船的港湾，停船密密麻麻，或者在这里休整，或者等待货运的装船时间和发船周期。有几艘千吨大船靠在坝堤的船台下，三位电焊工正在船头焊接钢板，大约是用来修补船舱的预制件。他们无暇与我们搭话，我们也不便干扰他们的工作。看那忙碌的劲头，运河上的业务往来还是很活跃的。中运河的繁忙尽在眼前，也就不必继续绕到装货卸货的码头上去看了。

邳州是徐州一个十分重要的县级市，这里折射出徐州运河的繁忙和现代中运河的部分结构走向。总之是运河沿宿迁一直北上邳州，公路和运河路线笔直，不像自然河流需要盘来绕去。一路上，可见运河波光浩渺，运河上的船皆为清一色大船，呈现的是现代运河的一种运输状态。邳州是中运河和鲁运河的重要转接点，它弥补了历史遗留的运河走向在黄河北移之后出现的断裂，结束了“黄河夺淮”后，运河不得不利用黄河故道航行的过渡格局，也为徐州在未来成为大运河有可能呈现的一个新的航运“金三角”，提供了新的支点。

如果从行政区划去看，我们从窑湾镇已经开始进入了运河的徐州段，但从清代早期中运河完全开通之后，运河的走向完全调整了，是由邳州一路向北，走了一个新的曲尺形，向北进入了东西向的台儿庄运河河段。因此，在邳州略事休息后，我们便从春分桥湿地公园东边的大路一侧，沿着运河边的公路拐向了台儿庄，再从台儿庄西去到微山湖运河上的韩庄，后到徐州去。尽管这样走绕一些弯，但始终没有离开大运河的主干，同时也体会到运河走向的复杂地理结构，了解到人们在地理地形变化和黄河北移后，是如何趋利避害，不断地优化运河走向和运河物流结构的。

# 台儿庄内外

枣庄的运河被称为“活着的运河”，主要是因为它的水上运输一直未曾彻底中断过，但从京杭大运河现状来看，水上运输一直未断的运河，不仅有这段鲁运河，还有前面经过的中运河。这是长江以北“活着的运河”的主要段落，由此向南，运河全是活的。尤其在台儿庄这一段，自从台儿庄运河城兴建，运河主航道移到城外，就出现了一段双向河道，水上交通更加通畅。

台儿庄运河是长江以北有一定规模的东西向运河，从根子上避开了黄河再度北移留下的黄河故道，让运河焕发了新的活力。中运河的开通，彻底改变了里运河舍舟登岸转向陆行的被动状态；台儿庄运河的开凿，船只可以经由微山湖直抵济宁，也可以一直从台儿庄南去到泗阳、宿迁和淮安。

说台儿庄是长江以北第一条有规模的东西向运河，并不是很准确，因为在北方鲁运河的中段，也就是聊城和东平湖之间，曾经有过始于元初，再兴于明初的会通河，此段与运河同样也是东西向。会通河长度有一百多公里，而台儿庄运河的长度约四十二公里。前者的长度是台儿庄运河长度的两倍多，只是，会通河从清朝后期黄河在铜瓦厢决堤之后，就完全中断了，一直没有得到恢复；而台儿庄运河以南的运河，一直到今天都焕发着一种活力。

台儿庄运河也叫“月河古道”，为什么这样叫呢？一是台儿庄运河的开通，是明朝人的功劳。明朝万历年间，因为京杭大运河徐州段南移黄河而多次淤塞，河路不是很通畅，不得不“开泇行运”，即从微山湖东南韩庄出口，取泇河水，经台儿庄，再向南一直通向徐州东边的邳州。清康熙年间进一步疏通，乾隆又主持开凿中运河，在邳州实现了南北对接，京杭大运河的“中焦阻塞”也就开始根除了。二是从京杭大运河的地理流向上看。运河原本应当直接流去徐州，再沿着狭长的微山湖北去，但从邳州开始走了一个曲尺形，所以也叫“越河古河道”，究其原意，是特意绕行的一条大运河的支河和越河（也就是月河）。

越河往往是运河主航道里的一段迂回，也就是在需要避开拥堵的河道上，再开辟一条迂回绕行的新河道。因此，月河或越河，是分流船只的一种水上交通规划智慧。但台儿庄的运河，并不主要是用来解决航船拥堵的，而是“黄河夺淮”格局下不得不绕行的一个水上通道替代。这段运河显然比寻常的月河或越河要长得多，属于越河范畴且规格高于一般越河。这段月河或越河，在后来完全变成了运河的正河河道，同时也使台儿庄迎来了意想不到的发展机遇。

这段运河也叫韩庄运河，或叫更早的名称——泇运河。泇河源自枣庄市苍山县凤凰山东麓，原来是与薛河、彭河汇合一同流入沂水的，流到邳州，进入黄河南移后的黄河故道。“开泇行运”这一工程也就成为一种必然选择，即一头连接中运河，一头连接鲁运河，因此说它是中运河的延伸可以，说它是鲁运河的开端同样可以。台儿庄是京杭大运河北段的一个重要拐点和极为重要的接合部，原本与运河无缘的台儿庄，也因此成为大运河上的一座繁华商业城镇。城镇从一开始的几百户人家发展到六万多居民，云集了大批晋商、徽商、苏商、浙商、闽商，成为辐射苏鲁豫皖的一个重要商埠。

至今，台儿庄古城里还保留着明清时期的古城廓、古河道以及古码头。把这段古运河称为“月河”，也是因为临庄的一段形如弯月，有六里长，虽然在大运河的话语系统里，“月”与“越”同音同义，但前者更有诗意，所以也就以“月”代“越”并约定俗成。这种运河雅称，在长江以北的运河城市中，几乎成为一种文化沿袭，到处都是一样的叫法。既可以从诗意的角度去理解，听起来更具美感，也可以从特别的社会心理文化含义上去理解。究其月河或越河，犹如后世道路的交通转盘和匝道，起着重要的分流作用。一般说来，有月河的运河城市，都是运河河运最繁忙的城市，而这也是月河或越河为什么往往出现在运河城市副中心地带的一个缘故。

台儿庄运河和泇运河前后运行了三百年。清朝初年，由于泇运河得不到及时维护，漕运也曾中断过。在此后的近百年里，台儿庄运河一度成为汛期泄洪的走廊，偶有船只行驶。清乾隆二十二年（1757），又在韩庄运河也即泇运河之南，开凿了一条伊家运河，这条新的河道一直到咸丰年间才完工。伊家运河在台儿庄与韩庄运河汇合，加大了通航、灌溉和排洪的水流量，也出现了双河道的形态。1956 年，鲁西四个县的十多万名民工，对台儿庄运河实施了一次较大的疏通治理。1972 年后，随着台儿庄节水闸和船闸，以及李庄、刘庄等系列码头陆续建成，长达约四公里的河道达到了三级标准，转移在城外的运河也成就了更大气候，千吨大船可以安全顺利地行驶通过。在内河航运体系里，三级航道已经属于高级别航道，这样的运河航道在苏鲁的一段，长达一百七十八公里。目前，台儿庄的航道正在进入"三改二"工程的升级阶段，达标的时间不会拖得太久。

在这条东西向运河河段中，除了台儿庄码头群，枣庄市还有一个峄州港。2017 年 2 月开始试营业，年吞吐量约五百万吨，因为水运市场开始再度兴旺，当年就创下了单日吞吐量三万多吨货物的纪录。台儿庄的运河地位也由此进一步得到提升。

台儿庄运河的兴旺，也是中运河、鲁运河全面复兴的一个标志。随着运河向城外转移，运能大幅提升，台儿庄内外环境发生了引人瞩目的变化。古城再造成功，其中最大亮点是古城旅游业，其成功之处在于保留了古运河流经城内的一段和古老的码头，同时也保留了台儿庄战役的遗迹。古城里出现了纵横水道，旧时留下的运河遗迹，如东南西北门和小南门，以及山西会馆、谢家镖局、骆家码头、郁家码头、赵家码头、天后宫码头、四十万码头、五行码头，还有昔日的胡家大院、赵家大院、黄家大院等，都在一定程度上再现了古城旧貌。从总体上看，古城的设计，更多地将其看作运河文化的部分集大成，比如中国运河招幌博物馆，集成了北方城市的商业招牌。在古街道的布置上，在古城内建筑风格选择上，多少有些南北混搭，一些江南园林的部分景观，也出现在台儿庄古城里，这对运河文化的延伸展示，无疑是有益的，但也容易冲减人们对台儿庄的历史认知。

相比之下，运河主干道转移到城外之后，在古城的东侧和北城门与运河大坝之间，形成了一条湾带状绿色湿地，垂柳依依，荷花满塘，更加吸引游人。人们在林荫下漫步，游船在水面上荡漾，是一个休闲娱乐的好去处。运河湿地"十里荷花廊"荷花盛开，游客们纷纷来此赏花。这里占地两万亩，是一个多功能的景区。从古城东门出去，穿过兴中路，就可以到达。

其实人们还是对运河本身的变化更关心，从这块难得的运河湿地到运河大桥上去，可见双向河道船来船往，呈现出一派繁忙景象。运河主干道向城外迁移，是南北方运河城市的普遍现象，也符合城市发展扩容的要求，即大运河在自身的发展中不断优化地理位置和结构，需要在城市扩容的同时裁弯取直，与城市的现代布局形成良性互动。这样一种调整，在运河发展历史上，就曾在多地和多时期里出现过，现在更是如此。那么，如何处理好运河历史形态和现代发展需求的关系，也就成为一件重要的事情。遗址公园就是遗址公园，运河古城就是运河古城，运河的古代形态就是古代形态，现代形态就是现代形态，这是同一个课题中内容不同的子课题，并不能完全混杂在一起。

离开台儿庄时，天色已晚，想看看韩庄运河和伊家运河的闸口，眼见已经不太可能，那还是寻找比较便捷的公路去徐州吧。徐州这个古老而且很有文化底蕴的黄淮海重要城市，它的运河系统在如今的京杭大运河体系里发生怎样的变化，是一个更让人感兴趣的话题。

神勇

# 黄河故道掠影

黄河有很多故道，但最大的故道在徐州城北。徐州是黄淮海平原的区域性中心城市，有过耀眼的历史光环，也有过历史的暗淡，尤其是黄河的历史流向区位摆动，会给它带来始料不及的各种直接和间接影响。

黄河既决口又改道，在世界诸河中是独一无二的。有记载的最早改道，是在公元前612年的周定王时期。新莽时期，黄河在临漳决口，从今天的山东利津入海。汉武帝年间，黄河又在濮阳决口，河道向南迁移，历经几十年才回到原来的河床。隋唐五代进入大体稳定期，但在两宋又开始进入频繁的改道周期。公元1048年，宋仁宗在位时，黄河经聊城至沧州青县入海，宋人称之为“北流”；十多年后黄河再次决口，流经馆陶，时人又称之为“东流”。南宋建炎二年（1128），黄河又从滑县李固渡人为决堤，开启了黄河长时间夺淮的一幕，这次决堤不仅引出通济渠的历史性变化，徐州也遭受了洪水的连续打击。其时的徐州，几乎三面临水，唯有南面有陆路可通，但也长期受到南移黄河流水流沙的制约。在明代，那里虽然拥有全国最大的粮食转运仓“广运仓”，但也经常受到洪水的威胁。汴渠原本流到徐州，接纳泗水，经淮北、宿州、灵璧、泗洪入淮，但从此以后，南流的黄河打乱了通济运河的运行节奏。清末咸丰年间，兰考铜瓦厢决口，黄河河道北移，这里就留下了著名的徐州黄河故道。

我们是从台儿庄绕了一个弯到徐州的，从台儿庄方向切入徐州市区，可以看到更多的黄淮海景象。到徐州城东，天色尚亮，在寻找预订酒店的时候，我们不经意间穿过一条临河的街巷。街巷很热闹，行人川流不息，一边是店铺，一边是围着石护栏的河水，我在脑海里努力搜索二十多年前来徐州的印象，似乎从来没有来过这里。我只能坐在店铺里向人问询路况。徐州人十分热情，很乐意给路人指路，问问这条街巷在哪个位置，这河是什么河，他有些惊讶了，你们不知道？这就是有名的黄河故道呀！他这么一说，该惊讶的倒是我了。二十多年前到徐州，只记得鼓楼和戏马台，还有快哉亭。戏马台的街道虽然也很宽，但有些临街的台地，多少有些像在西北黄土高坡市镇边见到过的土隘。项王路上的戏马台，是当年项羽定都彭城筑台训马选马的地方，那里是西楚霸王定都彭城的大本营，可以再去看看，但无非是建设得更好，维修绿化得更好，再去细观，意义不是很大。抽时间去看黄河故道，倒是我心里的一个愿望。

当年的印象，黄河故道离市中心也不算很远，那里有很大一条东西向的积水带，碧绿碧绿的，很是壮观。河坝很陡，但也有缓坡，环顾四周，没有多少住家和人气，形同一条大野河和大野湖。料不到现在是通向闹市区的一条景观河。抬头看看，一号地铁线就在附近，这一切像是布景又不是布景，跑过去用手摸摸石栏杆，再看看河水，仍然清澈见底。如果没有对岸人影和车影真切地晃动，还有偶尔一声汽车笛声短促一响，还真的要成了刘禹锡诗里恍如隔世的“烂柯人”了。

同伴里有一位近期来过徐州，他说他想起来了，从这里向前走，有一座大石桥，走上桥去，有碑有说明，还有公园。公园对面还有大龙湖、小龙湖和玉龙湖。龙湖小区开发得不错，也是一个新地标，问我要不要去看看。我说，小区就不看了，还是在这变化了的黄河故道上走一段，再趁着天未黑，赶到从地图上看不算远的黄河故道上的万寨港口吧。主意既定，说走就走，我们便从黄河故道边的街口拐上路口，上高架桥向东北方向驶去。

徐州的变化太大了，高架桥上下的路况我们又不是很熟悉，盘来盘去，到了万寨港区的大门时，路灯已经亮了。正犹豫要不要进去，迎面走来一对中年夫妇，忙趋前问询，能不能进港里看看。那男的问，有港口业务吗？我就是一个船长，如果没有，你们看来看去不就是一个大些的运河港口吗？我说，徐州运河港可是远近闻名的，排在国内二十八个内港名单里。他笑起来，你说得没错，但年初因新冠肺炎疫情防疫抓得紧，加上煤改电，河沙禁止开采，业务就少了一些。我们上午接了订单，运输一批卫生洁具，现在要去做开船准备，天一明就开往宿迁去。说着，夫妇二人带我们到船坞边转了一圈，挥挥手，也就向码头方向忙他的工作去了。

傍晚的港口还是比较宁静的，看不到龙门吊滑来滑去的装卸货情景，所以我们匆匆地来匆匆地去，只看了个大概。回到城里酒店休息，很长时间都在琢磨徐州，先想那条一到徐州就见到的黄河故道上的新景象，再琢磨徐州万寨港的运河走向和宽大的港区，还有零零星星听来的各种信息，包括徐州运河向北融入京杭大运河的一些背景，以致亢奋得难以入眠。

我知道，在很长时间里，徐州的发展命运，与南迁的黄河和被黄河打乱了节奏的通济运河紧密相连。通济运河流向徐州，不仅是因为其战略位置重要，也是因为汴水与泗水在这里汇合，再次补充运河的水量和运能，但从南北宋之交的第一次“黄河夺淮”开始，徐州也就成为黄河乱流中的旋涡。原本是南北东西通衢路口的徐州，成为劫难频发之城，那记忆中古来街巷中的土隘或许就是某一次洪灾留下的痕迹吧。

黄河自然也给徐淮平原带来了沃土，使这里成为巨大的粮仓。在昔日黄河相对平静时，也可以借助它来行舟，出现了诸如邳州东郊那样的运河小镇，但在那时，人们安居乐业的时候少，同黄河水较劲的时候多。二百多年前黄河北移了，留下巨大的河道，或许可以成为行洪的孔道，或者天旱时成为提水灌溉的水源，但总体上荒荒地搁在那里，只能养养鱼罢了。现在成了市中心的景观河和北向运河的码头，黄河故道也就有了自身的新价值。

然而，徐州作为昔日通济运河的重头港和动力源，又如何再现昔日的水陆交通风采？在黄河故道上建港，船只沿着微山湖西缘北行，一直去向济宁。陆路上陇海线和京沪线相互交叉，也就成为最重要的货源集散中转中心。徐州港分为万寨港区、孟家沟港区、双楼港区和邳州港区，邳州港区在我们路过邳州时已经看过，规模中等；鼓楼区陈琶路北头的万寨港区，规模最大。万寨港也被称为北港，那么南港呢，或者在徐州和宿州之间会有运河继续连通的某种规划吧。

徐州港孟家沟港区在城市北部的三环路附近，也是二级航道。那是一个重要内河集装箱运河港口，双楼港区则在徐州运河东部，它们都在一条运河线上，也在黄河故道上。听酒店的工作人员说，市里还有一段河道，近期封闭，是考古还是施工，不清楚，也许是对流经徐州市区的奎河进行改造。奎河的源头在徐州城里，流向铜山方向，但也许会是另一条废黄河，是建设公园还是有更大的规划设想，下次来才能看明白。黄河故道在徐州的城北，在我的想象里，邳州港迟早要同徐州港母港连通的。这黄河故道虽然给徐州带来诸多灾难，但在今天，它是一笔负资产还是正资产，还要细细地去琢磨。徐州港和它的子港邳州港在分别融入京杭大运河的同时，会不会再圆一个运河东联南联梦，让上邳和下邳珠联璧合，这不仅关系到“汴水流，泗水流”的旧景能否再现，也关系到徐州运河能否与中运河的直接连通。可以想到，徐州的“运河环”或许还会出现，并让黄河故道焕发出新的光彩。

徐州是黄淮重镇和东西交通轴线，“海陆空”皆备，这是徐州继续腾飞的物流市场条件，创造更多的物流优势，这并非只是畅想。纵观隋唐大运河历史，通济渠成在徐州，败也在徐州，隋唐大运河的复兴也应当系于徐州。

徐州是黄淮海经济重镇，食品加工业强大，装备制造、新材料、环保产业力量雄厚，文化底蕴也丰厚。徐州产生的古代诗歌作品也不少，最有名的就是刘邦的《大风歌》，但这不是其为沛公时所作，而是他君临天下后的作品。项羽的《垓下歌》唱于灵璧境内，徐州却提供了刘项征战的大布景。元代诗人萨都剌的《木兰花慢·彭城怀古》，在“乌骓汗血，玉帐连空。楚歌八千兵散，料梦魂、应不到江东”中，为项王作了遥祭，这是他赴任江南途中路经徐州时作的一首词。

刘禹锡的祖籍是不是彭城，似乎有不同说法。他的自序有“家本荥上，籍占洛阳”之语，其父刘绪为避安史之乱，避居苏州，因此他出生在苏州，也许是他的哪位祖上曾居彭城，而他进士及第后的第一个任职也是在淮南幕中，曾有在常州所写的《顺阳歌》。他随军转战淮西，徐州也是必经之地，但由于平叛战事倥偬，并没有留下多少有关诗篇。

有关徐州运河的诗，最主要的是苏轼所作的《江神子·恨别》：“隋堤三月水溶溶。背归鸿，去吴中。回首彭城，清泗与淮通。”在苏轼生活的时代，通济渠船来船往，正是古徐州运河最兴旺时。从密州到江陵转道徐州，虽然路绕一些弯，河路船行还是十分方便的。苏轼是在北宋熙宁十年（1077）转任徐州知府的，他将徐州城中的“阳春亭”改名为“快哉亭”，并作《快哉此风赋》，“贤者之乐，快哉此风”。这个快哉亭与黄州长江边的快哉亭并不是一回事，但与苏轼都有关系，快哉是苏轼的真性情。北宋诗人陈师道是徐州人，师从曾巩，是北宋江西诗派代表人物，他也常登临徐州快哉亭，并在

《登快哉亭》一诗里写道："城与清江曲，泉流乱石间。夕阳初隐地，暮霭已依山。度鸟欲何向，奔云亦自闲。登临兴不尽，稚子故须还。"看来，傍晚来登快哉亭向来是古时徐州人的一大快事。北宋词人贺铸就登临过此亭。

值得一提的是，苏轼从山东密州转任知徐州，又是他与弟弟苏辙相伴并再次相别的地方，二人共同度过了难得的一次中秋节。在密州时苏轼写下了那首千古绝唱《水调歌头·明月几时有》，寄思兄弟苏辙，充溢着人间普遍的人文关怀。苏辙则在徐州写了回赠哥哥的《水调歌头·徐州中秋》："离别一何久，七度过中秋。去年东武今夕，明月不胜愁。岂意彭城山下，同泛清河古汴，船上载凉州。鼓吹助清赏，鸿雁起汀洲。"在徐州度中秋泛舟古运河，是苏氏兄弟最为难忘的一个时刻，孤帆水驿，两人对酌，加上声声入耳的《凉州曲》，自有一番离忧之情在心头。

在徐州，中唐诗人白居易也作有"燕子楼中霜月夜，秋来只为一人长"（《燕子楼诗三首》），女诗人关盼盼回以同题诗，但那毕竟是一个"不见去年人，泪湿春衫袖"的复杂扭曲的感情故事。此事有两说，一说关盼盼是时任徐州节度使张建封之妾；一说关盼盼是张建封之子张愔之妾，中间隔着两代人，因此也还是一笔糊涂账。笔记传闻里这样讲，白居易与张建封有交集，也曾见过关盼盼，张建封死后白居易第二次到徐州，关盼盼已经为葬在洛阳的张建封守寡十年，所以白居易在《燕子楼诗三首》的第三首中云："今春有客洛阳回，曾到尚书墓上来。见说白杨堪作柱，争教红粉不成灰。"关盼盼也写下《和白公诗》，旬日不食而卒。如何评价这等事，很让人纠结。倒是"文起八代之衰"的韩愈，在徐州做过张建封属下的从事，写有《汴泗交流赠张仆射》："汴泗交流郡城角，筑场十步平如削。短垣三面缭逶迤，击鼓腾腾树赤旗。"描写了张建封在徐州演兵场击鞠的场面，也道出了汴泗交流中的山河形胜。韩愈在《归彭城》一诗中也记录过郑滑大水，并发出"生民为流尸""天下兵又动，太平竟何时"的感慨，这倒显出他"文起八代之衰"的一些本相。韩愈是河南南阳人，但对黄河很是关注，他曾经在《河之水二首寄子侄老成》中咏叹："河之水，去悠悠。我不如，水东流。我有孤侄在海陬，三年不见兮使我生忧。"他还有一首《暮行河堤上》："暮行河堤上，四顾不见人。衰草际黄云，感叹愁我神。夜归孤舟卧，展转空及晨。谋计竟何就，嗟嗟世与身。”他为自己的前程嗟叹，也为黄河嗟叹，但这诗是不是作于徐州，似乎说不大清楚。

徐州出生的帝王将相不少，在周代就有徐偃王，其实力之雄厚于此可见。从汉刘邦、南朝刘裕到南唐后主李煜，出生地都与徐州有关。汉朝开国元勋萧何、樊哙、曹参、周勃、灌婴和周亚夫，也都是徐州人氏。项羽定都彭城，韩信在为楚王时也领有徐州。编定了有名的《战国策》《楚辞》《山海经》的刘向，写有《世说新语》的南朝刘义庆，祖籍也都在徐州。徐州历来是人杰地灵的文化重镇，也是中华文化的一个发祥源头。只是徐州向来多难，与河南的开封和商丘一样，历史变乱，水患频繁发生，也是个“城摞城”的地方，很多古迹也就都被湮没了。

再次告别徐州，但也会心系徐州。从徐州乘城际列车去商丘，从徐州观音国际机场启程，沿途又多次见到黄河故道，变化从来不会只有一种颜色，这里有湿地公园，也有渔船远影，故道废而不废。狭长的微山湖给了它向北的水道，黄河将会给它带来更多的礼物。也许，徐州运河水道的再次回环，还要借助于黄河故道。但微山湖会不会像宿迁骆马湖一样，成为进一步盘活徐州运河的另一个大的“水柜”？水利专家们心中是会有数的。河流与湖泊水库良性互动，向来是运河调节水源和水流的一个运转规律，在这方面，前人留给我们的智慧不少，而且现代水利技术的不断发展进步，也会助力徐州运河的全景再现。似乎可以断言，随着时间的推移，徐州的黄河故道上还会有新景接连出现，它带给我们的，不全是昔日的灾难记忆，还会有更多的新鲜事。

# 太白楼下

从徐州到济宁任城的路，比较曲折一些。如果走运河，沿着狭长的微山湖北行比较容易，但没有载人的专业旅游快船航行，只能乘高铁从徐州站到曲阜东站去，再乘大巴西返济宁任城。曲阜毕竟是人们重要的旅游目的地，但这也委屈了曾经设置过运河总督衙门的济宁任城。南有淮安，北有济宁，济宁在北方运河系统中的地位举足轻重。在清代，设有总督运河的大衙门只有三个地方，淮安的一处管理南片运河，并且督造了中运河；鲁运河则由济宁的衙门去打理；此外还有天津衙门，管理南北运河事务。在北运河的末端通州，只设有仓场侍郎，级别低半格，负责管理仓储和物资进京的诸般事务。济宁的运河总督衙门建筑已经消失，遗址犹在，正准备原地复建，让人们重新领略济宁在往日的分量。

济宁也是物华天宝的地方，嘉祥的鲁锦，曲阜的桑皮纸，都是有几千年历史的名品。“强弩之末，势不能穿鲁缟”，鲁锦则是鲁缟的升级版。桑皮纸的制作与蔡侯纸处在同一时代，也是一个时期的绝品。济宁有孔府、孔庙、孔林，是中国儒学地理文化的门户，因此是国际旅游热线。

人们知道，泗水的源头在曲阜的陪尾山下，但泗水也关照过鲁运河。泗水源头地处泰山和沂水之间，那里林泉众多，长流不息，四十多处泉眼同时迸发，在陪尾山西边汇为一池，又分为南北二溪，北溪则是它的主源头。因此乾隆到了这里，也曾作诗说，“出墙为泗川，西流自终古”。泗水是运河上演一幕幕悲喜剧的一个大主角，没有它，谈不到隋唐大运河和京杭大运河的贯流；没有它，淮河一带也不会有泗阳、泗洪、泗县乃至古泗州的许多带“泗”字的重要地名。只是它汇入淮河之后，在培育太多繁荣的同时，也遭受了太多的苦难和委屈。泗水地理位置特殊，来自鲁南的高埠山区，是淮河最大的一条北方支流，不仅给隋唐大运河通济渠和后来的中运河提供了最大水源，也同汶水一道养育过元明时期的济州河和会通河。泗水源远流长，泗水的民歌也源远流长，其风格之明快，不亚于沂蒙小调。曲调的源头与泗水一样古老，泗水的民歌会不会影响到凤阳花鼓，很难说。总之，那是鲁皖人们共同的喜怒哀乐。

任城是济宁市的古城区，也是济州河和鲁运河最早穿越过的一座古任国城邑。到任城，必然会想到李白，因为这里可以称作李白的第二故乡。李白出川后第一个定居点是湖北安陆，但婚姻状态几同“倒插门”，夫人是前宰相许圉师的孙女许氏。这段婚姻是公元727年李白在襄阳由孟浩然撮合而成的，比较美满，也生有儿子明月奴和女儿平阳，不料十年后许氏病亡，他也只能从许家搬了出来，续娶了刘氏。这位刘氏比较势利，婚姻很快破裂，而这也是李白离开前所写的那首“会稽愚妇轻买臣，余亦辞家西入秦。仰天大笑出门去，我辈岂是蓬蒿人”（《南陵别儿童入京》）的个人生活背景。

从《南陵别儿童入京》的题目上看，他与刘氏的婚姻是在安徽的南陵。唐天宝元年（742）李白在长安诏授翰林供奉，此前将儿女安置在了山东任城，在那里薄置田产，续娶了李氏夫人并生了二子颇黎，并遍游鲁地，遂有徂徕山“竹溪六逸”的桥段，也有了真正的“酒仙”品牌。为醉酒这事，李白不知对他哪位妻子作诗道过歉，“三百六十日，日日醉如泥。虽为李白妇，何异太常妻”，太常类如宦官。他从长安辞阙归来，再次回到任城，虽然后来有“十载客梁园”的再婚生活，也多次从这里南下吴越，漂泊不定，但有很多暂别诗都是写给鲁中父老的。至少在名义上，他在这里有着近二十年的注籍历史。

李白为什么选择任城，或有多种说法。比如他曾经与许氏到那里看望过在任城做官的许氏家族成员，并与许氏在任城住了一段时间，任城就是今天的济宁，李白定居在了济宁。还有一种说法，是李白的父亲在任城做过官，这就有些离谱了。李白的父亲李客有商人背景，本身的身世经历就很神秘，如果他的父亲能够出来做官，多少也会有点科举迹象，那么，李白也用不着放弃明摆着的科举之路而去到处求荐了。何况，在李白的诗文里，似乎从未有过父亲在任城的任何线索，他的父亲身后葬在何处，也不清楚。能够解释他居家任城之谜的只有两点：一是有近亲在这里，就像他的从叔李阳冰做过当涂县令一样。从他在东鲁的诗篇来看，有多个族弟，如李沈、李凝、李冽等，他们有的在宋州任职，有的要去长安赴考，他均持积极支持的态度，如《鲁中送二从弟赴举之西京》，就有提到。二是李白好诗也好剑，更喜欢和佩服家在任城的天下第一剑术家裴旻。任城从来是武术和剑术的故乡，鲁人的豪爽也符合他的脾性，这不能不说也是一个重要的注籍于任城的选择动机。

不管怎样说，李白对任城的感情是浓厚的。他在金陵写出的《寄东鲁二稚子》，对这样的亲情和乡土之情表达得淋漓尽致："吴地桑叶绿，吴蚕已三眠。我家寄东鲁，谁种龟阴田？春事已不及，江行复茫然。南风吹归心，飞堕酒楼前。楼东一株桃，枝叶拂青烟。此树我所种，别来向三年。桃今与楼齐，我行尚未旋。娇女字平阳，折花倚桃边。折花不见我，泪下如流泉。小儿名伯禽，与姊亦齐肩。双行桃树下，抚背复谁怜？念此失次第，肝肠日忧煎。裂素写远意，因之汶阳川。"在金陵还写有《送萧三十一之鲁中兼问稚子伯禽》："我家寄在沙丘傍，三年不归空断肠。君行既识伯禽子，应驾小车骑白羊。"从字里行间，人们看到了李白身上高岸之外平凡的另一面，也看到了一种珍贵的游子情和另一种漫然乡愁。

任城有太白楼，就在现在的主街上，正南正北，不大不小，不高不低。太白楼是不是在旧迹上建造的，并不清楚。人们也不知道这太白楼是不是李白亲手植桃树的所在，那诗中酒楼的位置又在哪里，但那古朴的砖台，依然散发着他的灵气。当然也有疑惑，李白是距今一千三百多年的诗人，这里的松柏树树龄没有超过百年的，砖台也未见古砖，但即便是这样，任城人对他充溢的爱意仍清晰可见。太白楼有多座，马鞍山有，歙县有，江油也有，他在那些地方都居留过或者长时间游历过，也有许多诗作传世，比如马鞍山就主办过李白诗歌节，但相比较起来，倾注李白深情记忆且具有某种乡土感的一处地方，还是任城。

我在太白楼待了多时，很希望这里就是李白经常站着眺望远方的地方。尽管在那个时候，任城的建筑没有那么多，街衢更不会有眼前这样宽展，也不会有人为他修筑这样一个绿荫覆盖的平台，但他的诗眼可以穿越得很远很远。他在《送萧三十一之鲁中兼问稚子伯禽》里明确地提到"我家寄在沙丘傍"，想必居所就在运河岸边。他在东鲁写的诗歌约有五十首，其中没有提到运河景象，因为那时的鲁运河还未开通。他虽然后来离开了任城，但在感情上对任城父老还是很有依恋感，若不是因为与宗氏有新的婚姻，以及安史之乱造成的社会离乱，也许他会终老任城或者离这里并不是很远的梁园故地。

从太白楼向前望去，视线扫过马路对面的商楼顶，隐约看到街缝里有一丝亮线在阳光下闪烁，那会是济宁的古运河吗？我知道，唐代的任城还没有出现后来的规模运河，淮扬运河也一直停留在淮阴一线，济州河在元代才开始出现。在这里，他除了北登齐州（济南）的华不注山和泰山，并写有《游泰山六首》，主要的文化活动是围着泰山的支脉徂徕山偕友同游。他是否去过曲阜？以李白的性情和学道学剑的爱好，是不会专门去拜谒孔庙的。况且，在鲁地他也曾写有《嘲鲁儒》的诗，“鲁叟谈五经，白发死章句”，作为有道学倾向的诗人，他是不会以儒学为意的。“竹溪六逸”里有位孔巢父，冀州（今河北冀县）人，孔子三十七世孙。不久后，孔巢父同另外两位隐士结束了隐居生活，出山从政。“竹溪六逸”的相游，也就是一年多的时间便很快结束了。竹溪实有其地，就在徂徕山西南麓的乳山脚下。山前有一座竹岩，石纹如竹叶，岩石下是溪水，杂树生花，后来建有草堂，题为“六逸堂”，并非原建。徂徕山在任城北泰安境内，离任城不算很远。在徂徕山这段隐居生活里，“六逸”价值取向相近，但也不尽相同，李白也只能写诸如《送韩准裴政孔巢父还山》之类的准应酬诗，是远游前的一段休整，杜甫也不时跟着凑些热闹。终究还是诗友与酒友星散，目光更多地转向了西边的商丘梁园。

一开始，李白是在任城和商丘之间行走的，遇到宗氏，便开始了“十载客梁园”的又一种漫游生活。梁园与通济渠近在咫尺，可以西去嵩山和颍上，也可以买舟南下去扬州。这是他又选择了梁园的重要原因。在太白楼上我也曾想过，如果那时候中运河就出现了，他也许会把南游的起锚地直接放在任城吧！因为诗人可以从南门桥出去，直接买舟微山湖，一路过下邳，到淮阴再到扬州，开始他的多次吴越漫游，来去更方便。但如此这般，他的“十载客梁园”的诗生活和私生活，也就要缺页了。在这样一种假设里，他也许会把任城作为他的歇脚和终老之地，而他的那位在任城出生的二子李颇黎也断不会不知所终了。但诗人的心性是很难把握的，因此也不会有那么多跨越时代的随意假设。

到南门桥下的济宁古运河，还有一段路。太白楼对面转角街透出的那抹亮色，应当是后来古运河在任城古城区里的延伸。从这个转角街南去，在一条宽巷里，我终于同任城最早的古运河相遇了。一座有些年头的大石桥横在运河上，不宽也不窄，却很敦实，青石桥桥面光滑，有岁月留下的痕迹。桥下边是同样不宽不窄的河道，水色微绿，两岸已经整修过，也是青石铺路，加上青石栏杆，种满了杨柳树，河道和树影一直拐向了东南。越过石桥向前走，是一条东西向的丁字街巷，打听了一下，它叫“竹竿巷”。为什么叫“竹竿巷”？这济宁又不是盛产毛竹的地方，街巷要用竹竿来命名。在运河上，竹竿是大有用场的。撑船需要船竿，在不宽也不窄的运河里行舟，撑船的竹竿左点右拨，船才能直行。那么，这个竹竿巷，想来就是那时运河小码头的“后勤”一条街，吃的、喝的、竹竿缆绳之类的船舶用品，该有的都要有。随着旧运河码头的扩大与转移，老竹竿巷的后勤功能消失了，竹竿也不见了，一间悬挂着“胡氏竹行”匾额的铺子店门依然敞开，只是他们卖的不是竹竿，是竹篮，还有日用杂货什么的。据说，鲁运河沿线城市大多都有竹竿巷，那是昔日运河街巷的一种标配，犹如现在的汽车配件一条街。不产毛竹的北方城市，还有延续至今的编竹匠人，后来我到临清，看到有更大的竹市场和更多的竹编人，他们的年岁都大了，却没有完全放弃这门手艺。

回到大石桥上，与一位老者聊起此地的运河桥。他说，咱任城过去可是叫过江北小苏州的！城里小桥流水，河湾多桥也多，有名的桥叫玉堂桥，从那里走几步路，就是南门桥。南门桥原名也叫飞虹桥，在那个时候，桥两边可是闹市。最老年份的桥是元朝时代的草桥。草桥其实也是石头桥，早年间那里卖草，烧火做饭喂牲口的，所以名之为草桥。有名堂的桥，还有清平桥、玉带桥，最牛的桥便是更南面的龙行桥，听说乾隆走过呢。把他说的几句话捋一捋，从元代到明清，济宁任城在北方运河中的地位，也就提纲挈领地点拨出来了。

对老济宁老任城来说，最要紧的是南门桥，那可是济宁运河的关节点。有一定历史规格的龙行桥，原来的漕运总督府就设置在桥边，但最关键的，还是南旺闸头，因为它是济宁运河水的分流点，也有分水龙王庙。他们还说，漕运总督府与天开阁是在一起的，后来毁了，正要复建。我查阅了一下资料，老者所言不谬。元代的一位画家兼诗人朱德润曾经有诗云：“任城南畔长堤边，桥压大水如奔湍。闸官聚水不得过，千艘衔尾拖双牵。非时泄水法有禁，关梁夜闭防民奸。日中市贸群物聚，红氍碧碗堆如山。商人嗜利暮不散，酒楼歌馆相喧阗。太平风物知几许，耕商处处增炊烟。”据说，那时济宁运河漕运最兴旺时，年过漕粮至少四百万石，多至八百万石。

济宁的古运河繁荣不止在南门桥上，后来任城老城向北扩，南门桥就将新旧城连在一起。随着社会经济的发展，以运粮为主的漕运已经成为历史的一页，但新的综合运输活动依然火爆。而且，昔日的漕运文化积淀下来，出现了文化兴市的新局面。任城仍然带有古朴气，整个济宁的新旧市区，在不见大拆大改的同时，不乏亮眼的现代楼厦和街衢；在传统的运河区里，诸如竹竿巷和南门桥，也保持了原来轮廓与城建发展之间的和谐。运河主航道的调整与城市建设发展基本同步。城市经济体量大了，运输物流通道多元了，一方面减轻了运河的压力，另一方面新的产业结构也在形成，运河的景观悄然发生变化，古运河边湿地和绿化带扩展，北方运河水乡的色彩更浓了。

然而，济宁市的变化不止在任城区，在曲阜市，任城区便成了曲阜市游客的另一个集散地。为方便国内国际游客，高铁站设在了曲阜东。济宁运河昔日的影响力不仅没有减弱，反倒进一步得到强化。不是一个点或者一条线，南从台儿庄起，北至南旺、梁山、东平和聊城，都在济宁运河的直接辐射范围之内。它们之间的差异有：一是分工合作的差异；二是济宁负担的运河持续开发的任务更重一些，因为南运河和北运河的打通，最终需要昔日南旺镇的会通河和漳卫运河的复兴来助力。南旺镇和南旺湖是济宁运河的灵魂，那里从元代起就设有分水龙王庙，说明它是运河曾经的一个大节点。

从京杭大运河南北总体走向来看，中运河始发于淮安，连接淮阴、盱眙和扬州，中间穿越骆马湖；鲁运河中心是济宁，也要穿越著名的微山湖。微山湖有二镇，即南阳镇和夏镇。南阳镇和夏镇东去台儿庄和枣庄，西去沛县、鱼台，那是微山湖中的两颗运河明珠，也是京杭大运河的两个金菱角。济宁与淮安，一北一南，是昔日里南北辉映并翼齐飞的运河航运中心，也是南北物资最大的集散市场。在今天，这个大的运河物流格局也并没有出现根本改变，或者说，若把淮安比作京杭大运河的心室，济宁就是它的心房。这也是为什么清代的漕运总督府要设在这两个地方的原因。

不去盱眙和淮阴，就不能算到过淮南。不到微山湖的南阳镇和夏镇，同样不能说了解济宁运河，更不能说领略到了鲁运河的全部神妙。在长江以北，依然繁忙的运河河段，除了淮扬运河、中运河，便是鲁运河。而淮安的清口闸和济宁的南旺闸，依旧是大运河的“跷跷板”和升降机，从闸口的起降声里，可以听得到运河节奏的律动。

微山湖其实是个运河湖，南接徐州北港，东接台儿庄，西接沛县和鱼台县，北接运河重镇济宁。运河在湖边和湖里穿行，南阳镇和夏镇便是它的南北呼应的微型商业码头。微山湖由四个相互连通的水面形成，由北向南，依次是南阳湖、独山湖、昭阳湖和微山湖，湖中散落着八十多个小岛，平添了湖上盆景一般的城镇景致，形成了京杭大运河中的一条独特风景线。它们都有几千年的历史，是济宁鲁运之都的“孪生小兄弟”。现在，济宁到台儿庄的运河续建工程陆续展开，在黄河南北，运河复航已经成为现实。

夏镇是微山县的驻地。南阳古镇在微山湖的西北南阳湖边，距离很近。这是一个有着岛景风光的古城镇，家家依湖，出门见水，曲径通幽，可以以船代步。小街上青石板路长长，有曲有直，街巷里门板铺面排排，许多房屋重脊高檐，小院三合或者四合，颇有些“晴不见艳阳，下雨难漏地湿”的意思。这般景象只能在江南的河湖小镇方能见到。

南阳古镇的历史，似乎可以追溯到春秋战国时代。它曾是鲁国的南阳邑，鲁运河打通之后，很快成为运河的袖珍商业窗口，它们是封闭的，又是开放的，一直弥漫着浓厚的商业气息。它们是古老的，又是年轻的，既有微山湖的渔猎文化氛围，又有现代多元文化色彩，形成了微山湖独有的运河文化底色。走在南阳古镇的小街里，可以看到昔日粮行的旧迹，小小的古镇，大粮行、大粮店足足有十二家。清末民初的钱庄更多，大大小小三十家。最大的钱庄是胡记钱庄，看那复原了的旧址，形制不亚于旧日山西平遥的日升昌票号，只是它专门服务于漕运，并无后者通兑天下的规模罢了。这里的商业小镇还保留着关帝庙、火神庙，比较特殊的是皇粮殿和禹庙，前者是要保佑漕运，后者则体现了天长日久的治水崇拜。这里还有一家叫作“御宴房”的饭庄，又称“和合居饭庄”，前一个名字是因为康熙在这里吃了一顿“满汉全席”，必须得显摆张扬一下，吸引来客；后一个名字则是康熙题写的，说这里有着和与合的气氛，想必是康熙从苏锡归来，看了和合二仙的泥塑，也拿来卖弄一番，但那寓意也还是很好的，同质朴的民俗明融暗合。这里的渔猎文化氛围甚为浓厚，不仅有夸张生动的传统布艺“虎看孩儿”，还有“中国运河渔家文化节”，更有原始的捕鱼比赛，拉网、下罩、放鹰和端把子。怎么端把子呢？听了半天没明白，只能等再开“中国运河渔家文化节”时到现场去学习了。

微山湖渔民的住法也新鲜，一些人家在岸上有自己的小院，但也不常住，习惯住在“水上别墅”。可千万不要称他们是苦大仇深的“疍民”，现在的渔船也是高有二层楼或三层楼的，有厨房，有卧室，还有起居室，只是出恭有些麻烦，不能把亵物随意排放在湖里，要有随时上岸去处理亵物的提桶和塑料包。他们很满意这样的水上住法，生产生活两不误。这种船也叫连家船和楼子船。他们说，住着楼子船，春天捕鱼放鸭，夏天打水草，秋天摘莲采菱，冬天去砸凌起草。在盛夏季节闲游，对着满湖的荷花，抿一口“凌酒”，来一碗漂汤鱼丸，再来一段山东梆子，又去哪里找这份惬意呢？

# 泰山“水柜”

沿着黄河也沿着运河北去，有一个离黄河不远的济宁南旺水闸，这是鲁运河的北节点。水势旺，船运旺，水运市场也旺。但是，南旺南旺，明明在济宁的北边，何来南旺呢？我突然记起了东平湖，这南旺该不会是以东平湖为原点、以泰山为坐标而称呼的吧？

黄河在泰山西北流，运河在泰山西南流，这是必然的，但具体的情况又是怎样，并不十分了然。元世祖忽必烈手下非常了得的治水重臣郭守敬，寻到白浮泉并开通了通惠河，将北运河的漕船直接引向北京的什刹海，是众所周知的事。由他测绘，既通海又通津门的济州河和会通河，与京杭大运河和黄河又是什么样的一种关联，看起来很朦胧。人们唯一清楚的是，到了明代，元初开凿的会通河在被黄河侵袭之后，明朝永乐年间大臣宋礼，在泰山之南的东平湖一侧，继续开凿了一条由东向西的新运河。它连接了聊城和临清，卫运河与京杭大运河的南运河交汇，促使聊城和临清前后四百年的码头繁荣。

元世祖忽必烈开通京杭大运河北段，是一个铁论，但会通河的开通和历史变化，以及它为什么会成了京杭大运河上的一个“断头河”，同样会不甚了然。大约是在元至元二十年（1283），在元世祖忽必烈主导下，从济宁到东平开凿了长达二百余里的运河河道。元至元二十六年（1289）又开通了聊城和临清的会通河。京杭大运河的北段开始畅通，那“会通河”的名称也是元世祖忽必烈颁赐的。

我们原本是要从济宁直接到聊城去的，过武松打虎的景阳冈，过《水浒传》中的梁山泊，甚至过阳谷的阿城即有名的东阿古城遗址，顺便到在流经鱼山的古济水岸边，去看“三曹”之一的曹植的墓地。有研究说，他的《洛神赋》并不一定是在洛水边完成的，而是在阿城的文学追忆。如此看来，他的更为著名的“煮豆燃豆萁”，也应当是在阿城前后期的诗歌作品，只有他被放逐到远离权力中心的阿城，才有如此哀怨的创作心境。聊城东阿有鱼山，濒临黄河，与东平隔河相望。王维在济州任职时，心情多少有些灰暗，少有诗作，但对鱼山别有兴趣，因为那里有古老的神女祭祀仪式，令他尚未形成的一颗禅诗心在把握不定中写下《鱼山神女祠歌 · 迎神》：“坎坎击鼓，鱼山之下。吹洞箫，望极浦。女巫进，纷屡舞。陈瑶席，湛清酤。风凄凄兮夜雨，不知神之来兮不来，使我心兮苦复苦。”此诗颇有《九歌》之韵味，在王维诗中是个异数。联想到曹植见到这等场面，更会情不自禁地想起洛河的祭祀场面，因此要说《洛神赋》在阿城写就，并非没有这种可能。阿城的历史很悠久，如果追溯更早时候，这里还有六千年前的大汶口文化遗存，因此我们临时改变了主意，从南旺直趋东平，再从东平西去东阿，最后落脚聊城和临清。

第一次来东平，主要是看看东平湖现在的模样，还有那个心仪已久的泰山“水柜”戴村坝。这个戴村坝在明清时期是如何修筑运行的？现在为什么仍被称作是泰山脚下的一个重要运河枢纽？在未来，它与运河和黄河又会是怎样的一种关联？

东平湖得名很晚，得水较早。唐代诗人高适祖籍渤海郡（今河北景县），南北往来中少不了过汶阳和东平。他写有《东平路作三首》，其二曰“扁舟向何处？吾爱汶阳中”，但也有“傍沿钜野泽，大水纵横流。虫蛇拥独树，麋鹿奔行舟。稼穑随波澜，西成不可求。室居相枕藉，蛙黾声啾啾”（《东平路中遇大水》）的洪水漫流景象。看来，在盛唐时代这里就是一片泽国。

东平湖北依泰山，西临黄河。在一段时间里，就是窝在泰山脚下的一个“南海子”，它也曾是古济水也即古济水下游大清河与汶水交汇之湖，是古钜野泽的一部分。黄河北移时洪水留存下来，也曾浩渺上千里，与八百里梁山泊连在一起，俗称“蓼儿洼”。东平湖现在仍旧拥有约二百平方公里的水面，平均水深二米五，是山东的第二大淡水湖。

元至元十二年（1275），郭守敬根据元丞相伯颜的意见，对东平湖四围进行了测绘。七年后，由当时的兵部尚书奥鲁赤主持，引入汶水和泗水的一支，开挖了济州河，从济宁南旺码头北通梁山和安山，入大清河抵达津门入海。济州河出现在山东的丘陵地区，本身就是一个异数，其标志性的运河枢纽便是宁阳的堽城坝。此前的东平，虽然远在春秋齐鲁时代也修建过连接泗水的古洸河，但毕竟有段落封闭性，而济州河通过郭守敬设计的堽城坝，再次借用古洸河的水源，也就使河运和海运直接连通，但在三年之后，入海口出现沙壅，漕运转海受阻，加上河水难越“水脊”，不得不在东阿舍舟登陆，越过黄河浮桥，过聊城，到临清，再西行约一百公里，进入卫运河迄至大都。东阿为何以出产阿胶著名，除了有制胶的传承秘方，原材料供应充足也很重要，舍舟登陆需要大量驮驴，驴皮来源很多，由此形成产业规模而经久不衰。

元初又用半年时间开挖了安山到临清的河渠，连接济州河，也叫安山渠，会通河现身，但不到三年时间，会通河也出现了如何顺利“穿黄”问题，只得搁置停航。前后延续的时间不是很长。

明洪武二十四年（1391），黄河决口，洪水再次漫延到东平安山，涌入梁山泊东平湖，元朝开挖的济州河和会通河大部分河段被淤平，会通河彻底进入了停运期。东平农田被毁，也出现了“东平州，十年九不收”的荒芜景象。一直到明永乐九年（1411），永乐帝正式迁都北京，京杭大运河的全线连通，再次成为迫切要求，新的复航工程开始启动。在邻近东平湖的寿张、张秋到时称东昌府的聊城之间，再度寻求一条横向连通的运河水道。这条新水道长达二百五十公里，便是新的会通河。新的会通河在此后的明代漕运中，曾经起了关键性作用，同时也使聊城和临清进入了历史发展的黄金期。

会通河的改线与恢复，是由工部尚书宋礼实施的，他并没有完全循着元代的旧河道，而是东徙十公里开凿新河，再次借汶水、泗水，并接受民间水工汶上老人白英的建议，兴建有“北方都江堰”和“中国古代第一坝”之称的戴村坝。戴村坝取代了堽城坝，这是一个民间老水工提出的水利建设创举。

戴村坝在东平城东。一开始是全桩型土坝，初建于明永乐九年（1411），总理河道都御史潘季驯加建了石体结构玲珑坝，每块巨石由铁环相扣，锁为一体，成为三坝合一的石坝体，由南至北，曰玲珑、曰乱石、曰滚水。清道光年间，为了进一步增强抗洪能力，又在戴村坝东北部增建三合土坝二百六十米。在三坝中，居中的是太皇堤，为戴村坝的主体坝。对于太皇堤，清康熙皇帝看过后也曾深有感慨地说：“此等胆识，后人时所不及，亦不能得水平如此之准也。”他为什么这样讲呢？因为太皇堤上，是平稳流下的汶水，坝下就是大清河。研究者说它在技术上有三绝和一个精准的分流效果：一绝是沙滩上用木桩筑坝，技术处理堪称一绝；二绝是“高一分毁坝，低一分水断”，科学设计又是一绝；三绝是该坝使漕运兴国旺家五百年，也是一绝。此坝用工只有十六万人次，历时八年建成，经历过三次严峻考验而依然坚固。一个精准则是南北分水三七开，“七分朝天子，三分下江南”，也就是说，北流到南运河的水有七成，向着济州河方向有三成。为什么南旺闸口的运河水向南流，而聊城临清的运河水向北流，看过戴村坝才会恍然大悟。

古人对于会通河的评价，明代有一位大学士丘浚曾经这样说：“会通一河，譬则人身之咽喉也，一日食不下咽，立有死亡之祸。”他的眼光犀利，后来的事实也证明，此言不虚。会通河通了，运河大通；会通河亡了，北方的运河出现中焦阻塞，带来部分运河城市如聊城和临清的市场周期衰落。为什么呢？因为泰山是齐鲁之地的最大分水岭，必须绕过去且绕得巧，但这也是一个难题。就说前几年南水北调东线工程中，这里曾经也是个大瓶颈。在元明之际，运河在这里走了一个曲尺形，为了解决与黄河十字交叉的技术难题，特意修建了安山闸和寿张闸。前几年实施南水北调东线工程时，也把这一带作为梯级调水施工的重要接口。遥想当年，修建戴村坝，以及安山闸和寿张闸，按照水流的自然地理走向，拐向西流，形成运河的总体循环，是需要有十分高超水利智慧的。

戴村坝是东平县目前的主要旅游景区。顺着滨河大道，去到南城子村，很快看到了戴村坝的坝体。坝体外围有听坝平台，有日晷广场，还有引水展览厅和引人深思的古今筑坝工程技术对比图。这里是运河科技的最好科普空间，只有了解戴村坝的建设原理，才会懂得白英老人的水利智慧。

在一般人眼里，再现“高崖飞瀑，戴坝虎啸”的壮观景象，应当是戴村坝给人的第一印象，好像雄浑、震撼就是它的全部，巴不得它也像黄果树瀑布和庐山瀑布一样，可以再吟一声“疑是银河落九天”来，因为它的水流量可观，每秒水流量可达两千多立方米。水大时也会漫过林间小路，但认真地看去，一切都似高山流水般的明敞，流水也似独舞演员柔软韧性的舞姿，那弯曲的水流面像是披上了一件金光闪闪的薄纱，瑰丽、沉稳、大气又不失柔美，让人心旷神怡。

面对戴村坝，有一种不愿离去的感觉。在返回的路上，与同行者还在不停地聊说戴村坝的水工艺术，说到东平的会通运河遗存，也说到正在建设的泰安运河港，更说到东平湖是运河在泰山脚下的一个大“水柜”，同行者打心眼儿里认同。这个泰山“水柜”蕴藏着未来运河的巨大调控能量。

如果从登泰山的角度来看，目前的东平似乎是个“死角”，或者说它与传统的南天门登山路线成不规则的锐角形，纵有桃花盛开的大峡谷，有傲徕峰和扇子崖，目前依然是一条游泰山的“冷线”，但不到泰山西麓游，又怎能领略泰山的全部自然神韵呢？

对于东平人来讲，他们或者更希望成为泰山旅游市场的主人。想多了，难免要说一些咸淡话。如泰山的红门在岱宗坊北，去岱庙一般走北门，东平的“红门”人气旺不旺，就成了一块心病。擂鼓石大街以东，也因为一里长的路断了头，于是又发出了“擂鼓不响”的怨声。怪谁呢？当然不能怪上级不重视，说到底，还是这里缺少集聚人气的地理设施条件。如果东平港建设大幕拉开，货运来了，客运来了，“红门”要红，“擂鼓”要响，情形也就大变了。甚至还可以这样去想，从南旺运河闸口开始，在2012年的时候，京杭大运河通航里程已经达到一千四百四十二公里，其通航长度仅次于长江。如果最新的会通河通了，可以从泰山脚下的东平湖直下到“淡妆浓抹总相宜”的西湖，这其间会有多少值得挂心的景观，又会勾起多少值得说道的古往今来人和事。2019年，相关单位举行过一次黄河以北运河河段复航论证会，肯定了从泰安经微山湖至淮安的现实可操作性。未来的东平湖，应该注定不会继续窝在泰山脚下的。

据说，东平湖与济宁运河段的最终断开，大约是从1958年之后开始的，从水量上讲，主要是因为东平水库建设后入河水量减少，这是可以通过水资源均衡布局去解决的。东平得名早，东平湖得名很晚，当地人呼其为南湖、北湖。大约因为汶水后来也成了黄河的一级支流，戴村坝的运转有些停滞，但在中华人民共和国成立后，这里的运河业务一直还是比较正常的。为了推进水运交通，在东平湖的西侧也曾开凿了新河，时称“湖西航道”。1963年这段航道进行疏浚治理后改称“梁济运河”。1970年入黄的船闸也竣工了，但后续维修没有及时跟进，很长时间里处于闲置状态，这样一些不利于复航的因素叠加起来，东平湖也就成为闲湖与野湖。现在，南水北调东线工程的成功实施，提供了新的机遇和经验，建设泰安运河港的课题被重新提上日程，泰安运河港的建设进入加速期。据预测，2030 年港口货物吞吐量设计能力可望达到五千万吨左右，设有五个作业区，可节约运输成本十亿元，创造工作岗位五万多个。

对于运河的经济效益计算，历来有不同角度，在现代交通物流架构中，地上有几横几纵的高铁，高速公路更是四通八达，运河物流独大的格局早已成为历史，但人们似乎忘记了经济互补和综合的经济测算比较。有人算过两笔账，一是时效性强的货物同时效性不强的货物分流，可以减少高速路的拥堵所能带来的效益账。二是笨重的货品走什么样的运路更能节省运输成本。他们说，从山东运石材到江苏去，河运是一吨十元钱，一次可运一千五百吨，改用载重汽车，运输成本翻倍都不止。因此，对于有些货品来讲，目前能够正常通航的运河运输，也许抵得上几条高速公路的运能。

除了货运之外，更大的潜力或者还在于泰山旅游业的质量提升与内涵扩容。东平湖、戴村坝和泰山西麓峡谷游，应当是泰山旅游资源开发新的增长点，若在泰山西麓的东平湖设置一个运河游轮港，将会发生什么样的资源盘活效应，也会是显而易见的事。尤其是泰安南向的一段运河，具有旅游资源多种组合的可能性。如果水量充足，从水道通畅上讲是毫无问题的，关键是东平湖的泰山港建有什么样的船闸和启航平台，会不会有游轮也可以在这里停靠。这里的人说，最有希望的可能是八里湾船闸，它向北呈“丫”字形，紧连东平港区，而东平港区已经于 2017 年初开工建设，这是一个好消息。

从市场需求来讲，运河旅游业潜力是很大的，特别是对于拥有时间的老年康养者来说，与其奔波在赶飞机抢高铁的疲劳中，莫如在船行的慢节奏里享受生命的最后时光。读万卷书要慢慢地读，行万里路也要有节律地行，运河游是相对最能劳逸结合的旅游方式。在草原上看云飞，到海边去走沙滩，也不妨去寻找一下现代李白们的慢节奏，或者那会更好一些。如果人们能在泰山东平湖湖面上发现一个新的游走世界的起点，无疑会是从业者和远游者的一种共同幸运。

# 徒骇水国

## 一

在古代会通河的东西线上，东平、聊城和临清构成了一个浅弧，陆地上往来需要两个小时的车程。聊城曾经是北方运河重镇，清咸丰五年（1855）兰考铜瓦厢黄河决口，黄河水不仅侵夺大清河入海河道，滚滚黄河也分水三路，淹没了阳谷县的张秋镇，济州河便被拦腰斩断。古会通河运河主干道被迫在十里堡穿黄河而过，会通河的运河功能开始消退。喧闹的聊城和拥挤的临清码头也开始安静下来，但它们的运河记忆依然没有消失。

会通河已经洗净了往日铅华，只能循着它若有若无的轨迹，经由东阿，先到徒骇水国聊城去。一路景色有些平淡无奇，但东阿的黄河浮桥引起了兴趣。黄河上著名的浮桥，还有济南的泺口浮桥，兰州也有明初冯胜所建的浮桥遗迹，但东阿的浮桥最有名气。

东阿的黄河浮桥，是古会通河在十里堡穿黄而过后的运河替代设施。也就是说，在会通河不能有效运行的那段时间里，这里也出现了舍舟登岸的运输格局，货物经由浮桥从黄河东岸送达西岸，陆行一百公里，到达临清码头，利用漳卫运河的运能进入南运河而抵达京津。此后的一段京杭大运河，实际上是漳卫运河和京杭大运河的合体，是绕不过去的一个节点。

东阿浮桥的使用，至今已有将近二百年的历史，即便是十里堡运河穿黄时代，也是黄河汛期前的不二选择。当年的浮桥是搭建在用铁链锁为一排的船体上的，有可供驴骡上下行的板道。东阿浮桥十分壮观，因为这里的黄河河道很宽，桥面很长，一眼望不到头。马帮驴帮络绎不绝的景象，现在少见了，但货车来往其上的景象，寻常可见。现代浮桥不用并联的船体，而是换成了浮筒，搭建起来更方便，也有专业施工企业在常年招揽业务。据说，东阿境内的浮桥有九座，为确保安全也为规避黄河的洪峰，2019 年汛期之前，黄河浮桥曾被临时拆去，但在2020年年中陆续恢复。搭建浮桥是河文化、河智慧的一部分，也是河上物流的必要补充，是一种灵活的水上公路。

因为浮桥在重新搭建之中，我们没有从浮桥上穿过，依然从陆地公路去到聊城。聊城的核心市区就是旧日的东昌城，当与《水浒传》里提到的东平府是一对“拜把兄弟”。它初建于宋辽时期，成名在明清。大约是用来护卫东岳泰山的古代城池，它们均以东之昌和东之平来命名。如果这样理解恰当，就当时的地理形势看，它们应该是泰山山门前的哼哈二将，但哼将不如哈将孔武有力，因此在《水浒传》里，梁山的好汉们打得下东平府，要攻打固若金汤的东昌府还要费心思。东昌府城作为一座巨大的水上城堡，当时的模样和气势，恐怕只有重庆的钓鱼城可以比得。这座城四面环湖，高墙壁垒，中间的光岳楼兼有钟鼓楼的报警报时功能，四座高大的城门有四个吊桥，任你“鼓上蚤”时迁再有本事，也只能望城兴叹了。在抗日战争初期，民族英雄范筑先将军在这里与日寇周旋了很久，除了他们坚定的抗日意志，也凭借城坚池深。现在经重新整理，在东昌城垣里，有范筑先烈士纪念馆，我以为那是东昌的第一馆。

聊城的东昌古城，有说是在北宋神宗熙宁年间出现的，时间在“澶渊之盟”前后，是为了防御辽军弃约南下。但更准确的建城年代是在明代，是防备北元骑兵南下的第二道和第三道防线，由当时守城的指挥佥事主持建造，就地起土就地制砖，形成深达数米的壕堑，并有意引入徒骇河水，形成了四面环湖的特别形制。风光秀丽的东昌湖环绕聊城古城一周，林林总总有二十个不间断的湖面，总面积多于四平方公里，比西湖的湖面略小一点儿，但它完全是修城偶得的一个多功能的人工湖。湖中城，城中河，相互连通，旱时补水，涝时调蓄，战时护城，平时游览，有着与一般北方城市完全不同的城市景观。

大运河的两条河道在东昌城的东关流过，这样的城市布局，连同保存完好的东昌古城，在所有的运河城市里是独一份的，堪称古代运河城市的一枚“活化石”。聊城运河兴旺了四百年，其运河功能有所弱化，不全是因为会通河的功能在清末开始减弱消失，也是因为运河穿黄河的地点改变了。运河的穿黄闸和黄河运河十字流是技术也是艺术，河闸必须保有强大的防洪功能，经得起巨浪洪峰的反复冲击。这在今天或是小菜一碟，但在清末皇朝摇摇欲坠的近百年里，既无相应的技术，也无充裕的财力去应对，慈禧和光绪帝西狩方归北京，惊魂未定，也就在清光绪二十七年（1901）停止了聊城的漕运。这是对聊城漕运的最后一击。

漕运停止了，河湖城池还在，运河的文化传承更在。在春秋时代，聊城就是聊国诸侯封地，并入齐鲁后，曾经出现过《鲁仲连义不帝秦》的鲁仲连。赵国在长平之战后一蹶不振，魏王裹足不前，不战而降，尊秦为帝，鲁仲子并不买账。这位大气凛然的鲁仲连，就是聊城市茌平县王老乡望鲁店人。聊城也是一个多难兴城的地方，在元末明初曾经遭受过屠城之祸，其时的城市人口从十万人直降到两万人，但仗着运河的回天之力，很快恢复了元气。至于聊城为什么叫聊城，有不同说法：一说是因为有过古聊河，或者那是徒骇河系的一支水流，或是徒骇河的异称；一说是《说文解字》里聊从耳从卯，与殷商时代的祭祀仪式有关。若是后者，这里很早就是一个地区文化中心。

重要的是，从元代以来聊城区位优越，处在会通河、济州河、南运河、卫运河的交叉点上，具有分流集散的强大市场功能，是水陆兼通的码头。运河发育最旺盛时，每年的过船数量达到十六七万艘之多。清初英国访华使团马嘎尔尼曾在其访华记录里，记有船过临清运河的一个细节，因为错行的船只太多，又要避免相互磕碰，本地水手不停地左右操弄抡船竿，居然将一位英国使团成员的帽子挑落在运河里。这样一种拥堵的状态，不得不使运河管理者采取化解措施。一是在聊城和临清开凿了环形“越河”，就像后世的马路转盘一样。二是在临清架设了“十二连桥”，分流客货。同时规定，过船的载重量不得超过一百一十担，船体也不能超宽，结果是细长船形开始出现在运河上。与此相关的挑夫行也出现了。为了弥补禁止超载带来的船家经济损失，特别允许船家可以捎带土特产在东昌集市上自由出售，这又无形中活跃了聊城的生活日用品市场，聊城便成为北方运河最大集市。聊城的红枣很有名，产量也大，因为运河沟通了南北，居然出现了走南闯北的东昌“枣帮”。在苏州，由东昌“枣帮”经营的较大枣店，最多时有十四家。

对于聊城运河的早年事，许多上了年纪的人都能滔滔不绝地讲一通，至于当地的名产，诸如人称“铁公鸡”的北关魏氏熏鸡，是嘉庆哪一年开始创牌子的等，这一切好像是他们自家办过的事一样门儿清。走过几个运河码头，一直有一个疑问，很多品牌烧鸡都出自运河城市，比如道口烧鸡、德州扒鸡和符离集烧鸡等，这是什么原因，想必是烧鸡比较好储存，在船上吃起来也方便，研究运河城市的传统吃食和船工心目中的名牌食品，那倒是一个有趣的历史文化生活课题。

到东昌府，府里的光景是必须要看的，否则，来了也是白来。虽然它是由一座军事城堡演化来的商业城市，但到底还是运河城市生活框架，不管经过运河岁月怎样的洗礼，又经过城市现代化怎样的街区改造。运河旅游城市怎样整理，是修旧如旧呢，还是新旧相杂，抑或是旧物新包装，那是一件最不好拿捏的事情。以我的经验去想象，所谓古城，有台儿庄式的，有重庆钓鱼城式的，也有山西平遥式的和商丘古城式的，更有杭州宋城式的。有的原汁带有一些原味，但随意克隆的也不少见。从管理经营方式上讲，纯景区售卖高价门票的不少，烟火气浓厚的生活原型也不少，但游者关心的不是它们有没有投资经营的合法性，而是合理和相对规范。一是原来的商业生活气息会不会继续存在，历史的景观会不会以某种形式留存；二是它的重要地标建筑更换了没有，重要的文化内涵有没有改变；三是它有没有自己的独特的排他性景物。我们选了又选，锁定了这里的古城门、古城楼尤其是光岳楼，还有很有些名气的山陕会馆，以及在海内外都有巨大影响的海源阁藏书楼。而古城以怎样的面貌，完成他们旅游业指标和正常城市管理的统一，就更要比较一番了。景区和运河城市的文化遗存毕竟不是一回事，特别是作为物质文化遗产的运河城市，可以老树开新花，但不能栽了新花砍了老树，更不能混淆了文化定位。

我们住在城南的凤凰台附近，离东昌古城和鼓楼及光岳楼也就是一箭之地。入住旅店，放下行李，就急匆匆地信步走向东昌城，没几步路就到了南门桥。吊桥很早就被石桥替代了，这并不令人遗憾。令人惊奇的是，桥是通畅的，湖面是开放的，城门也大开着，没有售票屋，没有铁栏杆，只有一个笑眉笑眼的戴着口罩的执勤保安在岗。在高大城门和门两边，保留着一小段城墙断面，并没有复建森严壁垒的一围城墙。那城墙其实是不必全面恢复的，虽然也是文物遗留，但阻挡人的视线。东昌城并不以军事堡垒扬名，而是以古代开放性运河城市留存的，因此运河遗迹比城墙更重要一些。一眼望过去，两侧是沿湖道路，路基大约就是原来城墙的墙基。少了复建的围墙，放宽了视野半径，东昌湖湖面波光闪耀，通透得让人舒心。这应当是处理原状和新状态关系的一个好设计。在那里，我蓦然记起来，有一年去伊斯坦布尔，也参观过博斯普鲁斯海峡上高大的城墙，有一段已经够人观看了，谁也不会想到跨越海峡，全面恢复旧日的城墙全貌才好。

城门前的保安对我们说，这城是方的，道路四通八达，你可以从城门进去，直奔光岳鼓楼，那是东昌古城的正中心，你也可以从西或从东的沿湖道路，到东关或西关的角落去。这样说吧，四四方方一座城，想到什么地方看什么旧迹，从哪里开始都行。

他既然这么说，索性就走正门，先看看有没有市面。还真的有好市面，有正常营业的老商铺，还有地摊。卖煎饼的，卖旧书的，甚至枪击气球、套圈钓奖什么的，但绝不凌乱，也没有满地的垃圾碎纸。青石的地砖，街道线条笔直，见角也见曲，井井有序。名品名店也不刻意布置，一切随其自然。手机店、咖啡店、小吃店和谐相处，各不相扰，完全是一座正常运作的商业小城。老城整修想必会有动迁，要经营一座既是正常的文化遗产景点，又是人气和商业气息旺盛的城市，少不了精心设计规划。令人惊讶的是，步行街和车行道居然混中有分，有一些路段汽车可以通行，但那是一种极为自然的单行环流。尤其是到了北门，在一座湖面石桥边，有通向新市区的车行环路，但城里没有停车场，车水马龙一路畅通，平添了些现代人气。东昌古城现在是聊城的一个建制区，古城旅游业的管理是由区政府部门间统筹，并不见专门的商业运营机构，对于城市级别的旅游区，这倒是一个更好的思路和主意。

天色开始暗下来，北门的灯光亮起来，但更亮的灯光是来自东昌北湖上的过山车上，那里才是有规模的游艺区。再过去，大概是徒骇河的橡皮坝围起的另一个阔大的水面。徒骇河的得名，好像是来自昔日河道两岸的黑森林，一如旧时的阳谷景阳冈一样，林里常有大虫出没，骇人得很，故曰徒骇吧。徒骇河发源于河南的濮阳，西南东北流，直通大海，入海口在滨州的沾化，相传也是禹疏九河之一，是一条独立的大河。徒骇河既是东昌湖的亲生母亲，也是聊城人的母亲河，养了一城一湖两个儿女，但在历史上同她的儿女一样，也都遭受过河道被黄河夺去之苦。黄河离开徒骇之后，她继续默默地守护着东昌湖和聊城。

徒骇河入海口有很多小海港，也有很多可以钓鱼的河汊，比如逛荡河等。大约是出海口有些游移不定，要不是黄河三角洲腹部浅滩多，徒骇河口或许早已成为河海相连的又一个运河外港。

## 二

还是到古城的中心光岳楼和山陕会馆、海源阁去，那里毕竟有着关于东昌更多的故事。

天色愈来愈晚，好在城里灯光明亮，先到山陕会馆和海源阁，再去看光岳楼。从光岳楼北一条小街信步走去，有一只很大的运河船木模型，拐过一座流水小桥的小半岛，临湖西岸就是山陕会馆，这里是在原址上复建的。山陕会馆后面还有小湖，再往前走，应该是旧日的护国隆兴寺和著名的铁塔。但我们的注意力全在会馆上，又是新来乍到，也就看不清这一片的建筑格局，甚至没有发现会馆的旁边，就是明清时期的古运河。但我知道，明朝军人打造了东昌城，但给古城注入活力的是山陕商人。

在昔日的聊城，山陕会馆位列八大商业会馆之首。聊城运河兴盛之时，云集了来自江西、福建、两湖、两广、四川、苏杭和晋冀鲁豫的众多商家，大小会馆有二十多家，但实力最大的是山陕商帮。说来也有一些故事：清初，一位山西商人到聊城经商，一开始赔了个底儿掉，亏得一位陕西商人资助，咸鱼翻身，发达起来，两人不仅成为至交，还联手打造了山陕会馆。山陕会馆一开始叫太汾公所，是晋商的商会，山西的跑单帮商人可以免费吃住，山陕商人合流之后，也就定名为山陕商人共有的会馆，成为团结山陕商人和资助后来经商者的公所。在原地修复的山陕会馆很气派，具有殿堂与会馆合一的特征，富丽堂皇，结构也很紧凑。这个会馆始建于清乾隆八年（1743），有二百五十多年的历史。会馆有中轴线，讲对称，占地三千多平方米。进去之后，依次是山门、戏楼、献殿、正殿、春秋阁，还有小鼓楼、南北夹楼、南北配楼和南北亭堂，大小房间有一百一十间，所谓“有建必有门，有门必有心”，营造了“忠孝节义”和以信为本的传统商业文化氛围。那时的会馆还有一副著名的楹联：“非必杀身成仁，问我辈谁全节义；漫说通经致用，笑书生空谈春秋。”那意思并不全是在讽刺读书人，而是商人的价值意识和价值的一种表现。儒有儒风，商有商道，那大约就是儒商的本义。他们也常把“居于儒，依于道，游于禅”作为座右铭，具有儒释道兼容的态度，并体现在会馆建筑艺术中。山陕会馆常把关公供为武财神，但一般不演关公戏，特别是《走麦城》，因为关羽是神化了的山西人，要有一种义薄云天的精气神。

山陕会馆是彼时商人的聚会处，也是办事处和慈善项目策划处。总耗银约为五万两，门前一对石头狮子的造价就是三百九十二两银子。清嘉庆年间，加入会馆的大型商号有五十一家，受实惠的山陕商家有五百多家，覆盖了几乎所有经营行业。山陕会馆地址选在东昌东湖岸边的一角，而不在古城中心，也有说道，一是山陕商人讲究富在内而不事张扬；同时运河也在湖的东边，从东门出去，到码头办事更方便一些。山陕会馆是聊城商业发展鼎盛时期的重要标志物，也是北方运河商业发展的一个纪念碑。

从山陕会馆返回街口，对面就是万寿观边的海源阁。刚了解完聊城的商业会馆，又要琢磨聊城的书香文化，这种气氛只有在小小的东昌城里，才能够快速转换和感受。聊城人爱显摆他们的“三宝”：铁塔、古楼、玉皇皋，那是从高度和打眼程度上讲的。真正的“三宝”，除了光岳楼，便是山陕会馆和眼前的海源阁。可惜天黑了，那里已经闭馆，无法入内看个究竟，只能在灯光下围来转去，尽力多呼吸一下海源阁曾经散发的缕缕书香。

这个藏书楼可是了得，是四大私人藏书楼之一。私人藏书楼素有“南瞿北杨”之说，除了聊城海源阁和常熟的恬裕斋，就是杭州的八千卷楼和浙江归安的皕宋楼。南瞿是瞿绍基，字厚培，号荫堂，是常熟人。在常熟所建恬裕斋藏书楼，后避光绪德宗载湉讳，藏书楼改名为“敦裕斋”。历时十年，积书十万余卷，旁收金石碑帖，又因收得古铁琴和古铜剑，易名“铁琴铜剑楼”。经四代人一百年，保存到辛亥革命时，大部分藏书归入南京图书馆。中华人民共和国成立后，其后代又给国家图书馆捐出藏书七十余种，一部分藏书归入了常熟图书馆。海源阁的出现，一改明清以来南丰北瘦的文化藏书格局，特别是其第二代又收藏了“乐善堂”藏书楼流散出来的百余部善本和秘本，成为南北方最大私人藏书楼。以致一位叫江彪的南方学者观后感叹，原以为最珍贵的藏书都在南方，可现在都归到了海源阁里。海源阁一开始也对士人开放，有学术研究，如《楹书偶录》等编著作品。

海源阁是聊城杨以增在清道光二十年（1840）所建。杨以增，字益之，号至堂，道光二年进士。历任开封陈许道、陕西布政使、陕西巡抚，后又代理陕甘总督。咸丰六年出任江南河道总督，驻淮安清江浦。他一生好藏书，晚年尤甚。由于任职南方且有管理运河之便，不仅能够大量收集南方在太平军兴起中流散的书籍，而且能够及时运回聊城，遂成总量为二十二万卷巨积，其中宋元版书有四百六十种一千余卷，有的是海内孤本。据说，道光之后的很多古籍，都是根据海源阁版本印制的。1972 年，毛泽东主席赠给来华访问的日本前首相田中角荣的《楚辞集注》影印本，底本就来自海源阁藏书。海源阁所藏珍本秘本也被《四库全书》增收了不少，其历史影响甚为巨大。

杨以增的儿子杨绍和也是一位重要的藏书家和学者。从第三代杨葆彝开始，藏书有些秘不示人。《老残游记》的作者刘鹗曾经专程到东昌，希望一闻书香气，但遭婉拒，心中好生不快，在旅舍壁上题诗一首，怏怏离去。其诗对藏书种类之多给以评说，但也不乏怨恨之气：“沧苇遵王士礼居，艺芸精舍四家书。一齐归入东昌府，深锁娜嬛饱蠹鱼。”杨家第四代杨承训是杨葆彝的过继子，常年避兵祸寄居天津，生活有些拮据。1927 年曾经在天津卖出二十六种珍本。1928 年又取出十箱抵押给了盐业银行，生意亏本无力赎回，盐业银行欲转售日本人，幸亏当时的财政部部长宋子文闻讯，由财政拨出专款赎回，运到北平图书馆，才得以保全。1929 年，土匪进入海源阁，无知的匪人居然用书烧火做饭，也有很多书籍，在庭院里被大雨浇淋，此为最大一劫。事后，无力保护藏书的杨承训只得把大部分剩余书籍运到山东济南，总计有一千余种，进入北平图书馆的约有三百种，也有流散海外的。山东和北京的图书馆能够保存海源阁藏书的部分藏书，已是不幸中的大幸。

现在的海源阁，自然成了空壳子，但恢复当年形制外观的，是一间特别的图书阅览馆，给爱书的人们留下一种历史的念想和研读场所。

因为东昌城是永远不关门的，也就有了在光岳楼下仔细端详这座雄奇古楼的充裕时间。到一个特别的地方能够从容一游，这是第一回，由此可见东昌旅游管理体制的优胜处。这光岳楼有四层，最高的一层，留有自古就有但经过重摹的楼匾，书有赫然大字“光嶽樓”。嶽樓是岳楼的异体字、繁体字，那意思也就是增色和光大泰山。上文讲到，说光岳楼是宋代的遗物，是小说家言，真实的建造年代应当是明洪武七年（1374），因为在明初北元的势力犹在，不能不去防范，便由当时的平山卫指挥佥事陈镛开始督造。陈镛虽是一介卫指挥佥事，搁在今天也就是军分区的参谋长，气魄却十分了得，不仅造出了偌大一个东昌湖，还造出了如此雄浑的鼓楼。

据说，这楼是用筑城的剩余木料而建造的“计划外项目”，因为支撑楼体的几根大木柱，上部有些弯曲，似乎不是正料。是不是这样，这只是一种想象和推断，但它一开始确实叫“余木楼”，因此坊间的说法有几分道理。明成化二十二年（1486），此楼定为鼓楼，而鼓楼是古代城市的一般标配，兼有报警报时功能，因此一切都很合情合理。可是对于光岳楼，当地人总是替它抱屈，认为中国的四大名楼皆有古代诗人的推崇和诗文流传，赢得盛名，这光岳楼的气势哪点也不输，总是有些明珠暗投了。其实，光岳楼从“余木楼”被定名为“光岳楼”，也证明了它的显赫地位，明弘治九年（1496），一位叫李赞的吏部考功员外郎过聊城，与东昌知府金天锡共登斯楼，重新正名。李赞在其《题光岳楼诗序》中说：“余过东昌，访太守金天锡先生。城中一楼，高壮极目。天锡携余登之，直至绝阁，仰视俯临，毛发欲竖。因叹斯楼，天下所无，虽黄鹤、岳阳亦当望拜。乃今百年矣，尚寞落无名称，不亦屈乎？因与天锡评命之曰‘光岳楼’，取其近鲁有光于岱岳也。”李赞和知府金天锡给它定名为光岳楼，也还是恰如其分的。

这楼通高三十三米，是一个极数和阳数，四重檐歇山十字过脊，有楼阁，有墩台，有敞轩，四面的隶书门额分别是文明、武定、太平、兴礼，皆是仔细斟酌过的。“凤城仙阙”和“阆苑瀛洲”的题写虽然有些夸张，但也与聊城的“凤城”别名相合。光岳楼第一层是碑廊，有鲁班神龛。鲁班相传是曲阜人，工匠也许就来自曲阜，因此隆重异常。第二层是文昌阁，乾隆皇帝六下江南，九次过东昌，有五次住在这文昌阁里，所以也被称为“乾隆行宫”。第三层是过楼，有平台。第四层可凭窗望远，城里城外景色尽收眼底，天气好的时候，还能隐约望到岱岳的身影。但其楼出现在明代，终究要比黄鹤楼、岳阳楼建造的时间晚出许多年，又缺少著名诗人和诗篇为之四方扬名，也就有些处于彰与不彰之间了。

## 三

忘了吃晚饭，肚子有些作响，于是在光岳楼附近的小吃店要了一碗高唐豆腐脑、一碟高唐驴肉和两块武大郎烧饼，也算是过过隔县的水浒瘾。只是没有要景阳冈酒，因为实在不知是现代贴牌，还是有几分武松喝过的味道；至于魏氏熏鸡就免了，没有那么大的肚量。

我向来一到晚上就分不清东西南北，从小吃店一出来就转向了，原本是向南回去的路，却拐到了东边。不料想迷路也有迷路的好处，居然误闯误撞进了东关街，看到了心仪已久的聊城古运河的“越河”，隔天准备观看越河的心愿也算提前完成了。经过了两道石桥，第一道桥同我们进城的石桥一模一样，是东昌古城的东门桥；第二道桥就是运河的越河桥了。我们有些诧异，来时明明过了一道桥，怎么又出现了第二道桥，停脚一看，桥路边标着运河水闸和大码头小码头的牌子。那小码头青石铺道，码头略成侧凹形，青石柱上有穿孔，是用作系缆的。小码头同大码头相距不过几百米，传说中是乾隆皇帝登岸处，因为康熙皇帝当年是从大码头上岸的，他不敢在那里踩他爷爷的脚印，也就传旨修了小码头，但真实的原因，恐怕也不会是这一点儿。大码头是货物和寻常客人的登岸码头，官人们也要有自己登岸的地方，混杂起来多有不便，因此不管是乾隆皇帝本人的意思，还是当地官府的特意安排，照例是要分开的。大码头是崇武码头，这一带一直是商铺林立，而越河作为众船分流的水道，其两岸也成为聊城商业的首善之地。彼时有着三个码头全石垒的周店古船闸，离这里也不远，越河上有著名的“十二连桥”，形成了“廛市烟火之相望，不下十万户”的彼时胜景，有“金太平，银双街，铁打的小东关”的口头语，至今还挂在人们的嘴上。

在元代以前，运河是不过聊城的，运河通过隋唐通济渠转永济渠和卫运河，经由大名、德州入沧州。元初在东平安山以下开凿济州河，元至元二十八年（1291）又从东平安山开挖东西向会通河，水程缩短九百公里，形成后来京杭大运河的最早雏形，但分水点偏低，济州河、会通河先后淤塞。明永乐年间，工部尚书宋礼听取汶上老人白英的意见，“因相地置闸，以时蓄泄”。从济宁南旺建闸三十一座，完成南北运河的互通。这段新的鲁运河长约四百公里，南接济宁南旺分水闸，北至临清、聊城中转，与卫运河和南运河紧密连接了四五百年。清咸丰五年（1855）黄河铜瓦厢决口，黄河向北改道，会通河经过的阳谷县张秋镇大坝被冲毁，聊城运河地位也开始走向衰落。津浦铁路修通之后，这段运河渐趋式微，并成为重要的运河文化遗产。

在运河边歇晚凉的人很多，我也在石头边歇息一会。不知哪里传来一阵京剧清唱，好像是《盗御马》的一段。嘿，这里有京戏迷！倒也是，当年徽班进京，少不了要坐坐聊城和临清的码头，凑足盘缠再走。北方的运河线，其实也就是西皮二黄一条线。在清末有句口头禅，“唱不响聊城临清进不了京”。彼此相遇来两嗓，好似问候语，只要一张嘴，大家不认识的也互相认识了。北京人邻居见面，先问“吃了吗”；这里的熟人见面，是“来过两句没有”，当然指的是唱京戏。山东本地戏有吕剧，是由广饶化妆琴书发展而来的。除柳琴书之外，还有坠子戏、八仙戏、蓝关戏、东路大鼓、渔鼓戏和山东快书、山东梆子等。这些曲艺都是顺着运河水南北对流，又同当地的说唱戏文交汇在一起，出现了更多的戏曲和说唱品种。有趣的是，诙谐的吕剧，原本叫作“驴戏”，由一位善演《王小赶脚》的喜剧艺人时殿元开始创牌。后来人们认为不雅，也就改为吕剧。其实，牵驴赶脚表演就是一种码头文化，最早的化妆琴书，也大多是一家两口子摆地摊演出，就像西北塞外的二人台和东北的二人转一样，因为受到船夫和驮夫们欢迎，在运河贯穿而过的鲁西南、安徽和淮北地区，成为民间一大剧种。看来，大运河还真是一条雅俗共赏的戏曲文化传播线，走南闯北的艺人们谁走得远，谁就走出了成功。留下的能够长久坚持下来的，也就成为天生的票友。

听着晃着，蓦然间看到了不远处细高细高的塔，在东关街的灯火里轮廓分明，那不就是聊城复建起来的护国隆兴寺铁塔吗？明白过来了，莫不是转了个弯，来到了山陕会馆的背后？在过往的印象里，开封北大街有铁塔，是北宋皇祐年间建的，地宫里好像有释迦牟尼的“佛骨”舍利，又名开宝寺塔，号称“天下第一塔”，共有十三层，但那是褐色的琉璃塔。聊城铁塔却是真正的铁塔，也是十三层，后来风化，留有底座五层。再后来，把倾塌在地下的塔身同塔顶挖掘出来，补补修修，又复原到十三层。聊城铁塔的建造，也不会晚于宋金时期，那是一个时代和地区的佛教文化风尚。也许宋金时期的人更喜欢用铁来铸佛铸塔。

聊城的铁塔有名，石桥和古闸头也有名。因为是水城，石桥很多，也因为湖多河渠多，水势对流复杂，需要多种河闸来调节。在明清时期，会通运河上有三十多个闸，最多时增加到七十多个，因此也被称为“闸河”。规模最大的河闸是周家店闸，位于离东昌古城四公里处，是元大德四年（1300）修建的。闸河是聊城运河独特一景。

回到运河闸口和越河桥头，隔街驻足西看，那里也有一片建筑，标牌上写着傅氏祠堂，那就是有名的六尺巷所在。六尺巷也叫仁义胡同，这里有民国学者傅斯年幼年时的故居。傅斯年曾经是五四运动的学生领袖之一，后来担任过北京大学、中山大学、台湾大学教授，也担任过北京大学文科研究所所长和北京大学代理校长，是西南联大和中央研究院历史语言研究所的发起人。在重庆时期，敢于揭露孔祥熙和宋子文，敢于在蒋介石面前跷二郎腿的傅斯年，素有“傅大炮”的名声。抗战胜利后，傅斯年曾与国民政府参政员访问参观延安，受到毛泽东接见。毛泽东还手书唐代诗人章碣《焚书坑》诗句“刘项原来不读书”送给了他。

傅氏家族的故事影响是不小的。傅斯年的七世祖傅以渐，是清朝开国的首位状元，官至武英殿大学士兼兵部尚书。传说他在北京为官时，聊城家中因修祠堂宅基地与邻里闹纠纷，县令不知如何处理更好，写信向他讨计，他回了一首诗：“千里来书为堵墙，让他三尺又何妨？万里长城今犹在，不见当年秦始皇。”家人知后甚愧，主动让邻三尺，邻家也感动，同样让出三尺，两个三尺，遂成后来的“六尺巷”。六尺巷邻里宅基地互让故事也流传在安徽桐城，而题名为《观家书一封只缘墙事聊有所寄》的那首诗，似乎是康熙年间文华殿大学士兼礼部尚书张英所写，因此故事的原生地更可能在桐城。就六尺巷而言，同名巷其实是很多的，北京的卢沟桥附近就有一条六尺巷。巷名六尺，应当源自“车同轨”，所谓“六尺巷”也大抵如是，所以张英在诗里将相让宅基地与秦始皇联系起来，并非无缘无故。大江南北都有六尺巷的故事流传，说明这故事很接地气。故事原生地在哪里其实并不是特别重要，重要的是这个故事在运河一线南北都有反响，可见希望邻里和谐相让之风，人心皆同；或者说桐城六尺巷与聊城六尺巷同时都有存在价值，它毕竟让我们看到了中华邻里文化的正影响和正能量，而傅以渐本人也确乎以“公居相位，食不重味，衣皆再浣，与寒素无异”而知名。在顺治时期，上朝的官吏们不是骑马就是乘轿，唯有他是骑驴上朝，并不觉寒酸。传说顺治皇帝特意请人画一幅骑驴小像，上题大文豪苏轼诗，只是将末句“状元归去马如飞”改为“状元归去驴如飞”，对他还是青睐有加的。

聊城是一座奇城，湖奇、河奇、楼奇，人文亦奇，在城市发展和市场发育上也是个奇点。它曾经是大运河上九大商埠之一，经历了整整四百年的运河繁荣，但也经历过兵火的洗劫和运河断运的危机，它不仅在黄河和运河的夹缝中生存，又在“水回路转”中迎来自己的几次发展机遇。它已经习惯了水旱码头交替运行的物流模式，水路拥堵有越河分流，黄河起浪时有东阿境内的浮桥来替代，因此在总体上有些处变不惊，有足够的韧性和市场弹性。

返回光岳楼的路上不由在想，聊城若要继续承诺光耀泰山的天职，泰山下的东平“水柜”又会给它怎样的回报和关照？如果会通河再次开通，它和鲁运河将会带来什么样的新福祉，是否会再来一个四百年的运河繁荣？也想到，刚到聊城的时候，出租车司机告诉我，聊城也叫凤凰城，我有些不以为然地笑了笑，但细思起来，还真有那么一点儿意思。今日之聊城，在运河停航之后，生长出许多有前景的新产业，它并不会真正衰落下去，它的老底气加上新的发展机遇，能否再一次为泰山增光添彩，那会是一定的。边走边想，回到凤凰台的住处，手机屏幕上的时间已经是凌晨一点。

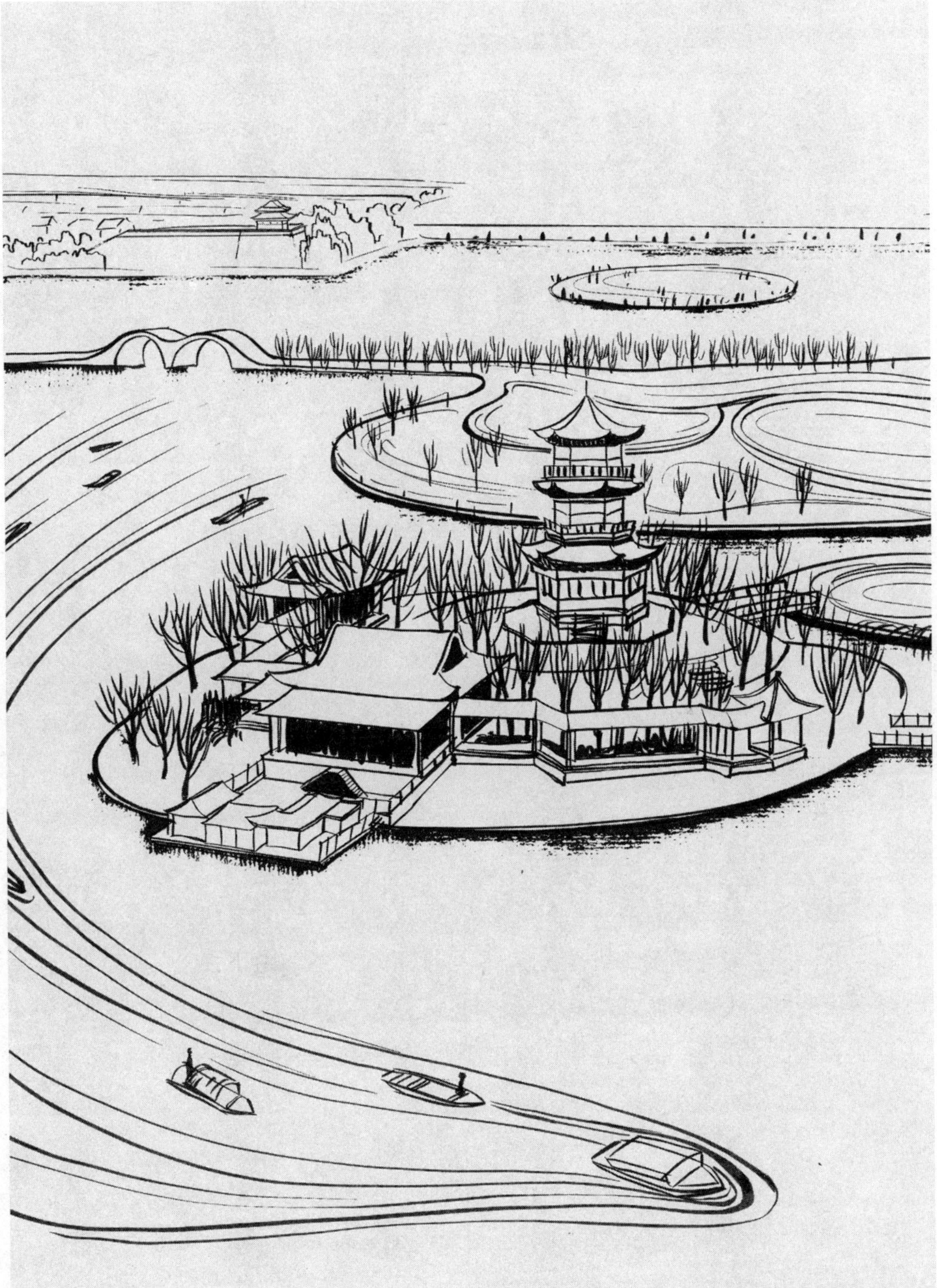

# 二 卷

# 运都遗韵

聊城是山陕商人曾经的商业天下，临清可是“徽骆驼”们长途跋涉的一个歇脚经营地。他们在临清，主要经营棉布、丝绸、竹木、茶叶和不可或缺的钱庄及典当行。临清现在是聊城的一个县级市，但在明清的大部分时光里，其运河经济发展程度曾经超过了聊城东昌府，因为它是两面来水，三面来船，一面还会走来骡帮和驴帮。两面来水，一是戴村坝“七分朝天子”的水流，最终经过这里，进入南运河；二是卫运河的水也要经过这里，也进入南运河。三面来船，一是济州河的上行船，二是卫运河的下行船，三是南运河、北运河上的南行船。这里是千里风帆，那里是纤夫帮力，河深摇橹，河浅撑竿，大船有大船的走法，小船有小船的灵活，驳船有驳船的套路。天津卫的“三岔口”张开双臂，时刻准备拥抱逆风顺水或者顺风逆水而来的临清船。临清还要迎接从黄河浮桥横渡而来的陆路客商。因此，这里的元运河和明清运河遗迹都被列入大运河申遗的重要项目。

临清的这种物流位势，不仅分抢了东昌城市场的一些风头，也使它的水运市场比天津的水运市场发展还早些，在明代嘉靖和万历年间达到了鼎盛，并同东昌一道位列运河九大商埠之中，一时富甲北方。也是因为它发展得太迅猛了，不仅在元代时升格为直隶的临清万户府，在明弘治二年（1489）立为州，清乾隆四十一年（1776）又成为朝廷管辖的直隶州，管辖跨冀鲁的四个县，包括河北的邱县、馆陶、夏津及山东的武城，成为当时全国三十三个较大城市中的一个。

这些县城都是沿漳卫运河分布的城市，因为它的主要运河方向，应当是连通后漳卫运河和南运河的流转方向，同时一度接纳了会通河运河水，水路和陆路人货齐聚。根据《明清史料·甲编》收录的史料所记，其主城“周围逾三十里，而一城之中，无论南北财货，即绅士商民近百万口”。元明清时代，朝廷在这里建立了彼时朝廷直属的税务机构——钞关。明代先后设置了十三个税关，主要在运河一线，包括漷县关（后移至河西务）、临清关、济宁关、徐州关、淮安关、扬州关、上新河关（南京）、金沙洲关（武昌）、九江关、正阳关（寿县）、浒墅关（苏州）、北新关（杭州）等，几经裁并，保留河西务、九江、临清、淮安、扬州、浒墅、杭州七关，清代增添崇文门钞关，合为八大钞关。北京以崇文门钞关为首，但它的税收额远不及临清的税收额。《马可·波罗游记》也曾涉及元初临清的税收，说“此强格里城（临清）中央夹有一宽而深的河流经过，河上运输有丝、香料及其他，巨贾货物不少”，为大汗征收的赋税，其额甚巨。

彼时临清的市场容量，使其成为运河上的一线运都。而临清水运市场的消停，比聊城东昌府要晚上许多年，一直到京汉铁路修建，天津也成为北方海运中心，其兴旺劲头才慢慢消退下来，但航运业务真正的停顿，也是20世纪中叶以后的事情。

临清曾经的商业繁荣，不仅来自四通八达的运河业，也来自由运河而生的古代和近代加工制造业，最著名的是竹编加工、砖瓦制造以及棉花、大豆、花生等冀鲁农产品初加工和皮革加工。人们知道，北方运河城市都有自己的“竹竿巷”，这里还有一个“竹筒巷”。为什么在竹竿巷之外还会有竹筒巷呢？不是巷子整修得像竹筒，乃是竹竿用来撑船，是相对的耐用品，但包装货物和修筑河堤加固堤防，要消耗更多毛竹，从南方运来的毛竹在这里加工成竹箱、竹筒和竹筐，耗量很不小，也就出现了庞大的竹编产业，并由此出现“编织户”和“织筐夫”聚集的巷头。除了竹竿巷，临清还有箍桶巷、锅市街、马市街，商业区域划分明显且很有专业聚集性。

临清也是一座千年古县，有自己长久的文化积淀和发展历史。在汉代，临清叫清渊县，想必那时是一片泽国，由于曹魏开通了贯通河南、河北的“白沟”，被后世统称的卫运河和漳卫运河横空出世，一直通向吸纳九河之水的海河。东入渤海，北去幽州，卫运河和漳卫运河的水流，首先要通过这里。在十六国时期，依傍清河县的清渊县改称为临清县，与清河县一同成为卫运河和大运河合流后的姊妹城。这段运河也是河北、山东的省界河。明代的临清作为南北重要路口的京师门户，内通江淮，外联三边。在元明京杭大运河尚未完全通畅时，漕船主要是由镇江渡江入淮，或经由通济渠的余水，直上卫运河，再经天津大沽口转通州到大都。因为大都的主城门偏北，也曾尝试过船由东坝河抵达城内，但地势终究过高而废去。自通惠河建成，航船可以直达大都城内的积水潭和北海。尤其在明朝永乐时期，再次开凿了从东平安山直达临清的全长一百二十五公里的会通河，临清成为卫运河和会通河的交叉点，临清也就由此跃升为东西南北皆有水路可通的大商埠。

研究北京城建史的学者们有一个著名的说法：北京城是漂来的。什么意思呢？是说运河水运对北京物流城建的不可替代性，不仅北京人穿的戴的，还有吃的粮食、食盐，以及锅碗瓢盆和观赏瓷器，都要从运河漂来，每年从运河进京的漕粮就达四百万石，这还不包括一般居民的粮食供给和串换。建设宫殿楼阁的上等大木料和砖石料，更要从运河发来。明清时期采办皇木，主要来自四川、贵州和湖广，也有来自江西、浙江和山西的原木，皆由各处河流漂送到京杭大运河，所以北京的“皇木厂”也都设在通州码头和通惠河的运河边上。那么砖瓦呢，北京本地也有不少的窑口和窑厂，一是数量不够，二是很难说都是上品，这临清临近黄河，有大量黄河泥沙沉积，而运河边的“沙丘古渡”就有黄河故道的遗迹。这一带的河泥黏中带沙，烧出来的砖瓦叩之有声，结实而又有透气性，被称为“莲花土”。由莲花土烧成的青砖，断之无孔，不碱不蚀，硬度几同青石，又有舟船运输的便利，调度得法，断不会误了京城修城造楼的工期，临清也就由此成为大规模生产御用砖瓦之地的不二选择。在明清时期，北京用来修建皇宫、皇陵以及皇家园林、寺庙的砖瓦，多数来自临清，被称为“贡砖”。贡砖生产最盛时，临清沿运河遍布七十二座烧制御制砖的“官窑”。为了保证砖瓦的供应，明永乐年间朝廷曾经特派工部侍郎在临清督办烧造和运输，明嘉靖五年（1526）又派出两名专员分别管理苏州的金砖烧制和临清的贡砖烧制。临清生产贡砖最负盛名的是来自徽州的临清商人程十爷的窑厂，因为技艺高超，产品质量有保证，这位程十爷曾被光绪皇帝御赐“黄马褂”，他的后人至今仍然生活在临清。

明清时期的京城御用砖料，主要出自临清、苏州两地，苏州主要生产“金砖”，临清主要生产“城砖”。《钦定工部续增则例》规定临清城砖，每块长一尺五寸，宽七寸五分，厚五寸。运前要敲验，有声而无空隙方为合格，然后用黄裱纸包装封签，方可入船。按照当时的船运规制，漕船运砖，不仅无偿，而且每条船载的带砖数量定为四十五块，一般民船十二块，分为近运和远运，远运在会通河照数验收，回船后上交验收批文，因此贡砖也就等于是运河船只的通行证和特许证，如有损坏丢失，必须包赔或治罪。据有关档案记载，光绪年间一江西籍漕船在天津附近搭载其他货物，将贡砖抛入运河里，结果船主被杀了头。

临清的贡砖生产范围，南至馆陶北至武城，东至会通河两岸地区，这是一个不小的地理半径。在清代，客居临清的江南文士袁启旭这样吟咏形容烧砖的夜景："秋槐月落银河晓，清渊土里飞枯草。劫灰助尽林泉空，官窑万垛青烟袅。"（《官砖使者行》）透过这些诗句，可以想见那时贡砖的生产规模和大量生产背后的环境污染破坏，但那又是当时无可奈何的事情。在临清的博物馆里，展出不少当年的贡砖，有一块中间镂空，夹带了一部《论语》，没有时间去细看看，想必是来自"鲁壁藏书"的一种启发吧。

棉花和花生原本是冀鲁之地的大宗农产品，就地加工就地装船贩运，也就成为临清码头的日常景象，由此城里又出现了白布巷、豆芽街等，甚至还有生产高级哈达的手工业作坊集中的场所。临清生产的哈达，在清末曾经独步国内外，这是十分令人诧异的。哈达是蒙藏民众在进行佛事活动和迎接贵宾时敬献给贵宾的具有民族特色的珍贵礼物，怎么能够成为临清的名品呢？尤其是现代使用的高级丝织品"浪翠"哈达，图案精美复杂，薄如蝉翼，洁白如雪，有的是佛像图案，有的是八宝花图案。有人说，这是清朝咸丰年间从俄罗斯传来的技艺，在全盛时期有七百家作坊，但恐怕还是"鲁绣"的一个新发展和制造分支。临清的近代纺织市场很发达，在明代万历年间就有十二家规模很大的绸缎店，因为临清人善于制造贡砖，与宫廷内的满蒙王公贵胄及办事的内臣联系较多，信息灵通，鲁绣又是鲁地的看家工艺，因此哈达的生产销售也直通京城，成为宫廷和喇嘛寺院的高级用品。临清的哈达生产一度也停顿过，但在改革开放之后，临清哈达再次成了气候，在内蒙古和西藏市场上占有着绝对的市场份额。

临清市场昔日的繁荣，被誉为明代第一奇书的小说《金瓶梅》中，就有写意式的描写，如其第九十二回"陈经济被陷严州府"，说的就是陈经济凑了五百两银子，要到临清去贩棉布，那"杨大郎到家收拾行李，跟着陈经济从家中起身，前往临清码头上寻缺货去。到了临清，这临清市上，是个热闹繁华大码头去处，商贾往来之所，车辆辐辏之地，有三十二条花柳巷，七十二座管弦楼”云云。《金瓶梅》的描述，或有措辞上的陈词滥调，但也真实地反映了明清时期临清的城市商业面貌。曾经做过明代文渊阁大学士的李东阳也到过临清，留下《过鳌头矶》二首：“十里人家两岸分，层楼高栋入青云。官船贾舶纷纷过，击鼓鸣锣处处闻。”“折岸惊流此地回，涛声日夜响春雷。城中烟火千家集，江上帆樯万斛来。”据有关史料记载，在明朝万历年间，临清的布店就有百余家，当铺之多，在北方运河城市里无出其右者。

其实，陈经济的已经暴死的“老丈人”西门庆，原本就是临清对岸清河的一个泼皮破落户子弟。运河是冀鲁界河，清河与临清隔河相望，西门庆发迹于阳谷，开药铺，玩钱庄，官商勾连，抢男霸女，居然成了鲁地的提刑官，聊城和临清自然也会是他的一个老地盘。《金瓶梅》第八十一回里，还提到了临清闸。这个临清闸无疑是临清水运市场的一个中心。根据《临清州志》的记载，开凿会通河的时候，临清码头大闸口一共有四座，其中两座至今保存完好，就在鳌头矶旁。

《金瓶梅》出自何人之手，因为作品署名为兰陵笑笑生，因此歧见迭出。有大儒伪托说，甚至有书染剧毒暗算政敌说，即对号字为东楼的严世蕃的影射戏说，考究的热闹程度，不亚于《金瓶梅》小说本身。一般地去进行地理推理，兰陵也就是今天的临沂市苍山县，在运河一条线的邻近地域，作者或是来往运河的说书人，将运河两岸听来的黄段子和自己的创作构思集合在一起，以会通河上下的地界为背景，展开社会中下层的一回回社会生活画卷，或者竟是具有自然主义描写色彩的“劝世书”。但要了解明代的社会经济发展历史，《金瓶梅》无疑又是一部活教材。鲁西南诙谐善谈者不少，小说的作者，即便不是这里的人氏，也是一个较长的居住者，这从书中描写的饮食文化特点也能够看得出来，如“炊饼”“黄米面枣糕”“鹅油蒸饼”“一寸扁食”等；至于称父亲为“达达”，称姑姑为“姑娘”之类的家常称呼，更是这一带如今还在惯用的方言用语，而乡土语言的运用，又往往是判断作者生活经历和生活背景的一个重要参考。在《金瓶梅》中，这里的吃食也具有地域开放性，比如黄四给西门庆送上“四尾冰湃的大鲥鱼”。鲥鱼产在扬州附近的长江边，西门庆并不知它的珍贵，弄得应伯爵连忙解释说："江南此鱼一年只过一遭儿，吃到牙缝里，剔出来都是香的。"应伯爵懂得这些，自然是来自运河的连通。诸如此类的细节，说明《金瓶梅》的创作背景，离不开运河都市。1990 年，在临清举行的全国第四届《金瓶梅》学术研讨会上，《金瓶梅》临清地理环境说得到更多的认同，那是有道理的。

初到临清，对一切都存有新鲜感。这座小城早已经内敛下来，显得很袖珍，也很安静，但它的运河城市诸般遗迹，又弥足珍贵。临清其实也是一座水城，只是浮动在运河上，而不是如聊城那样耸立在湖面上。在这座别样的水城里，桥多闸也多，最知名的还是会通桥和会通闸，还有二闸口桥、问津桥、永济桥、鸽子桥和鸟市，分别面对着运河的不同方向。来到临清，到处可听到浓重的鲁西乡音，有些街景也会令人产生些生活的错觉，以为是到了昔日北京南花市大街的某个地方，有很多提笼遛鸟者，也有哼着京戏的老头。还别说，这里也是一个京剧窝子。1991 年，北京举行全国京剧票友大赛，临清代表队仅次于北京代表队，超越了天津代表队，夺得第二名的好成绩。临清成为当时徽班进京前的必经之地、驻足之处和重要的演出场所。

在临清，还能看到明清正宗的建筑艺术和盆景般的运河建筑遗留。这里的运河文化气息，主要散发在最具代表性的木构建筑体上，鳌头矶就是这些木构建筑集中展现的地方。鳌头矶周边，有秦汉黄河旧河道，留有古沙丘遗迹，是研究黄河改道历史的一个重要区域。这里还有京杭大运河与卫运河交汇处的龙山，但令人浮想联翩的，除了鳌头矶，还有钞关旧址、清真寺和舍利塔。

鳌头矶坐落在临清市中区古会通河的分汊处，是京杭大运河上一处著名的名胜古迹。建于明永乐十五年（1417），距今已有六百多年的历史。鳌头矶南向是在明初开凿复建的会通河运河，是会通河与卫运河交汇处中的运河洲渚隆起，其主建筑群建在地势较高处，形同一鳌镇水，天然分流。运河上下的几座大河闸，好像是浮在河上的大鳌四足，活脱脱地显示出临清曾经独占运河鳌头的水运地位。整个建筑群南为望河楼，东为观音阁，远远望去，鳌头矶又像是一锭大元宝，而当年的钞关，就在鳌头矶南面三百米处的运河西岸。钞关现存的衙门遗址是明宣德四年（1429）建造的，有仪门，有穿厅，有公堂，还有巡捕房和附设工料房。据说在明万历年间，这里的税银是八万八千两，占到全国运河税收的四分之一。税赋重，在那时是普遍现象，因此在清代也引发过一次较大规模的“王朝佐抗税”风潮。王朝佐是个硬汉，被抓后一人承担了责任，但官府不肯放过其他参加的人，“王朝佐抗税”一案牵连被杀人者有三十七人。这也从另一个层面反映了彼时运河城市在繁荣外衣下的一种阴暗和官场暴力。

临清的古渡很多，如太子港、卸货口、头闸口、二闸口、南水关、北水门、三元阁等。很容易被忽略的是离鳌头矶不远处的古沙丘遗迹，也是唐代沙丘城的所在，当年李白与杜甫共游的沙丘旧地就在这里。秦始皇东巡死去的沙丘之地是不是也在这里，很值得探讨。临清出现沙丘的地名，并不是说这里是一片沙漠，而是水位经常暴涨的黄河水裹来了沉沙和黄土，或者黄河改道出现了沉积。在古代，这里一直是水乡，隋炀帝开通永济渠后也就成了水陆要道。

临清在秦时属巨鹿郡，汉时属魏郡，隋唐时代的临清城在今河北省临西县仓上村一带。人们讲起有关临清的古诗歌，不外乎是宋明以来的“朝天门外路，路坦坦”（《木兰花慢》），“渔翁结屋此江干，绿树阴浓白昼寒”（《临清轩》），此外还有王国维的《蝶恋花·百尺朱楼临大道》，甚至还有康熙的“去回四百里，舟次五云端”。殊不知古沙丘的黄河故道遗迹，有着更为巨大的自然地理价值和人文价值。李白两次来到这里，思念起南游吴越的杜甫，也不由得写下《沙丘城下寄杜甫》：“我来竟何事，高卧沙丘城。城边有古树，日夕连秋声。鲁酒不可醉，齐歌空复情。思君若汶水，浩荡寄南征。”王安石也有题咏，“灯火匆匆出馆陶，回看永济日初高”（《永济道中寄诸舅弟》）。姚鼐则有“明发风帆好停处，拂衣先上鲁连台”（《泊临清漳口》）。清代词人纳兰性德曾在临清运河边写下悼亡词《沁园春》：“梦好难圆，诗残莫续，赢得更深哭一场。遗容在，只灵飙一转，未许端详。”其小序曰：丁巳重阳前三日，梦亡妇澹妆素服，执手哽咽，语多不复能记，但临别有云：“衔恨愿为天上月，年年犹得向郎圆。”妇素不工诗，不知何以得此也，觉后感赋。

九层舍利塔是临清的一个老地标，也算是临清的镇河塔，建在运河东岸。

此塔始建于明万历三十九年（1611），是与通州燃灯塔、杭州六和塔和镇江文峰塔齐名的运河四大名塔之一。此塔的修建，也有一段与徽商有关联的故事，说那古塔建到五层时，断了经费来源。一位名叫汪道济的徽商，自己捐出白银七百两，古塔才得以续建。他的行动影响到很多商人，众人集资，历时九年才建造完工，塔内至今留有汪道济题写的《建塔见山小记》。他和很多徽商留居临清，化为土籍，后代还在此参加了科举考试。在那次“王朝佐抗税”风潮中，有些徽商离开了临清，但入籍的徽商及其后代，成了临清的永久居民。

清真寺是这里民族多元文化的活文物，来这里经商的阿拉伯和波斯商人众多，由此还养育出一种由波斯猫杂交而来的名猫，有黄的、黑的、花的，最为名贵的是长尾拖地的浑身雪白的猫，眼睛一蓝一黄，很有些神气，是国内稀有的观赏猫。这些猫不完全是宠物，因码头上漕粮如山，它们在消灭老鼠中立有汗马功劳。

临清的名人也不少，张自忠是唐园村人，季羡林是官庄村人，要武有武，要文有文。明代“后七子”之首的谢榛写有《四溟诗话》，其故里也在这里。谢榛作有《望临清故里感怀》：“东西两河归一流，岸拥蒹葭秋复秋。忆昔扬帆坐舒啸，海门北转是燕州。”他清楚地看到，元明两代运河的归流合一，造就乡里繁荣的日月春秋。如今的临清人回念昔日同乡的这首感怀诗来，会有怎样的感慨？他们或许会觉得，眼下的临清是在南运河走向再度兴旺的间歇里，他们正在默默地蓄积能量，一旦南运河水开始动了，卫运河活了，昔日的会通河也会在东平坝下再现波涛，临清还将会是欣欣向荣的临清。

到了临清，顺便也去了馆陶，那里不仅在历史上由临清管辖过，而且也是盛产清代贡砖的一个重要产地，在卫运河体系中拥有重要地位。历史上很著名的徐万仓设在馆陶，漳河则在徐万仓附近与运河合流，由此出现了漳卫运河的名称。馆陶离邯郸只有三十公里，现在是邯郸市的下辖县。李白到幽州，曾经由馆陶去邯郸，醉马六十里行。卫运河与漳河合流后，也要经过魏州即宋代有名的北陪都大名府，漳河、卫河从馆陶流到清河、临清和武城等县至四女寺水利枢纽，这段河道长约一百五十七公里。

馆陶有个驸马渡，大约来自汉代馆陶公主的历史桥段。其遗址在《馆陶县志》里有记载，是在县街东口，即现在的七一大桥附近。馆陶有过两位甚至是三位馆陶公主。汉高祖时吕后所生的鲁元公主，似乎也有馆陶公主的封号。东汉光武帝的第三女刘红夫也曾被封馆陶公主。但真正使馆陶名扬天下的，是西汉武帝时的馆陶公主刘嫖。

刘嫖是汉文帝和窦皇后的唯一亲生女儿，也是汉景帝唯一的亲生姐姐，同时又是汉武帝的姑母兼岳母，所谓汉武帝“金屋藏娇”的典故，即来自汉武帝第一位皇后陈阿娇，她是馆陶公主刘嫖的嫡亲女儿。因为刘嫖在汉文帝三年下嫁给堂邑侯陈午，这位被称为堂邑大长公主的刘嫖，在汉景帝登基时被封为馆陶长公主。在汉武帝时，又被尊为窦太主，其府邸应在冠县和馆陶之间。馆陶驸马渡的知名度，还是来自馆陶公主刘嫖的名义丈夫陈午。

据《馆陶县志》记载，清康熙年间的馆陶县主簿王金，曾经写有一首咏驸马古渡的诗：“驸马知何代，传闻渡在斯。沧桑眼底变，风景望中疑。鸥鸟随波处，芦花照岸时。行人经此地，吊古不胜思。”其实，在汉武帝时代，白沟尚未出现，卫运河和漳卫运河更没有成形，所谓运河驸马渡，是后人的附会。或者这个驸马渡，是老黄河边上一个无以名之的黄河古渡口。在馆陶县的东边，还有一个黄花台，传有刘秀第三女刘红夫在卫运河西边建有望河楼，与卫运河与其前身白沟出现的时间，同样有近二百年的时差，因此刘红夫的望河楼，望的也是那时的黄河。现在馆陶公主风景区所在地，名太黄堤，进一步证实了对黄河古堤和驸马渡的判断。这太黄堤的叫法是有根据的，其含义是有记载以来最早的黄河堤坝，那很可能是指周定王五年（前602）前后黄河流向的历史状况。汉武帝元光三年（前132）濮阳决口。王莽当政时临漳决口。馆陶旧地大部分时间是在黄河东北岸，太黄堤就在对面，即黄河南徙时在那里建立黄河的大堤，很有些历史年头。

倒是长门园旧址在哪里，是来者比较关注的一件并不算很大的事。因为馆陶公主在历代贵族私生活中的名声最有传闻性，馆陶公主刘嫖也另有“面首”董偃。刘嫖给那位陈驸马戴了这顶“绿帽子”，董偃是她唯一的情人。为了避祸，董偃提议，将私家园林长门宫送给汉武帝，而汉武帝此前也来看望过他的姑母。这长门园就坐落在长安，馆陶公主被废后，最后的时光也在长门园里郁郁度过，她死后与董偃合葬在了一起。馆陶公主和其女阿娇终究是皇家的悲剧人物，司马相如为阿娇皇后的遭遇写有《长门赋》。唐代擅长写宫怨诗的沈佺期，也有“玉阶闻坠叶，罗幌见飞萤”的诗句。李白则写有沿用《长门怨二首》乐府旧题的两首诗：“天回北斗挂西楼，金屋无人萤火流。月光欲到长门殿，别作深宫一段愁。”“桂殿长愁不记春，黄金四屋起秋尘。夜悬明镜青天上，独照长门宫里人。”

长门宫在长安，馆陶是没有这个遗址。尽管如此，馆陶也还是值得观看的，特别是卫运河繁荣的明清两代，这里有过什么，又发生了哪些事情，现在的发展如何，都会引发人们的一些思索。临清到馆陶的旅游业也有发展前景，但卖点也许不在几位馆陶公主身上，那至多是茶余饭后的谈资。正在整理的砖窑系、徐万仓和漳河乃至太黄堤，都是吸引人们的好去处。太黄堤引出对古黄河的历史记忆，徐万仓更记录了白沟水道和隋唐大运河永济渠的历史走向。

# 四女寺断想

德州古称安德，史载秦始皇东巡，经过此地而生病，死于广宗。德州是一个古老的运河城市，是北京的在鲁门户，商业一直很发达，因此留有马市街、布市街、首饰街、瓷器街、古玩街等街名。胜利大桥的东首，沿街面还有古玩地摊，摆满了各种真假老物件，引来行人驻足观赏，但摊位井然，并不混乱。

在明清时期，德州素有“天下第一仓”的令名，其名头来自南粮北上的转运，在古代漕运中占有至关重要的地位。明清时期全国有四大漕仓，称为“天下四仓”：淮安的丰济仓、徐州的广运仓、临清的临清仓、德州的德州仓。四大漕仓中，德州的古漕仓设施保护得最完好。漕仓事关军备与全国的粮食储备和转运，漕粮经运河北运京师，也就出现了漕运的历史概念。现在的德州也还是粮食调转的铁路编组站，因此德州向来是南粮北调的北方交会点。

德州还有一座苏禄城，在今胜利大街之北的北营村。那里有苏禄东王墓及王妃和两位王子的陵墓，还有一座苏禄文化博物馆。明永乐年间，苏禄国是菲律宾群岛靠近苏禄海的一个古王国。明永乐十五年（1417），苏禄国的三位国王东王、西王和峒王，率眷属及侍从共三百四十多人，渡海经大运河前往北京访问，在北京住了将近一个月。一行人受到隆重礼遇后，从运河南下回国，行至德州时东王身体不适，经多方治疗，最终还是病故于德州。永乐皇帝想得很周到，除了在德州为东王按亲王规格举行隆重葬礼，将东王安葬在离运河不远的西南角墓园内，还为了迅速安定苏禄国内的形势，协助其继位的大王子，由大运河火速南下归国。在德州守灵的王妃和另外的两位王子及侍从十余人，给予田庄，妥为安置，其后代姓氏演变为温、安二姓，加入了明朝户籍。长者一脉为安姓，二王子一脉为温姓，一直生活在德州北营村一带，现在已经传到了第十七代。明宣德年间，明宣宗还按照他们的宗教信仰，在墓旁敕令建造清真寺。明神宗万历年间又投资建造了北营清真寺，朝廷特别颁发“札符”，任命温守孝为掌教。清雍正九年（1731），苏禄苏丹再次访问中国，途经德州时还拜谒了东王墓。

清道光三年（1823），德州遭受水灾，四女寺减河、哨马营减河连续暴发洪水，也曾危及卫运河边上的东王陵园，但很快得到修复。在日本侵华战争中，东王墓遭到破坏，侵华日军居然在墓台上修筑了炮楼。几十年过去了，山东省分别在1965年、1978年和1985年连续对东王墓进行保护修缮，东王陵园焕然一新。

德州运河的重要性，在于它是卫运河和京杭大运河南运河的第一个合口，也就是说，卫运河从武城入德州境内，京杭大运河北方段的南运河与卫运河在这里相遇，卫运河正式替代隋唐大运河永济渠，因此它既是卫运河的结束，也是南运河走向沧州和天津的开始。

到德州的第一件事，就是探访东王陵园，接下来就该到德州仓旧址去了，但胜利大桥下的古运河水和九龙湾公园吸引了我，也就先在胜利大桥上下，盘桓了个把小时。九龙湾古公园是近几年建成的，河道很宽，南北萦绕，成为德州城中心最大的绿地和湿地，树林郁郁葱葱，绿树红花开遍古运河两岸，一直延伸到大街两边很远的地方，有不少老人带着孩子在河堤的林荫道上游玩。德州人拥有这条城中绿带，靠的是城市规划建设的创意，更靠自身拥有的这条古运河。德州古运河就在眼前，引发了我到四女寺水利枢纽的兴趣。我调整了在德州的计划，北营苏禄城是一定要去的，德州仓就等下一回去看吧。虽然德州仓是南运河漕运的历史见证，但沿着卫运河故道，到四女寺水利枢纽去看看，应当是更重要的一件事。

北营村就在胜利大街街口正对着德州汽车站的北去大巷子里，路很近，不消片刻也就到了。我问询去东王陵园的方向，指路的是一位满口德州话的汉子，有些自来熟，知道我要去苏禄王墓，很热情，并且大大方方地自我介绍说姓安，本乡本土人，就在苏禄文化博物馆做保安工作，现在正要去换班。在山东人里，他个子不算高，但很有精神头儿，话里话外也流露出一种满足与自豪。他很可能就是东王的一位后人。到了博物馆门前，他去换班，我就按着他指引的方向到东边的陵园去。临分手时，他向我笑着摆摆手：“你先看，有什么还要问的，也可以找我。”

经过修缮和整理的东王陵园好气派。内陵园自南向北由内陵园门、享殿及东西配殿、回廊等组成，石人、石马、石羊、石虎和望柱应有尽有。永乐的御碑亭在南侧，文字很长。我在这里逛了一个小时，再去参观菲律宾南洋特色的博物馆和北营清真寺，也就向四女寺的方向去了。

从德州市中心到四女寺可以直去，也可以绕行，从河东大堤街口村和小锅市村一路行去，运河九曲十八湾，恰似一条龙形河带。河中的水，虽不是很多，但也在缓慢流动，目前主要是灌溉农田，但在 20 世纪 70 年代前，常有行船甚至还有小火轮机动船驶过。

德州从明清以来就有“神京门户”和“九达天衢”的名声。“神京门户”不是夸张语，东南和中原乃至西部的客商和举子要到北京去，这里是重要的一站。为了保卫漕运和京城的安全，这里还修建了“十二连城”，驻有重兵。“九达天衢”也不是自吹的，因为它居于九河下梢的居中点上，可以通过运河连接自然河流，坐船可到华北的大多数城市和北京去。

德州有合河，合河也就是上文提到的卫运河和南运河合流的地方。卫运河从浚县黎阳一路流来，过内黄、魏州、馆陶、临清、贝州（清河郡）到武城，后一站就是德州。此外还有从衡水故城流来的运河水，从郑口镇流到景县安陵镇华家口，北流沧州的运河河段，德州是卫运河各支流交汇的地方。华家口坝是夯土坝，建设得比较晚，是清宣统三年（1911）时的坝体，那里现在已经丧失了通航功能，成为邻近城市的水源涵养地。但衡水有衡水湖，其实衡水湖水也是来自运河和上游河流的余水，它们目前也只能各自为湖，各自为河，等待着再次连通的那一天。

卫运河是隋唐大运河北流一段的运河总称，目前的主要河段，是指馆陶县徐万仓到四女寺水利枢纽的一段。卫运河在治理前基本上是一条半地上运河，异常蜿蜒曲折，回道湾就有二十一处之多。有一段甲马营河，当地民谣这样唱道：“甲马营，一盘绳，弯弯曲曲到武城。”原来的河道更弯曲一些。1958 年裁弯取直，才从二百一十三公里的长度减为一百七十五公里。

伴随蜿蜒曲折的德州卫运河，我也习惯性地回顾了德州的古老历史。在夏商时代，这里或是有鬲氏或曰有穷氏的故地，也就是后羿的发祥地，大约是骑射游猎尚武之乡，出有后羿这样的神箭手，夺取过夏王的王位。但德州除了有这样一位传说中的英雄，更有一些智者，如春秋时代的齐相晏婴、赵将廉颇和汉武帝时期的东方朔。传说中东方朔的家乡就在德州的神头镇。还有一位极有气魄的人物，即“击鼓骂曹”的祢衡，也是德州临邑人。汉代大儒董仲舒也曾在此苦读，所谓“三年不窥园”的故事，就发生在这里。唐代大书法家颜真卿在这里也担任过平原郡太守。据说，德州陵城区文博园藏有一通“东方朔画赞碑”，俗称“颜子碑”，四面刻字，有正书，有隶书，但正面刻有“原太守颜真卿书”，一个“原”字，一个“太守”的称谓展露出了一点儿蹊跷，因为唐代是没有“太守”这个官职的，这很可疑。唐代诗人张祜，一说是清河人，一说是武城人。陵城区是古德州的中心，也即古平原郡的治所。

四女寺在德州武城县与河北衡水市交界处，也是一个可以称为合河的地方，但合的是馆陶流来的漳河和卫河水，这段卫运河也被称为漳卫运河。

四女寺又名四女树，最早叫安乐镇。四女寺虽因寺而来，但寺庙又是因树而来。说是此地有四姐妹为了给父母尽孝，发愿念经终身不嫁，并种四棵槐树以明志，发誓树枯方会出嫁。但她们还是暗中用开水浇树，希望出现树枯的结果，不料槐树不仅没有被开水浇死，反而生长得越来越茂盛，四姐妹只好把自己酿的苦水吞到肚里。天可怜见，就让她们死后成仙，立庙供养。这事听起来有些神奇，但也让人明白了，神话传说里有自己的社会评价取向的，也有着更可信的心理分析。

这里的风景，堪称北方一流。四女寺镇也是一个从汉末唐初就存在的运河千年老码头和古镇子，街上店铺林立的昔日景象还能依稀看出，现在居民人数，肯定比那时要多。这里曾经也设有漕运税收机构，有县之“二衙门”之称。但四女寺的河既是一条运河，也是一条泄洪的减河。所谓减河，就是排洪河道，因为漳河自古以来就水流湍急，天旱时倒也安静，雨涝时浊浪滔天，到处横冲直撞。在邺城也即临漳的一段，古来就有河伯娶妇、少女祭河的陋习，以及西门豹在那里移风易俗的故事。

20世纪中期，人们一边开始“引黄济卫”工程，为运河补充水源，一边兴建四女寺水利枢纽，以及安陵、北陈屯水利工程，建设了泄洪闸，也建设了过船闸，为的是彻底根除漳河水患。但从 1978 年开始，因为缺水，泄洪闸偶尔启用几次，过船闸门庭冷落，南运河缺水，卫运河和漳卫运河也一样，运河逐渐开始断航。四女寺水利枢纽当然应当修建，但有一个环节似乎没有跟上去，或者由于地形的关系，在平原上不可能出现较大的水库设施，尽管泄洪和航运都兼顾到了，总是有些时候人算不如天算。防洪功能有余，航运功能无从发挥，这四女寺也就更多地成了德州人春游和秋游的一方后花园。

从历史上看，卫河是卫运河上游的两大支流之一。它发源于太行山脉，流经鹤壁、安阳等地，流经的河道也曾是黄河的一条故道，卫运河和京杭北段南运河，在隋唐以后其实是永济渠的上源。隋炀帝由此到过涿郡，北宋与辽签订“澶渊之盟”，也由此北上，因此也就习称为御河。明代称为卫河或者卫漕，与隋唐大运河东南部的通济渠一道，形成了一条南北东西相呼应的运河曲线。即便在通济渠渐趋式微的时段里，卫运河也都没有停摆过。元代京杭大运河开通后，依然是水陆相因的主要运道。南北的经济往来，在元代以前更多借重于卫运河和漳卫运河形成的物流弧线。在明初，卫运河依然不断强化其物流功能，在很多时候，卫运河发挥了主运河的功能，而不仅仅是一种补充和支脉。《明史》这样记载，“永乐元年命瑄充总兵官，总督海运，输粟四十九万余石，饷北京及辽东”，这里所说“命江南粮一由海运，一由淮、黄，陆运赴卫河，入通州，以为常”，就是利用了运河的便利，因此卫运河一直是一条水运生命线。这种状态在清乾隆时开通中运河后才被打破。而从清代到民国，一直到中华人民共和国成立后，卫运河、漳卫运河的运转都有一定的连续性。20 世纪中叶开始出现断航现象，自然令人扼腕叹息。

站在四女寺的过船闸前四处观望，河水是清亮亮的，河闸也很雄浑，但除了防洪，几无用武之处。四女寺镇确实也有现代集镇的气息，四女们种植的四棵大槐树依然枝叶茂盛，唯一缺少的是水上频繁往来的舟船和机动船的鸣笛声。

我一直在琢磨，卫运河的断流，一是因为地下水超采，华北地区形成了几个“大漏斗”；二是九河上源，该建不该建的水库太多了些，截流过甚，下游来水也就减少。此外就是平原地带缺少真正能调节运河水量的大湖和大型水库。平原上北流的黄河又是悬河，不能随意化解运河之渴，而后来形成的衡水湖，也无法承担调节功能，所以只有通过刻不容缓地节约用水和统一水源调度，来解决运河水少断流的紧迫问题。

“水柜”在哪里？正在蓄水的白洋淀给出了新的希望。在2019年举行的黄河以北运河河段复航论证会上，有专家提出，修建从德州通向雄安新区的运河，这是一个颇有开放思路的设想。其实，在雄安新区规划之初已经想到了这一点儿，设计了京安运河和津保内河路线。白洋淀蓄水扩容，主要是为了雄安新区的环保和生态发展，但湖水终归也要不断流动更新，当白洋淀达到一定水位的时候，也要寻找自己的出口。白洋淀下游的平原地区也有许多洼地，如文安洼和静海的湿地。所谓“九河”多数发源于太行山和燕山，水资源是十分丰富的，如果加强众多上游水库的结构调整，运河来水经脉也会相应打通，涝时多蓄水，旱时多放水，盘活利用好华北平原的水资源，复兴卫运河的前景就不会仅仅是一个蓝图和设想。

# 从吴桥到独流

从德州到沧州，是一件比较辛苦的事。虽路程较长，但路况平坦，有两百多公里。经过的运河城市又比较多，屈指算来，就有吴桥、东光、南皮、泊头、沧县和青县。如果加上天津静海区的独流镇，几乎要走过南运河的多一半流程，好在它们都集中在一条公路线上，每一段运河城市也都是三十公里左右的等距离，其间只有左岸右岸的区分，并没有空间上的隔离和大的弯曲，还有许多通向各镇点的岔道和桥梁，抬脚绕进绕出也还顺脚。

在德州稍作休息，也就分段打的上路了。但一天里要看这么多地方，傍晚又要赶到独流镇，也就只能快节奏地看看主要的河段和码头了。沧州这段运河，在20世纪70年代总体上也断流了，运河水比较多且深的段落在沧州市区西，而这条南运河的运河水，呈现出“珍珠链”式的各自为河状态，可以意会，可以想象，但目前还未到全面复苏的阶段。南运河北流，北运河南流，是地势使然，所谓“北运向南流，南运向北流，汇到海河三岔口”，讲的就是海河河系地理倾斜走向。天津既是“九河下梢”，自然就是最低洼的地方，海河是九河的入海“漏斗”，是南北运河汇聚的海河的三岔口，是运河地理地形受体。卫运河与南运河良性互动，从来都是一个系统。

吴桥运河段始自吴桥大兴庄，吴桥运河的名气，主要来自吴桥杂技与运河的传播。吴桥是蜚声海内外的杂技之乡，所谓“十方杂技，九籍吴桥”，讲的正是它对中国杂技艺术发展的广泛影响。技艺精湛是一个方面，如果没有运河舟船，吴桥杂技也走不了四方。20世纪90年代有首歌里唱道，“路迢迢，水长长，迷迷茫茫一村又一庄”。这迢迢水路就是运河水，有运河船帮他们远行，帮他们扬名，北走津京，南到秦淮的夫子庙，甚至漂洋过海下南洋，也就创出了中华杂技第一品牌。在旧时，杂技人把撂地摊儿卖艺叫作“闯码头”，上船是不要船钱的，这是杂技人走运河的老规矩。他们在运河码头上的那股威风劲，给人们带来欢乐和惊奇。老把式带着一帮小萝卜头，翻跟头下腰，在寻常地界是很少有的一种场景。在如今吴桥的码头广场上，虽然已经不见他们登船远行，小猴子们与行人要机灵逗闷子的景象犹在。这里顶缸，那里飞盘，说是家常功夫，也还有各自的衣饰扎裹，区别不同的师承和门派，当然也有闭门修练绝活希望一鸣惊人的，但仅一眼能看到的软功，已经感到了人的无所不能，特别是“三仙归洞”“缩骨软功”，使许多围观者叹服，也让人暂时忘掉眼前尚在流淌的运河水，不由摸摸自己的手骨节，也跟着比画它一回。

东光运河段比较长些，流经霞口镇和东光镇，而霞口镇、东光镇是南运河上的两个较大去处。从曹魏开凿白沟、平虏渠到隋炀帝开启的永济渠时代，这里就开始繁忙，在宋金时代尤甚。元明清以来，这里的漕运也很稳定。东光运河码头出土了磁州窑刻花碗，那是北宋时期的高技术产品。2018 年，又在运河河道里发现了较大的沉船，此前陆续发现了北宋的钱币、金朝的铁权和元代的铁器，说明东光运河跨朝代航运的连续性。惹人注目的是这里有过康熙的运河行宫和相关兵营，就在北霞口镇堡子村。康熙下江南，从北京出发，在霞口和桑园都泊过船，并在北霞口镇堡子村里住过几天。现在去往沧州的公路直接路过霞口，公路就在运河坝下，而康熙运河行宫和相关兵营就在运河坝上。康熙在住过香河、武清之后选中了东光的霞口，自有他的道理。一般地讲，康熙和乾隆二帝下江南，都会泊船在运河线的重要渡口上。运河渡口的繁荣意味着皇朝的繁荣，他们很懂其中的利害关系。

南皮是晚清名臣张之洞的故里，人们把张之洞称作“张南皮”，也是因为这个缘由。泊头的名字一目了然，泊头就是码头的泛称和俗称，但带些儒雅气。泊头最有名的是连镇谢家坝，与东平的戴村坝，其名声不在分水有术，而是因为这个坝是个人出资建造并由个人经营的，且素有“铜帮铁底”所形容的安全系数。个人出资修坝修闸，并不是为了公益，也是看准了此中的盈利空间，形成彼时的一种投资风气。衡水一带的华家口夯土坝也归为同类投资性质，个人投资个人依法管理，责任到了位，也就有了自身的经营持续性。

泊头的运河和码头很古老，始于东汉，兴于隋唐，兴旺于金，在隋炀帝开凿永济渠时，这里就有过水运驿站，明清时期成为商业重镇。我们特意去了连镇的谢家坝，大坝犹在，船较少，但一位当地人指着运河上的裕华桥告诉我说，泊头有泊头的风水，天生的泊头，天生的码头镇，现在的运河里还有水，只是流不起来，但终究是要通起来的。眼下要抓的是绿化和改善水环境，沿着南环路古驿站建设大的运河公园，水多了，河动了，谢家坝下还会是一片繁忙的景象。只是未来的船比过去的船要大，还要多，这谢家坝虽看着宽展，但也还是要改造的。看来，人们对东光运河的复兴蛮有信心，已经为泊头的未来寻找出路了。

在泊头镇随脚逛逛，街上还有一个很大的清真寺。清真寺是运河城市和海港城市常见和必要的宗教设施，也是运河多元文化的城市特征。回族商人很会经营饮食业，他们的店招牌是蓝色的，一看就同汉族店门不一样。他们的拿手菜是红烧牛尾和芫爆散丹，和北京清真店的风味大体一样。

整个沧州地区古属渤海郡，运河文化遗存有二十多处，此外还发现有大量元代的青花瓷器。沧州著名的开元寺铁狮子，铸于何时，没有深究过，但一般的判断，应在辽金时代。聊城和商丘一带有铁塔，淮北有铁佛，都是那时的佛教文物。但开元寺原本是唐玄宗在各州敕建的佛教寺院系列，因此沧州铁狮子很有可能是后配置的。沧州的历史很古老，最早得名于北魏，唐代为横海军。这些名称的由来，很可能与曹操所开凿的平虏渠有关，但也有考证说，平虏渠位置在南运河青县偏东，其实与沧州原州治的基本位置大体一致，说明沧州的规模运河出现最晚是在曹魏时代。

沧州也有海运河遗迹，如唐贞观年间开凿长丰渠和无棣沟，就是通海的运河。这里历史上有过出海口，但只是一个浅三角洲地带，内航为主，海航为辅，形成了特别的运河纵横网络。沧州的主运河习称卫漕，更明确的名称是南运河。在明清两朝，这里有过十多个码头，年输漕粮在四百万石以上。南运河沧州段也有过断续，但大多数时间里是很稳定的。

在汉代，这里也是长芦盐的主产地，黄骅故县设有盐官，所产盐品远近有名。黄骅现有河北海盐博物馆。20 世纪兴建的黄骅大港，是朔煤东运的主要港口，有铁路连通。有趣的是，因为沧州离海近，淡水资源少，南运河水就成为珍贵的淡水来源。在那个时候，沧州兴起卖水职业帮。运河在沧州西部流过，“卖西筲”是卖西流的运河水的指代。这南运河不仅关系到昔日的漕运，也关系到沧州人昔日的日常饮水。

宋辽对峙时，沧州是战略要地。明清时期修有炮台，也是御外的战略要冲。这样的历史地理背景，使得沧州不仅成为古今南北运河交汇点，也成为一个尚武之地。明清两代出过的武举人就有将近两千个，传统武术器械有几十种之多，拳法众多，如查拳和八极拳等，很多近代武林高手都出自这里。运河业的发达，也造就了沧州一统旧镖局的局面。清末民初的北方镖行里，盛行过镖不喊沧的传统，以示对沧州镖行的折服和尊重。在清代，大名鼎鼎的走镖门户，除了临清的女镖王窦小娥，就是沧州的几个大镖局。戏文里窦尔敦在邻近的河间大战黄天霸，他们大约也都有镖局出身的经历。

沧州的古代和近代发展同运河息息相关。民国时期所撰的《沧县志》中讲，以坐商为多，坐收厚利，也说明了这一点儿。流经沧州的运河经济吸附范围颇大。老沧州有谚，“穷东头，富西头”，为什么呢？因为运河在西面。在西边运河的岸上，至今留有钱铺街、当铺街、书肆街、锅市街、米市街和红市街等街名，渡口还有菜市街。

沧州的运河里还有水，而且也不算很少。这里是南北运河的重要交汇点，因此也是南北运河通航的重要关节点，水源目前终归还有些不足，缺少大的流动性。因此从20世纪70年代起，运河更多沦为泄洪的渠道而存在。现在，他们准备在运河复航的预期目标中分步走，先养水节水，优化市区运河复兴的自然环境，培养水运人才，为尽早复航创造更多条件。这里离文安洼不远，南运河和卫运河的主要交接点在德州、衡水和沧州一线，水脉一旦打通，沧州还会是北方运河的中枢神经。沧州在打造北方古运河文化城的同时，正在继续提升城市运河的旅游功能，为运河通航做准备，并在京津冀经济一体化中进一步调整产业结构，在华北地区水资源统筹联动中，迎来运河的复兴。

在沧州的运河边待了一个中午，有名的沧州开元寺的老铁狮子和新铸的铁狮子，也顾不得再去看。老铁狮子我见过两次，历经千年沧桑而不倒，但近年来体态有些分化，据说“腹腔”里装了“支架”。有很多网友询问有关部门，这确乎也是发生在贵重文物身上的一个技术事故，但如何保护沧州的这个城市标志性文物，也还需要继续研究。铁是最易氧化的活跃金属，环境污染所造成的酸雨过多，也是引发技术事故的重要因素。露天文物保护最重要的条件是环境，至于所铸的新铁狮子，说很雄伟，似乎并没有按原尺寸铸造，雄则雄矣，但我以为是一个不算很成功的克隆。

沧州最北边的运河市镇是青县。从青县北上独流，可进入天津海河三岔口，也没有多远路程。从青县直向独流，才是我此行的终点。青县运河段的原型，与曹魏所开的平虏渠原型或许更接近些；或者说，昔日平虏渠从沧州东流来，其大走向就是青县到静海县独流镇的一段。这里发现的考古遗址有三十多处，包括子牙河和古运河互穿的枢纽等，已经被列入运河申遗保护项目。独流，其实是子牙河、大清河与南运河合为一流，故称独流。在北宋时期，此地也称独流口，大约也是因为它北通津门，东可入海独口流去的缘故。

独流在南运河中的特殊地位，是从金章宗泰和十二年（1212）开始奠定的，即在金朝的运河改造中，让运河水从独流镇北行，直到海河的三岔口，独流便成为南运河和许多海河支流的一个重要接口。在金朝的皇帝里，金章宗在运河事务中是最有作为的一位，其功劳虽比不过元世祖忽必烈，但疏浚过北京的萧太后运粮河，也疏浚过卫运河，独流河的三河归一，更是一个奇思妙想。在那时，独流从三个方面发挥了影响：一是整合了海河上游九河的最重要河流系统，在不断迁徙的黄河混搭众河的情况下，抓住了要领，在隋炀帝开永济渠和理清了各自然河流之间关系的基础上，别开蹊径，相对理清了自然河流和运河的关系，即利用民间经验，重新布局运河流向。二是为海河三岔口南北运河龙头地位奠定了基础，也为海河三岔口边直沽寨的发展跃升，设下了主要条件。三是带动了静海地区的发展。根据明嘉靖年间刻印的《河间府志》，独流有六砦，地势是很险要的。独流是静海县中部的一个镇，距静海县约十公里，距天津市区约三十公里。静海县在春秋时期曾经分属齐国和燕国、赵国。北宋为靖海县。明洪武年间改静海县，现在是天津市静海区。

根据《金史·河渠志》记载，到了金大定二十一年（1181），直沽寨也即天津的前身，年过漕粮总量已经达到三百余万石。到了元代，河运海运并行，北运河崛起。明初京津运河行舟日夜过，行船过万只，形成日过漕船三百只的局面。在历史上，天津和沧州上下还是重要的产盐区。独流漕运盐运发达了数百年，天津独得其利，不仅完成了最早的原始积累，也把扬州的盐商吸引到京津地区，天津最终完成了成为北方最大商都的“三级跳”。

静海也是重要的粮食产区，别看这里盐碱多，井水咸，可运河也带来了肥沃的土壤，有很多河滩地。静海历史上素有汛期“扒捻子”的做法，运河里的泥土覆盖两岸土地，有墒又有肥，吸引过大量移民，运河两岸出现了很多军屯和民屯，也出现了唐官屯、陈官屯这样的地名和人口密集的乡镇。捻军的名称是否来源于“捻子”，似乎也是一个研究线索。值得一提的是，静海有个团泊洼（团泊湖），现在已列入“中国湿地自然保护区名录”。这里不仅有地热水，也是南运河复兴的重要调节“水柜”。

我们到达独流镇，已经很晚了，夜宿小镇。

清晨起来，在小镇上走了一圈。河道上还有不知何时建造的老木桥，周边浅丘有起伏，总体上南高北低，西高东低，这个地形地貌清楚地展现南运河历史的一幕：子牙河、大清河和南运河为什么会在这里向北汇流，后来又因为防洪而成为东流入海的“减河”。

晨风吹来，独流街面上的老树，叶子沙沙作响，似乎在述说往日运河的荣光。如今的独流河，不再承担独口北流的运河使命。20 世纪中期，由于海河地区的河流不时泛滥；1952 年开始了北起独流、南到十一堡的南运河改造工程；1958 年又开始了“引黄济卫”的工程；1964 年再次清淤，每到汛期，大清河和子牙河下泄的洪水从防潮闸口入海，独流从另一个侧面发挥作用。其利其弊，也许一语不能道尽，但南运河从此开始退化，也是一个事实。

要离开独流的时候，我蓦然记起昨晚一位同宿的旅游者摆出的“龙门阵”。他有一搭无一搭地说，这个地方可不简单呀，当年的义和团天津保卫战，就是从独流镇开始起事的。真的吗？回来一查，果然如此。晚清时，列强的洋枪队从天津登岸时，这里出现由运河船工出身的张德成建立的民兵船队，也就出了独流“天下第一神坛”或称“天下第一团”。这个张德成曾经率领四五千人，分乘七十二艘大船，从独流运河北上天津，夺取了租界的小红楼，又在马家口与八国联军展开了肉搏战，并陆续转战在廊坊和北京之间。天津失陷后，张德成终被变了卦的慈禧太后的党羽杀害在运河的船上。义和团的悲壮和时代文化烙印以及种种，留给后人的，不仅是多种声音中的是非争论。在列强面前签订屈辱条约，谁是罪魁祸首，谁又是坚定的抵抗者，应该是不难看清楚的。

# 天津之眼

“天津之眼”是天津的新地标，全称是永乐桥摩天轮。以前我多次到天津，经常是摸不到东南西北，虽然有著名的和平桥，要到五大道或者劝业场去逛逛，也还要费点心思去找路。天津有很多五光十色的观光景点，但也是一座一般河海交汇城市特有的街道纵横交叉感，不像北京城，正南正北街巷如棋盘，直行或者拐行，总能找到出口。海河上也有如虹的金刚桥，老城区里有瓷房子和张学良的故居，大多要在不期而遇中才可看到。在海河的桥上穿来穿去，寻找要去的地界，是外来者的一门城市街道必修课，想要比较完整地看到天津古运河旧迹，本地人是门儿清，外来者多少有些一头雾水。自从高矗的“天津之眼”出现在海河之上，一切都变得清晰起来。

“天津之眼”是一个巨大的摩天轮。它精致壮观，充满了现代灵气，也是天津的地标性建筑。不一定非要登上缓缓旋转的天津之眼，只要在天津之眼所在的永乐桥桥面上看去，天津古运河码头的一切都尽收眼底。几百米之外就是三岔河口，那就是天津古运河和古港口的主要地标，所谓直沽和大沽口，就在这里，昔日运河繁华的画面也在这里展现。

前方右侧几百米，就是天后宫，即妈祖庙。天后宫是海港城市的标配，在中国北方地区，有天后宫和有过天后宫的，只有天津和山东半岛的烟台及胶州湾，此外则是北京通州的张家湾，前三座保存完好如初，张家湾的天后宫在20世纪初消失了。自然，北京也有过天后宫，据《钦定日下旧闻考》所引《京师五城坊巷胡同集》记载，“出朝阳关沿河往南有天妃宫”。朝阳关即旧时朝阳门的瓮城，其方位大约在通惠河的岸边，当时的地名为大桥北西河沿，曾有一通“天妃庙碑”在此，当与张家湾的天后宫有关联和照应，但宫观在民国时已废。在北京东四附近的胡同里，至今保留着另一座建于乾隆年间的天后宫，与水运没有直接关联，是乾隆为纪念康熙收复台湾和乾隆平定叛乱而建，并昭示了妈祖文化的传统信仰。

天津的天后宫现在是古文化区，颇有特色，干净利落，展示的是一代一代传承下来的水运码头活文化，如天津的特色饮食和杨柳青年画等，有市井气息但没有云山雾罩的烟火气，更没有多少假古董铺混杂其间。我到那里去看的时候，天后宫刚刚闭馆，但不收门票的天津古事展，倒让人在悠闲的环境里进一步了解天津的今生前世，包括古运河码头的变化。

三岔河口的小半岛现在是公园，但北运河、子牙河汇入海河的河形和流向，并没有大的变化，只是少了昔日船帆林立的繁忙景象。说天津是九河下梢，是沿海河汇水之多，就像天津七十二沽一样，虽是一个概数，但也是实数。在三岔河交汇的是北运河、子牙河等。沽的叫法曾经引起我的好奇。那基本上是天津人的常用词，使用的频次很高。沽有多个意思，是指大小河流，也有买卖的含义。运河原本就是一条买卖河，许多货主在这个河网地区来往贩运，也就造成了运河的水流和物流体系。海河最早的名字是直沽河或曰大沽河，三岔河口也就是古来的大沽口。这里既是南北运河的中转港，也是天津最早的海港。天津最古老的天后宫建在三岔河口附近，也显示了这样一种历史格局。在北运河通向张家湾的方向，也多有叫沽和务的地方，如有名的河西务，务也就是那时的税所，运河的管理体系还是很完整的。

海河是天津的轴线，渡桥的密度很大。沿着滨海路一路前行，和平桥、狮子林桥、金刚桥和永乐桥一字排开，叫不上名字的桥就更多了。古运河的中心地标是三岔河口。永乐桥坐落在海河支流子牙河上，天津之眼也就定位在子牙河上，坐在摩天轮上的座舱里鸟瞰天津，目极半径可达四十公里。它建成于2008年，迎接过奥运会火炬传递的圣火。摩天轮在许多城市的水面上常见，但运河在眼底，渤海在眼前，城中心有如此开阔的水视野，在海港城市里还是少见的。

在老一辈天津人的话头里，过去望海，是要去狮子林桥边的望海楼。望海楼是一个俗称，其实是不平等的《天津条约》签订之后，由法国传教士建造的一间天主教堂，旧称圣母得胜堂。在震惊中外的“天津教案”和义和团运动中，两次被烧毁。庚子事变后，它再次用清政府的赔款复建。那个时候的天津租界五大道，虽然华洋建筑开始林立，但鲜有高层建筑，高不过六层的天主教堂自然是一个五大道外围的制高点，作为列强殖民天津的历史证物，它也有重要的另类文物价值，所以也就同五大道的建筑一样被保护起来。现在，“天津之眼”不仅在高度、气势和视野的开阔性上，远远压倒了望海楼，其超越历史时空的通达性，也可以透视出天津百年前发生的一幕幕。

“天津之眼”有一种亭亭玉立但又浑然一体的秀美气质，还有一种特有的刚柔结合的妩媚，在一天的时光变化里，显现出不同的风韵。海河晨风初来，她在慢慢散去的薄雾中露出明亮的眼眸，在透彻清冽的眼睛里，映出远方的天空和清晰的楼厦曲线，她不时好奇地俯视着海河岸边早起的晨练人群。红日初升，她披上了亮色的披肩，努力地吸引着马路上上班的人流和车流。中午时节，无论在炎热的夏日里，还是清爽的秋日里，她都站在永乐桥上，向过往的人们声声道着午安。薄暮降临时，是她最活跃的时候，珠光宝气般的灯光渐次闪亮，她便换上一身华丽的晚装。夜游的人群从四面八方赶来了，她更成了风头最健的城市明星，身边聚满了年轻的情侣和带着孩子的中年夫妇。每逢这个时候，海河两岸成为灯光最耀眼人群最密集的地方，岸边的人流和河中的游船交织在一起，整个天津都布满了色彩，华贵的气象弥漫在整个海河的河面上。

从明代开始，天津地位直线上升。清末时成为北方最大的海港城市，也成为运河的北方中枢。光绪年间所撰《通州志·旧志序跋》有所概括，“通州上拱神京，下控徐兖，旁扼东北诸关塞，地大物博，襟带千里，潞水抱其城隈，明流如鉴，循是而之浮江乱河，凡南条诸大水罔弗可航之，而至其东，则由直沽以入于海，是以四方贡献之偕来，与夫万国冠裳之走集，无不毕汇于是焉”。

天津是海河的儿子，运河是天津的养母。天津建城的历史已有六百多年，但发展得很快。在金代，这里还是个小地方，叫作直沽寨。元代大运河全线通航后，天津开始加快发展。明代的朱棣南攻金陵，这里一度成为大军沿运河南下的重要节点，并在此后建立了最早的卫所。入清之后的雍正年间开始建立府城，成为中国北方的海运和漕运枢纽及历史上的津门。天津的称谓也有古来的依据，众多的天子从这里的海河经过，而盛唐时期的东都洛阳也将洛阳桥最后命名为天津桥。天津是通向四海和四洋的经济文化桥梁，它经历了无数风雨和曲折，最终成为北方成长性最强最大的一座滨海港口都市。

特殊的发展环境造成了天津的多元文化和特有的都市情调，但它一直葆有浓厚的中华文化和文明的血脉。天津是有品位的城市，天津人也是有品位的人，运河造就了天津特有的文化码头地位，从谁都离不开的饮食文化，即津门三大小吃，到雅俗共赏的音乐、戏剧，乃至著名的杨柳青年画，无一不是天津的文化珍宝。京剧风靡北京，但演员们成名成角，必须到天津的舞台上亮相，得到天津人的首可和认定。中国北方的相声，其祖庭也在天津，京韵大鼓的传人骆玉笙更是生于斯逝于斯的天津人。近代名震武林的霍元甲则是天津静海县人。从近代传媒业来讲，颇有影响的《大公报》诞生在天津。天津也是《中国画报》出现的第一个重要窗口。天津的劝业场影响了北方的工商业者。天津还是李叔同的故乡，李叔同在新文化运动中作出的贡献是中国人的荣耀，也是天津人的荣耀。

李叔同，又名李息霜、李岸、李良，学名广侯，叔同是他的字，出家后号称弘一法师。他集中国诗词、书画、篆刻、书法、音乐、戏剧创作等多种杰出才能于一身。在日本留学时创办了中国第一个话剧社团春柳社，主演过《茶花女》和《黑奴吁天录》。回国后，他填词的歌曲《送别》一直被人传唱。他还是中国第一个开创裸体写生的美术启蒙教育者。在上海也主编过《太平洋报》副刊，同时也是重要的南社成员。他的原籍虽然是浙江平湖，但天津是他的第二故乡。他在天津前后生活的时间有二十多年。

在离开天津的前一天，我特意去寻访了位于河北区海河东路和滨海道交界处的李叔同故居。2010 年前，李叔同故居一度成了大杂院，腾退修复后对社会免费开放参观。这是一个两进四院的院落，再现了李叔同青少年时期的生活环境。前面是一个小花园，正院门首有李鸿章题写的“进士第”匾额，显然是对李叔同父亲进士身份的一个提示，彰显着李家显赫的地位与身份。李叔同自幼勤于读书，但没有去走父亲的宦途道路。他出国留学，寻求新知又回到祖国，成为近代学贯中西的著名文化人。院里有一间西式书房，那是李叔同从日本留学归来布置的。后来，他在杭州虎跑寺出家，成为律宗的第十一代祖师。他专注于研究佛经，这并不一定是因为完全看破红尘，而是对当时黑暗社会的极度不满，但又无能为力的一种反抗。他的高尚品质和人格魅力为人所敬仰。1942年，弘一法师圆寂于福建泉州。

天津的近代文化巨子其实是很多的，大教育家张伯苓和梅贻琦就出自天津。张伯苓早年毕业于天津北洋水师学堂，留学日本，后创办了南开大学、南开中学和南开女中，并担任南开大学校长四十余年。梅贻琦担任过清华大学校长十七年。二人可谓是民国时期教育界的双璧。梅贻琦是在清华大学生产运作管理最艰难时主理校政的，他清廉自好，取消了校长的特权和额外津贴，因生活拮据，不得不靠夫人在学校附近摆摊，获取蝇头微利补贴家用。他不是学者，但却是学者中的带头人。清华大学从有地位而无学术名气的大学，一变而为国内名牌大学之首，是在梅贻琦手里实现的。有名的西南联大，其主要管理者也是梅贻琦。在抗战大后方，办学经费更为奇缺，他的夫人不得不再次摆摊卖“得胜糕”帮补家用，同时联合了几位著名教授夫人一起摆摊。在忙不过来时，他也会去“站台”帮忙。教育家陈岱孙曾经概括了他的优胜之处，一是注重师资，“所谓大学者，非谓有大楼之谓也，有大师之谓也”；二是注重管理，他被称为清华大学的终身校长，应当是天津人的光荣。

据考，北宋的开国宰相，素有“半部《论语》治天下”令名的赵普，祖籍幽州蓟县，曾祖父担任过三河县县令。他本人生于天津静海，也算是天津人。他虽重视儒学但更重视实际，由此成为一代名相。如果说得更远一些，唐代的著名边塞诗人王之涣家在山西，一生中担任过县丞的地方却在文安。文安隶属廊坊，但历史上与天津联系更紧密，都属于渤海郡。1914年隶属省津海道，津海道治所便在天津。1967年时文安也曾属天津。大清河、子牙河在文安洼交汇，文安洼是“九河下梢”的过渡水带，也是一个对未来南运河复航有着重要意义的天然水库。

到天津，不能不到西边的武清和杨柳青去。武清古称泉州，也是曹操开凿泉州渠的主要地点和后来北运河的东边始发处。宋辽时期，武清周围有三条运河：一是在泉州渠基础上出现的原始北运河，二是连通宝坻和香河的大小龙湾运道，三是萧太后运粮河的末梢和漕粮转运地。无论是辽朝的南京（北京）还是金朝的中都（北京）都离不开河运和陆运的无缝对接，那时的武清（杨村）西边的河西务，就是北京通州张家湾之前的一个重要的水旱码头，有仓廒、驿站。在明代还设有钞关和漕运使司。漕运使司同对外的市舶司是一个级别。此外，还设有巡检司、户部分司等衙门，其最高官员的品级是三品，高于知府，也高于天津卫的指挥使。那时，杨村到河西务，运河一片繁忙景象。清代又修建了筐儿港、青龙湾。筐儿港水利枢纽就是天津武清现存的依然笔直的龙凤河，它与北运河相连。此外，还有有名的八里湾八孔闸，现在则是北运河郊野公园。

在北京市和天津市政府的推动下，北运河通航的规划已经开始实施，主要涉及天津的武清、廊坊的香河和北京的通州。武清要在运河沿线建设生态保护区。目前，京杭大运河北京段四十公里正在通航，下一步就是香河大小龙湾和武清。北京还出台了《北京市大运河国家文化公园建设保护规划》，分别在2021年、2023年和2025年达到建设目标，水体还清，基本完成北运河、通惠河、萧太后河和坝河等重点河段综合治理。

康熙帝某次南巡，曾在武清杨村驻跸，下旨治理北运河的一段堤坝；南巡回銮时，作有一首《看运河建坝处》的御制诗，诗云“十月风霜幸潞河，隔林疏叶尽寒柯”“往来踟蹰临渊叹，何惜分流建坝多”，这首诗刻在碑亭上。别看武清地界不算大，隋炀帝来过，唐太宗和元顺帝都来过，因此也是被称为御河的重要节点。唐太宗或有过进一步疏通北运河的想法，但征高句丽之战未成而罢。在元初和明初乃至清初，北运河迎来自己的黄金时代，武清也迎来自己的黄金时代。

杨柳青是年画名镇，也是运河名镇。“先有杨柳青，后有天津卫”是一句历史言说。杨柳青镇隶属于天津市西青区，这里过去叫作古柳口、太平庄，似乎是因为柳色如春被乾隆皇帝改为现名；也有元末明初将柳镇改为杨柳青的又一说。总之是杨柳依依又与民间的丹青墨色联系在一起，让人发生由此及彼的艺术联想。

与北运河有关联的还有廊坊，这个城市的命名虽然说来自北宋素有“小事糊涂，大事不糊涂”之誉的吕端家的大宅院，但也确乎是京津间与北运河并行的陆上走廊。武清是水路，廊坊是陆路，而廊坊的香河又有水路环绕。香河的运河湾与潮白河交汇，潮白河入运河，流经武清入海河入三岔口，因此这里一直是北运河的分水口。

天津地势低洼，沿渤海有天津大港和塘沽新港，地处京津冀渤海湾内三角的弧线中心，运河航运主要在武清一线，在这样一条古今海运和河运的交汇带上，未来或会有更大的布局。“天津之眼”更会透视未来的一切，它将是京津运河发展和天津都市发展的永久见证者。

# 胶州海运河

## 一

青岛和胶州湾不在大运河线上，但那里有条与运河相关的海运河。在历史上，天津是漕运海运共港，渤海湾和胶州湾之间也有一个共港。在人们的历史常识里，清末海运兴起而运河衰败，海运和漕运是一种替代关系。殊不知早在元初，忽必烈已经下令在胶州和渤海龙口间，开辟一条陆地海运河，俗称胶莱河。有着近千年历史的胶州塔埠头港旧址，叙述了这一段不算很长，但也十分重要的中国运河开拓史。

两年前我去胶州，新的胶东国际机场正在进入紧张施工，已经进入施工尾声。一座更加现代化的国际机场的主体结构，在阳光照耀下闪着亮光，好似在努力地映出青岛和胶州湾的前程与未来。

我从尚在频繁使用的流亭机场落地，路经在建的新机场，很快进入绿树掩映的胶州市区。胶东国际机场位于胶州市北，不远处就是红岛。胶东国际机场是一个海陆空无缝对接机场。它的出现，意味着青岛与整个胶州湾地区，进入了新的一体化发展。

在过去，胶州是胶州，青岛是青岛，胶州至多是青岛的一个郊县，现在则成为青岛市的一个主要子城市。胶州与黄岛、胶南，通过跨海大桥相互连通，与青岛主城区构成地理金三角；或者说，胶州和胶南更像是背负青岛的两翼，旋着翅膀面向海洋。

在我的印象里，胶州湾的青岛和青岛的胶州湾，原本就是一回事，青岛人说，在胶州入海的大沽河就是青岛的母亲河，也道出了这样的事实。此次我到青岛，没有去看崂山、八大关和著名的栈桥，也没有入住石老人海滩的海滨酒店，而是住在了黄岛的海边，从陆路上去看正在变化的胶州市，更希望在那里看到心仪已久的板桥古镇。虽然我也知道，板桥镇作为行政地名，已经消失了许久，但它一定深藏和浅藏在胶州的街衢里，露出在某块湿地和周边的园林和楼群里。

在三里河公园的茶馆里喝杯崂山绿茶，顺便从窗口观望半河的荷花。虽已是深秋，花谢了，荷叶开始枯了，但残荷的尽头并不一定非要伴着败柳，翠绿的柳枝依然轻拂着水面，现出柔软的弹性。待到又一个春夏，荷花再次开满三里河，她会向你指点，这里有过古老的大汶口文化和龙山文化的珍贵遗址。

我先到少海湿地国家公园去，那里有复建的市舶司衙门，虽然是异地复建，也还在古胶州元代港口塔埠头的范围里。塔埠头古港是继板桥古港之后的胶州湾历史港口。板桥古港属宋代，塔埠头古港属元代。到了明初，港口更多地移向近海的大沽河口。这是胶州湾的古代出海格局。

古港口的兴衰和替代，与原来的河道港口淤积有关，也会成为不同朝代海运市场变化发展的参照系。少海是胶州湾的古称。胶州湾是个近似喇叭簸箕形的半封闭海湾，据说平均水深七米，最低水深满潮为四米，最大水深可达六十四米。湾内有大大小小的岬湾三十多个。从古人的航运视野来看，湾内与陆上河流交汇的河口，便是那时与运力相匹配的良港。

市舶司也就是古代的海关，占地不小，因此有空地展览奇石，而一大块氧化凝结的古铁钱币，更引人注目。铁钱是宋代通货，不会在塔埠头元代港口出土。一问，果然是市政整修地基时发现了钱库，有的钱币在博物馆里展出，其中一大块移到这里展出，而发现铁钱币的地方，才是旧日板桥港和板桥镇的所在。

这个古港使用的时间虽然靠后，但意义非同一般，它是公元1280年疏挖的为数不多的一条海运河。海运河俗称“运粮河”或“胶莱河”，出口在大沽河和南胶莱河的交汇处。这条海运河不仅相对打通了胶州湾和莱州湾的河海联运，也是元代国内物流河海联运的重要闭环。南方的粮食由此进入莱州湾，转运到天津的塘沽和北京通州张家湾。至少在元初，内陆运河与北方海运在这里挂上了钩，呈现出海运河和内陆运河联动的特征，而由此说到大运河的申遗，如果缺少了胶莱河，毕竟也是一个遗憾。

对京杭大运河边“张家湾”地名的由来，也作过一些探究。比较一致的说法，是来自元初在这里从海上督运粮食的管事张瑄，他从天津码头的海上方向督运粮食。通州张家湾有个叫作“江米嘴”的码头，江米也即糯米，主要产在南方，江米从江苏一带漕运北上，也可经由海上转运。一般情况下，启用南粮北运海上通道，需要绕过风高浪急的成山头，风险比较大，水程也长，在莱州湾到胶州湾之间开凿运河，则是一个理想的选择。

张瑄督运粮船，有没有到过胶州湾，并无确切记载，但莱州湾是一定会去的。陆上京杭大运河与胶莱海运河连接的时间，要比人们想象的更早，并不是迟至清末海运大开后才开始的。只是，胶莱运河本身的转运效果并没有那么理想，时间也没有那么持久，因为中间一段流程要过高山之脊，运河水不够充沛。虽然在三百多年之后，也即明嘉靖二十七年（1548），再一次疏通过胶莱运河，并为调节水位设立了闸口，但分水岭附近的十五公里河道，通航能力仍旧低下。入清以后，则以胶河口以西的姚家村分水岭为界，分为胶莱南运和胶莱北运，各自运行，就是这条海运河后来的一般状态。

作为中国的海运河，胶莱运河究竟发挥了多大历史作用，目前还研究得不够。人们只看到它的遗迹和一些段落，它在元明时代的实际运转情况，史料也未必会有翔实记录，也就以一句“终未成”，轻轻一笔带过，并未注意到开凿这条海运河的艰苦努力和必要性。

胶莱运河后来分为南北运河，其实是从河流自然走向上来讲的。莱河和胶河分属两个水系，分水岭就在平度境内，两河对接，需要凿通分水岭上的岩石，工程量很大。元初的凿石连通并没有完全到位，究其原因，除了山高石大，或与本地人对莱州湾和胶州湾水含盐比重不同有所担忧，即真要彻底打通两条河流，首尾相接，会不会出现沿河土地的盐碱化，也未可知。在宁波，有一座可以防海潮防盐碱的“它山堰”，防盐碱在技术上其实并不是什么大问题。运河接口中间高两头低，海拔差也就是十米左右，在已经有火药的时代，进一步打通也不是很困难的，更多的原因是当政者把漕运的连通重点，放在了一度通海的“济州河”上，并未倾注全力打通这里的“水脊”，较浅的人工河道，也只能出现湘漓之间的“灵渠效应”，不能航行较大船只。而“平度”这个地名，也使人想到，平着渡，是难以持久的。加上通航一段时间后也会出现旱涝淤积问题，又不能及时疏浚，也就出现了时间上的断续性。

即便如此，胶州湾古港口地位依然动摇不了，尤其在宋辽分治时代，胶州一直是北方大港，这里的板桥镇在很长时间里成为北宋北方海运唯一的大码头，元代则将新的塔埠头港推上了海陆联运的一个高峰，使之成为“货连九域三吴，招徕多方贝贡”的重要转运市场，而在那时，青岛港尚在襁褓之中。

## 二

走过塔埠头所在的少海湿地国家公园，转向市政中心和商业中心，那里有座近年建立起来的主题博物馆，汇集了有关胶州和板桥镇的全部历史记忆。胶州市委宣传部的老赵带我去参观，对胶州湾有了进一步了解，也知道了板桥镇古今变化的大致脉络。在街巷里走走，长桥流水，岸柳依依，古老的城隍庙还在，复建了的通济桥、安澜桥也笼罩着现代商业气息，有别样的一种文化气氛在其中。

让人略感不足的是，宋代设立的市舶司衙门，以及那时出现的带有瓮城的三座城门，曰迎阳，曰镇海，曰用成，都已成为历史背影。州衙、文庙连同城门、城墙，只是历史文物的一种念想，并不一定需要特意去恢复，但市舶司未能在原地修复，毕竟是个大的遗憾。尤其是天后庙，在中国北方只有四个地方有过，一是天津和烟台，现在还在；二是北京通州张家湾的天后庙，现今无存；三是胶州的天后庙，地标还在，老年人也还能清楚地记起，妈祖庙门前那一副有名的绕口令楹联：“海水潮，朝朝潮，朝潮朝落；浮云涨，长长涨，长涨长消”，比较准确地揭示了胶州湾半日潮的规律和特点。

天后庙或曰妈祖庙，是古代海上丝路重要港口城市的标配，妈祖崇拜不仅是渔民的崇拜，更是海上丝路城市的文化象征。如果说，市舶司的建立，是海路运输繁荣使然，妈祖则是中国海上丝路发展的历史精神支柱。在广州的海神庙里，塑有由黑人担任的中国港口官员像，展示了古丝路的国际连通性。同样的道理，天后庙在古胶州出现，昭示着胶州港的历史地位和港口文化。所幸这庙并没有完全残败，那要比普遍分布的城隍庙更有文化特异性。

板桥古镇是晚唐时设立的密州（治诸城），在北宋时代成了大气候。在唐宋时代，这里一直是朝鲜、日本遣唐使遣宋使、留学生和商贾登陆的地方。对于北宋密州知州范锷奏请朝廷设立胶州市舶司的事情，人们耳熟能详。《宋史·食货志》所记奏折的历史信息也很完整，板桥濒海，东则二广、福建、淮浙，西则京东、河北、河东三路，商贾所聚，海舶之利专于富家大姓。宜即本州置市舶司，板桥镇置抽解务。抽解务也就是市舶司下辖的税务所。北宋元祐三年（1088），范锷再次复奏："广南、福建、淮、浙贾人，航海贩物至京东、河北、河东等路，运载钱帛丝锦贸易，而象犀、乳香珍异之物，虽尝禁榷，未免欺隐。若板桥市舶法行，则海外诸物积于府库者，必倍于杭、明二州。"也就是说，这里的税收一度多于杭州和宁波港。

密州市舶司也就是板桥镇的前身。板桥镇港与泉州刺桐港、广州港同一个等级。这里是青岛成为港口都市的历史依托。苏轼担任过密州知州，那是他作品创作的一个高峰期，"老夫聊发少年狂，左牵黄，右擎苍"（《江城子·密州出猎》），以及"明月几时有，把酒问青天""人有悲欢离和，月有阴晴圆缺，此事古难全"（《水调歌头·明月几时有》），便是他在密州时的力作。在密州太守任上，他也写过有关市舶司的奏章，建议市舶司北移州府，是出于离州府更近的原因，还是别的什么缘故，不十分清楚，也许他并不晓得，市舶司要同港口在一起的道理。这是任何人都难以避免的认知局限。

胶州湾的发展，在历史上有过两次大的机遇和近代的多种曲折。胶州湾首次显露头角，是在秦始皇统一天下后，曾五巡天下，三登琅琊。而黄岛东南的琅琊台，传说是徐福出海处。从《史记》到苏轼诗文里，都言之有据。那块载刻有秦二世诏书的石碑，现今还保存在中国国家博物馆里。琅琊台附近有斋堂岛和沐官岛，当是随员斋戒和沐浴的地方，但大量的准备工作，怕是要在胶州湾的大小港湾里进行。

胶州湾第二次历史发展机遇，在宋辽对峙中出现。为了切断辽朝的海路物流，北宋曾经发布海船北上登州和莱州的有关禁令，并在板桥镇设立了市舶司，胶州湾揭开历史发展的重要一页。在宋元时代的几百年里，南有泉州的刺桐港和广州港，北有密州板桥港和塔埠头港，胶州湾成为海上丝路在中国北方的第一个支点。

胶州湾板桥镇的起落和青岛港的发展，既有不同航海时代对港湾水深的不同技术要求，也有着列强进入东亚沿海地区，推进殖民贸易的复杂背景。在明代万历年间，青岛也曾设立过小港口，最初的青岛港由此诞生，并在近代复杂的国际关系中度过了它的“童年”。1897 年 11 月 1 日，山东省巨野县境内发生“巨野教案”，当地天主教堂神甫欺凌乡民，大刀会的一干人众进入教堂，误杀了两个路过的德国神甫，德国军舰运兵准备在胶州湾登陆，其结果，除了人所共知的赔款，便是签署了《中德胶澳租借条约》。这个胶澳指的就是今天的青岛。一方面，胶州湾是青岛的母亲湾，是青岛赖以生存的蓝色家园；另一方面，青岛成为列强争夺的重点，中国五四运动由青岛为导火线而爆发。青岛和胶州湾不仅是中国的一个敏感的神经结，也是中国近代史最前沿的经历者。

改革开放之后，青岛又迎来一波又一波的发展新机遇，尤其是跨海大桥建成之后，黄岛进入了西海岸新区一体发展新阶段。在黄岛发育的同时，人们又把目光投向了胶州湾的红岛。

华灯初上，在黄岛海滩上闲走闲聊。漫步黄岛的滨海大道上，我几乎已经认不出第一次见到的黄岛时的老模样，虽然人们现在都这样感慨，到一地似乎从来没有到过这一地，变化之快，让你充满了从未有过的陌生感，但在黄岛尤甚。新产业不断出现，高楼林立和通衢大道已是寻常之景。这里的沙滩在经历 20 世纪 90 年代初的破坏性开采后，已经开始再生，海滩广场预留了很大的空间，几年之后会是什么样子，谁都无法预料。

闲聊从来是没有边际的，不知是谁说起网上的一条信息，究竟是胶州大还是青岛大，我知道他们讲的是历史比较。说起来话长，结果也很简明。正像许多后来发展的较大城市一样，先有母而后有成大器子女接掌家门。青岛主城区自然是老大，和以前的黄岛、红岛一样，只是围绕在胶州湾母亲膝下的野孩子，长大以后一排排，也就成为青岛大家庭的核心成员，在分工合作中壮大自己的家门。老母亲完成了艰难保卫家园的使命，本可以颐养天年，但心劲未老，还要同她的七郎八虎一道走向建设新家园的新的商战中。

在中国现代经济发展初期，青岛产业曾经尽享“上青天”的荣光。改革开放后成为中国品牌之都。青岛的港口吞吐量居于全球前十。青岛也是人文沃土，除了康有为，还有沈从文在这里完成了《从文自传》，老舍在这里写出《骆驼祥子》，梁实秋在这里翻译了《莎士比亚全集》，陆侃如和冯沅君在这里完成《中国文学简史》，闻一多推出了《诗经通义》，而老舍、萧红、萧军、王统照、吴伯箫以及臧克家，也都在胶州湾留下了自己的文学和生活印迹。

在踏上返程之旅时，我的目光依然留在胶州湾的海上，一直到飞机掠过海面，我仍一再想起未能细细品味的板桥古镇既朦胧又真切的身影。胶州湾已经拉开了更大的发展空间，是一个充满发展活力之湾，但它的源头在古老胶州的板桥镇和塔埠头。透过飞机的舷窗，我看到海湾里耀眼的波光在晃动中叙说。

# 张家湾底事

## 一

北京城市副中心建成，是调整北京空间格局、拓展发展新空间的需要。新开放的北运河森林公园是首先要去的，那是北京市政府迁往通州区的一个大手笔。市政府的搬迁，无非是市行政中枢的地理位置变化，在交通便捷的时代里不算什么。就说北京历代的皇城，再早的燕下都不去管它，辽金元明的位置前后就有很大的变化调整，只是或南或北中心位移，并由此出现了北京的考古和民俗考据的显学。

其中有些风水八卦色彩的传说，或者加到曾经在苏州妙智庵出过家的被称为“黑衣宰相”的姚广孝身上，或者加到很懂奇门遁甲但早在洪武时代已经死去的刘伯温身上。在古代中国，最神秘也最有大智慧的都是僧道气十足的人，就连诸葛亮也得被人披上一袭八卦道衣，让人在手里塞了一把羽扇，所幸没有塞一柄拂尘，所以也省得追究后来的张三丰有没有去过离武当山不算远的卧龙岗等。姚广孝或许参与了北京都城的宏观规划，但说到底，“风水”二字里，水是最重要的，水不仅是诸种资源里最基本的资源，也会形成那时最便捷的水路交通。因此，人们更敬重那位官位不算大的引流白浮泉的郭守敬。是郭守敬给了北京城新生命，也开通了京杭大运河北方血脉，没有京杭大运河就没有元代海上丝路和大运河的繁荣，所以说郭守敬是运河开发连通运河和海上丝路的第一有功之人。

我一直以为，既有北运河，必有南运河，想必通州区会有运河的两个支杈。后来才知道，支杈是有，那就是萧太后河，而南北运河的区分是从大运河北方段的总体地理方位上讲的，是以开埠之后的天津为坐标而划分的。南运河是天津的三岔口到山东德州的四女寺一段，向南则是鲁运河，一直到旧日济宁漕运总督府前后。接着就是中运河，由此再向南，则是淮扬运河，一直到苏杭乃至宁波，自然要叫它是江南运河了。从天津向北一直到通州区，就是通常所说的北运河。这是京杭大运河的地理全貌，至于隔着张家湾城墙之南的那条萧太后河，在宋辽时代也曾是运粮的水道，因运输路程有限，只能算是北方运河体系中的一个支脉。

北运河森林公园刚开放，所谓阶段性通航，也就是走走游船，那船与后海的较大游船并无两样，但运河水碧绿，两岸森林满眼，风光不可小觑，又值国庆假日，人山人海，寻找一个停车位也很不容易。但这里毕竟是不收门票的森林公园，并不特设占地甚大的停车场。森林公园要有森林的大气，只要树木不太密集，在密中有疏中多绕绕路，总会有停车之地。公园的南边还有高架公路通过，高架路下，一定会预留今后停车的场所。

森林公园靠步行是走不全的。租赁一辆四轮脚踏车，四匹“马力”一起发力，轻轻松松就走半圈。先看运河水清不清，果然很清冽，连河里的小鲫瓜子游来游去，都能看得分明。河岸边的芦苇荡正扬花，花穗白中带着自来细小密集的黑斑点，很润泽。向西的路口上，扎有一条模型船，是很古老的那种桅杆船。有人在抢景拍照，有人在兴致勃勃地阅读悬挂着的运河图片和文字说明。一路西去，先是一个船码头，接着就是宽宽的水面分出的一道水汊。这一段运河虽然基本是直的，但也少不了因地势形成的河边岛和水湾子。水汊和水湾里有一片一片的荷花，莲叶何田田，下面的枝叶有枯残，荷花谢了但莲蓬昂着头，预示着明年又是满河汊的荷花绽放。荷花画得好的画家，其实并不很多，工笔画很难表现出其中的枯荣交替感，死亡的枝叶毕竟是黑色的，而诗人们却又在寄物抒怀中着眼于荷花的出淤泥而不染，泼墨写意的手笔比较能表达它们生命代谢的状态，那需要从墨色的轻重中慢慢去品味。

说实话，观景要看心情如何，心情甚好，即便景色略逊也能看出些意思，何况这运河森林公园的景色，要空间有空间，要细节有细节。也免不了有挑剔，或者称之为美中不足，把自己当成最懂审美者，或者希望好上加好，然而面对这样大的一个森林公园和清澈的运河水，实在说不出更多的意见。如果一定要在鸡蛋里挑骨头，倒是那几座桥，名字起得有些牵强。那桥叫映月桥，要是在中秋月圆时到此，你就是不说什么映月之景，水面也会出现另一个月亮，但那桥的造型，除了观景台下的一座石拱桥，材质和颜色也不甚对路，让人想到瘦西湖上的二十四桥，修旧如旧，大体是想象中的扬州桥。这里的几座皆是钢梁铁柱的模样，坚固够坚固，也努力做出长虹状，叫作过河桥或者便行桥更平和一些，可这毕竟无关宏旨，因为看得高兴。

我关心的是张家湾，因为张家湾才是大运河边曾经盛开的一朵荷花，使运河焕发新光彩。若是从重要性上讲，老年间一直有“一京、二卫、三通州”的说法，虽然通州区地位居于京津之后，但是与张家湾的繁华分不开。查阅历史上的通州，除了绕口令里唱的“南通州北通州，南北通州通南北”外，还有重庆附近的万县和达县，也有类似的口令。南通北通的绕口令，李伯元《南亭四话》有收载，传说乾隆过南通运河时写出的一句上联，无人能对，唯有纪晓岚以“东当铺，西当铺，东西当铺当东西”救了场。因此，那是乾隆帝和纪晓岚的共同作品。

“南通”之名其实也来自南通州。南北通州名声远播，但北通州独显，自然与张家湾有关。通州区的历史区划多变，唐元以来也曾称为潞县、潞州。1948 年，通县人民政府曾经迁驻过张家湾。就水运市场而言，也可以不夸张地讲，海运代替河运之前，张家湾就是那时候的一个“小天津”，因为那是运河西进京师的东大门。一般地说，堡只有一个城门，小镇只有两个城门，这里却是四面城门，北门是码头，南门也是码头。当年不仅有征税通判衙门、巡检衙门、盐仓、皇木厂，而且清代的仓场侍郎的衙门也设在这里。这里也有过天妃庙，是供奉妈祖的，也称“佑民观”。一座铁槛寺有过许多铁锚，都与海事河事有关。还有山西会馆的碑，你能说它是小地方吗？通州也称为潞州，是因为北运河一开始是以潞河为主干的。通州之所以称为通州，其实也是因为运河的物流在这里畅通无阻。因此，如果没有京杭大运河，没有张家湾，很难想象到北运河是怎样的一番景象。

张家湾是通州的经济核心区。辽开南京，金朝海陵王迁都燕京建中都，实为北京建都之始，其中一个重要原因，是要利用潞水和华北水系推动漕运，金朝的完颜亮将潞县升格为通州，取的也是“漕运通济”之意。因此缺少张家湾漕运历史景观的通州，也会缺失通州的灵魂。

张家湾犹在，但与北运河森林公园隔着一条高速路。北运河森林公园是在后来兴建的郊野公园基础上扩充的，树木都已成林，但如何将运河的人文历史和自然景象融为一体，把已经开始通航的北京运河延长到香河和天津去，还是一篇不可或缺的后续文章。

## 二

要找到张家湾城池的旧址，不是本地人，也还得绕来绕去，很费工夫。从高速路南去，进入一条还算宽展的街道，再向西拐入了张家湾村。它的南面眼下还是典型的棚户区。

路人告诉我们，走到村尽头，萧太后河大桥边的西南角有一座石雕像，那是曹雪芹的雕像。按他们的指点，萧太后桥的西边角上，果然看到一座几米高的红色石像，色泽颇新。像墩的正面有红学家冯其庸先生在九十三岁时的题写。粗算一下，那是冯其庸弥留之前题写的。看来，他一直相信，张家湾不仅有过曹家的产业，而且曹雪芹来过、住过，甚至也埋在这里。自从1992年张家湾发现的曹公讳霑墓碑公开露面，他就数次到这里考察，并从1996年退休后，在这里断续住了二十一年。他的一首诗“草草殓君土一丘，青山无地埋曹侯。谁将八尺干净土，来葬千秋万古愁。”表明了他的基本学术取向。但这块碑也掀起了一场红学争论大波，冯其庸和史树清先生认为是真的，反方却认为是地方为了发展旅游业而设计的一个局。

这是一个树木掩映的三角地。两位老哥正在那里偶然相遇相互问安。通州人和北京城里人一样，热情直率，打开话匣子就关不住。一位八十多岁李姓老者，看我们有兴趣，就自我介绍说，有啥事尽管问，我在镇里当过保卫干事，不能说门儿清，多少也知道一些。小时候我就在这萧太后河里玩水摸鱼，水清得很，哪像现在，臭味小一点儿都是烧高香的事，一直听说要根治，盼着动作再快一些。听了老者的话，我到几步开外的岸边看，萧太后河的水色虽然不算太污浊，但也绝不清亮，加上拉着绿丝的水草，我的心里有些不落忍。

听说萧太后河发源于北京城南的后泥洼，那里原来有许多泉眼，流经天坛南墙外转向东，而后流到龙潭湖和十里河，再流向张家湾，汇入流程更长的凉水河。因此，大运河、萧太后河和凉水河成为三条东西流向的河，包围着张家湾内外的一方天地，而萧太后河便是老张家湾镇的南护城河。从前的萧太后河流水清冽，很多人吃的水是这条河的河水，鱼鳖虾蟹河里都有，但自从河上游有了焦化厂，便成了排污沟，焦化厂后来虽然撤销了，但河水的劲头依然没有缓过来。凉水河的西段已经还清，这萧太后河东段何时能完全恢复旧时模样呢？

我还是很关心当时的那场红学官司，便问那位李姓老者发现的墓碑究竟是真是假。他呵呵一笑说，怎么会有假，我当过保卫干事，第一时间去调查真假，这是本职工作。我虽然不是专家，但我会推理。这墓碑是农民李景柱于 1968 年在生产大队平整土地时在一米以下的地方发现的，那时他才十九岁，没做过买卖。他虽然知道《红楼梦》，但并不知道曹雪芹的大名，骨骸丢在萧太后河旁，可三尺多长的青石板丢了可惜，拉回来正好垫垫屋后檐基。1991 年，张家湾要建公园立碑林，他才把墓碑拿了出来。你说，在那“破四旧”的年月，他会有造假的动机吗？

到底是保卫干事出身，一张口就是动机动机的，但逻辑无疑正确。那墓碑的照片我也看过，粗糙的石面，上面刻着“曹公讳霑墓——壬午（落款小字）”。没有立碑人，怎么会那么不讲究呢？谁料李姓老者的回答更绝：凤凰落难不如鸡。死前过着“举家食粥酒常赊”的日子，躲债一直躲到死，有入土的地方，还有强似易朽木头牌子的一块石碑，有个能够认准烧纸上香的地界，总比被人卷筒草席丢在乱葬岗子上体面吧。再说，挖出石碑的，是人们都知道的曹姓坟圈旧地，如果不是曹雪芹的，那就是还有一个曹霑。在讲究家族姓氏的时代，一地一姓中哪有重名重姓的巧事？曹雪芹的时代，曹家家道早已败落，别说是曹家，你去什么公主坟、八王坟看看，像样的墓碑你也找不到几块。

九十三岁的冯其庸先生在雕像立柱上题字并不是乱写的，据他的分析，不仅曹雪芹，连他的一帮故友，比如说人们常常说到的敦诚，也会葬在这里。老人都说，那城里面有曹家当铺地基，还有一口曹家井。听一些红学家们说，《红楼梦》里有十里街、花枝巷，顺着南城墙，现在成了草坪的地方就是十里街、花枝巷的地界。曹家家族不仅在花枝巷里有当铺、盐店，在向北的小花枝巷里还有染坊和一口井，当铺的房基还能看到，为了保护那口井，几年前填埋了。清代紫禁城《太平词》中有记载，“进南门，走百步，曹家有个大当铺”。要细说，那十里街里还有一座关帝庙。有趣的是，萧太后河给曹雪芹的印象太过深刻了，在《红楼梦》里，林妹妹从苏州到贾府的下船处，居然选择了张家湾南门前的这条河。

这毕竟是红学界的一个大悬案，无法进一步深谈，于是我转而问起这塑像是谁立的。另一位老者肯定地说，这是曹家海外远支后人捐建的，连眼前的树和东面的城墙以及南门楼子都是他们捐建的，你们如果有兴趣，可以绕过去看看，萧太后石桥就在那边。

顺着曹雪芹塑像目视方向往东边看去，果然有一座城门，城门里一片空旷。那就是张家湾的旧城址。我懂得，地方政府没有出钱给曹雪芹塑像，不是不重视，而是那桩公案没有最后的结论，连那块墓碑都引发了轩然大波，贸然行之岂不更添乱？然而曹雪芹是曹雪芹，张家湾是张家湾，张家湾的旧城一定会重建的。虽然它已经失去了当年的功能，但没有张家湾的运河公园，将会是一个不完整的运河公园。虽然《红楼梦》的作者是曹雪芹，但对曹雪芹的研究并未停止，曹家与张家湾的历史关联，也不能一笔抹去。

根据清人的考证，张家湾之所以冠以张姓，是通惠河尚未成河之前，一位叫张暄的万户奉命从江南筹运军粮。这人有头脑，居然在运河陷入战乱之中想出了海陆运河联运的办法，粮船北上天津九河梢，一路沿运河西行，到张家湾集散，张家湾也就姓了张。通惠河成，这里的船只可以直入大都，但张家湾粮草集散转运功能依然不减，运粮之外，还要运盐，运木运石，成了北方最大的水旱码头。张家湾六河环抱，形成了北京城东南的水网地带。

很早就有“一京、二卫、三通州”的说法，那实在是智者的一种判断。某研究机构曾经提到过，能不能开凿由渤海西行的一条海运河，其实也不完全是一个畅想曲，至少在京津冀一体化中，也会是一种有参考价值的思路。事实上，现在人们对高速路的重视甚于水路，会不会影响到京津的分工定位，倒是一个大大的问号。

从原路返回去，在中间岔路口的青石板路的尽头，便是横跨在萧太后河上的古石桥。这是一座双马车道的石桥，三孔连拱，桥面的路全是一排大青石，石头溜光凹凸，存有古老岁月的印痕，显示了彼时的车水马龙。桥栏内外遍布莲叶宝瓶图案，三十六只石头狮子或者朝天吼分列在汉白玉桥栏柱两边，一边有一只缺少了头，一边有一只少了半个脸，据说是当年日伪军在萧太后河里炸鱼炸坏的。城内是一片青草地，建筑无存，只有两株高大的泡桐树，一株在中城中间，一株在南城门里。东边较远的地方有隆起，大约是东城墙的旧迹。张家湾城池的破坏从日据时期就开始了，许多城砖被日伪军拉去修了炮楼。1945 年抗战胜利后，国民党军又拆了一些城砖建地堡。1958 年，砌小高炉又用了一些，有的干脆被人拆掉卖了钱，所以城墙除了墙基，三面墙体基本荡然无存。南城门显然是后修的，西面的一段有新旧接续的一段残墙，新城砖和老城砖的拼合线很分明。

纵然是这样，依旧掩饰不住石头桥体的豪华和城池的霸气。这桥是明朝万历年间修建的，连接着外码头，叫作通运桥。因为横跨在辽代萧太后运粮河上，民间称为萧太后桥。要不是桥身短些，那气势也不会太输给有名的卢沟桥的。南城门里立有一通碑，是敕建通运桥福德庙碑，供奉“天地水”三官。据碑文所记，是明万历年间的李太后出钱修建用于祈福的，寺庙挨着城门很少见，大概这位生于通州永乐店的李太后很佩服当年的萧太后，因为后者为辽朝打下了根基，所以这庙挨着萧太后河沿建造，但也可能是庙建在前，城建在后。城墙最初建造年代标明是明嘉靖四十三年（1564），离现在有四百多年。值得注意的是，碑文开头就有“京师之路，西则卢沟，东则潞湾，为水陆绾毂”之句。通运桥与卢沟桥并列，可见此桥的重要。

在明代，大运河和萧太后河一南一北都通航，北运河主航，萧太后河补充，张家湾也就成为多条水路陆路交汇的一个中心所在。从更大的水运背景上看，萧太后河、潮白河、凉水河、港沟河和由郭守敬主持开凿的通惠河等五条河，都有因势疏通开挖的人工运河明显背景。永定河即浑河、卢沟河，也在张家湾西南不远处。

眼前所见，分明是预留场景，包括城门南的那一大片棚户区。看来已经有了初步设想和规划，然而，在城圈的最北头，大约是旧日皇木厂的地方，居然排列着十几座较新的居民楼，占的是古城圈里的地，真要有一天启动古镇复建，那新楼绝对是碍事的。

没有多少时间去看它的北城墙遗址了，也无法仔细判别运河内码头与古城的接头。不为古人忧，免不了为今人去想，这里已经落了个一片大地真干净，面对这一片空旷，修复后的城廓，该不会是那一种形似神不似的大观园和苏州街吧！毕竟是假古董太多，若如此，又让人如何作想呢？

## 三

无法作想也就有法可想了。礼失而求诸野，缺少街衢实景，毕竟还有历史规制的记载和民间记忆。历史文化的基因不能随意拼接，大的格局却不会走样。人们虽然记得是各自小时候的印象和老辈人的传说，比如曹家的当铺在哪里，花枝巷又在哪里等，无数个印象和说法里有珍贵的历史信息。因此最好的办法是进行广泛的“田野考察”，那已经成为补书斋案头之不足的历史与考古的实证方法。尽管也会闹出些“乌龙事”，但研究本身就是对事情的去伪存真。

据有关考证，最早的码头在高丽屯。张家湾百年来流传一句谚语，说“船到张家湾，舵在里二泗”。这个“里二泗”引起我的注意，这可不像是这个屯那个营的北方地名。有说那是一个直角形的河台地，浑河也即永定河曾在那里交汇，湾阔水深，是张家湾最早泊船的所在。后来，运河在清嘉庆七年（1802）改道东移，清代的货场移到了仓头村。里二泗是元代码头，在康熙四下江南驻跸的崔家楼运河之西南。里二泗，是一里地有二条河，还是离城一里二的河，抑或还是“汴水流，泗水流，流到瓜洲古渡头”的河形走向，或者来自“蒹葭采采，白露未已。所谓伊人，在水之涘”。百光莲骨的芦苇和莲花之意境，实在有些不得其解。据说这里有过一座李二寺，听名字就有些假借，或者这里曾经集聚过扬州一带的盐商，带来南方的古地名。还有那个江米嘴，一听便知，那曾是来自南方江米的专用码头。而这里的古皇木厂和盐仓，说明漕运不仅运粮，盐和木材、石材也是大宗货品。那扬州一带的盐商富甲天下，不仅会注意到天津塘沽的盐业，也少不了经由张家湾贩运食盐。由此想起两个可能有些关联的事，一个是，曾经有语言学者研究过，天津方言里有扬州人的音韵和词汇，那是扬州盐商们带来的。另一个是，扬州的瘦西湖其实也会是淮扬运河前身邗沟的旧河道。那里有名的二十四桥也曾有过一桩无解的公案，既不是二十四座桥，也没有二十四个桥孔，只得用念二（音）桥的方言去解释。里二和念二一音之转，码头地名文化向来是多元而相互通透的。

里二泗码头一度被工厂占去了，目前正在腾退，用来修建公园。在返回萧太后桥后，我同坐在河边石凳上的一位有八九十岁的村民攀谈起来，他听力不差，说话声音也清晰，指着旧城圈说，你们看，那是城里的十字街，南边是商铺，北边是货场，我年轻时见过皇木厂最大的一根皇木，横放着比人高。这里后来成了盐场，也有千把斤重称盐垛的石秤砣。那里还有个地方叫江米嘴，是卸江米的码头。百年前的大货场，听说在仓大头村。城东有通惠河的旧河道，就是现在的玉带河，河上有过一座虹桥。城西南原来是苇塘，那里才是运河的北码头。多年前还有一座小学，在老的广福寺，操场在早年间是个大水塘，里面沉有铁锚。听他那么一讲，这张家湾城里城外的老模样，早已了然于胸，他和他的老哥们才是张家湾的历史知情人。

张家湾的城建史研究如此，红学的研究何尝不该如此呢？在我辈旁观者的眼里，红学派别林立，考据的、索隐的、社会学的，从胡适先生开始，争论了足足一百年。各有各的长项，但各自抱的是一只大象腿，这只腿绊了那只腿，这红学也就容易成为“四像四不像”。索隐的价值并不在于索隐出什么具体的人物指向，而中国传统小说的特点，决定了文史不分中的正野杂糅。即便是四大名著中的《三国演义》和《水浒传》，也是正史和野史并用，而传统的戏文就更不用说了。因此，《红楼梦》之研究，用索隐的办法，也非没有道理。考据的价值也不完全在于考据出什么样的版本和那时的朝野背景，主要是在手抄的时代里，版本的流变或许有助于搞清楚《红楼梦》作者的境遇和传播的线索，因此同样是一种学问。如果将《红楼梦》当作小说去看，也可以说是次要的。在这方面，已故的吴宓教授的早年研究，倒有重新注意的必要，可惜他陷入学衡派太深，并没有将《红楼梦》一直纳入他的比较文学视野。当然，一定要索隐和考据下去，无疑是一种学术自由，历史学家们既然已经承认了田野考古的解密价值，为什么古典文学批评就一定要从书斋到书斋，却不去做一些新层面的探究呢？

比如曹雪芹在家族由盛转衰之外，与张家湾的基层社会究竟有什么样的关联等。他的结局无论怎样，终究割不断与故园的联系。为什么他的后辈族人一定要在这里塑像，因为曹家的生活里有张家湾，张家湾也有曹家生活的影像，他们有着记忆的传承，要比旁人的猜测更有研究价值。这样的研究，也许会揭示出一个更加接近有起有落有迷惘有哀叹的真实的曹雪芹，至少要比那个只从一句“著书黄叶村”来得更可靠一些。

其实，对于一个伟大的小说家来说，他的人生经历决定他的文学思维走向。葬在哪里，并不至关重要。比如俄罗斯作家陀思妥耶夫斯基葬在了哪里，要比他在巴登小旅馆的赌博生活更次要些，那段看似颓废的生活，使他写出了传世名著《赌徒》。歌德的真实墓地是什么样子，同样也并不重要，重要的是他在静谧魏玛小城里长期思考与生活，写出了不朽的《浮士德》。歌德的墓地，位于魏玛的贵族陵园。我也去过，是一个平民墓混杂其间的所谓“诸侯墓地”，平常得不能再平常，但在魏玛街头上，神采奕奕的歌德和席勒双人青铜像，却吸引着人们的目光。

张家湾也许不等于曹雪芹后半生的唯一家园，但张家湾会给他带来创作灵感。《红楼梦》的故事展开在贾府和大观园里，又在贾府和大观园外，这正是《红楼梦》的过人之处，也是《红楼梦》这部皇皇巨著，永远能够光芒四射的主要原因。

# 李白怎样到幽州

## 一

途中读李白，《北风行》感觉最好。不仅是因为在“燕山雪花大如席”里，又找到李白式的浪漫与夸张，也因为身在北京，去过平谷的黄帝庙，很希望从那里嗅出黄帝在北方的踪迹和味道。但地处平谷城北的黄帝庙似无可看，虽然也在复建，但只能留下一个大的历史地理疑问，即在人们的心目中，这里也有过轩辕台，但这是后人的伪托，还是更早一些的说法，一直不明晰。通过《北风行》我们知道了，至少在李白的时代，人们认为这里是有其人其迹的，这在陈子昂寄给范阳卢氏家族后人卢藏用的诗七首中也有提到。

还有一个疑问，李白是经由什么路线来到幽州的？李白为何要在安史之乱前到幽州？诸如刺探军情说等，已经由他的一位关联友人何昌浩墓碑的发现，被彻底否定了。但要知道，李白在唐天宝三年（744）后，断续居住的地方是任城（即今济宁市），彼时京杭大运河的鲁运河并未开通，他是很难跨越泰山进入现在京津地区的。那时的人们，最便捷的交通就是水路出行，别看舟行慢，但可以日行，也可以夜走，既省体力，又误不了中途登岸观景，捎带也能拜访旧雨新知。

想来想去，他是从隋炀帝开通的永济渠方向去的，但未必走完永济渠的全程。永济渠开通于隋大业四年或五年，距李白的时代已有百年，正是最兴旺的时候。李白从任城到商丘梁园，南可以从商丘买舟去扬州到吴越，西北可以沿汴河到河阴再到河阳，渡过当时从滑县白马津流过的古黄河，再从隔岸的黎阳古渡进入到曹操所开凿的白沟，也即隋代所开凿的永济渠，北上幽州。

河阳在孟津的东北、黄河的北岸，也叫河内地区。在这条路上，李白留下了一首首诗歌，从河阳起，就有“河阳花作县，秋浦玉为人。地逐名贤好，风随惠化春”（《赠崔秋浦三首》）。后来李商隐也在此咏有“河阳看花过，曾不问潘安”（《拟沈下贤》）。这里有韩愈的故里，也是江淹《别赋》中吟咏“又若君居淄右，妾家河阳”的地方，但除了江淹之外，他们都是李白的后来人。

大约在公元752年，李白到嵩山看过道友元丹丘。他先到河阳，又到滑县，从白马津渡河，写下了乐府诗《发白马》，“将军发白马，旌节度黄河”。在浚县的黎阳渡，也留有盛唐时代诗人的诗歌，如高适写有“黄河曲里沙为岸，白马津边柳向城”（《夜别韦司士》），那是他从淇上夜回商丘路过时所写。高适后来在李白被杀还是被流放的关键时刻，虽然没有出手相帮，但他与李白、杜甫相聚梁园时，不可能不说到他的黎阳和蓟城之行。这或许就是李白幽州行的原始动机。从黎阳走向邺城，李白又写了《邺中赠王大》，在魏州即后来的大名，他写有一首《魏郡别苏明府因北游》：“魏都接燕赵，美女夸芙蓉。淇水流碧玉，舟车日奔冲。青楼夹两岸，万室喧歌钟。天下称豪贵，游此每相逢。”到了邯郸，他还写了《侠客行》和《自广平乘醉走马六十里至邯郸登城楼览古书怀》。其中《自广平乘醉走马六十里至邯郸登城楼览古书怀》叙述了他从陆路上带醉骑行的感受。他还去过贝州也即清河，写有“萋斐暗成，贝锦粲然”（《雪谗诗赠友人》），还有“长沙不足舞，贝锦且成诗”（《感时留别从兄徐王延年从弟延陵》）。

贝锦是东周时期就出现的最华贵的丝织品。贝州向有“天下北库”的美称，应当是贝锦的原产地和经销地，在这里见到贝锦是概率很大的事情。李白在《感时留别从兄徐王延年从弟延陵》中提到的延年、延陵是李勣的后代，与李白同姓，故称其子为从兄从弟是有道理的。在贝州之后的永济运河水路上，却再不见李白留有的诗踪，更别说是德州、沧县、直沽寨（天津）、泉州（武清）和潞州（北京通州）了，甚至连曹操北击乌桓、唐太宗征讨高丽的事也置若罔闻。因此可以在大体上推断，他很可能没有走完永济渠和泉州渠全程，自然也不会从这条水路抵达幽州。

我也曾想过，他也许认为这种走法有点绕远儿，或者这一带的熟人很少，景观也引不起更多的兴趣，邻近潞州的渔阳又是安禄山的屯兵重地。他从幽州归来后，也曾经劝阻一位齐鲁朋友不要轻易进入山雨欲来的幽州，他自己怎么会从这里贸然西去呢？即或是从此一路西去，那时也没有通向蓟城的通惠河，更遑论什么头闸、庆丰闸和平津闸，而通向蓟城的萧太后运粮河，也是几百年后才出现。曹操所开凿的泉州渠和宝坻到香河的大小龙湾河道，间或有路可通，百十多里的路程也会让他望而却步。彼时幽州的重心在范阳，范阳的重心在涿州和蓟城，那么，从邯郸向北，有没有一条北上的水陆通道呢？要有，那就是很多唐代诗人如陈子昂、卢藏用、高适乃至后来贾岛走过的，经由纵横交错的海河河系底部，去到拒马河边的渡口和易水河。这里在那时是一个河网地带，现今的白洋淀是它的底部，被曹操所开凿的白沟所覆盖。

白沟在白洋淀之北，历史上有一条白沟河注入南拒马河。以“白洋”冠以湖名，无非是说那里到处白茫茫一片。白洋淀是海河水系最大河流大清河的吞吐湖，其最早的名称为“祖泽”。据《新唐书》记载，白洋淀在鄚州，有“鄚州有九十九淀”的说法，是言其多，细细数来约有一百四十个湖泊，总面积约三百六十六平方公里，近百年最大水量约十亿立方米。20 世纪 80 年代水量为两亿立方米，其湖水连着拒马河，属于大清河水系，水盛时与曹魏开凿的白沟和隋炀帝开通的永济渠水网相接，船舶北上南下东来西去很是畅达。昔日里具体的水线，是通过白沟河连接拒马河，西南流向雄县进入大清河。白洋淀离易水也不远，现在仍很活跃的白沟箱包小镇，就是那时的一个河湖码头遗留。

白洋淀与白沟的这种水上联系，可以帮助我们理解中国的历朝历代对运河开通有重大贡献帝王的完整阵容。吴王夫差开凿邗沟，梁惠王开凿鸿沟，隋炀帝杨广开凿通济渠和永济渠，忽必烈开凿济州河、会通河和通惠河，永乐帝下令开凿会通河，而曹操才是开凿北方运河承前启后的第一人。曹操开凿白沟的时间并不是特别的长，沿着黄河故道开凿白沟，“遏淇水入白沟，以通粮道”，也就成就了永济渠和今日京杭大运河的南运河。曹操在大河南北开通的运河约有六条：一是黄河之南的睢阳渠，即从开封或者商丘到中牟的官渡；二是起自宿胥渎的白沟；三是从沧州青县木门店北通泒水，南接滹沱河的平虏渠；四是北运河武清河段泉州渠；五是天津宝坻附近的新河；六是引漳河水漕船直下邺城的利漕渠。这些水道的开凿出于军事需要，即修建睢阳渠大胜袁绍的官渡之战之后，曹军乘胜追击退至邺城的袁绍残部，在浚县黎阳开凿白沟，直下邺城。袁绍的儿子与乌桓结盟，曹操又修建平虏渠和泉州渠，继续追击退到幽州的乌桓余部。

曹操对北方运河的全面开通具有基础性贡献，在运河开发史上具有划时代意义。“白沟”之得名，有人说是因为这段水道穿过了白垩地带，地点或有异说，不管是经由沁河和丹河一段，还是在宿胥渎遏淇水，白沟的开通全面影响到北方和中原运河走向的历史布局。永济渠出现了，卫运河也跟着出现了，运河从黎阳经内黄、魏州（大名）、馆陶、清河、临清、武城、德州、东光、南皮、清池（沧县）等地，至天津海河三岔口，卫运河和大运河连接的系统全面形成。有意思的是，“白沟”虽然扬名于民间，但细究起来却有多种歧说。新乡的一小段或由地质地貌引起，黎阳的一段是主体，倒是白洋淀北的白沟和至今兴旺的白沟镇，一直让人犯糊涂。它明明不在白沟运河的主线上，怎么起了白沟的名字？但细细推究，这个白沟北邻拒马河，而拒马河从古至今都是海河河系的九河之一，在辽宋时代是一条界河，有过很大的榷场。即便是在清末民初，也有小货轮在天津和白沟之间穿梭往来，因此它加入了白沟，即卫运河的家族，有一定道理。白沟在当时是范阳五沟之一，远在三国时期就形成了码头市场，有“近贾齐鲁，远通闽粤，士商向渡，冠盖相望”为证，后来成为宋辽榷场。白沟河是拒马河的重要支流，源于涞源，也称古涞水，其河在北京房山的张坊镇分为南北两个支流，南北拒马河又在白沟镇合流进入大清河，乘船可以直达东边的永济渠口。

李白去幽州，就是循着这个水系走完的，而这里也有李白自己的诗歌为证。李白写过一篇有关易水砚台的诗：“一方在手转乾坤，清风紫毫酒千樽。醉卧黄龙不知返，举杯当谢易水人。”从举杯当谢易水人的场景看，他是去过易水的。李白还有《赠友人三首》，是非一地一人也非同一个场景的馈赠诗，其二云，“袖中赵匕首，买自徐夫人。玉匣闭霜雪，经燕复历秦”，是在叙述荆轲刺秦的典故，也是在述怀，但其中“长号易水上，为我扬波澜”的规定情境描写，也会使人联想，若非面对易水和易水边的朋友，怎么会有这样的第一人称诗句呢？在唐代初期，易水砚台应该是十分有名的，彼时还没有出现歙砚和徽墨，五代时易州的奚超父子到歙州，才被南唐皇帝封为制墨之官并赐姓李，成为徽墨之祖而使歙砚开始得到大规模开发。

骆宾王也曾到过易水。骆宾王是一个从年轻时就热衷走四方的诗人，一度进入西域将领阿史那忠幕中，戍守轮台，写有《从军行》。后来回到长安，做过武功和长安主簿，在侍御史任上书言事，被诬下狱，作有著名的《咏蝉》一诗，遇赦后本欲北游幽燕一带，行至易水，得到新的任命，派他到临海去做县丞，只好放弃计划转头南下。离开易水的时候，他也写下了《于易水送人》的绝句："此地别燕丹，壮士发冲冠。昔时人已没，今日水犹寒。"易水是《易水歌》的来源地，易水送别，历来如同长安灞陵一样古老。著名的易水诗"瑟瑟秋风晚，萧萧百草斑。临行歌一曲，桥边易水寒"也说明，从易水北上或是南下，不仅是一条传统商路，也是历代诗人们向往的怀古之地，何况这里的黄龙岗产有那时最珍贵的易水古砚。重视文房四宝的文人骚客前去游览，也是寻常之事。这样去分析李白进入古幽州的路线，脉络大体上是清晰的。

在唐代以后，特别是在辽宋金的时代里，从中原到幽州地区，自然会有另外的选择，即由永济渠北上，进入萧太后运粮河，经由如今的十里河、龙潭湖、陶然亭湖，进入蓟城的南门，而古蓟城南门在北京市宣武区（今西城区）白纸坊里仁街一带，也就是说，辽代才出现的萧太后河是由通州抵达蓟城也即辽南京的便捷水路，但在李白的时代是没有这个可能的。萧太后河为什么叫萧太后河，《辽史》虽无记载，但清人笔记里有详细说法。萧太后乳名燕燕，因为她的儿子辽圣宗年幼，作为女主临朝听政。此河的开凿是在辽太平九年（1029），那已经是萧太后驾崩二十年后的事情了，也许是圣宗为了纪念他的母亲，也就有了萧太后河的河名。在当时，辽国的漕粮主要来自辽阳府和西辽河地区，要从天津宝坻中转，进入香河的大小龙湾，在香河西南进入潮白河，最终进入通县张家湾的南门码头，再入蓟城。萧太后河的源头，一般的说法来自北京城南的前后泥洼，但那里的水势不足以行大船。因此来自与泥洼相关的永定河支流洗马沟的说法，或者更为可信，也即洗马沟水进入玉渊潭，形成一个水柜，流水与高梁河汇合，形成了流势。其河床最宽处有三十一米，同今人的目测差不了许多。老北京人管这河也叫十里河，但从哪到哪算是十里，并不清楚，也许从古蓟城南门算起是十里。在金大定十五年（1175）后不久，又开凿过一个金河口，确切位置同样不是很清晰。但可以肯定地说，元代之后，萧太后河也就成了排洪沟，一直到现在，还是以排洪为主。

但这终究是几百上千年后的事了。在隋唐时代，从易水北上渡过拒马河到范阳和蓟城更为便捷。尤其在唐开元二十二年（734）之后，白沟码头已经成为进入范阳最重要的码头，李白由此进入范阳和蓟城从而进入幽州界，是一个更为合理的旅途选择。

早在汉武帝元封四年（前107）前后，汉武帝也曾北巡到幽州，司马迁随行，这在《史记・孝武本纪》里有记载："其明年，上郊雍，通回中道，巡之。春，至鸣泽，从西河归。"这个鸣泽就在蓟城附近。东汉经学家服虔的有关注文和北魏郦道元的《水经注》，也有详细考据，涿州西的独鹿山下有鸣泽水。此湖现在已经湮没，在唐代有遗存。唐代时，这里是一个北方水乡，舟船是可以自如出入的。

幽州原本也是一个大的地域概念，从大的层面上来讲，是后来在九州基础上增加为十二州中的一州，与并州、凉州略同。从古代行政区划来看，唐代幽州主要是指今北到昌平、延庆一线，南到涿州、固安，西到桑干流域，东到蓟县、武清的有关地区，因此有过范阳、卢龙、涿郡和蓟城等多种称谓。更微观些看，幽州或称范阳的治所都在蓟城，也即燕国的北国都和后来金国的中都。范阳之名则来自居范水之北，而范水即是发源于涞源的拒马河。唐代时范阳的南部核心区在河北省涿州市和北京市房山区，因此当时的诗人南来北往，都要从这里出入。比如"终南捷径"的发明者卢藏用，是由此南下长安的；高适送兵到居庸，也要经过这里；为僧侣时的贾岛从涿州出发，同样要循此南下；而唐万岁通天元年（696），契丹李尽忠叛乱，陈子昂随建安王武攸宜出征契丹，行军的路线也在这条路上。在蓟城或周边驻防，陈子昂写下那首有名的《登幽州台歌》："前不见古人，后不见来者。念天地之悠悠，独怆然而涕下。"他的诗友卢藏用曾在其《陈子昂别传》里，对陈子昂诗的背景有较详细的记录：军次渔阳，前军王孝杰等相次陷没，三军震慑，子昂进谏。

因此可以说，这是唐代由中原进入幽州的传统路线，也是李白最有可能选择的北行路线。

## 二

李白在幽州所写的诗篇，主要有《幽州胡马客歌》《出自蓟北门行》，以及更为著名的《北风行》，后来的《北上行》和流放夜郎途中被赦免后所作《经乱离后天恩流夜郎忆旧游书怀赠江夏韦太守良宰》中有关追忆，以及散见于《古风五十九首》的诗歌，均非去幽州时的作品。李白的《北风行》过人之处在于，不像很多诗人只是吟咏郁金堂里的怨妇，而是直接将镜头对准了阵亡士兵的遗孀。《北风行》引起的心灵震撼，远远超过其他同类诗篇。这首《北风行》更像是一篇诗的新闻特写。“黄河捧土尚可塞，北风雨雪恨难裁”，就是他要直击的主题。

《北风行》开篇就是“烛龙栖寒门，光曜犹旦开。日月照之何不及此？惟有北风号怒天上来。燕山雪花大如席，片片吹落轩辕台”，虽然很快转入对“幽州思妇”哀怨的倾听和思考，但轩辕台的画面背景更让人多思。

陈子昂的幽州台，或可理解为蓟城西边任何一个高的台地，可以是城楼也可以是烽火台，并不一定是一个明确的古地标。相比之下，轩辕台却有些规定性。一般认为轩辕台在涿鹿，也在河南的新郑或开封。我以为两者并没有排他性，黄帝部落联盟基本上是一个游牧部落联盟，游动是必然的，即便是后世的商王朝，不也有多次迁都吗？远古时代的人们，国家大事，在于祭祀和战争，其大事在战与祀，在台形的山上建立祭祀高台，是一种必然。古人确信黄帝是中国的第一位帝王，也认为涿鹿即后来的上谷中心地带，阪泉之战是黄帝与蚩尤的一个古战场，到那里寻找轩辕台的遗迹也是很自然的事情。旧传的黄帝城位于涿鹿县矾山镇西。专家们在此地考古，判断土城建筑于战国以后，但下面尚有文化层，发现过新石器时代普遍可见的石器和陶器。所传形如覆船的釜山合符坛也即黄帝会盟和祭祀所在，则在涿鹿县西北。2003 年，此地曾经被选为奥运圣火传递点。《史记・五帝本纪》记载，“北逐荤粥，合符釜山，而邑于涿鹿之阿”，唐代《括地志》也说，“本黄帝所都也”。也就是说，司马迁把黄帝在涿鹿的活动与抗击很早就有的匈奴人说得很清楚，因此这里有轩辕台，是完全可能的。

河南的新郑也有轩辕台，应是黄帝部落联盟迁徙南下成为中原共主而建立的。北京的平谷也有一座轩辕庙，建在城北山前的一个台地上，隐示了黄帝早期活动中心也曾在那里。此庙建于何时无法考证，但至少在唐代就有了，否则李白也不会在大雪飞扬之时来到这里。既然我们将轩辕台作为黄帝历史的共主的象征，轩辕台总归是一个重要也可以移动的上古文化坐标。

多年前我去平谷，看过那里的黄帝庙。那时平谷刚设立为平谷区，百废待兴，区领导也希望在这里搞一个旅游点。据有关部门说，河南的轩辕台风生水起，黄帝陵祭祖大典在陕西省黄陵县的桥山轩辕殿前广场年年举行，平谷区再来个轩辕台，岂不乱了套？这事也就搁下了。但这终究是个遗憾，李白都会千里寻来，一千五百年后的今人为何弃之不顾呢？

又是杏花刚开时节，再一次寻到平谷的黄帝庙。它还在峪口的公路边，小山还是那座小山，开始大兴土木，两座庙堂成形，但尚未完工，并不能进去细细观看。从外面望去，还是很有气派的，是不是黄帝庙的格局，我不是很清楚，只能将车停在路边，远远去打量。这一次，我不仅打量了建庙的小山，也打量了小山背靠的大山，那山顶上面，有齐齐断壁，很像是一个台，似乎有些天设地造，倒是一个祭天的好场所。我未曾听说那里发现过什么，因此并不能由此判断一定会是一个轩辕台的本相。在这次行走中，我去了熊耳寨，那是一个山间沟谷盆地，很适合古人居住，与黄帝庙距离只有二三里。平谷也有熊耳山，会不会是黄帝联盟中熊部落曾经的一个驻地呢？

涿鹿有轩辕台的传说，似乎在当地是众口一词的。涿鹿轩辕台在北京的灵山之西。那是一个石土相杂的高地，似乎上面有过建筑物的痕迹，但又不甚准确。在我的直感里，太华美的东西多是近现代的赝品；虽不起眼，但一直在民间流传的，倒不要随意去否定。一个人工设施，经过百十年的风雨尚要变形，哪里可以很容易地找到五千年前轩辕台的真身呢？那远离涿鹿县城的半亩大的阪泉也很奇异，周边无河，泉眼孤零零地嵌在平地上，水深一米，四时不竭，这等自然现象如何去解释？我们不去管它，但阪泉似乎有一定的地形依据。至于蚩尤山、蚩尤寨，可以指鹿为马，但涿鹿地名很古老，一直没有变化，涿鹿和阪泉的组合，总也有变化中不变的存在理由。对于涿鹿，司马迁也是不陌生的，他在汉元封四年前后跟随汉武帝出巡，也到过那里，并在《史记·五帝本纪》里采信了有关说法，那是黄帝传说和幽州轩辕台的最早史书认知。

按陈子昂的《蓟丘览古赠卢居士藏用七首·轩辕台》诗之一，有“北登蓟丘望，求古轩辕台。应龙已不见，牧马空黄埃”之语，如果这个蓟丘是燕山西南部山地的泛称，是诗歌语言而非具体的地理名称，轩辕台却不同了。轩辕台是祭天、祭地、祭祖的地方，与简单形式的都城往往连在一起，正如涿鹿有轩辕台，也会是黄帝早期的部落驻地。平谷与上谷，大致在一条线上，上谷的猎物少了，那么就到平谷去，这对黄帝部族来说是合理的资源选择。现在，各地都在争抢旅游资源。要我看，不要讲唯一，要紧的是古人的部落流动性。黄帝所居恐怕不是一个地方，祭台也不会是一个。他们进入中原，河南也有轩辕台，那是可以随部落联盟迁徙而再建的。

北京平谷的轩辕庙，建在城边山前的一个台地上，隐示了黄帝活动中心也曾经在这里。平谷是不是真的做过黄帝之都，可以另论。既然我们将轩辕作为历史的共主，轩辕台总归是一个重要的共同文化坐标。比如妈祖庙，靠海的城市都有，你说，除了湄洲岛，哪里会是她的生身地和显灵地呢？

不管怎样说，陈子昂和李白是宁信其有的。陈子昂在其《蓟丘览古赠卢居士藏用七首》组诗前的并序中说：“丁酉岁，吾北征，出自蓟门，历观燕之旧都，其城池霸业，迹已芜没矣。乃慨然仰叹，忆昔乐生、邹子，群贤之游盛矣。因登蓟丘，作七诗以志之，寄终南卢居士，亦有轩辕之遗迹也。”他把诗寄给了卢藏用，因为卢藏用不仅是道中十友，更是范阳人氏，因此会有一定的共鸣。

李白到幽州的节令是十月或者十二月，隆冬腊月，天降大雪，白茫茫一片，那恐怕是他从未见过的景象。他的诗风浪漫，白发可以三千丈，雪花可以大如席，也不奇怪。他所见到的幽州思妇，也许就在平谷的轩辕台附近，否则他不会把大雪飞扬的场景设置在这里。狭长的平谷，其时就在古渔阳的范围内，同涿鹿的轩辕台处在一条平行线上。我前后端详过这座黄帝庙的山形和位置，是山前山，而前山较低。后山挺拔，确乎是古人建立祭台的理想之地。但这等事总是太过遥远朦胧，只有等红山文化的事情一起搞清楚了，才能有进一步的推断。

在一千多年前的李白心目中，轩辕台是如雷贯耳的古地名，即便是天降如席大雪，也是不能不来的。刚刚开了“烛龙栖寒门，光曜犹旦开”的一个头，来不及进一步去怀古，就被幽州思妇的悲惨遭遇所吸引了。于是，《北风行》并没有成为单纯的吊古之作，而有了更为久远的时代内涵。

## 三

李白进入蓟城南门，是要从河北涿州和北京房山张坊附近的拒马河渡河北上的，一定要在那里寻找当年的渡口，大约非拒马河上的十渡莫属。十渡在拒马河出山后的最东头，再往下，河床陡然变宽。多年前到易水去，也去过白沟镇，路经拒马河，河宽三五里，已经完全干涸，但透过宽大的河床，完全可以想到彼时水流的浩大。据说拒马河原来叫巨马河，因为上游大水来时，万马奔腾一般，比北边的永定河还有野性。说是十六国时石勒大军过此，被将军刘坤预先在河中下了木桩，木桩之间系了铁链，成了一道铁链绊马的防线，因此就改名为拒马河。这事不见正史，或亦有之而略有夸张，抑或来自王濬楼船千寻铁锁的套用，我们不必去深究，然而这拒马河是范阳的南防线，则是无疑的。

十渡有十个渡，十渡是第十个，说是来自十方普度，那是一种演绎，也不必认真对待。前六渡不需要舟船，踏着乱石就可以过，这边是山崖，那边是峭壁，若不是寻找贪吃的山羊，谁也不会走过去。后四渡就热闹了，这里是景区，那里围了养鱼池，成为北京城里人到房山的首游之地。到西山去玩，多奔皇家园林；到这里玩，多是寻找野趣。十渡附近的野三坡游人如云，九渡的民俗村人满为患，实在是现代人被快节奏的生活逼出来的。然而这里不仅有流水鱼，有花椒树，有磨盘柿子，还有珍贵的铁线莲。乾隆来过，朱棣的黑衣宰相姚广孝也来过。在去往十渡的路上，还有一座带有地道的张坊镇，何时所建不详，但都在要塞路口上。想那安史之乱的叛军也会在这一带扎营，由拒马渡河和白沟押着粮草船直下洛阳，攻陷了潼关。两军复在邺城展开了拉锯战，杜甫的“三吏三别”也是在这条路上创作的，深刻写出了民间疾苦及在乱世之中身世飘零的孤独。

十渡的船现在并不多，还是因为前几渡渡渡截水，整体水脉不通，水也就很小了。要想象李白当年是怎么撩起袍襟登舟，我们不得而知。他到幽州已是隆冬，河面应该结冰了，水流很大的时候，也许只有薄冰，还得买舟而行。那么他又如何渡过北边的永定河呢？这也是个问题。卢沟桥建于金大定二十九年（1189），明正统九年（1444）重修，清康熙三十七年（1698）又重建。李白是没有走过这桥的，也没有见到过数不清的石狮子。如果那时也有这桥，一生爱月吟月的李白就不会给“卢沟晓月”的作者留下机会了。

永定河的上游是从雁北流来的桑干河，下游就是古来称呼的浑河、无定河，流到宛平，因为水色泛黑而得名“卢沟”。马可·波罗在他的游记里提到：“离开都城十英里，来到一条叫‘白利桑干河’（永定河）的河旁，河上的船只载运着大批的商品穿梭来往，十分繁忙。”有渡船就会有码头，元代有，唐代同样会有。但不同时期的渡口码头会在哪里？在这条历史上经常泛滥的河川里，人们是很难寻找它们的旧迹。或者会有古地名线索，留待有心者慢慢去寻访吧。

# 三卷

## 京口瓜洲一水间

到扬州，不能不去瓜洲渡，尽管有了众多的长江大桥，瓜洲渡已经沦为一般的滚装船渡口。虽然在物流运输中，已经有些边缘化，但它对京杭大运河互通的历史功绩，是永远不会消失的。在历史上，它与镇江的西津渡隔着金山，适成一条对角线，现在西津渡下的环马路，很可能就是镇江渡口西北移之前的长江江湾。因为西津渡还有一个历史地名叫金陵渡，或许来自对面的金山。而南京金陵的古称谓，也当与此有关。那时，镇江岸边的长江渡口也称金陵津。唐代诗人张祜宦途失意后，一度隐居镇江，在《题金陵渡》中这样写道："金陵津渡小山楼，一宿行人自可愁。潮落夜江斜月里，两三星火是瓜洲。"

这首诗的诗意有些灰色调，不如后来同样去职的王安石所写"京口瓜洲一水间，钟山只隔数重山。春风又绿江南岸，明月何时照我还"（《泊船瓜洲》）那样明亮。瓜洲的得名，并不是那里种过什么瓜，而是因为在汉代以前，这里是长江里的一片暗沙，晋代露出头来，形状似瓜，便被称为瓜埠或者瓜步，因此这段江面也称瓜步江。在南北朝时，庾信就有《将命使北始渡瓜步江》一诗。唐代诗人孟浩然在前往越中的途中，有《扬子津望京口》："北固临京口，夷山近海滨。江风白浪起，愁杀渡头人。"刘长卿在客居扬州时，也在《瓜洲道中送李端公南渡后，归扬州道中寄》中，抒发了"片帆何处去，匹马独归迟"的漂泊感。他们仕途境遇相似，因此诗的调子都比较低沉。

瓜洲渡是古代的商渡，也是官渡和诗渡。尤其在两宋时期，瓜洲渡是诗歌中的热词，金陵渡也是诗歌中的热词。至于镇江为什么被叫作京口，十有八九因为这里是经由扬州去金陵的主要水路要道，就像天津是北京的门户一样，曾被叫作津门。京口则在西津，"京口瓜洲一水间"，一水是指长江，京口瓜洲也就是西津渡到瓜洲渡的始发点和终结点。

在瓜洲渡口的东边，就是邗沟古运河的入江口，西边则是新起的公路大桥，南端是一片不大的森林公园，是绿化带也是固堤树带。瓜洲镇在江北，从瓜洲渡到扬州老城区也只有九公里。李白的《黄鹤楼送孟浩然之广陵》，为什么会有“烟花三月下扬州”之语？不仅是三月的扬州花事旺，那里也是南去吴越的启程地，瓜洲渡和镇江的金陵渡，是他们绕不过去的游走节点。

对于瓜洲渡的现状，并不过多地去讲去看，也许扬州的景观太多，实在有些顾不过来。渡口边曾经建了一座儿童海洋乐园，因为缺少游客，所以停业了。千年古镇瓜洲镇究竟是怎么个样子，看看路边的民居，似乎也没留有多少昔日遗迹。邗江区也寻思过如何修建瓜洲渡，但交通状态的改变，终令人不知如何着手才好。

这瓜洲渡与对岸的金山渡和西津渡，现在是两个模样。在隋炀帝的时代，运河经略的重点是淮扬一线，他的兴趣也在江都的迷楼上，虽然也有他始开“江南河”的确切记载，但随着隋炀帝暴亡于江都，一并却埋葬在了那里。在进入盛唐的很长时间里，瓜洲渡的发展还是处于自生状态，到了晚唐的唐宪宗时代，镇江开始在谏壁一带引江水东南行，江南运河才进入了大的发展阶段。运河从常州武进进入苏州、嘉兴和海宁盐官，西向抵达杭州，镇江成为江南河的首站，常州则成为运河水源最充足的运河大码头，并由此出现了杭州“骈樯二十里，开肆三万室”的运河景象。

镇江在隋唐时称“润州”，从流通的功能上讲，确乎是长江水运的一个十字路口。他后来叫作镇江，或与临江而立的金山、焦山和北固山三座山震慑江流有关，镇江作为一座雄山护卫的江城，在长江下游的地位十分突出。

但是，镇江的古运河走向，似乎不只是丹阳一条线上，西津渡也是它的最重要的渡口。在很长时间里，从西津渡前的江湾里一直有弯曲舟行，进入闹市。现在十分繁华的新华大街，从前居然曾是舟船云集之地，有很多水上人家聚集在那里，犹如人们在广州珠江口曾经见过的疍民一样，出现过另一种奇特的旧风景。他们的后人还在附近居住，一直到新华街一带成为陆地通衢大道，才成了临街的常住居民。在旧时，高耸的西津渡和江边一字排开的金山、焦山和北固山，形成了一条独特的风景线，而传说里的水漫金山，以及戏目里“刘备招亲”的甘露寺，也就成为众口一词的民间典故。甚至，

《三国演义》中诸葛亮与周瑜不期亮出的火攻曹军计谋的形成，并不在赤壁阵前形成，而是在镇江酝酿的。镇江的风景名胜如此集中，也应当基于这样一种地理形势。

过去我们去镇江，多半是从南京去，看金山寺的法海洞和镇江盆景园，归时顺便买几瓶镇江香醋。那时也曾突发奇想，白娘子、小青与法海和尚，怎么从西湖一路战到了几百里外的金山，又怎么被法海镇压到西湖的雷锋塔下？白娘子、小青或可腾云驾雾，法海纵有法术，也只能乘船从运河上行走吧。从镇江出发的江南运河，可是白娘子神话故事的一条传播热线，衍化出一幕又一幕惊心动魄的连台本大戏。

这一次去镇江，更多是奔西津渡而去的。到西津渡的路很好走，从北固山的公交上车北去，没几站就到了。这是一个并不算高的山岗，但气势很是雄浑。顺着坡道进入第一道门，门额上有着“同登觉路”横写的砖城门，还有称为昭关石塔的拱形的高石门，接着便是一条越走越窄却干净爽目的路巷。转过巷角，北边的高地有很多欧式建筑，是镇江五口通商时期留有的洋式楼房。其中最显眼的一座就是建于1890年的英国领事馆五层小洋楼，现在是镇江博物馆的馆址。镇江在第一次鸦片战争之后不久，作为第一批通商口岸，在这里设有列强的行政管理和税务机构，事属必然。若说这里没有中国港口城市的传统文化韵味，肯定也不是的。真正的建筑精华在整理和恢复的细长小街里，那里充溢着江南古街的商业风情。各种商铺排满两侧，游人在长巷里鱼贯穿行，很有些古镇街的烟火气。我在这里转了一个时辰，品尝了镇江特有的锅盖面，从出口进入蛮有现代色彩的街区时，居然有些恋恋不舍，回过头又走了一遍。

其实，整个西津渡，除了那一片欧式建筑，数量最多的是明清时期留下的青砖黛瓦和曲径通幽。百年老街和千年古渡的遗迹，非但没有被西式街景抢了风头，后者倒成了中国运河城镇的最大背景板。英籍华裔女作家韩素音曾来到西津渡，说它是天然博物馆，大约是这里包含着古渡演变的历史章节。中国文物学会会长罗哲文称之为“中国古渡博物馆”，则是着眼于中国运河的连续性。尽管这里有中西各异的街景情调，但更为突出的，还是中国的运河小镇风。就说那座昭关石塔，完全是中国藏式佛教风格，那里曾经有过大的佛寺，也非常显眼。喇嘛寺里常见的莲花座白塔出现在西津渡的正门口，暗示着元代留下皇室文化信仰，尊信密宗的元朝皇帝，也要喇嘛们在这里保佑渡口的兴旺和平安。那中国古镇特有的青石板路留下的斑痕，也不是英国商人的汽车碾压的，它刻印的是中国运河人过货的车辙。就连曾为英国领事馆广场围台上的雕塑，布局虽然有些欧化，但细细看去，人物样式和内容也带有中国人的艺术思维。

面对着小洋楼，我也想到了中国人民解放军第三野战军横渡长江时发生的“紫石英号”事件。解放大军准备在扬州三江营和张黄港段渡江，英国军舰“紫石英号”擅闯战区，被我军炮击重伤，连夜逃出长江口。毛泽东的“老子就是要打掉他们的嚣张气焰”，言犹在耳。西津渡目睹了这历史一幕，而彼时小洋楼的“主人”们，在束手无策中也只能摊摊手耸耸肩。西津渡是中国的西津渡，“紫石英号”事件对镇江人乃至全中国人来说，是最提气的，也是震惊世界的历史大事件。

在很长时间里，江南运河的重要节点曾经在西津渡。张黄港同样记录了江南运河的历史沧桑，这里是从谏壁到丹阳的江南河运主干道口。李白有一首著名《丁都护歌》：“云阳上征去，两岸饶商贾。吴牛喘月时，拖船一何苦。水浊不可饮，壶浆半成土。一唱都护歌，心摧泪如雨。万人凿盘石，无由达江浒。君看石芒砀，掩泪悲千古。”从诗意上看，提到了云阳，而云阳就是丹阳的别称。李白生在盛唐时代，离真正的丹阳江南运河开通，要早上百十年，想必丹阳江南运河的开通，是一个比较漫长的过程，在李白的时代，运河已经开凿，并且可以断续通行。他当时看到和乘坐的，是需要背纤的上行船，船人们要给边境的都护府送给养。在李白的时代里，镇江丹阳运河主干还刚刚拉开大幕，因此出现了万人凿磐石的施工场面。

李白不仅有诗作《丁都护歌》，还有一首《题瓜州新河，饯族叔舍人贲》，是讲当时的润州刺史齐瀚主持开通丹阳运河，“齐公凿新河，万古流不绝。丰功利生人，天地同朽灭”。李白对运河工程评价如此高，在他的诗作里是个特例。《丁都护歌》属于乐府诗，无非是督护北征，永世扬名。丁都护或有原型，也是一个泛指的古军头。李白从镇江运河的开凿，看出了此工程的艰难，有意无意地记录了江南运河初通时的状况，他的眼光犀利也有现实感。看来，他并不只是“一生好入名山游”的大玩家，更看重他诗中表达的运河地理文化和社会内涵，特别是开凿丹阳运河的艰辛。这条运河线离瓜洲渡和京口之间的水上衔接线，还有一些距离，可以接通长江和太湖水系，促成了淮扬经济文化带与吴越经济文化带的密切联系。

丹阳的水道说来话长。早在秦始皇统一六国时，曾经调遣刑徒三千人到镇江，一说是三千刑徒去丹徒镇压方士所言的王气，派一批穿着赭红刑服的刑徒去往丹徒，这或有方士们相信的阴阳五行中的拮抗作用，刑徒们总归是要在那里服劳役的，干的活无非是开山取石。开山取石做什么？会不会也去开凿运河？并不好判断。因为不能认为，这只是一个迷信的“政治举动”，更不能简单地理解那帮方士。他们中的很多人，并非全是只会掐指算卦的半神仙，其中不乏懂得天文地理和观测方向之人。方者编舟也，方士善航海，也有不少是善于编船的航运能手，但丹徒一线，终究没有留下长江运河河道初开的明显踪迹。孙权建都金陵，于三国吴赤乌八年（245）开凿了句容中道，通向了苏州的破岗渎，才算有了一个眉目。一直到晋元帝的一个儿子镇守广陵时，连通了从镇江到丹阳以及继续南下的水道。在隋朝灭陈朝之后，又新开凿了上容渎，并在海宁开凿百尺渎，使南来的行船一度无须从西津口入长江，可以直入武进的杨湖，出鱼浦即现在江阴的利港，进入长江。到隋炀帝东巡会稽时，再次疏通了从镇江到余杭的河段。江南河也就开始贯通了，但走的不一定全是后来的水运线。

镇江到丹阳一段运河的开凿，从唐开元年间就有所谋划，唐代近三百年里，呈现的是断续开凿状态。在此之前，船舶对接瓜洲渡口和镇江的金陵渡也即今日的西津渡，也还是一个出行常态。或许更早时候，较大规模的水路互通是经由南京高淳到古胥河来实现的，那时的秦淮河也曾一度与胥河连通。李白从南京北上扬州，也经常走这条路，其诗作《夜下征虏亭》：“船下广陵去，月明征虏亭。山花如绣颊，江火似流萤。”说明当时的运河主道并不在丹阳，或丹阳线正在开凿。丹阳工程实在浩大，开凿日久他才看到开山和背纤交错的景象，引起了无限感慨。

丹阳运河山形走势复杂，其中的运河水段落不同，流向也不同，素有“丹阳之北水南流，丹阳之南水北流”之说。一面是“万人凿磐石，无由达江浒”，一面是“吴牛喘月时，拖船一何苦”。丹阳之北水南流，丹阳之南水北流，是地形使然。长江岸边开水口，水自北向南，太湖水系北来，自然会北流。这就如同由天津三岔口的分界，分出了北运河和南运河，北运南流，南运北流。也像曾经的泰山脚下的戴村坝，“七分朝天子，三分下江南”。中国运河流向如此奇妙，如同黄河一样，也是“九曲十八湾”，或者可以说，中国运河的最高智慧，就在于利用地形，想让它怎么流就怎么流。

李白是江南运河旅行的常客，他几次从扬州起身游吴越，又几次穿梭在长江运河交叉穿越诸多地区。虽然他没有更多直接吟咏大运河的诗歌，但他年轻时代创作的子夜吴歌体乐府作品，也是在多次运河往返中形成了腹稿。运河是他的诗歌创作背景，也流淌着他的灵感。

有人计算过，在有唐近三百年里，前后有四百多位诗人从镇江开始，穿越江南运河并进入萧绍运河。其中除了李白、杜甫、孟浩然、白居易和元稹，也不乏有初唐四杰之称的“王杨卢骆”，以及宋之问、李德裕、颜真卿、韦应物、韦庄、温庭筠、皮日休等著名诗人。初唐、盛唐、中唐和晚唐的诗歌大家，几乎没有几位未曾乘过江南运河之舟的。安史之乱前的唐代诗人流连运河，是为了欣赏吴越风景风物；安史之乱后，则增添了另一个因素，即中原大乱，江淮多盗，世事很不安宁，诗人骚客东移相对稳定的吴越之地，吴越一时成为那个时候文化人的一个“大后方”，而起于镇江的江南运河，也就成为他们游历出行甚至游宦的主要交通线路。

十九岁时，杜甫离家远游，吴越也是一个主要的去处。他与朋友韦之晋、寇锡结伴而行，先到山西，渡过了黄河，再由山西转道吴越，大约走的是汴运河路，在吴越各处游历了三四年，一直到唐开元二十三年（735），才由原路返回洛阳。从他游吴越的诗作来看，足迹是很广泛的，如“王谢风流远，阖庐丘墓荒。剑池石壁仄，长洲荷芰香。嵯峨阊门北，清庙映回塘。每趋吴太伯，抚事泪浪浪。枕戈忆勾践，渡浙想秦皇。蒸鱼闻匕首，除道哂要章。越女天下白，鉴湖五月凉。剡溪蕴秀异，欲罢不能忘”，还有“归帆拂天姥，中岁贡旧乡”（《壮游》）等诗句，也足以印证，杜甫游吴越，比李白首次游吴越，在时间上晚了十来年，但观感几乎是一样的。他们虽然没有同舟共游吴越的机会，但审美感惊人地一致。他在多年以后所作的《解闷十二首》诗里还写道："商胡离别下扬州，忆上西陵故驿楼。为问淮南米贵贱，老夫乘兴欲东流。"诗中说的是一位胡商向他这个去过江南的人打听南方米价，胡商也是要从扬州经镇江去南方贩行情去的。

唐开元二十四年（736），杜甫在远游吴越后连续参加县试、府试和长安会试，前两次高中，后一次落榜。他就辞别了京兆尹李适之，又一次开始了远游，但这一次是先到齐赵间，因为他的父亲杜闲，不久前担任了兖州司马，他有条件离开他寄居在洛阳的姑妈家，"春歌丛台上，冬猎青丘旁"。他在齐赵间游历的时间比到吴越之地还长一点儿，两次合起来，也就是他所称的"快意八九年"。那时的杜甫，既有少年心性，也不乏成长中的忘情，"往昔十四五，出游翰墨场""赋料扬雄敌，诗看子建亲""脱略小时辈，结交皆老苍"。他有很多忘年交，如北海太守李邕和王翰等。唐天宝三年（744），杜甫在洛阳遇到了从长安放回的比他大十来岁的李白，也就自然而然地成为"醉眠秋共被，携手日同行"的终生难忘的诗友。

比李白年长的唐代田园诗人孟浩然，也前后三次经过镇江去吴越。孟浩然与王维并称"王孟"，但王维隐于禅，而孟浩然隐于野。虽然孟浩然也有强烈的仕途心，而且几次奔波于长安、洛阳之间，也曾希望已经被贬为荆州长史的前宰相张九龄予以举荐，但终究一无所得。孟浩然出生于襄阳，风度儒雅，宽厚大度，善为五言诗，家有田产，以交友弄诗为业。他最初隐于东汉庞德公曾经隐居的襄阳鹿门山，号为鹿门处士。他的隐居生活有一定的道家色彩，但"以诗自适"。鹿门山在襄阳城东，他的《春晓》中"夜来风雨声，花落知多少"千古绝唱就是创作于鹿门，而《过故人庄》中的"开轩面场圃，把酒话桑麻"，更为生动亲切。他欣赏吴越的风景和文化底蕴，但也少不了"客行愁落日，乡思重相催"（《途次望乡》）的一丝乡愁。他几次到吴越，完全是诗人个人的生活选择，他高唱"山水寻吴越，风尘厌洛京"（《自洛之越》），无怪乎李白要赋之以"吾爱孟夫子，风流天下闻"的赞诗呢。

李白曾经登过镇江的焦山，写有"安得五彩虹，驾天作长桥"（《焦山望松寥山》）。孟浩然也许在匆匆赶路，并没有留下镇江的题咏，也没有关于江南河的更多感慨。但他的后辈小同乡皮日休，对运河是有正面题咏评价的，他在《汴河怀古二首》中言："尽道隋亡为此河，至今千里赖通波。若无水殿龙舟事，共禹论功不较多。"眼光比较独到。他虽然咏的是汴堤（即通济渠），但这条隋唐大运河既造成了扬州和镇江的运河轴心地位，也是江南运河全面开通的前奏。

许浑是晚唐的一位杰出诗人，出自镇江附近的丹阳，致仕于安陆的许圉师是他的曾祖父，说起来他也曾是李白的表亲，其诗歌创作数量比李白还多约一倍，达到了二千余首。许浑生于约公元791年，逝于约公元858年，字用晦。唐文宗大和六年（832）进士及第，先后任当涂令、太平令，因病免，后复出为润州司马、虞部员外郎转睦州、郢州刺史等，晚年回到润州丹阳丁卯村闲居。一生不作古诗，专攻律诗，时人有"许浑千首诗，杜甫一生愁"之语。有人认为杜牧的"清明时节雨纷纷"是他的作品，但不一定是这样。他的诗集是《丁卯集》，所以他也被人称为许丁卯。其最知名的诗作是《咸阳城东楼》，"溪云初起日沉阁，山雨欲来风满楼"的名句就出自这首诗。

对镇江的北固山，唐代一位诗人王湾有极好的描写："客路青山下，行舟绿水前。潮平两岸阔，风正一帆悬。"（《次北固山下》）然而在镇江和北固山留下更深刻印痕的是南宋词人辛弃疾，他两次在京口，也到过北固山。辛弃疾生于公元1140年，即宋高宗绍兴十年（金熙宗天眷三年），原字坦夫，后改字幼安，中年以后号稼轩居士。辛弃疾有《稼轩长短句》作品集存世。他自幼生活在济南历城，因此与李清照一道被称为"济南二安"。他的词风宗苏，豪放豁达，而且自身也有起起落落的被贬经历，因此被时人以"苏辛"并列，甚至还有"词中之龙"的更高评价。他成年之后，家乡山东已经被金国占领，他的父亲因为家族人口众多，南迁有困难，无奈之下在朝廷做了个小官吏，但他没有走这条苟且之路。南宋绍兴三十一年（1161），在他二十一岁时，金主完颜亮再次兴兵南下，半路上发生内讧，完颜亮被自己人杀死，南侵失败，北方反金义军纷起。辛弃疾召集了两千人，毅然参加了耿京领导的反金起义，任义军掌书记。他疾恶如仇，胆气过人，被耿京派赴宋营联络，归途中听说叛徒张安国杀死了耿京，辛弃疾带领五十人，毫不犹豫地冲向有上万人的大营，生擒了张安国，押赴建康，他也正式回归南宋。

从年轻时开始，辛弃疾大体上经历了一头一尾两个壮怀激烈的人生阶段和时进时退的几个“十年”。其间两与镇江，是他人生一头一尾的两座高峰。辛弃疾回归南宋后，被任为江阴签判，后来又任江东安抚使司参议官，得到江东安抚使叶衡的器重，叶衡升任右丞相兼枢密使，很快推荐他为仓部郎官，算是正式进入了南宋官员序列。他写的《摸鱼儿 · 观潮上叶丞相》：“吴儿不怕蛟龙怒，风波平步。看红旆惊飞，跳鱼直上，蹙踏浪花舞”，似乎有着明显的长江地理背景；他在词里自问自答，“凭谁问，万里长鲸吞吐，人间儿戏千弩”“人道是、子胥冤愤终千古。功名自误。漫教得陶朱，五湖西子，一舸弄烟雨”。此词即作于镇江。

在金陵，辛弃疾还写有一首《菩萨蛮 · 金陵赏心亭为叶丞相赋》，“青山欲共高人语。联翩万马来无数。烟雨却低回。望来终不来”，表达了期望北伐的急切心情。他一出道已是豪气干云，来自内心的豪放之气，贯穿了他的一生。他还在镇江草拟了收复故土的《美芹十论》和《九议》，朝廷不置可否。后来派他到江西、湖南、福建等地做转运官员，因为主战，受到主和派的排斥，后来定居在上饶的带湖和瓢泉，进入了一个休整蛰伏期。到了宋宁宗一朝，北方形势大变，元蒙一路崛起，南宋小朝廷遇到了新的危机与挑战，开始启用主战派。辛弃疾在南宋开禧二年（1206）被再次征召，由知绍兴府改知镇江府，亲临前线时已经六十四岁，但把持朝政的韩侂胄欲速建奇功，孤军北上，终因给养无继而失利，加上元军掘了黄河大堤，只得被动防守。主张稳扎稳打的辛弃疾，因为战略判断不同，被求功冒进的韩侂胄所猜忌，调离前方。在宋宁宗再次急召辛弃疾出征时，他已重病在床，加授朝议大夫，再授龙图阁待制知镇江，已经难以奉诏。南宋开禧三年（1207）第三次诏书传到瓢泉，他已经永远离开了人世。

应当说，在镇江的前后两段生涯中，辛弃疾所写的《永遇乐 · 京口北固亭怀古》，最能反映他内心世界的风云变幻：“千古江山，英雄无觅，孙仲谋处。舞榭歌台，风流总被，雨打风吹去。斜阳草树，寻常巷陌，人道寄奴曾住。想当年、金戈铁马，气吞万里如虎。 元嘉草草，封狼居胥，赢得仓皇北顾。四十三年，望中犹记，烽火扬州路。可堪回首，佛狸祠下，一片神鸦社鼓。凭谁问，廉颇老矣，尚能饭否？”何其悲壮！如果将这首词同他年轻时所作的《摸鱼儿 · 观潮上叶丞相》呼应对照，他确乎是四十多年一直不改其心其志的家国词人。在京口，他还写有《南乡子·登京口北固亭有怀》“何处望神州？满眼风光北固楼”和《生查子·题京口郡治尘表亭》“不是望金山，我自思量禹”。他不仅关心朝廷的安危，也关心天下人的安危。他在最后一次去镇江途中，再次登临建康赏心亭，发出“把吴钩看了，栏杆拍遍”“可惜流年，忧愁风雨”的无限感慨。他在赠给留守史致道的《念奴娇·登建康赏心亭呈史致道留守》中也吟道，“虎踞龙蟠何处是，只有兴亡满目”，感情更加深沉。

镇江应当有更高的辛弃疾的塑像，而且就应当矗立在北固山顶上，这是我告别镇江时突现脑海的一个念头。他的浓浓家国情怀，延续了一生，英魂一直留在北固山，流在滚滚东去的长江水上。

离开镇江的时候，我知道，在江苏镇江这座曾经作为省会的江滨城市，在继江北的泰州之后，经济总量、综合实力迈上了一个新台阶，镇江人用自己的努力，塑造了新的城市辉煌。它是江南运河当之无愧的一个运河龙头城市。

# 青果巷与古淹城

常州是京杭大运河南去的又一个重要节点，这个节点，既在老城区著名的青果巷里，也在运河主道外移后更为宽阔的运河流里。常州有西港、武进港等许多新港湾，老城区里沉淀着运河历史文化，也弥漫在古今运河码头的美丽背影里。已经外移的运河主河道里，是活的运河水流，还有活的舟船，活的运河码头，活的运河精神。

青果巷始建于明万历年间，但它的雏形，却是一个异常热闹的干鲜果品集散市场。运河水从太湖涌来，由文亨桥进入西水关，穿城而过，进入东水关，船舶云集在青果巷口的码头上，向南向北分流而去。青果巷是条千年老巷，最早称为“千果巷”，在常州方言里，“千”“青”的发音并不是很清晰，时间一长，也就被称为了“青果巷”。青果巷在运河水的泽润中长大，在浓厚的商业气息之外，增添了书香气，成就了常州文化的象征和常州的第一文化古街衢。它位于常州老城区中部偏南，很早就有“江南名士第一巷”之称。这里不仅有众多名宅故址、桥坊碑石、学堂古井、戏楼祠庙，也先后走出近百位科举之士和大批近现代名人。

晚唐诗人许浑是李白夫人的祖父许圉师之后，因此也可以说是李白亲戚的后人，许浑以律诗名世。在宋代，出自扬州的词人秦观之子秦湛，一生只做过宣教郎和常州通判，两年后也就致仕了。他是一位子继父业的极具才华的词人，也善于山水丹青。秦湛，字处度，号济川，行名大七。因为父亲秦观受元祐党人之累，谪贬并逝于藤州。他长途奔丧护柩，路途遥远，先寄柩于潭州，五年后，灵柩才回到高邮。秦湛死后并没有同父亲葬在一起，而是葬在了常州武进。秦湛身后只留下一首《卜算子·春情》，状景写情风格与父亲一样：“春透水波明，寒峭花枝瘦。极目烟中百尺楼，人在楼中否？四和裊金凫，双陆思纤手。拟倩东风浣此情，情更浓于酒。”

常州也是苏轼的仙逝地。苏轼离开海南儋州，但仍然安置在廉州，旋改舒州团练副使，永州安置。一直到宋徽宗大赦天下，还没有摘掉“元祐党人”帽子的苏轼，绕道回到常州，此时的他已经身心疲惫，来不及去找弟弟苏辙，便逝于常州城内顾塘桥畔孙氏馆中，身后留下了二千多首诗词。后来他虽然葬在河南郏县，但常州是他的弥留之地。

明代戚继光的老师唐荆川也出生在常州，他在自己的庭院里种过八棵桂树，称其住所为八桂堂。常州还是洋务运动先驱盛宣怀、谴责小说家李伯元的故里。这里除了有明末史可法纪念馆，还有岳飞的一些遗迹。据清康熙年间的《常州府志》载，岳飞在常州写过一首《过张溪赠张完》的七绝诗：“无心买酒谒青春，对镜空嗟白发新。花下少年应笑我，垂垂羸马访高人。”这首七绝诗作有刻石，但无存也无可考，大约写于他心情极度纠结之时。

现代名人中最有影响的是中国共产党早期的重要领导人瞿秋白、张太雷，还有著名学人赵元任和周有光，他们都是从青果巷里走出去的。瞿秋白和张太雷人们都知道，瞿秋白曾任中共中央临时政治局常委并主持中央工作，红军长征后留在江西根据地，被捕后牺牲在福建长汀。张太雷也是革命先烈。赵元任则是中国最为有名的语言学家，也是一位旷世奇才。

赵元任，字宣仲，又字宜重，生于1892年，逝世于1982年，江苏武进人，是清朝著名诗人赵翼的后人。他才情逆天，在数学、物理、哲学、心理学和音乐上都有建树。他曾经不无自负地说：“我也想低调，但实力不允许呀。”这不是自视甚高，是句大实话。他的语言天赋空前绝后，从小就学会多种方言，常州话、苏州话、常熟话、杭州话、山东话、河北话、湖南话、福州话和官话，样样俱会，英文、德文、法文、拉丁文，这些语言都能速成。1910年，他赴京参加留美考试，七十名考生中，他排名第二，胡适才排名第五十五。他在清华教书，被请去为访华的罗素做翻译，到了杭州，用杭州话口译，到了长沙，用长沙话口译。“二战”结束后，他去法国开会，同巴黎车站的行李员讲起巴黎方言，对方一听，连声说，你终于回到巴黎了。他在美国写有一篇《施氏食狮史》同音文，被收入了《大英百科全书》。

周有光的前半生是经济学家，后半生是语言文字学家，他是中国拉丁字母拼音方案的主要制定者。他1906年出生于青果巷，原名周耀平，“有光”是他的笔名。他一生经历晚清、北洋、民国和中华人民共和国四个时代。他是有功于中国语言现代发展革新的学者，也是学者中的一位人瑞。他的至理名言，就是平常得不能再平常的一句话："人生的伟大在业余，一个人到了六十岁，除了吃饭睡觉，实际工作时间不很多，而业余时间倒是更长。"这无疑是他的自白，也是一切欲求成功者最好的座右铭。他还有著名的"三不规矩"：不立遗嘱，不过生日，不过年节。他恬淡得不能再恬淡，但细思起来，也就是对追名逐利者的一种行为警示，在人们的心目中，他才是我们需要的一个新儒家。

由于常州城市发展，运河干流南移，穿越武进、天宁、戚墅堰和钟楼四个城区，运河全长四十多公里，也被称为"苏南运河"。常州的城区在扩大，新运河干流也可以视为新的城中河。与老城区的城中河，形成了鲜明的运河文化色彩对比。常州是运河系统中第一个实现古今运河不同价值体现的运河城市。高速公路纵横穿越运河，新建的十一座新式钢梁或斜拉大桥，分别叫作新龙大桥、平陵大桥、常金大桥、钟楼大桥、阳湖大桥和武进大桥等，很有现代韵味，然而青果巷边流过的老运河，依然散动着昔日的光波。如果要领略现代运河的风貌，就到西港去，要回味京杭大运河的古代模样，便到青果巷的老码头。常州大运河是"宜游则游，宜航则航"的样板，适应现代人对运河的新要求，预留了运河上下未来发展的大空间，青果巷的街巷和水台，也原汁原味地保留了运河传统文化气韵。

在明清时期，常州古运河是从城角穿入的，经过了许多古桥，有文亨桥、西吊桥、西水关、红杏桥、天禧桥等。这些古桥桥体犹在，与古城外的现代桥梁相映成趣，既展现了运河的过去，也展现了运河的时代风姿。

青果巷是古运河港口和古运河码头，在青果巷的历史影像里，它似乎超越了"古巷通幽，人家枕河"的江南常规街景和河景，居然将市场里的叫卖声和朗朗读书声和谐统一在一起，各不相扰但又和谐共鸣，将运河和人们的日常生活浸泡在一起。运输是运输，买卖是买卖，生活是生活，读书是读书，这样一些看似毫无关联的日常生活细节，连接了昔日社会的各种场景。

青果巷曾经的运河城市风俗画面，在古运河城市里并不多见。常州的运河，也有着不同寻常的古代运河和现代运河交融的画面，是中国运河的一幅现代浮世绘。常州运河的新港口不少，有规模较大的西港，有颇为气派的武进港和雅浦港，后者连接着锡溧运河和武宜运河。常州运河西港，千吨的泊位有五个，五百吨的泊位有十一个。从目前来看，千吨泊位和百吨泊位，也是江南运河的常规泊位。常州的新运河，从 20 世纪 90 年代就开始修建，河底宽达四十米，这里的运河港口，与沿海的海港相比，虽然是后者的缩写版，但它们都是对外开放的一类口岸，龙门吊车林立，货仓车械俱全，一派繁忙景象。

武进港沿河，有北路街和西路街。武进地跨沿江平原和太湖平原，东邻江阴，素有“鱼米之乡”之称，武进作为常州市常住人口最多的区，入选为全国工业百强区。武进的别名也叫兰陵、延陵或毗陵，其历史比常州城还要古老一些。那里不仅是运河经由宜兴连接太湖的要路津，也是对接锡溧运河的主干河道，到那里，既可以一览大运河的某些段落，也可以去看 20 世纪 30 年代发现的淹城遗址。

淹城遗址在延陵路和怀德路交叉口一带，是一个有着三城套三条护城河格局的古城池，高大的夯土城墙和内外连接的护城河，使人不敢想象，这里会是春秋时代南方的一座古城池。护城河就像一条玉带，是一道美丽的风景线。外城墙在经历岁月风化后居然高达二十米，墙基也有三十米宽。淹城遗址的外围，现在建有综合游乐场和商业服务区，附近还有重修的宝林禅寺，但没有影响到古城池的外貌和核心区的景观。

淹城的古居民从哪里来？为何要有三道城墙三道护城河？护城河的河水又从哪里来，流向哪里去？这一切都让人感兴趣。有两种研究结论：一是根据《越绝书 · 吴地传》和北宋《太平寰宇记》所记，“毗陵县南城，故古淹君地也”，后来为楚所灭。具体的说法有，吴王寿梦的第四子季札，不满阖闾杀死王僚自立，在此修城掘河以自守。名之为淹城，淹乃是淹留的意思。二是淹国原在北方，是商朝灭亡后武庚的一个同盟者，随着武庚叛乱被周成王伐灭，残部流亡江南，在此筑城而居。还有一种夏桀离宫的考证。这个淹国或者淹城地，能够在那个时代建成这样一座大城，而且在 1958 年后陆续出土了陶制罐、缸、瓮，以及林林总总二十余件青铜器，有些是诸侯才能享用的编钟和鼎器，无论如何也是不能以一般的小国领地去看待的。

由于淹城的神秘，当地有很多民间传说，如金井、玉井等，甚至还有类如渔夫和金鱼故事的片断。但我更关注同时出土的三条独木舟。那三条独木舟，已经被收藏在北京的国家博物馆里，据说最大的一条有十一米，那可是一只独木舟之王呀！看来，淹城的主人不仅会开挖人工河道，也会熟练地使用原始舟船。如果《越绝书·吴地传》所记更符合史实，那么淹城的文明出自吴越文明，或者就是吴文明的一个分支，或许更可信。他们的筑城技术不亚于阖闾和夫差的水平，前者建造了姑苏城，后者建立了古扬州蜀冈上的邗城，他们都是运河开掘利用的先行者。只是我们不知道，武宜运河的前身里，有没有古淹城人的汗水和智慧。吃山靠山，吃水靠水，这里从来都是水乡，吴越先民也就成了最早的人工河流的开凿者。对运河的理解，以及同运河结成的关系，是他们生存和发展的前提。淹城四周相互连通的护城河说明了这一点，吴国开凿的胥河和越过长江开凿的邗沟，更说明了这一点。春秋时期是中国运河开发的童年期，但一出手就不同凡响。

然而，让人们长思不已的还是那三条独木舟，十一米长的独木舟，无疑是那时的一条大船，可以盛得下七八个人，同现在的龙舟赛船是不相上下的。在造船技术还没有全面发达的时候，这样的原始船形同原始运河是同步发展的，很有些匪夷所思。

# 太湖的运河环

太湖的周边，从古至今存在着一个运河环。有主干，也有支渠，这些支渠在不同时期里，围着太湖在运转，呈逆时针运转状，显示了以太湖为原点的吴越水文化放射圈。太湖古称“震泽”，在它的东南方现在还有一个震泽古镇，那是古震泽的南界。太湖或震泽，是一个天然的大“水柜”，其周边段落性运河开凿的时间，有的要比邗沟开凿得还要早些。或者说，邗沟是古运河越过长江，寻求了更大的连通半径。太湖的逆时针运河环，与江南运河有着更为直接的血脉联系。其中靠北的无锡运河和太湖西边的宜兴运河段落，从太湖出发的自西向北的古胥河，以及太湖南端的南浔运河，包括更早的頔塘运河，在太湖周围划出一个大大的“C”字形。如果追溯从无锡东南去的苏州运河的原始段落泰伯渎（伯渎港），再加上太湖与长江之间的那条望虞河，围绕太湖的古运河抛物线，呈现出更加完整的环状结构。在人们的古代视野里，北有胥河，西有荆溪，南有南浔运河和頔塘运河故道，东有望虞河，太湖运河环可清楚地显现。

说起太湖周边运河环的起始点，离不开吴泰伯老哥儿俩开辟的比较原始的泰伯渎（伯渎港）。吴泰伯兄弟从中原退避到无锡的梅里，建立了吴国。泰伯渎（伯渎港）就诞生了，其旧迹犹在，是古运河里的老寿星。泰伯渎的水，流到姑苏城东北门，再西北行，穿越漕湖，过了梅亭，便同运河的无锡段和苏州段紧密地连接在一起。

在春秋中晚期，列国出现开凿运河的第一次高潮。那不仅是诸侯兼并战争的需要，也是青铜器普及之后，社会生产力发展出现飞跃后的重要经济文化成就。公元前6世纪，楚庄王就曾引汉江水进入其支流扬水，令其流到潜江，再注入汉水，形成了一个封闭性的半环形运河。嗣后，楚灵王又从监利的章华台，向北连通扬水，形成更大的人工运河半径。接着，楚昭王又开凿了巢肥运河，伍子胥参与其中。伍子胥原是楚人，因为其父和兄长被楚平王杀害，他投奔了吴国，为吴国营造姑苏城，并把开凿运河的技术带到了吴国，主持开凿了胥河。在孙武的协同下，伍子胥率领吴军攻入楚都，掘平王墓“鞭尸三百”，以解心头之恨。他是吴地和楚地运河的实际开创者。

据清光绪年间的《高淳县志》记载：“胥河，吴王阖闾伐楚，伍员开之，以通松道。”胥溪是天然河道，这一说法很有些可疑，但所言的时间节点大约是公元前506年，要比开凿邗沟早近二十年。胥河流经苏州胥门，为什么远在南京的《高淳县志》里会有记载呢？因为胥河通向了高淳的固城湖，甚至连通过秦淮河，更远流向了安徽芜湖的水阳江，而水阳江又是长江的一条支流，所以胥河连通了长江。胥河主运道全长一百多公里，可以说是那个时代流程最长的运河了。胥河向南连接溧阳的溧水、宜兴的荆溪和无锡的太湖，连接了苏州古城，这一带皆属吴国，而高淳的固城湖，无疑也是胥河的一个中间水源地。胥河一直存在，已经运行了两千多年，在明永乐年间，因为一次大的水灾，修建了东坝，嘉靖年间又加建了下坝，此后的五百年里，胥河被拦腰截断。1958年，东坝被拆除。20世纪60年代末，又建设了新闸和新坝，这条古老的运河居然复活了，再次连接了长江的支流水阳江，并被称为淳溧运河。2010年，从芜湖到上海的芜申运河也在古老胥河的主要轨迹中全线开通，水深河宽，可以通得过千吨大船，古胥河成了连接芜湖长江和上海黄浦江的黄金水道。这是太湖运河中的一个跨千年奇迹。

古胥河的传奇性还在于：一是河宽二十米至一百六十米，虽经历波折但至今还在有效运行；二是多水道继续延伸，既可以西通芜湖，也可以北通江阴，南接太湖水系，东去上海，并与常州的武进运河共同形成更有成效的水运循环，成为太湖运河环中的第一个大亮点。

吴王夫差在二十年后开凿邗沟，也有可能是得益于胥河的启示。因为江南运河的丹阳水道是在唐开元年间由润州刺史齐瀚开始督造，晚唐的唐宪宗时代才完成，吴地通向外延的水路，主要依靠胥河。隋炀帝开凿江南河，若不是要从镇江的金陵渡开始，便有可能是利用了胥河。彼时的胥河连接长江的水阳江口，越国灭掉吴国之后，范蠡曾在这里建筑了越城，这应当是南京建城之始。

唐初的南京叫江宁。李白、崔国辅在这里分别写有《长干行》和《小长干曲》。“长干”在吴人的平常古用语含义中，就是丘陵之间的低平地，有大小长干和东西长干之分。举崔颢一篇《长干曲四首》绝句为例：“君家何处住，妾住在横塘。停船暂借问，或恐是同乡。”地点也在长江边。李白的《长干行》，是与丈夫船行远方的商妇对话，讲的是长江商路遥远，夫妻离别，但也点明了唐代江宁与长江的直接地理关系。李白从金陵北去扬州的那一首《夜下征虏亭》，也是一个例证。征虏亭在金陵石头城内，从征虏亭登船，可以畅通无阻地越江北去，去到瓜洲古渡。因此，夫差由这一带越江开凿邗沟，有更强的选择意向。

除了胥河，太湖之北和东西方向，还有古老的运河段呢。元代画家赵孟頫有诗：“吴水依依吴水流，吴中舟楫好夷游。”吴水是对吴中河湖的泛称，但无锡的运河濒临太湖，也可以称为是吴水的重要一支。它虽然后来成为大运河的主干河道，但已有两千五百年的悠久历史，而且从来没有断过航。

宜兴是无锡的一个县级市，地处太湖西北角，从古至今经济都很繁荣，它原本还有一个“义兴”地名，为避宋太宗赵光义之讳，改作了宜兴。宜兴在唐宋时称为“阳羡”，羡与衍古义相通，因此也是一个由水而兴的地方。荆溪从天目山余脉流来，溪在北山之阳，阳羡也就成了宜兴最初的名称。宜兴同常州武进之间，是由武宜运河连在一起的，由荆溪进入太湖。武宜运河是京杭大运河在常州以西的分支，是常州武进与宜兴之间的水上连接线。宜兴紫砂壶在这条运河上向外流转，常州武进的人和物进出的通道，也是这条武宜运河。

武宜运河也称西蠡河或者浦阳溪，这里有过苏轼在吴越之地所置办的最早田园，他的儿子苏过和家人曾在这里居住过。他创作的《阳羡歌》很出彩：“山秀芙蓉，溪明罨画。真游洞穴沧波下。临风慨想斩蛟灵，长桥千载犹横跨。解佩投簪，求田问舍。黄鸡白酒渔樵社。元龙非复少时豪，耳根洗净功名话。”但这是苏轼写的还是另一位词人贺铸写的，似乎有不同的意见。从文风和求田问舍的语句来看，应当是苏轼的词作。

无锡古称新吴、梁溪、金匮。金匮即金色的盒子，言其富饶，无须多去细究。比较流行的说法是，秦将王翦兵下吴越，军过锡山埋锅造饭，掘地得一古碑，上面刻着铭文：“有锡兵，天下争；无锡宁，天下清。”如果真有其碑，或许是王翦事先埋下的，为了告诫部下，不要乱动干戈。王翦平吴越并没有发生过大规模的战争。王翦知兵而尚德，在秦始皇统一中国之后能够激流勇退，是个人物。这个传说的真伪姑且不说，但无疑是在祝福和表明，无锡是一座平和与和平之城。

无锡人是平和的，无锡的运河也是平和的。在漫长的运河岁月里，无锡运河造就了沿河的四大码头，即米码头、布码头、钱码头和丝码头，至今留有三十多处历史街坊，如三里桥的接官厅、南门吊桥下的陶河港以及人民桥下的日晖巷。这里的运河段或者就是泰伯渎和伯渎古港的扩大和延长，因为它所在的地理位置离那里很近。随着无锡城市的发展，在保留古运河的同时，运河河道也在不断外移，如 1958 年从下甸桥至老鸦浜开凿过新河道。1976 年和 1983 年，又在老鸦浜一带开凿了新的运河河道。

无锡城里的古运河宁静且精致，游走其间，给人一种安详和愉悦。大运河从城市中心蜿蜒流过，贯穿了老城区。从老城城北的吴桥开始，到南门的下勾桥，全长十公里，浓缩了运河景观的全部精华。宽处如江，窄处如涧，最窄处，两面的人家可以窗对着窗口问早安，是最经典的江南水弄堂。一种别样的生活情趣，在运河上下弥漫，但各自有各自的水空间，令人好生羡慕。

这一段古运河，展现了许多精致的公共景点。比如黄埠墩运河公园，是在河面骤然隆起的河中小岛，可以乘船过去，也可以绕过背河的小巷，从桥面上走去。黄埠墩本身也像一只大游船，伴着水流，人在步道上行走，它在河上倒走。黄埠墩上早年有过面粉加工厂，现在有两个游船码头，游客可以乘船穿过江尖大桥。运河在此一分为二：一支向东南流，另一支向环城流，然后又在南门汇合。所谓运河穿老城而过，说的就是从北门到南门这一段。

南门有江清水闸和清名桥。这里是古运河和伯渎古港的交汇处，清名桥的南侧就是最老的伯渎河，流向梅村一直通向常熟。清名桥是座高八米多的石拱桥，大船能轻松通过，周边的高层商楼也压不倒这石拱桥的气势。接下来就弯到西水墩了。西水墩有古戏楼、有廊桥，迎面而来的就是建于梁武帝时期的南禅寺。南禅寺有妙光塔、塔影桥。在运河桥水里去看妙光塔影，光妙塔也妙，塔影晃晃，好像也在流动。让人不由想起杜牧的《江南春》：“千里莺啼绿映红，水村山郭酒旗风。南朝四百八十寺，多少楼台烟雨中。”山村酒旗，诚然已是旧日画面，但修缮过的南禅寺和妙光塔在烟雨中更有风韵。再接下来就是清明街。清明街，街三条，条条都列入了世界文化遗产名录。老无锡运河收尾在一座石拱桥头，那也是万历年间建筑的运河桥梁精品。

到无锡，少不得去看惠山古镇的“天下第二泉”。惠山泉又名陆子泉，这泉开凿于唐大历年间，开发不久，茶圣陆羽就来品过水，自然名不虚传。别看它是第二泉，并不像谁是第一泉那样有七个泉在相争，有的争来头大，如京城的玉泉山泉水；有的是比流量足，如济南的趵突泉；论泉水的品质，惠山泉不争不抢，排名一直稳稳当当。苏轼曾经从杭州到镇江路经惠山，饮过这里泉水煮的茶，欣然命笔：“独携天上小团月，来试人间第二泉。”（《惠山谒钱道人烹小龙团登绝顶望太湖》）说第二泉是乾隆赐封的，其实是一个“马后炮”，元代的大书法家赵孟頫题书“天下第二泉”的石碑就刻立在泉边。自然也有明人笔记中记述的故事。说袁枚请人从惠山天下第二泉汲了几罐水，千里运到京城。不料挑夫路上渴了，偷喝了一罐，为了好交差，便把黄河水澄清后装了进去。到京后袁枚请来各位文友，用此煮茶论水，众皆称善，居然没有人发现，泉水已经调了包。但这事也只能说明，有些人不懂水却要故作懂水，如果所有的人都是此作态，也就发现不了此中的蹊跷了。

这惠山其实也是无锡运河的一个重要地标。惠山泉的上、中、下三池水最终汇入了运河，润泽四方。苏轼路过惠山时只顾得瞭望太湖，也就忽略了脚下第二泉汇入的运河水的细节。那也是一个遗憾。

运河水向苏州流去了，太湖边的子运河还在生生不息地循环。在惠山，我蓦然想起了十五年前与一位友人首次去湖州横渡太湖的事情。为了抄近路，居然决定从苏州的东山，雇一艘小快艇，朝湖州方向驶去。事后有人对我讲，你们也太有些莽撞了，要是网箱或者水草把船桨轮缠住，那会出事的。虽然有些后怕，但我并没有后悔。因为除了在湖州一览颜真卿的老莲庄旧迹，就是第一次到了湖州与南浔古镇。

湖州又名乌程或吴兴，是吴越的一方人文渊薮，留下许多文坛佳话。如唐代著名书法家和诗人颜真卿，传是颜回的后人，出自石门陋巷村。其家族在西晋衣冠南渡，有些不准确，颜回的后人是在南宋初年伴随孔孟后裔南迁去的，而颜真卿是陕西西安人，祖籍琅琊临沂。

颜真卿二十六岁举进士及第，唐大历六年（771），颜真卿被任命为湖州刺史，身边集聚了很多文人和诗人，成为湖州一时的文人盟主。与李白、岑参和吴筠、陆羽均有文字往来。并多次举办文会，在他的推动下，唐诗出现了“重联句”。再如元初大画家、大书法家赵孟頫，从齐州（济南）官满归乡，回到湖州故里莲花庄，邀约一行文友画友，在家神聊，说到齐州风景之绝，当数华不注山与鹊山湖。席间有“宋末四大家”之一的周密，生在湖州，祖籍齐州，油然而生思齐之情，恳请赵孟頫作一幅《鹊华秋色图》流传下来，《鹊华秋色图》除有赵孟頫的题跋，还有明代董其昌题跋五则和乾隆题跋七则，是中国青绿山水画的传世珍宝。唐代诗人杜牧也有两过湖州的经历，甚至闹出非湖州女子不娶的乌龙事件，只是婚约已经过期，他看中的女孩子已经是两个孩子的妈妈。那也是唐代诗坛的一件趣闻。

要紧的是，在湖州东南的南浔镇，第一次看到青砖护坡、短而袖珍的南浔运河。南浔是湖州的一个大镇，现在为湖州领有许多乡镇的南浔区。南浔在春秋时期是春申君黄歇的一个封地，入隋后归属乌程和吴兴，1981 年才成为湖州的一个行政区。这里农桑种植很早，又有众多的鱼塘和上千条小河流，再加上明代形成的南浔运河，也就成为太湖南边的首富之地。昔日里甚至有过“湖州一个城，不及南浔半个镇”的赞美。

南浔运河连接着苏州的吴江和苏州运河，因此它与苏南及杭嘉湖平原的一串名镇，如乌镇、盛泽、角直、同里、西塘乃至周庄和上海的朱家角等都有紧密联系。南浔的水资源很丰富，向来有“五里七里一纵浦，七里十里一横塘”的描述，别看南浔运河不足一公里长，塘浦联动起来，风致并不逊于大的运河主干。

南浔也是颇得近代化风气开化之先的地方，镇上有不少中西合璧的建筑。有“江南第一宅”之称的张石铭旧宅，又称“懿德堂”，与南浔“四象”之首小莲庄为邻。五落四进，气势宏大，楼层错落，黛瓦青墙，石库门高墙，拥有一百五十个中西房间，以中式为主，但又融合了欧洲文艺复兴时期的西洋建筑风格，如楼门和玻璃刻花等。张石铭是清朝光绪二十年中甲午科乡试举人，是南浔“四象”即四大巨富之一张颂贤的长孙，也是国民党元老张静江的堂兄。继承祖业经营丝绸和盐业，兼营在沪钱庄信托，是杭州西泠印社的发起者和赞助人，也是清末民初南浔四大收藏家之一。

南浔的民国巨宅不止一处，离懿德堂不远，还有一处小莲庄，主人是南浔“四象”之首刘镛。其第三子刘梯青另有刘氏梯号，又称为“崇德堂”。雕刻很多，同样也是中西合璧建筑，但近代建筑风格更浓郁，因为楼体红色，人们更习惯称其为“红房子”。“红房子”有一个营建传奇背景，那就是在清初，这里曾经发生过文字狱“庄氏史案”，牵连数百人被杀被囚，血腥味颇重，庄家被抄后，此处被夷为平地。刘梯青盖楼前请风水师看风水，认为虽有旧灾，风水颇佳。于1905年破土动工，三年后宅成。

说到刘镛的小莲庄，就更有一些传奇色彩了。它的建筑风格更接近传统，是江南园林、家庙和族内义庄的集合，位于南浔镇南栅万古桥西，北邻鹧鸪溪，与南浔嘉业堂藏书楼隔河相望。小莲庄原是宗族义坟和柩骨存放之地，如同闽地的“厝”一样，有一湖莲花。清光绪十一年（1885），刘镛在湖边栽花种柳，起家庙，建楼榭，置假山，历经数十年才告竣工。因为仰慕赵孟頫当年所居的莲花庄，名之为“小莲庄”。庄内一湖莲，半山青松半山枫，秋来红绿相间，大有隐于商市的范蠡之风韵。从小莲庄到懿德堂，再到红房子，能够透视出清末到民初社会的急遽变化，也从另一个侧面反映了南浔运河曾经带来的财富积累和相应的社会文化气息。

精致的南浔运河是南浔与外部世界联系的纽带，也是古老农耕文化通向近现代商业的一条重要管道。在历史上，太湖有七十二溇港，分布在湖州与嘉兴一线。很多已经不存在或者发生了很大变化，但较早的吴越渔猎文化、稻谷农作文化和丝绸文化，就在这里落地生根，并在千年岁月里形成完备的灌溉航运体系，堪与更早的关中郑国渠和蜀中的东风堰相比。例如具有千年以上灌溉文化历史的义皋古村，就是其中一例。义皋古村的溇港功能至今还在持续存在。太湖七十二溇港，已经进入世界灌溉工程遗产名录，南浔的“桑基鱼塘”系统也列入了全球重要农业文化遗产保护名录。太湖边的钱山漾遗址，更被命名为“世界丝绸之源”。它们却有古老的前身，更有新的未来。

与南浔运河有关的是西晋太康年间修建的頔塘运河，现在仍在通向上海出海的方向上。頔塘运河故道是由晋代的吴兴太守殷康主持开凿的，古代吴兴人从满眼芦苇荡中走出船来，因此也有过荻塘运河的历史名称。頔塘运河故道沿线有一个荻港小镇，那大概是彼时的运河主港。頔塘运河在唐代一位苏州刺史手里也曾修整过，并定名为“頔塘河”。南浔最初的繁荣，虽然是在唐代以后，二次繁荣却在清末民初。多少年来，頔塘运河和南浔运河，带活了彼时太湖以南很多地区的经济与文化。

頔塘运河旧迹和南浔运河，从湖州一直延伸到现属苏州的平望古镇，与大运河更加紧密连在一起，正向长三角的顶端继续延伸。1985 年，新华社浙江分社原副社长林楠，曾经采写过一篇文章，称平望以南、以北、以东的运河是中国的“小莱茵”。这个“小莱茵”的北顶端在长江边的江阴，东顶端在上海的新老港口，既有十字辐射，也有回环。“小莱茵”从平望开始，过新市，穿乌镇，进入余杭的塘栖古镇，东走嘉兴，经过石门，再经过海宁的海盐，又回到了塘栖古镇，作为一条运河支线汇流至杭州运河。新市是一个大的集散码头，与塘栖古镇前后呼应，沿途风景秀丽，商埠星罗棋布，河道水深两米以下，河宽六十米，最窄处也不少于四十米。货运量可观，在 1984 年就达到五千万吨，相当于那时长江诸港口的内河航运运货量。如果说这里有什么瓶颈需要打破，主要是旧日修建的石桥高低不一，密度也大，不适合较大船只通过。但船形的改进和桥梁调整，以及开发新的绕行越河，这些问题都可以得到合理解决。她的报道惊动了中央领导，推动了今日上海内港航运布局。

林楠对这个地区当时的铁路过货量，同运河水运量进行了定时定量比较，从湖州到上海，那时这一带的铁路货运量是一千六百万吨，但这条运河的货运量可达一千四百万吨。进入上海的建材，基本上是通过这条运河流转的。因为“小莱茵”的水运潜力大，不仅长三角的船只到这里作业，苏北、安徽，甚至广东、四川和辽宁的联合船队，也组织了一票直达的联运。

三十多年过去了，这个“小莱茵”怎么样了？当年的頔塘运河和南浔运河，又是如何进入大运河和上海港的？当我再次去到南浔的时候，特地又去到南浔东三十公里的平望古镇。中间经过了震泽镇和一些叫不上名字的古镇，这些古镇都有很多的河和桥，如果没有地方志记载，这些古桥一下子很难区分，哪条河是自然河流，哪条河又是运河，同样需要细细琢磨。桥最多的是古頔塘运河曾经经过的双林古镇，那里有一百多座桥，始建于宋代的就有三十余座。頔塘运河故道与大运河对接的湖泊叫作莺脰湖，湖水现在也很充盈。莺脰湖湖东就是苏州塘，属于苏州到嘉兴的运河河段。莺脰湖似乎也是南浔运河与其他古运道交汇的蓄水湖泊。给我印象最深的是大运河与古頔塘运河接合部的安德桥，还有烂溪溪口的竺光桥，以及平望镇的南大桥、北大桥。这些桥都有一定的来历和知名度。

在安德桥头，当地一位朋友忘情地吟起了宋代诗人杨万里所作的一首诗《夜泊平望》。那《夜泊平望》的诗题，已经点出平望之于大运河和太湖运河环的不可或缺性。有了平望和新市，太湖运河环不仅更完美，而且进一步扩大了它的水运半径，让“小莱茵”变为长三角的“大莱茵”。环太湖的古运河呈放射状水网，也就更加完整地呈现在人们的视野里。

# 胥门外阊门下

## 一

在中国大运河申遗中，唯一以整座运河古城概念入选的，就是总体遗存和延续的姑苏古城。穿越和围绕姑苏的大运河，段落总长约八十一公里，分为五个河段和七处文化遗产集中点，其中有九项入选世界文化遗产名录，还有包括古典园林、昆曲和古琴在内的六项，都进入了世界非物质文化遗产名录。运河文化在苏州积淀多也最为精彩，为现在和未来继续推进苏州的大运河文化带建设，提供了开发和想象的巨大空间。比如，在吴江运河段上，长漾里、大龙荡和运浦湾就是三个新的示范区。在古运河段里，除山塘河、胥河和护城河之外，又加入了苏州工业园附近的金鸡湖，那里也是苏州城市扩大之前的古运河密集分布地。

苏州正在启动古运河堤防加固工程，提升水体质量，对各条古运河河床、驳岸、桥梁再到各个文化遗产区，都展开了持续的监测和整理。苏州的运河文化是活文化，苏州的多数运河也是活运河，每天可以过船六千艘。时至今日，苏州的日常货运量的一半，还要靠运河水运来承担，这在运河城市里也是极为罕见的。

苏州在历史上虽然有过五条古运河，但令人关注的，还是流经盘门、胥门、金门和阊门的运河河段。同南方运河城市一样，这里的古运河也都在老城区里穿过，苏州古运河的重要段落在城市中心，包括山塘河、上塘河、胥江和环古城河等。

山塘文化街是苏州历史文化的缩影，到苏州，常常是未到观前街，先到山塘街。山塘河在苏州市金阊区，是唐宝历二年（826）白居易从杭州转任苏州刺史时开凿的。西起虎丘，东到阊门，后世也称之为“白公堤”，同杭州西湖的白堤一样有名。白居易同苏州很有缘分，他在青少年时，除在安徽省宿州市的符离镇生活了很长时间，在安史之乱发生前后，同他的母亲曾经避居苏州，其时年龄十一二岁。他再次到苏州，已是四十年以后的事情。为苏州父老做贡献，是他的夙愿，开辟新运河道就是其中的一件。

山塘河长约七里，堤上有驰道，道旁种柳。在明清时期，七里山塘会馆林立，现在的山塘，虽然告别了昔日的繁华商景，街市风采依旧。为老百姓办好事，老百姓不会忘记，在他离开苏州的时候，很多人依依惜别，以至刘禹锡在他《白太守行》一诗中有些借题发挥的夸赞：“闻有白太守，抛官归旧溪。苏州十万户，尽作婴儿啼”“我为《太守行》，题在隐起珪”。

这个白太守，并不是刘禹锡在扬州见到的白居易，这位白太守是杭州太守还是苏州太守，说法似乎也不一样，是晋朝人还是哪朝人更有些说不清楚，但老百姓的口口相传，也会影响到后来的白刺史。白居易在其《苏州李中丞以元日郡斋感怀诗寄微之及予，辄依来篇七言八韵走笔奉答，兼呈微之》中，也写有“白首余杭白太守，落魄抛名来已久”之语。白居易认为这位同姓的太守出自余杭，他也确乎在努力地向白太守看齐。白居易写姑苏的诗很多，有《东城桂三首》《杨柳枝词八首》和《望亭驿酬别周判官》。其中《杨柳枝词八首》是最有姑苏民间特色的新乐府类作品，第一首有引子：“六幺水调家家唱，白雪梅花处处吹。古歌旧曲君休听，听取新翻杨柳枝。”

在环太湖运河中，开发年代早的，无疑排在最前面的是起自苏州的古胥河。古胥河最早河段，是在泰伯建立勾吴国后出现的，还是后来吴王阖闾和夫差才开通的，两者的时间，其实差不了许久。为什么这河叫胥河，那门又叫胥门呢？或许真是为了纪念伍子胥，但那更多是戏文中的引申。胥河汇入上塘河，流经的老胥门，坐东向西，遥对着姑胥山（即姑苏山），正如《苏州府志》所记载的：“胥门，西门也，在阊门南，一曰姑胥门。”也就是说，胥门的名称来自“姑胥山”。而盘门、古胥门和觅渡桥相伴，是与胥河密切关联的一组古吴城建群。现在的胥门，有游船码头，可以乘船去到盘门、阊门。胥河与山塘河、上塘河和护城河，原本就是连为一体的古运河，共同形成了苏州古运河的内循环和外循环。内循环是古运河的城内流转，外循环则可以乘船直抵杭州和上海。

胥门历经两千五百年，完整地保留下来，也就格外引发人们对姑胥山的兴趣。在苏州小住两天，我抽空也去寻觅了一下。但姑苏台究竟在哪里，说法颇多，按比较传统的说法是在西南灵岩方向，那是公元前505年吴王阖闾营建姑苏台的所在。历史文献中有记载，姑苏台高三百丈，虽然古尺要小一些，但山与宫台的相对高度也可观。这座姑苏台，虽然在越王灭吴时被焚，但名声一直很响，以致苏州的地名，最终还是来自姑苏山与姑苏台。

不管是古籍《越绝书》还是唐代的《吴地记》，都认为姑苏台是吴王阖闾所建。许多文献包括南宋诗人范成大所撰的《吴郡志》，也有“一名姑胥，一名姑余。在横山西北，古姑苏台在其上”之语。又说，山背临太湖，若箕踞之势，故又名踞湖山。或曰，吴王阖闾与夫差所建姑苏台有前后区分与相互关联，因此，也有夫差“三年聚材，五年乃成”的叙说，但研究各种能够收集到的史料，并没有明指营建地址有何不同，按道理，古宫观会有原建和扩建的区分。《史记·河渠书》也有“上姑苏，望五湖”的记载，因此姑苏台所在，应当是在离城不远的有山有水的制高点上。或者就在离木料漂来的木渎镇不远的某座山峰上，而灵岩山就在木渎镇的西北角。

木渎镇四围环山，胥河中流，人们所列论的七子山、尧峰山乃至秋观红叶的天平山，都在这里。香溪、越溪与胥河也在这里交汇。阖闾与夫差营建宫殿的大木，全靠水路放排，“木塞于渎”，塞的也会是胥河。

在唐代，姑苏台遗迹还在。李白在台上，吟有怀古诗《乌栖曲》：“姑苏台上乌栖时，吴王宫里醉西施。吴歌楚舞欢未毕，青山欲衔半边日。银箭金壶漏水多，起看秋月坠江波，东方渐高奈乐何！”他所吟的月坠江波，很可能就是胥河月。木渎古镇别名渎川，雅称香溪，胥河流经的木渎镇，是最有浓重历史还原感的姑苏第一镇。也就是说，在两千五百多年前，卧薪尝胆的越王勾践，看准吴王夫差耽于享乐，一门心思营建宫室，便投其所好，从会稽调集了海量的原木，漂到木渎镇。但不知，这些木头是如何从会稽漂来的，又经过了哪些河道，在那时，比较原始的运河是否已经在吴越之间出现？这里或者是很有些学问的。

姑苏台遗址在哪里，其实也并不十分重要，重要的是木渎镇。它经历了这段历史从头至尾的一幕幕，包括胥河和胥河月，因此，游木渎镇，也略等于游了姑苏台。木渎镇是昔日里的一个“私家园林”镇集，园林曾经多达三十处。这里也曾有如同湖州南浔“四象”一样的四个首富，营造或购买了各具特点的园林住宅。严家花园原是沈德潜的私邸，几经转手，在清光绪二十八年转归商人严国馨所有。沈德潜原籍苏州，清乾隆元年（1736），他以六十岁高龄中了进士，历任侍读、内阁学士和上书房行走，后为太子太傅，有《沈归愚诗文全集》，被称为“天子词臣”。后因卷入《一柱楼诗》文字狱案，产业凋零，住宅也就归了严家。木渎还有蔡氏“古松园”，园内有一组明代的罗汉松，苍枝虬干，誉为奇松。这里还有岁月更长的“虹饮山房”，乾隆皇帝南巡驻跸灵岩行宫时，常来饮茶，再回到灵岩去赏月。灵岩高一百八十二米，满山都是灵芝状奇石，远望如象，所以也叫作象山，说它是姑苏台曾经的所在，倒也有几分道理。毕竟，宫城并不是山寨，要有山有水居高临下，也不能离城太远。

木渎山塘街是古镇的主街，而胥河是苏州古运河的主干。它有两个相距不远的地标，一头是寒山寺，一头是阊门。在这段古运河上，还有一座渡僧桥，桥在阊门外。按照旧日的路线，要去山塘街，先过渡僧桥。寒山寺的这一头，则是著名的枫桥。枫桥在寒山寺的北面，桥距山门只有百步之遥。那是一座造型优美的单孔石拱桥。始建时间不详，但在清朝同治年间重修过。1984 年再次修缮，成为苏州“千桥之城”中关注度最高的运河古桥。

“枫桥”因为唐代诗人张继的一首意境悠远的《枫桥夜泊》，留名千年。现代歌曲《涛声依旧》，再次催热了枫桥热和寒山寺及古阊门热，阊门和上塘河古运通道，便成为最吸引年轻游者的一段。那座渡僧桥，说是在孙吴时代建成的。但也有考证说，在孙吴时代，上塘河还没有出现，在那时，渡僧桥自然是不会有的。至于渡僧桥的修建由头，也有类似达摩祖师“一苇渡江”的神秘传说，但也只能归于戏说。渡僧桥在清乾隆十三年（1748）曾经发生火灾，后修复。枫桥和上塘河上的广济桥及通津桥，共同组成了千年运河新老画面，吸引着人们的目光。

陆机有诗云：“吴趋自有始，请从阊门起。阊门何峨峨，飞阁跨通波。”（《吴趋行》）在他看来，阊门是永远的阊门。杜荀鹤诗有“君到姑苏见，人家尽枕河”，其中“人家尽枕河”的这条古街就叫吴趋坊。

阊门位于老城西北，而阊门大街是古苏州特有的一条中轴线。阊有多种解释，一是昌姓人家世代居于此；二是类似奉天通运的意思；三是吴楚是春秋时代的劲敌，此门方位对着楚国，因此又叫破楚门，但门中有昌，还是希望发展壮大的意思更平实。阊门大街和与山塘河、胥河、护城河伴行的街巷，皆汇于阊门，也造就了清代《姑苏繁华图》里展现的枫桥阊门十里长街。明代著名画家唐寅有《阊门即事》诗："世间乐土是吴中，中有阊门更擅雄。翠袖三千楼上下，黄金百万水西东。五更市买何曾绝，四远方言总不同。若使画师描作画，画师应道画难工。"

苏州的湖很多。除了偌大的太湖，还有青剑湖、阳澄湖和金鸡湖等。位于苏州工业园的金鸡湖位置有些特别，是在新的经济开发地段里。从其与相门塘和葑门塘的水系关系上看，也应是老城区之外的古运通道，但水入吴淞江，显然又属于吴淞水系。它其实应当属于太湖运河环的一条子运河，也是苏州运河的延长。最明显的依据是，这里不仅有很多河闸，还有晚清时期一位李姓知县主持修建的较长河堤。金鸡湖的名字似乎是音转变而来的，这个传说，虽与吴越之争有关但更悲情。在传说里，被放逐在湖中小岛上的琼姬，是夫差的女儿，夫差被勾践打败后，欲将女儿送给勾践以求和，琼姬愤而投湖自杀。这湖也就叫琼姬湖，时间一长，加上乡音的关系，叫作"金泾"，"金泾"又变音为"金鸡"。

21 世纪初，苏州工业园对金鸡湖开始清淤整修。2004 年建设了一座大桥。2005 年开坝蓄水，修建了具有现代风格的摩天轮、大桥灯光瀑布和音乐喷泉。我曾经去过几次，这里有浓浓的欧式小镇风情。老城区的古运河整新如旧，工业园的运河湖整旧如新。这是苏州人的新手笔。苏州工业园位于吴中运河段，运道呈曲尺形，再下去，便是浒墅关，那里不仅有古码头文化的留存，还有钞关，即古征税机构的旧迹，与清代苏州的特贡金砖有关。桃花坞年画作坊、苏州特贡京城金砖老窑址的旧迹犹在，也在一同叙说着苏州运河的历史，而现代工业文化与古老的农业文化在这里牵手，也是一种变与不变的发展逻辑。

太湖与长江之间的望虞河，其实也是一条人工运河，它的开凿年代或略迟于江北的邗沟，现在则是引江济太工程的骨干水道。重要的是，它连通了苏州相城区和无锡的新吴区、锡山区。望虞河两岸的支汊河口就有一百多处，包括伯渎港、九里河等，全长六十多公里。望虞是苏州望亭镇至常熟虞山镇的河段名称。望亭曾名鹤溪，望虞河也曾名蠡河，沿河多古桥，经浒墅关从无锡一直流到苏州和常熟。望虞河有望虞河闸，有杨柳墩，西岸的一品桥南，还有鸬鹚墩和朝夕池。

## 二

苏州是运河之城，也是诗歌之城；抑或是运河如诗，诗如运河。从晋代的陆机起，其《吴趋行》的歌赞，就为苏州铺就了底色，唐宋诗人和词人吟咏苏州的作品更多。从刘长卿的《登吴古城歌》到刘禹锡的《赠李司空妓》，从杜荀鹤的“夜市桥边火，春风寺外船”（《送友游吴越》）和“古宫闲地少，水巷小桥多”（《送人游吴》），到李远的“行人欲问西施馆，江鸟寒飞碧草多”（《吴越怀古》），再到卢纶的“沿溜入阊门，千灯夜市喧”（《送吉中孚校书归楚州旧山》），还有柳公权的“耕夫占募逐楼船，春草青青万顷田”（《阊门即事》）都展示了他们对吴中风光的无限感情依恋。即便是张继的绝唱《枫桥夜泊》，也并非单纯地再现寒山寺空灵幽远的钟声夜景，更多承载着他对苏州运河所显现的和平宁静气氛的一种由衷喜欢。

在唐代，中国的东南水乡似有一个从扬州直到会稽的诗歌运河线，而苏州是其最重要的一个诗歌港湾。在中晚唐时期，运河送别之风，一时盖过了长安的灞陵伤别。例如诗人薛逢，在其《送卢缄归扬州》一诗中所咏“关河日暮望空极，杨柳渡头人独归”，惆怅离别之情更胜一筹。在苏州，李白除了《乌栖曲》，还有《赠薛校书》：“我有吴趋曲，无人知此音。姑苏成蔓草，麋鹿空悲吟。未夸观涛作，空郁钓鳌心。举手谢东海，虚行归故林。”或是人称“女校书”的薛涛才名初起，名声已经传到李白这位蜀中老乡耳里，引起了他对故乡的惦念。

皮日休是竟陵（今湖北天门）人，字逸少，后改袭美。他隐居襄阳鹿门山的时间比较晚。与同时代的陆龟蒙、杜荀鹤、罗隐、韦庄、卢纶、孟郊、李商隐、张籍，都属中晚唐诗人。鲁迅曾经赞誉皮日休、陆龟蒙和罗隐的诗文，是“一塌糊涂的泥塘里的光彩和锋芒”。皮日休的《追和虎丘寺清远道士诗》和《吴中言情寄鲁望》皆是在苏州创作完成的。他在《吴中言情寄鲁望》中吟咏道：“古来伧父爱吴乡，一上胥台不可忘。爱酒有情如手足，除诗无计似膏肓。”在他看来，没有胥台与运河水，也就不会有他眼中吴越的诗情画意。

在吴地，张继结识了挚友陆龟蒙。有这样一位生于吴江又懂得农事的诗友，他的吴越之行也就充满了别样感觉。陆龟蒙别号天随子、甫里先生，是吴地最有性情的晚唐诗人。陆龟蒙的诗风多样，因为他的爱好广泛，喜茶，喜藏书，喜钓鱼，喜游览山水，常常在舟船上备有文房四宝，“几年无事傍江湖，醉倒黄公旧酒垆。觉后不知明月上，满身花影倩人扶”（《和袭美春夕酒醒》），但也有一身豪气，“丈夫非无泪，不洒离别间。杖剑对尊酒，耻为游子颜。蝮蛇一螫手，壮士即解腕。所志在功名，离别何足叹”（《别离》），以及“天问复招魂，无因彻帝阍。岂知千丽句，不及一谗言”（《离骚》）。他在《甫里先生传》自述中讲：“少攻歌诗，欲与造物者争柄，遇事辄变化，不一其体裁。”他有很多田园乡村诗，如《放牛歌》《刈麦歌》《奉和袭美茶具十咏》等，这些诗多与他所研究的农事有关，但也揭露了当朝的许多弊政。他在《野庙碑》文中讽刺那时的官员，只知道“升阶级，坐堂筵，耳弦匏，口粱肉，载车马，拥徒隶者皆是也。解民之悬，清民之暍，未尝怵于胸中”，对不断增加的苛捐杂税也不无讥讽地说，“蓬莱有路教人到，应亦年年税紫芝”。他的《白莲》也别有寓意：“素花多蒙别艳欺，此花真合在瑶池。无情有恨何人觉，月晓风清欲堕时。”还有“潮西来兮又东下，日染中流兮红洒洒”（《迎潮送潮辞·送潮》）。他后来应辟授左拾遗之职，未到任就病逝了。同时代诗人殷文圭对他有评价：“先生文价沸三吴，白雪千编酒一壶”“身后独遗封禅草，何人寻得佐鸿图。”（《览陆龟蒙旧集》）陆龟蒙兼有李白之神和杜甫之风，有自己的格调和独特的魅力。

说到与苏州有更密切关系的山水诗人，不能不提到韦应物和他在任苏州刺史之前写有的《滁州西涧》；说到他为官清正，同样不能不提到他在苏州刺史任上和任后的退休生活。他在滁州作诗“独怜幽草涧边生，上有黄鹂深树鸣。春潮带雨晚来急，野渡无人舟自横”（《滁州西涧》），动中有静，静中有动，是山水诗中的精品。他在苏州刺史任上所作的“杨柳散和风，青山澹吾虑”（《东郊》），也使人们看到了真正山水诗人的本性。韦应物山水诗的风格，在他多首诗中都有体现，比如《秋夜寄丘二十二员外》：“怀君属秋夜，散步咏凉天。山空松子落，幽人应未眠。”一句“山空松子落”见出细微的环境感知。韦应物的政声也为当时与后世人所称道。白居易对他的诗作评价甚高："其五言诗，又高雅闲淡，自成一家之体。今之秉笔者谁能及之？然当苏州在时，人亦未甚爱重，必待身后，人始贵之。"（《与元九书》）一生很看重白居易的宋代大诗人苏轼也评论说："李、杜之后，诗人继作，虽间有远韵，而才不逮意。独韦应物、柳宗元发纤秾于简古，寄至味于淡泊，非余子所及也。"（《书黄子思诗集后》）甚至还说，"乐天长短三千首，却爱韦郎五字诗"。他将韦应物、柳宗元，再加上王维和孟浩然，一时并列为唐代四大山水田园诗人。韦应物的诗歌倾向于歌行体，保有了盛唐诗人以散句为主的表达方式，而不是一味地追求格律化。如果说他与王维有什么共同点，那就是笃信佛教。所不同的是，韦应物的佛缘并不像王维那样主要来自家庭影响，而是在极度不安宁的社会生活和从政经历中逐渐形成的。

韦应物，字义博，家世显赫，出生在长安最有名的韦氏望族，时人有"城南韦杜，去天尺五"之语。他生于唐开元二十三年（735），大约在唐贞元八年（792）卒于苏州。自幼丧父，十五岁时荫补了右千牛卫。第二年就成为唐玄宗的贴身侍从，并附读于太学。贵公子习性，未免跋扈，因此在少年时也有"乡人苦之"之说。但安史之乱打断了一切。唐玄宗至蜀，他正在成亲，并没有跟随玄宗入蜀，而是带着新婚妻子元萍，到武功宝意寺去避乱与读书，这是他开始接触佛门之始。唐至德二年（757），他出任洛阳丞同时开始写诗。在洛阳，他惩罚过陷害乡里的神策军士，受到统领神策军背后太监们的忌恨，怂恿河南尹指责他越权行事。他便写了《任洛阳丞请告一首》，从此辞官回到长安，继续闭门读书。四十岁时妻子过世，妻子的墓碑是他亲自刻写的，至今保存在西安的碑林里。期间，他还写有《闲居寄诸弟》《幽居》《赠王侍御》。《赠王侍御》中有"心同野鹤与尘远，诗似冰壶见底清"之语，《幽居》则是"贵贱虽异等，出门皆有营。独无外物牵，遂此幽居情""时与道人偶，或随樵者行。自当安蹇劣，谁谓薄世荣"，从诗中可以看出，他此时的心迹与年轻时完全不同了。

唐建中二年（781），韦应物再度出仕，被起用为尚书比部员外郎。两年后出刺滁州。四十九岁时，他任朝散大夫出刺江州，一年后出刺苏州。三年任满后，因无回京的盘缠，住在苏州的无定寺里，"鲜食寡欲，所居焚香扫地而坐”，病卒于苏州，年底归葬洛阳。享年只有五十五岁。他之所以几次不能很快回到长安，主要还是经济原因。他不贪不取，有“身多疾病思田里，邑有流亡愧俸钱”（《寄李儋元锡》）的自律诗，也有“家贫何由往，梦想在京城。野寺霜露月，农兴羁旅情”（《寓居永定精舍》）。他比较关心民生，写有《观田家》《西塞山》《西楼》《鼋头山神女歌》等，于山水诗外，晚年的创作视野有所扩展。尤其是《横塘行》，笔触依然细腻隽永，有浓郁的乐府风格，是闺怨诗中的上品。横塘是木渎水的一个歇息地。《横塘行》全诗如下：“妾家住横塘，夫婿郗家郎。玉盘的历双白鱼，宝簟玲珑透象床。象床可寝鱼可食，不知郎意何南北。岸上种莲岂得生，池中种槿岂得成。丈夫一去花落树，妾独夜长心未平。”这不是一首歌颂妇女守身如玉的寻常诗篇，诗里跃动着的是一股强烈的反战情绪。韦应物的禅隐并不是置身社会之外的禅隐。

白居易和刘禹锡也做过苏州刺史，刘禹锡担任苏州刺史三年，写有《虎丘寺路宴》，“青林虎丘寺，林际翠微路”“日映千里帆，鸦归万家树”。但在离开苏州时依依惜别的，还是“流水阊门外，秋风吹柳条。从来送客处，今日自魂销”（《别苏州二首》）。后来，白居易在给刘禹锡的送别诗中表达了一种祝福，不管到哪里去做官，“何似姑苏诗太守，吟诗相继有三人”。这三人是谁呢？一是韦应物，一是刘禹锡，另一个就是他自己。

在北宋时期，苏州还有一位倦于游宦终老苏州的词人贺铸。他是北宋词人，字方回，人称贺三愁和贺梅子，别称“贺鬼头”，虽天生脸色黑丑，但才气充盈，代表作品是《青玉案·凌波不过横塘路》和《鹧鸪天·重过阊门万事非》。他自称是贺知章之后，曾任泗州、太平州通判，晚年退居苏州。贺词有自己的风格，婉约词较多但不晦涩，豪放词相对少一些，却很有气势。有人评其为婉约词作风格与秦观、晏几道平肩，汪洋恣肆时便有些追步苏轼，但更热衷于再现天宝唐风，婉约豪放词风集于一支笔下，既有穷妙极丽、极山闲愁怨之情，也有许多豪情侠义，因此也可以说是一位能够左右开弓的“多面词人”。时人称之为“贺鬼头”，其实并不全在相貌上，主要是个性耿直固执，少年时任侠出游，飞鹰走马，无所不能，对官场陋习和人情世故并不放在眼里。据《宋故朝奉郎贺公墓志铭》所云，“喜面刺人过，遇贵势，不肯为从谀”，也就是说，他很傲然，不愿趋炎附势，攀龙附凤。因此很难在仕途上有所发展，是宋代一位少见狂狷的诗人。他对自己的狂狷也心有所知，曾经在《天香·烟络横林》词里这样写道：“当年酒狂自负，谓东君、以春相付。流浪征骖北道，客樯南浦，幽恨无人晤语。赖明月、曾知旧游处，好伴云来，还将梦去。”贺铸留有《东山词》，收词大约二百八十篇。评论家常常将其与周邦彦并列，更多是从他的婉约词上着眼，其实他们之间的差异是非常大的。

贺铸的个性和经历决定了他不会有过多的送别词和应酬之作，写作范围也不会太宽。他的悼亡词和爱情诗词很出色，带有一般宋代男性词人很少有的女性同情心。这样一种风格，使他的悼亡词《鹧鸪天·重过阊门万事非》，引发了不同的社会心理共鸣，细读之，人们能感知到他们夫妻之间的糟糠之情：“重过阊门万事非，同来何事不同归。梧桐半死清霜后，头白鸳鸯失伴飞。　原上草，露初晞。旧栖新垅两依依。空床卧听南窗雨，谁复挑灯夜补衣。”其中“谁复挑灯夜补衣”点出他们夫妻间特有的平常生活，毫无矫饰做作的辞赋气，在日常的语境里道出令人为之潸然落泪的忆念。他的《西江月》和《惜余春》，初看是一般的情词，但“春归不解招游子”和“鸳鸯俱是白头时，江南渭北三千里”，也应当是他在宝丰为官时写给在苏州妻子的。

南宋的范成大，更是苏州的骄傲。因为他就是苏州吴县人，晚年隐居的石湖在苏州古城盘门西南五公里。范成大，字致能，一字幼元，比同科诗人杨万里小一岁，他与张孝祥、杨万里一同登第后，先为徽州司户参军，累官至尚书吏部员外郎、中书舍人、敷文阁待制，出知过处州。南宋乾道三年（1167）曾经出使金国，成功索求了北宋诸帝陵寝地，后为四川制置使和参知政事，并先后知静江、明州、建康府。他年轻时曾经涉足江西诗派，后来更多转向唐代白居易、张籍的“新乐府”诗歌创作走向，成为南宋最重要的田园诗人。他晚年居于石湖，五次上表求归，几次不得归。六十三岁时被诏知福州，中途准辞。后又被诏派太平州，身体欠佳，不久返回石湖，翌年卒于石湖。

石湖原为太湖的一个小湖湾，据说是越国攻吴国时用石头开凿的，因此叫作越来溪，而越来溪也是一条通向苏州城的人工小运河。“石湖”一名是南宋孝宗御书赐予的，“石湖”是他晚年的号，也成为他居所地名。范成大最重要的诗作是《四时田园杂兴六十首》和《腊月村田乐府十首》，此外还有《揽辔录》《骖鸾录》《吴船录》《吴郡志》等。《腊月村田乐府十首》，反映吴地风俗文化。他的词作带有浓重的田园色彩，比如“寒谷春生，熏叶气、玉筒吹谷。新阳后、便占新岁，吉云清穆。休把心情关药裹，但逢节序添诗轴。笑强颜、风物岂非痴，终非俗”（《满江红·冬至》）。“槿花篱落竹丝长，垂垂山果挂青黄”（《浣溪纱·江村道中》），皆是很有意境的田园词。他还有不少写景词和闲适词，如“嫩绿重重看得成，曲阑幽槛小红英。酴醾架上蜂儿闹，杨柳行间燕子轻”（《鹧鸪天》），“歙浦钱塘一水通，闲云如幕碧重重。吴山应在碧云东”（《浣溪纱》），以及“晚晴风歇，一夜春威折。脉脉花疏天淡，云来去，数枝雪”的咏梅词（《霜天晓角》）等，但也有宦途中中秋赏月时发出的“敛秦烟，收楚雾，熨江流。关河离合，南北依旧照清愁”以及“酾酒问蟾兔，肯去伴沧洲”的深切关心国事之情。在南宋时期，中国实际上又进入了一个新的“三国”或“四国”时代，统一和团聚是历史的要求，无论是担有某种社会角色还是退隐，免不了为国事纷扰担忧。而田园词在豪放和婉约词的相互折射中，有意无意添加了一种忍耐和等待的慢词风格和田园色调，既开创了一种新的词路，也为宋词发展提供了养分。

范成大的《四时田园杂兴六十首》影响深远，也因为这里的运河四通八达，明清之后兴起了棹歌热。清代诗人朱彝尊就有《鸳鸯湖棹歌》一百首，许锷也有《石湖棹歌百首》。棹歌犹如宋词里的水调歌头，是运河生活的反映。有趣的是，石湖不仅成为范成大和杨万里创作田园诗词的地方，也成为诗坛流派包容互鉴的一景。南宋绍熙二年（1191），青年词人姜夔从湖州来到石湖，上演了另一出词人相惜剧，即姜夔别具一格的《暗香》和《疏影》，摇乱了歌女小红的心旌，也摇乱了范成大的心旌。在一时兴起中，范成大居然为姜夔和演唱《暗香》《疏影》的歌女小红，当了一回“月下老人”，留下姜夔在苏州垂虹桥所作诗："自作新词韵最娇，小红低唱我吹箫。曲终过尽松陵路，回首烟波十四桥。"（《过垂虹》）这些绝句是姜夔在除夕夜从石湖返回苕溪所作的新诗十首中的一首。姜夔与范成大的会面，意味着宋词的一个新的过渡开始了。在这种过渡中，词流主旋律变化不大，但表现形态各异，不同经历和年资的词人出现了不同的吟咏方式，甚至出现不同的处世态度，词坛从此更加色彩纷呈。

苏州本土诗人也很多，有张籍、黄公望、唐寅、文徵明、祝允明、顾炎武、冯梦龙、金圣叹等。近现代名人有南社柳亚子、顾颉刚、叶圣陶、胡绳等。从隋唐有科举开始，苏州状元大约有六十人。清代著名状元是翁同龢、洪钧和陆润庠。这都是苏州文化包括苏州运河文化作出的耀眼的历史贡献。

# 运河珍珠链

初到嘉兴，很为嘉兴城区运河四面环绕而感叹，以为这就是嘉兴运河的原貌，殊不知这运河环城的新景象，是在1999年以后才出现的。那一年，暴雨连天，洪水巨大，淮河告急、太湖告急，苏州的浒墅关告急，濒临上海的嘉兴也未能幸免。为了防洪，抢修了四十多公里的防洪大堤和四十五个大小水闸，保卫了嘉兴中心市区，也改变了运河流向的旧时形态。古运河依然在流，新开的北郊河在老城拐向西流，环绕城市一周，在城外的西南方与运河实现了新的对接，并出现了苏州塘——穆湖溪枢纽工程。新河闸的出现，让古运河主干流出现局部断面，但从大格局上看，无形中也出现了天助的一笔，嘉兴四面环城的河道变得更宽阔、更通畅了，嘉兴城也显得更大气了。

那么，嘉兴周围最早的运河又是何时开通的？据《越绝书》记载，嘉兴古运河从春秋晚期就开始展现了。随着太湖周边诸多运河陆续出现，特别是隋唐年间江南运河各个节点不断连接，形成了北起秀州，南到桐乡八水环抱的二百里运河段，水过石门、长安，循着上塘河进入了杭州。元末时改由崇福入杭，这样的线路调整，使它的运河转接功能发挥得更加充分。

大运河贯穿了嘉兴府城，也润泽了这座古城。运河在杉青闸和端平桥前分流，出现了名之为秀水河和壕河的分支，然后又在北丽桥、西丽桥下再次汇合，形成了月河边的一大片长街细巷。那里有古老的分水墩。在壕河边，有沈钧儒和朱生豪的故居。朱生豪是中国文学界翻译《莎士比亚戏剧全集》的第一人。北宋词人朱敦儒的避居地也在这里。朱敦儒原籍洛阳，是“洛中八骏”之一。入南宋后曾任兵部郎中、都官员外郎和两浙东路提刑。朱敦儒最著名的词是《西江月·世事短如春梦》，“幸遇三杯酒好，况逢一朵花新。片时欢笑且相亲，明日阴晴未定”，虽然带有一种颓气，但也反映战乱时代的一种无奈。他还有一组《好事近·渔父词》，“恰向洞庭沽酒，却钱塘横笛”，是晚年退居嘉兴所作。嘉兴的传统文化气氛，自然也不全是这些古今人物营造出来的，还有更久远的文化传承。在南北宋之交，南孔南下衢州，南孟却由山东辗转苏州后，落籍在嘉兴，为嘉兴文化染上一层浓厚的历史文化底色。

嘉兴的月河老街，颇能引起人们对古嘉兴的忆念。月河也就是越河，临月河走廊的美人靠，依然是临时歇脚的凉爽地，有风来了，有雨洒过，且等云开见日好观河。廊下的河埠里有小舟漂荡，沿河而去，石径石桥，曲径通幽，但令人们最有情怀的还是南湖。南湖上有决定中国历史命运的那艘红色的船，还有烟雨楼。南湖在城东南，是秀水绕城与壕河合流而成的六百多亩一泓湖水，它在阳光下波光粼粼，映照着那艘带领民族百年辉煌的奋进航船身影。南湖水其实也是运河的水，上承长水塘、海盐塘，下泄平湖塘和苏州塘，最终与大运河息息相通。中华民族的复兴事业由这里的红船载起，沿着千年运河，曲折向前，历史之路无所不达。

嘉兴运河进入秀水，有两座小岛，远远望去，也像运河上的船。小岛在明清时期就现身了，据说是疏通运河堆积淤泥而成的，昔日是瓜果时蔬水上交易的集散地，现在依然是一个热闹的市场。

嘉兴老城区不算很大，依着古运河穿城的流向路线漫步，不经意间瞥见了运河边的三塔。这三塔虽然在中国的诸多名塔中名声算不得显赫，却是中国大运河在世界上被人认知的第一个标识。美国《国家地理》曾经刊出它的影像，首次将其作为介绍中国运河的标志性图片。1928 年，《旅行杂志》又将其作为期刊封面。三塔与中国运河的图像不胫而走，让世界的目光为之一亮。这些画面和图片现在都收藏在嘉兴的博物馆里。丰子恺也画过三塔，画题是《嘉兴写景》，嘉兴之景聚焦于三塔，可见其眼力和三塔本身的不同寻常。画作传神也很写实，中间的一塔顶缺失，留下了那时的艺术写实影像。三塔连同它们所在的唐代禅寺，在“文化大革命”中曾有毁坏。2000 年三塔复修，依然带着俯瞰运河的精气神。

运河嘉兴段西南连着杭州，东北和东南却连着海上丝绸之路，即便在宋元时代，这里的运河也一直通向上海的青浦和华亭。澉浦港和乍浦港，在那时也都是很热闹的对外贸易港口。澉浦港有两个：一个是在杭州，离海盐二十公里，西靠海宁，南傍杭州湾，从宋朝以后，那里就是入杭的对外贸易门户，是杭州市舶司的所在地；另一个是在嘉兴，也具有重要的贸易地位。然而，就嘉兴在运河网络分明水上城镇连接性而言，人们更愿意把这些沿运河的古商镇，看作是一串美丽的珍珠；或者说，大运河就是一条绿色的丝带，穿起一串串映照着运河世界的小镇。

乌镇、西塘、盐官乃至石门镇，皆是典型的江南水乡古镇，是嘉兴运河上的一串珍珠。它们或有一定的世界性影响，或在国内享有自己的名气。西塘、盐官和乌镇历史悠久，位于嘉兴桐乡与湖州的交界带上，一直保持着自己的古镇风貌。乌镇分东栅和西栅，运河就在东大街前。这里有沈泽民的故居。爱国报人严独鹤也出生在这里，他创立和主编上海《新闻报》的副刊《快活林》，前后有三十多年。在上海“孤岛”时期，他毅然拒绝日本文化特务的威胁利诱，拒绝与日伪合作，保持了民族气节。乌镇建立了以严独鹤命名的严独鹤图书馆，我曾经在那里翻阅了一个上午的书报，表达了对他的一种深深敬意。

西塘在嘉善方向，既是苏州一景，也是嘉兴一景，处于苏州与嘉兴的接合部。苏州西塘河北起嘉兴望虞河桥，从钱万里桥东入苏州高新区、姑苏区，只有十里长，水流平稳，流入望虞河，河闸很宽很大，一看就是运河闸口。

我有过两回盐官观潮的经历，那确乎令人震撼。在这里观看钱塘潮，不由得让人记起北宋词人潘阆的《酒泉子》：“长忆观潮，满郭人争江上望。来疑沧海尽成空，万面鼓声中。 弄潮儿向涛头立，手把红旗旗不湿。别来几向梦中看，梦觉尚心寒。”

盐官来历不凡，从汉代的会稽郡起就置有盐官衙门，镇名一直留存到现在。南宋时期曾经归属杭州，直接由朝廷管控，灯文化和潮文化传之久远。这里有王国维的故居，也有海内知名的陈阁老宅，陈阁老宅因为乾隆住过，引出过人们长时间的推测和戏说。乾隆的生身母亲究竟是谁，他降生在哪里，一直是桩神秘“公案”。近有学者渠诚，根据清宫档案有关材料梳理，尤其是对嘉庆为乾隆献诗的分析，得出明确结论，乾隆的生母也许是一位钱氏汉族宫女，或已亡故，或改姓钮祜禄氏，并无换子之说。且不说临盆前的后妃能不能舟车劳顿去到海宁，乾隆六下江南到海宁的时候，陈阁老已经离世很多年。从有关档案判定，乾隆出生在雍王府即后来的雍和宫里。戏说终归是戏说，但也为海宁增添了不小的名气。

在盐官镇小住一时，去了一次长安镇。长安镇的上塘河与杭州的上塘河是上下源，俗称“上河与下河”，皆是古运河的重要节点。大运河主河曾经流过长安镇，留有旧日的一个大闸口，因为河堤的面貌已经在岁月流逝中改变，需要信史资料来佐证，一位叫成寻的日本僧人的日记《参天台五台山记》便派上了用场。成寻在北宋熙宁五年（1072）到北宋熙宁六年（1073）来华取经参拜，写了这本行程日记。其中有从明州登岸的记录，也有船过长安镇、长安堰和运河行船的简明细节，例如“午时，至盐官县长安堰。未时，知县来，于长安亭点茶。申时，开水门二处，出船。船出了，关木曳塞了。又开第三水门关木，出船”“开门之后，上河落，水面平，即出船也”等。他记录的那个过闸，与现今运河河闸起落过船的程序一般无二，点明了昔日运河的明确的转接和流向，也佐证了长安堰和长安闸在江南古运河系统中的枢纽地位，具有运河交通信史资料价值。长安河闸依然在，河道在后来有所改变，闸体便成为不可移动文物。成寻的日记也佐证了世界至今通行的二斗门船闸也即复式船闸技术来自中国，在宋代已经开始普遍运用。复式船闸技术最早发明者是五代后周时期的乔维岳。

从海宁到石门和崇福路程不算远，那里同样有古老的运河底事。据《越绝书》记载，古越国人垒石为门，石门也就成了吴国与越国的边界和地名。石门镇是丰子恺的故乡，更有一个著名的“陋巷村”，即颜回后代颜岐随宋高宗南渡，辗转来到石门镇北白马里，自成村落，沿用旧名，依然淡泊自守。“一箪食，一瓢饮，在陋巷，人不堪其忧，回也不改其乐”，是孔子对颜回的夸赞。颜回的后代恪守古训，成为简朴生活的代行者，他们在物质相对丰富的现代社会生活里如何自处，自然会是令人感兴趣的一个问题，因此在看过丰子恺的故居后，也就一路寻到了“陋巷村”。

这是一个浅丘环抱中的小村庄，曲径通幽，底色简朴，自带一种古朴之风，既不见豪门大院，也没有想象中那般简陋，街前屋后都很整洁，但场院前晒有很多杭白菊。这里是杭白菊的重要产地，产量大，质量好，销路俏，因此家家户户在简朴里透出一种产业聚集效应带来的殷实。进得一户人家讨茶喝，很热情，问他的杭白菊年收入有多少，主人只是笑着点头，虽然没有说出一个数来，同样透出一种安之若素的满足。在这里，游人们也很安静，慢慢地走，慢慢地看，也会买几包杭白菊回家泡茶去。

崇福离石门不远，是大运河从嘉兴通向余杭的一大水上门户，有着与石门不一样的景象。崇福是杭嘉运河有十四万常住人口的一个大市镇，加上流动人口，俨然一个三四线城市的市镇框架。在南宋时期，这里是杭州都城的水上屏障，也是杭州的后花园，许多达官贵人在这里都有居所，因此有过四座古城池，何城、晏城、萱城和管城，堪称是昔日杭州都城的“津门”。

大运河在崇福街中心流过，河面宽也比较深，行船络绎往来。有新市区，高楼大厦不少，镇政府的办公楼居然高达二十层。宽宽的街道上车水马龙，人流涌动，商气逼人，然而在南部老市区的接合部，还是留下很安静的窄弄长巷古镇旧迹。大运河上的南高桥引人注目，桥体微黑，单孔拱桥，桥孔很大，较大船只出进自如。南高桥是石桥，与赵州桥的形状很相近，但更宽更有高度，不知它为什么后来改叫司马高桥。崇福的运河是京杭大运河的主航道，近年来也建有不少新桥，但多半是单孔拱桥模式。这种单孔拱桥，既不会冲淡运河桥的古韵，也比较适合现代航运。在这些桥体上，可以寻出运河古景观与现代交映的一种和谐。

到运河城市，总希望看到小桥流水中的那种悠闲，在“宜游则游”中转换感觉，但每个运河城镇皆有自己的现代进化方式。发展旅游业离不开小桥流水，流通之类的服务业则需要宽深的河道和高大的过船桥梁。崇福这样的大水镇，既有嘈杂也有静谧，在保留传统拱桥一抹亮色的同时，依然闪耀古为今用的运河光辉，在京杭大运河的运输体系里，它还会进一步发挥怎样的作用，这是十分令人关注的。

# 拱宸桥边

## 一

杭州是我经常要去的一座南方城市。以前多是几点一线，除了看朋友，总要到西湖、虎跑、六和塔和灵隐寺去，后来又去了西溪和良渚文化村。以为尽得杭州古今山水之精华，加上杭州市辖范围又没有今日这般大，北至临安、余杭，南到萧山、桐庐、富阳、淳安、建德和千岛湖地区，还有许多新城和旧地，在自设的狭窄视野里，我形成了既清晰又朦胧的自限。本以为自己的视线很开阔，但囿于习惯意识，还是漏掉了杭州运河过往和众多好景点。

这一次去杭州，第一次将目光投向了杭州的运河。虽然很早也知道，这座南宋都城的大城，在唐元和八年（813），已经出现了“江南列郡，余杭为大”的都市赞誉。总以为余杭是余杭，杭州是杭州，最多再去看看涌金门和运河流经的武林门。事后向住在杭州的老友杨仁山兄说起，他笑言，你没有去过余杭区的塘栖古镇，怎么会晓得杭州运河的精妙呢?

20 世纪 70 年代，仁山兄是我在宁夏工作时交往甚密的文友。回杭州后，他担任过浙江人民出版社社长、总编辑。在他看来，塘栖之胜，并不全在它是丝绸之府、枇杷之乡，这实乃是过去。现在和将来，大运河连接杭州、苏州、上海、绍兴、宁波的要路津，也还要借助那里的运河。他向我细说了他知道的《唐栖志》所记：“唐栖官道所由，风帆梭织，其自杭而往者，至此少休；自嘉秀而来者，亦至此而泊宿，水陆辐辏，商家鳞集，临河两岸，市肆萃焉。”塘栖旧称唐栖，并有着众多别称。

塘栖之旅令我终生难忘。听仁山说，这个古镇有几大看点：其一是京杭大运河直穿街镇。大运河主干直接穿越的较大城市比较多见，穿越古乡镇中心的，则比较罕见，一定要同苏州的木渎镇相比，它的商业地位也许更重要。塘栖运河在昔日里称为官塘运河，那一个“官”字，揭示了它的河道干道性质。乾隆帝下江南时曾在这里三次驻跸，还在运河广济桥边立有御制碑，可见它在运河中的地位之重。其二是时间比较古老悠长，从元末张士诚开始经营杭嘉湖地区，这段运河就开始不断拓宽，到明弘治年间，又增建了与苏州广济桥同名的大石桥。塘栖曾经是原杭县的县城，1961 年，杭县与余杭县合并，现在属于杭州的余杭区。这样的历史沿革，也显示了它的经济地理发展状况。其三是镇名的起源也很有考证，一般有来自“负塘而居”的说法，但在北宋开埠的时段里，苏轼经过此地，写有“明朝归路下塘西，不见莺啼花落处”的诗句，想来那是当时的一种原始气息的摹写。此后的岁月里，它有过多种名称，如栖水、武水、武店、溪西等，但最早的称谓是“唐”而非“塘”，一说是镇名来自唐姓士人隐居在这里的三分村。传说中的隐士叫唐珏，在元初，恶僧杨琏真迦曾经发掘了南宋六帝陵，弃骨扬尸，唐珏聚壮士收殓帝骨，埋于绍兴兰亭，为避后祸，息影唐西（塘栖）。这事不见正史，但杨琏真迦掘帝陵确有其事，可见这“唐西”的名称并非空穴来风。

镇名的来源不是什么大事，关键在于塘栖有千年历史底蕴犹在。虽说是昔日里的“三十六爿半桥，七十二条半弄”早有变化，但新是新，旧如旧，运河大框架和细部脉络依然分明。塘栖古镇现在有一条步行街，前宽后窄，宽街注入近现代商业镇市元素，诸如“米一堂”“东风阁”的老招牌，依然在街头赫然招摇，你想品尝这里的“粢毛肉圆”和“塘栖板鸭”，也还得到这些门堂里去。窄的是曲径通幽的老里弄，依然古色古香。市场繁华之外，入腊时也有“十里梅花香雪海”的腊月梅景，由是被列入江南赏梅三大好去处。缕缕暗香浮动在运河两岸，这等景象哪里去寻？

广济石桥是全国重点保护文物，气派不让杭州拱墅区的拱宸桥。运河文化广场上古戏楼依然还在。附近还有一口人们几代相传的郭璞井，位于青砖台上。运河两岸是一堂大水弄，与苏州的细长水巷相比，自是一个水弄的放大版。小镇有大的水街景，大城里有小的水街景，其同与不同，尽显运河城镇的诸般模样。

杭州的塘栖，可以在下一回再去细游，眼前要看的是杭州城中心的拱宸桥。杭州的桥多也有大名气，有现代框架的，更有不少古典风格的，因为桥太多，经常会一掠而过。近年来有“水上巴士”穿梭往来于运河上，使人能够再识杭州运河桥。但数量多了，终归很难细细去一一品味。按一般说法，拱宸桥是杭州运河的收尾，也就是京杭大运河的南终点，那其实只是“宜游则游”中的大概说法而已。从“宜航则航”的角度，杭州运河的未来，既在钱塘江、富春江一线，又在余杭一线，拱宸桥便是居中古桥，也是杭州运河上明显的运河地标。拱宸桥东有运河广场，有中国京杭大运河博物馆，西侧还有不算很长的桥西步行直街。由拱宸桥乘“水上巴士”向南去，经过香积寺石塔和信义坊码头，可以直抵武林门。这里不仅有西湖文化广场，还有旧时的卖鱼桥旧迹，卖鱼桥也称归锦桥，是自然景观，也是人文景观。从这里沿着运河东南去，过了艮山门，再向西南去，也就可以收步于钱塘江江口了。

这其实只是杭州大运河显在的一段，它的历史形态和支脉，几乎穿越了杭州市区的各个角落，如网如织，令人眼花缭乱。随便提起流贯在几个城区里的小河、中河、上塘河和西塘河，都有古运河的历史身影在晃动。中河南北向，早在孙权时代就沟通过江南运河和钱塘江水系，曾经被称为“盐桥运河”，现在已是一条景观河。河边的元宝街里，有着清代“红顶商人”胡雪岩的故居。中河之外，则有开凿于南唐时的东运河。东起坝子桥，西至梅花碑，南接鼓楼，北接大运河主河道。这个坝子桥遗址就在艮山水门上。杭州有句谚语叫“坝子门外丝篮儿”，坝子门是古时有名的生丝贸易大码头。上塘河的岁月更悠长，曾经从丁桥镇流入余杭，穿越临平镇到施家堰，又进入海宁盐官镇，再进入杭州运河钱塘江。在很长时间里被称为江南运河的正身。据南宋史料记载，宋高宗之母韦太后，从北国还归临安，舟船就是从临平河口进入的。在元代以前，上塘河一直是运河进入杭州的主要水上通道，也曾在拱宸桥尚未建成的地界流过，一直流到武林门和卖鱼桥。在很长时间里，它被称为“运河尾巴”，而其占位性的名字是“运粮河”和中规中矩的“官塘河”。

杭州运河开通的历史，最早要追溯到春秋时期或者更早，但真正的大贯通和派上大用场，应当从唐宪宗在位的公元 813 年算起。那一年，从润州即镇江的丹阳引江水东南行而太湖水北迎，渐次进入常州武进、苏州、嘉兴、海宁盐官，一路向南再入杭州。李白《丁都护歌》的吟唱背景，反映的就是丹阳引水最初阶段的情况。余杭运河河段的历史，还可以追溯到夏少康分封庶子建立越国之时，其时的杭州故城，大部分还是潟湖状态。秦王政二十四年（前223），秦将王翦从姑苏一路南来，此后建立钱塘县，归属会稽郡。隋文帝置杭州。隋炀帝在大业六年（610）开凿了江南河，才有八百里河道在钱塘江收尾的雏形。但无论怎么讲，京杭大运河的大贯通，是伴随着杭州独立置州开始的；或者说，杭州运河的历史同杭州的历史，从来都是交织在一起的。运河大通，杭州繁荣，并由此出现了杭州“骈樯二十里，开肆三万室”的江南都市景象。

诚然，杭州作为一座河流和湖泊众多的水城，也会有扬州邗沟一样的早期运河开发运作历史，萧山跨湖桥出土的独木舟和良渚出土的独木舟，昭示了这一切。有意思的是，较早的杭州运河港，也是河港海港相独立的，且不说宋太祖时兴建的六和塔，是不是类似航海灯塔。太平兴国三年（978），北宋朝廷在杭州建立市舶司，就是一个重要标志。北宋与南宋，设立市舶司的城市，前后只有广州、明州、密州和杭州，在元代还有上海一带。钱塘江北岸的澉浦，便是杭州市舶司的所在地，它西靠海宁，南傍杭州湾，去海盐路程只有二十公里。从两宋开始，那里就是对外贸易口岸和进入杭州的海上门户，而澉浦附近的“七海”是一个天然的良港。入元以后，杭州、嘉兴海运千户也设在杭州澉浦。明初大抵也如是，景泰年间海禁，一度荒废。成化和嘉靖年间复置，但为避倭寇乱，市舶司迁至杭州城内。

北宋杭州的首任市舶司使是范旻，范仲淹知杭州时也兼任过市舶司使。此外，还有书法家蔡襄和时称“红杏尚书”的宋祁任过此职。在南宋恭帝时，文天祥也曾知临安府兼市舶司使。苏轼知杭，修造尽人皆知的苏堤，同时也建有运河闸。那时的杭州船种类齐全，有河舟，有湖舟，有海舶，还有一种称为车舟的“机械船”。较大的海舟可乘六百人。海舶停靠澉浦，河舟分运，从运河溯流而上，过武林门，进入明末，才在拱墅区界内修建了拱宸桥。那里的旧地名不知如何称呼，但一定也是南来北往舟船云集的船坞，或两岸有众多码头货栈，人货在此分流。

## 二

拱宸桥所在拱墅区，位于杭州核心区偏北部，区名由拱宸桥和湖墅地区各取其一字而得。东南与江干区、下城区相接，南北邻西子湖、皋亭山，北过余杭，拱宸也就成为杭州运河的中心。特别是在明清时期，流经拱墅区的拱宸桥运道河，一直是杭州与外部世界频繁互动的重要水上通道。

随着2014年京杭大运河申遗成功，流经拱墅区拱宸桥一线的运河申遗点众多，其运河文化遗产之重，于此可见。拱宸桥是杭州运河古桥中最高最长的石桥，三孔驼峰形，长近百米。明崇祯四年（1631）始建。清顺治八年（1651）曾经坍塌，清康熙五十三年（1714）重建。清同治二年（1863），左宗棠与太平军大战于拱宸桥，桥体遭到了严重破坏，但更为痛苦的记忆是，晚清李鸿章与日本签订丧权辱国的《马关条约》之后，日本人在杭州设立了租界和海关，地点就在大运河上的拱宸桥旁。一直到抗战胜利后日租界才被收回。

现在的拱宸桥，还是重建后的旧时模样，形制保留完整，气势应该不减当年。“拱辰”一语，来自《论语·为政》：“为政以德，譬如北辰，居其所而众星共之。”以“拱宸”命名城门的，湖北襄阳有，苏州昆山也有，但以“拱宸”作为桥名的，大约只有这一座。北宋一朝有位状元郎叫王拱寿，为取吉义，宋仁宗特意降旨改其名为王拱辰，其义也在取其拱卫紫微的意思。但此桥出现时，明朝已经风雨飘摇，取名“拱宸”，也许寄托了崇祯皇帝最后的一点儿希望，巴望着它会支撑起东南的半边天。可惜这位皇帝天性偏执多疑，京城大厦将倾，索性一气之下吊死在北京煤山，拱宸桥的名字也就如此这般地被浪费掉了。后来的几位南明皇帝，或只晓得犬马声色，或者流落西南，一一消失在历史长河里。

第一次登上拱宸桥，在桥上走了两个来回。宽宽的桥体，整齐的石阶，一步一步走上。桥上望运河，远水流光，近水回旋，河面恢宏，雍容大度。桥大气，运河大气，来往桥上的人也大气。杭州的古桥大大小小有八百座，但修建得并不很早的拱宸桥，是造型最古雅线条最流畅的一个，宽宽的河面宽宽的桥，全然没有江南小桥流水的模样。站立其上，伸出手来，仿佛就可以一揽运河的天和运河的水。拱宸桥下河水荡荡，岸石平平，确乎也还有些天上河汉北斗拱卫的气势在。在这里，不仅可以看到大格局的江南水乡之美，也可以欣赏到眼前的运河壮阔之美。

正是向晚里的一段时光，东边运河广场里传来一二声越剧低徊清唱声，是隔岸钱运茶馆里传来的，还是谁在放录音。岸边的树不多，许是为了不挡着望运河的视线。“水上巴士”来了，白色的，逆水上行，回程还要过桥西去搭乘。桥西是历史文化保护街区，沿着运河岸，是一条青石铺路的干净的倒“E”字街。街的两侧是整齐的商铺，有纪念品，有字画，也有医馆，但没有司空见惯的假古董铺。还能看到一片纱厂旧址。常听人说修旧如旧，如果是特定历史建筑，肯定会沉淀维新时代商业文化气息。杭州人很聪慧，让这旧时纱厂原貌得以保留，加上临河的货栈平台，紧凑中见出宽余，看着就很舒服。

在拱宸桥一侧向下望，水面倒映着一丝晚霞。对岸可见一艘“水上巴士”划着水的尾光过去了。前面是什么？那是运河来水的方向，自然会是余杭。在这里，蓦地想起范仲淹知杭州时，写有一首《过余杭白塔寺》：“登临江上寺，迁客特依依。远水欲无际，孤舟曾未归。乱峰藏好处，幽鹭得闲飞。多少天真趣，遥心结翠微。”北宋皇祐元年（1049），范仲淹不仅在杭州做过知府兼理市舶司，也督修过运河。“多少天真趣”，是他对余杭也即杭州运河上下的尽情诗情宣泄。

对着运河北来南去的浩渺波光，想起来一位朋友刚见面时说的一席话。他说，当下杭州的城市建设，一是在萧山国际机场不远处，加紧建设亚运会场馆；二是推进余杭运河新区建设，运河新区的大致范围，就在拱墅区和余杭区及半山老杭钢之间。为什么要搞运河新区建设？杭州是美丽的，但城区的半径还是小了些，江山多娇，山水可览，但城市要发展，需要满足城市扩大的要求。杭州兴于运河，京杭大运河也需要更多腾挪起舞的地方，城市发展需要更大空间。更何况，余杭运河原本就是杭州运河的上游，在长三角新的发展格局里，余杭是一个新的发展亮点，也是继续推进长三角经济一体化的重要焊接点。听说，在余杭运河西岸，良渚新城正在崛起，在很长一段时间里，那里曾是堆放水泥袋的老旧码头，与城市环境极不和谐。余杭运河文化保护带被列入三年建设规划，良渚文明也会在现代生活中实现它的历史延续。

应当说，拱宸桥下的河面还是十分宽展的，拱宸桥也可航行寻常的较大船只，然而从未来杭州湾区发展的前景来看，它还是宜游则游的不可移动文物。远来的游轮需要穿桥停靠，几千吨的货船来了，需要接驳和分流，那里会不会出现新的“越河”“月河”，也是可以想象的。历史上，人们看到的上塘河向杭州运河主河道的历史转换，也显示了人们对布局运河的历史智慧。如今的规划拥有更大的智慧。

在拱宸桥两岸待了一个下午，天色已晚，下行的“水上巴士”也来了。从拱宸桥上船，到武林门去，那里的运河之夜，或有更好的风景在。第二天一大早又去了一趟武林门，时间尚早，索性步行到滨江区去。在沿街的一家餐厅吃饭，想不到，这里居然藏着早已知晓的潘阆巷。潘阆巷曾经留有宋词人潘阆的旧踪。

路边的黄山栾树开花了，这是江浙的乡土树种，花开正待时。阳光洒在桥下的运河里，银湛湛的，洒在栾树树头上，金艳艳的，真好看。

## 三

也许是杭州值得游赏的景物太多，古人直接吟咏杭州运河的诗歌并不多见。或者竟如白居易，杭州到处都有他割舍不下的诗歌念想，也就出现“江南忆，最忆是杭州。山寺月中寻桂子，郡亭枕上看潮头。何日更重游”的大写意。诗人姚合出刺杭州，白居易在诗作《送姚杭州赴任因思旧游二首》中，回顾了在杭州的时日，“与君细话杭州事，为我留心莫等闲”“静逢竺寺猿偷橘，闲看苏家女采莲”。在杭州刺史任上，白居易有大量咏杭诗作，如《春题湖上》《杭州春望》《钱塘湖春行》《五月十五日夜月》《答客问杭州》。王昌龄则有《浣纱女》，宋之问有《灵隐寺》，张籍有《寄远曲》，李白也有《杭州送裴大泽赴庐州长史》。唐代诗人施肩吾为诗也奇丽，对钱塘江情有独钟，不仅写有“西邻年少问东邻，柳岸花堤几处新。昨夜雨多春水阔，隔江桃叶唤何人”（《春日钱塘杂兴二首》），而且还有面对钱塘江发出幽古之情，“天堑茫茫连沃焦，秦皇何事不安桥。钱塘渡口无钱纳，已失西兴两信潮”（《钱塘渡口》）。姚合曾任杭州刺史，他在离开杭州的时候这样吟道：“醉与江涛别，江涛惜我游。他年婚嫁了，终老此江头。”（《别杭州》）

直接写杭州运河的古诗少些，或是因为诗人取材取景视角多元，而运河在很早时候就融入他们的日常生活，有些见怪不怪，但苏轼两度在杭州，也少不了在运河上流连。在一个端午节里，他曾经兴致勃勃地填了一首《南歌子·游赏》，“谁家水调唱歌头，声绕碧山飞去，晚云留”。虽然词里没有明指水调歌声发自哪里，但声绕碧山，多半是在运河舟上。

短期或长期在杭州生活过的古代诗人和词人，还有张若虚、林逋、潘阆、柳永和姜夔。张若虚是扬州人，他的千古绝唱《春江花月夜》作于扬州还是杭州，并无定论。通读这首诗的前半段，“春江潮水连海平，海上明月共潮生。滟滟随波千万里，何处春江无月明！江流宛转绕芳甸，月照花林皆似霰。空里流霜不觉飞，汀上白沙看不见。江天一色无纤尘，皎皎空中孤月轮。江畔何人初见月？江月何年初照人？人生代代无穷已，江月年年只（望）相似。不知江月待何人，但见长江送流水。白云一片去悠悠，青枫浦上不胜愁。谁家今夜扁舟子？何处相思明月楼”。其中很有钱塘江的意象，或者说，张若虚若无钱塘江观潮赏月的经验，难有那样的感触。在通常的解释里，春潮即春季景象的泛指，但情由潮生，那或是带有他在杭州市舶司使任上的一种人生体验。

一首“苏州杨柳任君夸，更有钱塘胜馆娃。若解多情寻小小，绿杨深处是苏家”（《杨柳枝词八首》），这是白居易在杭州刺史任上往来苏杭之间的作品。他对苏小小的赞美和惋惜，虽然不如后来李贺的“幽蓝露，如啼眼”（《苏小小墓》）那样隽永，但远超一般诗人的慧眼。苏小小是南齐杭州著名歌伎，有风骨，经常乘坐油壁车出行，她其实也是一位诗人和诗人之友。她的墓就在西泠桥畔。

林逋是北宋著名隐士诗人，号和靖。其故里传在宁波市奉化区裘村镇黄贤村，他长期生活在杭州。苏堤上有“三贤堂”，孤山北麓放鹤亭有他的墓。林逋“梅妻鹤子”，作诗随就随弃，很少留存。他在《山园小梅》诗中的“暗香浮动月黄昏”，有诗韵感，也有梅韵感。他是怎么来到杭州的，细节并不十分清楚，但日本“林氏馒头始祖”林净因第三十四代后人川岛英子，曾经到黄贤村寻根，揭开了部分谜底。林净因是元代人，到日本后，将中国的馒头制作传到了日本，于是就出现了日本馒头，也就是我们通常说的豆馅包子。他的后人说是林逋一脉所传，林逋终身未娶，是其侄林彰、林彬为他治丧的。但也有另说，即明学者张岱在其《西湖梦寻》中说，南宋亡后，曾有盗墓贼盗过其墓，只发现一方端砚，一支玉簪。这玉簪是不是解开他个人感情生活秘密的锁钥？或者说，他的寻根后人是直系还是旁系，并不是很清晰。如果联想到他流传下来的《长相思》："吴山青，越山青，两岸青山相对迎。谁知离别情？　君泪盈，妾泪盈，罗带同心结未成。江头潮已平。"此中有何感情事，似乎也不难想象。他也有一生居乡足迹不入城市的说法，但古今城市地理状态并不一样。那时的运河和卖鱼桥也在城外，不像现在，已经是杭州城的一条中轴水线。因此，对于运河与运河相关的河湖港汊，他应当是很熟悉的。他的《园池》中"一径衡门数亩池，平湖分张草含滋"，以及《黄家庄》中"黄家庄畔一维舟，总是沿流好宿头"，反映了他的日常水上生活。虽然没有提及运河，但水水总是相连的。

潘阆是宋初的一位著名隐士、文人，其字梦空，号逍遥子，祖籍一说是河北大名，一说是江苏扬州。其人性格疏狂，富有传奇色彩。据说早年在汴京做过药商生意，很爱掺和政事，曾经做过宋太祖四弟赵廷美的记室参军。同一些大臣们议论谁来接掌储位之类的大事，因为涉及最高层机密，事发亡命，只好扮作僧人，进入中条山，辗转流寓杭州。宋咸平年间入狱，但不知为什么，宋真宗免去其罪，赐同进士出身，任为滁州参军，后为泗水参军，死于任所，由一位道士葬在杭州。他以诗才自负，也好戏谑，著有《逍遥词》。他咏钱塘潮，咏西湖，咏孤山，咏西山灵隐，以及吴山、龙山等，开始了宋词写景之头。他爱好广泛，有饮茶对话一篇，坊间所传的笑话也很多。他除了讥刺时人的一些恶作剧故事，僧道趣味对话也不少，在他身上，人们也可以隐约看到后来苏轼身上流传故事的一些影子。

唐代刘禹锡的诗作《踏潮歌》，曾写屯门海潮"乌泥白沙复满海，海色不动如青瑶"，香港新界有屯门，但刘禹锡并无南粤生活的经历。

柳永初出茅庐，其处女作是作于杭州的《望海潮》，其中有"有三秋桂子，十里荷花。羌管弄晴，菱歌泛夜，嬉嬉钓叟莲娃"的名句。他说的海就是钱塘江的喇叭口，而菱歌泛夜的运河就在其喇叭口内。据说，金朝的完颜亮在北地听人唱此歌，居然动了兴兵南侵的念头，他还写了一首《题临安山水》，发愿要“提兵百万西湖上，立马吴山第一峰”。

比较起来，杭州与姜夔更有生死之情。姜夔的生活轨迹比较明显，基本上同他的朋友和知音在一起，一般情况下衣食无忧，可以安然吟唱，生活也绝谈不上富裕。南宋淳熙十二年（1185），姜夔在汉川认识了诗人萧德藻，因为志趣相投，结为忘年交。萧德藻是南宋绍兴二十一年（1151）的进士，别号“千岩老人”，同范成大、杨万里经常诗词酬唱往来。姜夔与范成大、杨万里成诗词之交的情分，也是萧德藻穿针引线促成的，即萧德藻带着姜夔赴湖州，路经杭州，拜望了杨万里，杨万里与姜夔一见如故，赞称其为文无所不能，像极了晚唐的陆龟蒙。并修书推荐给范成大，遂有后来的石湖吟唱，即姜夔在石湖园林里踏雪赏梅，范成大写过不少咏梅佳句，姜夔遂成《暗香》和《疏影》二词，即席度曲，从而又有了“小红低唱我吹箫”的词坛韵事。姜夔的名声也是大为提升，成为名重一时的当红词人。

萧德藻很欣赏姜夔的才华，不仅在他由汉川调任湖州吴兴时邀请姜夔同去，还做主将自己的侄女嫁给了他。姜夔也有过合肥一段少年感情事。据夏承焘《姜白石词编年笺校》所考，姜夔去合肥，是在南宋绍熙元年（1190）前后，客居赤阑桥。他也曾经从合肥去到巢湖，写有吟咏巢湖仙姥的《满江红·仙姥来时》，其间也作有《醉吟商小品》等。回到汉阳后，不久便随萧德藻去到湖州。一住十年，并卜居湖州弁山苕溪白石洞，由此被词友潘德久称为“白石道人”，而他以“姜白石”之名传世。南宋庆元二年（1196），萧德藻由于年迈而被其侄迎归池阳故里，他才离开湖州去到杭州，投依另一位挚友张鉴及其族兄张镃。张鉴是南宋名将张浚的孙子。在杭州、无锡广有田产，希望姜夔长住杭州，于是他有了另一个“十年相处，情甚骨肉”的杭州寄住生活。此时的姜夔三十九岁，全家移居杭州，从此再未离开，杭州也就成为他外出游历最后的据点，也是他最后的埋骨地。

在杭州时，姜夔也曾经希望进身自立，南宋庆元三年（1197）向朝廷进献《大乐议》，未得到重视。两年后，他又进献《圣宋铙歌鼓吹曲》，当时有些反响。令其参加翰林院考试，因没有结果，从此断绝仕途，终身布衣不仕。据说张鉴曾经提出为他出资捐官，被他婉言谢绝，张鉴族兄张镃也欲割其在无锡的膏腴之地以济其穷，也被他婉拒，可见他还是有文人底线的。张镃是

“宋末四大家”之一的张炎的曾祖父，也是一位词人，作有词《满庭芳·促织儿》等。

姜夔的诗词活动，主要是在吴越江淮的环境里展开的，也有一定的湘鄂楚风色彩，前者使他的诗词尽显浙派底色，被视为浙江派和骚雅派。他的作品反映民生疾苦，在宋词中独树一帜，有人视其为“词中老杜”，有一定道理。自姜夔之后，史祖达、周密、高观国乃至吴文英以及“宋末四大家”相继登上词坛，大江湖词派也就成为宋词格外显目的一股诗歌文化流。

姜夔的晚景还是比较凄凉的。南宋嘉泰二年（1202），杭州城发生大火灾，延烧到姜宅，所藏图书什物烧毁殆尽。同一年张鉴去世，姜夔更加失去依靠。他年过六十岁还得在杭州、金陵、扬州之间往来奔波。他于南宋嘉定十四年（1221）去世，临终之时身无长物，死后在友人时为参加政事的吴潜资助下，葬于杭州钱塘门外西马塍。

唐代的杭州本土杰出诗人，还有“江东三罗”之称的罗隐、罗邺、罗虬。罗隐是富阳人，十次考进士皆不中，隐居池州。唐光启三年（887）归隐杭州，任钱塘令。唐天祐三年（906）他为镇海军判官和钱镠吴越国给事中。他除创作大量诗歌外，还著有《两同书》和《谗书》，同温庭筠、李商隐合称唐末“三才子”。他的诗歌和散文都有很大成就。鲁迅先生在《小品文的危机》里，将他和同时代的皮日休、陆龟蒙的小品文，称为“正是一塌糊涂的泥塘里的光彩和锋芒”。

徐凝是桐庐人，初游长安名未显，元和中举进士。他在杭州开元寺所题牡丹诗，大得白居易称赞。

“宋末四大家”不仅是浙江的历史文化骄傲，也是杭州的文化骄傲。虽然文学史家们多认为，雅词是婉约的余风，更在乎个人的文字欣赏。思想性上低一些，其实也不尽然，那是把风格概念同表现内容手法对立起来了。尊豪放而抑婉约的风气流行时，其实是有些表面化，需要更多恢复他们在宋词坛后期上的主流地位。

“宋末四大家”有周密、王沂孙、蒋捷和张炎。诗歌活动背景地有湖州和绍兴，但有影响的活动都在杭州发生。“宋末四大家”里，王沂孙年龄最长，周密年龄与他差不了两年，因此他们之间的交往最多。张炎年龄最小，是张浚的后人，他的父亲张枢也是常与周密来往的词人，年轻的张炎经常随其父一起参与活动。周密和王沂孙尤其频繁相约，往来于杭州和会稽之间，多次相与酬唱，并有同题作品。南宋咸淳十一年（1275），周密从杭州孤山到绍兴，与王沂孙盘桓了一个月，他们往来于杭绍。回到杭州后，凭吊了南宋聚景园故地，王沂孙也一同参与，并写下《法曲献仙音·聚景亭梅次草窗韵》，此外还有《高阳台·和周草窗寄越中诸友韵》等诗词作品。聚景园是南宋皇家园林，在清波门外，“柳浪闻莺”就在此处。在元朝完全取代宋朝以后，他们能有这样的诗歌活动，见出了南宋雅词词人的风骨，并不是一个“婉约”就可以道尽的。南宋景炎三年（1278），王沂孙又同张炎、李彭老等，在越中赋《天香》诸调，编为《乐府补题》一卷。元至元二十三年（1286），王沂孙和周密在杭州邀约十四位诗词同道，集宴于杨家祠堂。他们在事实上已经结成了无诗社之名的诗社，等同于有形无形的雅词流派。“宋末四大家”的词创作，也是后世元曲和明代传奇的词作源头。

其实，杭州运河从来是文化人流常流之河。唐代的褚遂良，宋代的沈括，明代的于谦，清代的袁枚、金农、龚自珍、任伯年，近代的章太炎、谭延闿、马叙伦、陈叔同，还有郁达夫、戴望舒、夏衍、施蛰存、梁实秋、冯亦代、华君武、叶浅予乃至钱学森等，都是从杭州运河解缆起舟的才俊之士。武林画派创始者蓝瑛晚年居住在横河桥附近，“浙西六家”之一的朱彝尊也居于此。台湾作家高阳也曾写有回忆故乡《我的老家“横桥吟馆”》。尤其是牺牲在异国他乡的郁达夫，是中国现代小说的奠基人，也是著名的抗日爱国志士，更是杭州富阳的文化骄傲。

# 山阴故水道

## 一

浙东的运河似有三层概念，一是山阴故水道；二是西兴运河和后来习称的萧绍运河或萧曹运河；三是杭甬运河。它们一脉相承，终点一致，但各自的起点并不完全一样。山阴故水道是会稽古城向东的水网，如《越绝书》卷八的记载："山阴故水道，出东郭，从郡阳春亭，去县五十里。"西兴运河是晋代以来开发的起自西兴和钱清古镇的古运河，连接山阴故水道，形成了萧绍运河或萧曹运河；杭甬运河则是从钱塘江、富春江和浦阳江三江口义桥附近开始，通向宁波的近现代运河。所以从浙东运河的全概念上讲，大致可分为：萧绍运河、萧曹运河也即山阴故水道、曹娥江中段连接余姚姚江的运河，以及从姚江进入甬江江口的浙东运河。

一般地说，山阴故水道出现在春秋时期，更多利用了自然水源，并修筑了塘堰，约有二千五百年的历史。这条故水道的出现，或许比太湖以北的胥河和长江以北的邗沟还要略早一些，这从越王勾践卧薪尝胆，砍伐和放运会稽之木到姑苏的木渎镇的历史故事中可以看得出来。山阴故水道从绍兴东郭门开始，长约五十里，途经陶堰，流至上虞东关。只是，山阴故水道早期更多具有区域性，从越王勾践之后，绍兴水道的对外联系能力才开始进一步增强。

西兴运河起自杭州市滨江区钱塘江南岸的西兴镇，早期也是连接山阴故水道的人工运河。在历史上，萧山大部分归入会稽，因此所谓萧曹运河其实是绍曹运河。萧绍运河和绍曹运河流经新塘、杨汛桥和钱清古镇，进入柯桥和最为重要的鉴湖水道。绍兴鉴湖研究会的学者们说，浙东古运河是半部绍兴发展史，这个评论是很精当的。鉴湖是浙东古运河最大的调蓄塘堰，也是围绕柯山西麓和会稽山北麓的构思极为巧妙的关键古运河道。古运河从鉴湖流向现在的鉴湖湿地公园和陶堰古镇，与后来的杭甬运河平行流去，走向了上虞东关，两河汇合后转入曹娥堰和曹娥江中段，再流向丰惠镇的九狮桥，进入姚江后，与甬江汇流，在镇海城南甬江河口入海。

浙东运河作为大运河申遗的一部分，其雏形出现在春秋吴越时代，汉魏晋初时打通，在两宋时进入了全盛期，而这也是为什么从两宋以来就在古明州设立市舶司的原因。对于这一段运河河道，南宋的一位状元诗人王十朋，在其《会稽风俗赋并序》中有这样的描写，“堰限江河，津通漕输。航瓯舶闽，浮鄞达吴。浪桨风帆，千艘万舻”，尤其是其中的“航瓯舶闽”，点明了浙东运河在连接海上丝绸之路中的重要路线。

曹娥江和曹娥堰，人们耳熟能详。陶堰古镇乃是陶渊明乃至陶行知、陶元庆一脉的祖籍地，也是著名的绍兴毡帽的工艺源头。上虞东关还是竺可祯的故居。乌毡帽是绍兴“三乌文化”之一。另两乌，一个是乌干菜，一个是乌篷船。乌篷船一直是绍兴水文化的重要符号。当然，在曹娥江边，还有鲁迅儿时的玩伴闰土的原型章闰水，是一位老实憨厚的乡下竹匠。在上虞的南边，有窑寺前的鞍山龙窑遗址，在东边，还有居于运河之上的一块造型奇特的指石。

上虞也是浙东唐诗之路的大终点，李白、杜甫、白居易等二十多位顶尖唐代诗人，都在这里解缆挽舟，遍游剡中山水。李白的诗篇毋庸多讲，“湖月照我影，送我至剡溪”是其代表性诗句。白居易在《东山寺》里也吟道：“直上青霄望八都，白云影里月轮孤。茫茫宇宙人无数，几个男儿是丈夫。”他无论在曹娥江边发思古之幽情，还是在会稽自然山水前咏叹志向，都有美好的期盼。

上虞属绍兴，其地名古老，来自舜后人的始封之地，与之相邻的宁波余姚，于地名中可见舜后人一部的古代居迹。从嵊州到上虞的一段，集中了剡溪风光的精华，素有“剡溪九曲”的胜景。剡溪是由南来的澄潭江和西来的长乐江交汇而成的。澄潭江水势湍急，称之为“雄江”，长乐江水势平缓，称之为“雌江”，因此剡溪也可视为“夫妻江”。剡溪至上虞与曹娥江相接，也可以说是曹娥江的上游。因为这一带青山夹岸，水势线条流畅，一溪两来，交汇处有着细长形如刀裁的陆地间隔，也就以“剡”名之。有意思的是，剡溪并不是上虞与嵊州一段的专名，在南边的奉化江也有剡溪，称为“南剡”，上虞与嵊州的一段俗称“北剡”，只是古诗人常游“北剡”，因此这里便成为剡溪的正身。弄清了这层水系关系，也就弄清了山阴故水道的流向沿革，即这一带水势盘绕，曹娥江上游与姚江在这里汇流，河道由此连接起来，并与奉化江汇合，形成了浙东的千年运河体系。

北剡是要过新昌，李白不仅将新昌的天姥山当作了自己诗气诗人的化身，茶圣陆羽也把天姥山看作是茶禅的一方圣地。公元767年，陆羽从湖州苕溪出发，进入剡溪时已月上东山，写有《会稽东小山》：“月色寒潮入剡溪，青猿叫断绿林西。昔人已逐东流去，空见年年江草齐。”陆羽在其《茶经》中论茶，“浙东以越州上，明州、婺州次，台州下”，是以产地山雾云气分高下。同样精于茶道的陆龟蒙，也曾赞美越窑“九秋风露越窑开，夺得千峰翠色来”。唐宋的越窑为什么有那么多的执壶和茶具，当与越地饮茶之风密切相关。从这个角度看，这条由山阴故水道连接起来的浙东运河之路，不仅是一条唐诗路，也是茶之路和越窑瓷器之路。茶与茶具的行销和流转，伴随饮茶诗的流布，又进一步推动了运河内外贸易的繁荣。

西兴运河是古浙东运河或者是萧绍运河的曾用名。西兴在萧山西北杭州钱塘江南岸，离那里不远的闻堰，曾经发现古代的独木舟。西兴原名固陵，相传也是范蠡在此筑城。六朝时为西陵戍，五代时改名西兴，是一个千年古镇。汉魏末年，贺循任会稽内史，开始从西陵（今西兴）开凿经萧山、钱清、柯桥到山阴古城的人工运河，鉴湖作为其中的过渡，开始纳入运河体系并发挥了巨大的调节作用。但作为完全意义上的运河，鉴湖应该是在唐元和十年（815）前后开通的。西兴运河一开始主要是为了灌田，直下曹娥江和上虞的旧县城通明坝，并与姚江汇合后，接纳了奉化江水，其水运线也就随之延长了。现在的西兴，虽然盛世不再，但在沿钱塘江的天然水系进入萧山湘湖段落，仍然留有很多历史遗迹。这条濒临钱塘江南岸的运河历来乌篷船云集，较大的船在钱塘江潮退时需要纤夫来背纤，所以此地过去有过“过塘行”，还有驳船接驳货物和客人。这里有老街和老码头，更有调节水量的老船闸，它是钱塘江两岸的古渡要津，也是连接杭州运河和浙东运河之间的古官河。

视野如果再扩大一些，到了萧山湘湖西面的三岔河口，即钱塘江、富春江和浦阳江的汇流处，那里还有通向诸暨、东阳、义乌佛堂和南去金华、衢州的水路，现在的航运水路一直通向了钱塘江上游，有较新的杭甬运河出现，即杭甬运河从萧山的义桥镇北的张家畈枢纽，蜿蜒进入钱清古镇东侧和安昌古镇南侧，流向绍兴老城中东部。东邻绍兴平江路的主干河道，流到距离现主城区广场，长约有三公里，而原来的古运河进入绍兴主城区的位置，则在越城区二环路边上，那里有多个古运河公园。在柯桥古镇东侧和高桥附近，都有着明显的古运河轨迹。

绍兴地处长三角南翼，是一座具有几千年历史的经济文化古城，充溢着历史文化气息，也有着现代化发展的活力。绍兴是一个河网密集地区，要想在蛛网般的河渠地带，看清古浙东运河十分清晰的总体画面，还要花工夫去梳理。新老运河之间或有交叉和平行，流到绍兴老城，形成了新的运河网。目前绍兴的中心城区，依然是一南一北古今运河环抱的水网地区。绍兴近年来进入新一轮发展期和经济质量发展跃升期，在城市建设布局上，新区和旧区界限分明，该保留的运河遗迹，修旧如旧，该发展的工业区也很有气派，给会稽大郡历史人文胜地以时代穿越感。新的开发区引入了很多新的产业内容，二者之间并没有出现传统文化和现实产业发展的脱节。古运河依旧是古运河，空间扩大了，鉴湖和镜湖、古城和古街相互联系又脉络分明。

## 二

在绍兴的几天里，去了柯岩鉴湖旅游区。在那里，第一次领略了柯岩的鬼斧神工和鉴湖的秀美。我们是反向行走的，首先看到的是水塘里的“云骨”。当年的石工，果然是一群技艺高超的石雕艺术家，在开山取石时，居然有意留下高十多米的原始巨石盆景。不仅经历千年岁月而不倒，而且留下了与开凿后笔立的柯山相呼应的危石风姿。青石上端的大石佛更是一尊镂空石窟里的无价石雕艺术品，要比平常看到的现代石佛和铸像，姿态不知高出几许。柯山石的开凿，当与鉴湖的形成有直接关系。东湖取石是从西汉开始的，柯山取石也是在东汉马臻任会稽太守时开始，为的是防洪，不料一石二鸟，不仅筑就了鉴湖的堤坝，形成了千年景观，也一举奠定了鉴湖在绍兴古运河中举足轻重的地位。在这里，柯山石筑成的北堤岸与会稽山自然形成的南堤岸遥相呼应，无论从省工还是坚固性方面考虑，设计相当精妙。

在鉴湖上又一次坐上了乌篷船，经由一座酒岛，转桨去到一箭之地的鲁镇。鲁镇是鲁迅先生的外祖母家，是他在《故乡》《社戏》里提到的看社戏的地方。社戏的戏台修缮过了，有时也会有新演出。此外，那里还有出现在小说里的土谷祠以及阿 Q 的某些原型雕塑，鲁迅的童蒙文化就在鲁镇这样的背景里养成。在他对乡土回忆的文章里，有与小伙伴在舟中煮食蚕豆的动人细节。他所乘的回船，一定也会从鉴湖里划过。鲁迅先生的视野开阔、儿时忆旧思绪很清晰，从他最主要的笔名到他的许多作品，都留下故乡的深刻印痕。故乡不只是他抒发乡愁的地方，也是鲁迅思想发酵的一个原点。

绍兴河网纵横，从鉴湖到老城，现在是陆路行，早些时候应该是水路行。船工所驶的乌篷船，虽然船桨自动带着船橹摆动，划起来还是很费劲的。坐在船中也曾想过，为什么这里不可以多有“水上巴士”呢？也许是为了环保，看来，要保留一种传统水文化的念想还是主要的。在这里乘乌篷船，要比乘别的船更有古运河的还原感。别看乌篷船原始，像是古老独木舟的变形和改造，但设计很科学。三块“瓦”或者四块“瓦”覆盖船体，乌黑发亮地拢合来，如一个小的水上袖珍小房车，船上也有小天地，乌篷船既挡风又遮雨，入夜可以安然入睡，也如同一个水上摇篮，拱着身看云看月，空间小而自得。一个船人一支船棹，欸乃一声，碧波划动，客人和货品都能得到安置，就是很难随意站立。但不管怎么说，小小的乌篷船带给人的是永远的新鲜和从未有过的亲水感。

我也一直在想，在唐代诗人的笔下，为什么只见镜湖词语而少见鉴湖的影像呢？从较大的地理概念上看，鉴湖在很早的时候，也会是镜湖的一部分，根据比较古老的说法，镜湖曾经纵横八百里，在唐代也有约三百里的水上风光。李白在《越中秋怀》中也带有他一贯的夸张风格，“越水绕碧山，周回数千里”之语，那时的镜湖水面一定是宽阔的。越中是临海地区，又处在杭州湾以南，出现不少经常变动的海陆相因的潟湖，河湖相互勾连，也是很正常的状态。

不论怎么讲，在绍兴的河湖里，最有风景的还是那些如梭的乌篷船，唯不知当年李白的剡溪之旅，乘的是什么样的船，这在他的诗里似乎是看不出来的。在唐诗里，木兰舟的影像经常出现，大如巨舶，小如一叶扁舟，或许那时他和他们的注意力，更多集中在明亮的镜湖月和剡溪月上，不会在意船是什么样式。也许在那个时代里乌篷船的创意还没有出现，若如是，那可是他的一生好入名山游里的一个小遗憾了。

外来者经常为镜湖和鉴湖的名称辩驳不清。“镜”与“鉴”虽然有近似的意思，“鉴湖”与“镜湖”的命名或者各有来历，要说它们有什么区分，是镜湖有更大的地理范围，而较为细长的鉴湖，原是镜湖的一部分。李白《子夜吴歌·夏歌》:“镜湖三百里，菡萏发荷花。五月西施采，人看隘若耶。回舟不待月，归去越王家。”他也有《采莲曲》，“若耶溪傍采莲女，笑隔荷花共人语”。那时的若耶溪或与镜湖有水路相通，而若耶溪的上游就是后来的鉴湖，若耶下游的水库是近几十年才修建的。明乎此，也就不会为镜和鉴的区分多动心思，更不会为秋瑾被称为“鉴湖女侠”而非“镜湖女侠”的名声去费神。

具体讲来，在汉顺帝永和五年（140）的时候，鉴湖已经开始出现了雏形，南依会稽山脉，北至人工堤塘，后来成为古运河的大塘堰和山阴故水道的主运道，鉴湖即兼有大堰的功能，抬高了水位，水流会更加容易地越过会稽山脚，形成由西向东的浩大流势。绍兴的主要古村镇也沿着鉴湖东流一线铺开，形成了绍兴运河后来一时的主干。《世说新语》里王子猷雪夜访戴安道的故事中就讲过此水道的来去自如，即在山阴居住的王子猷，夜忆在剡的老友戴安道，夜舟访之，天明雪住，造门不前而归。他夜里起舟，途经白米堰和曹娥堰，然后拐向曹娥江进入中游的剡溪，然后回过桨来，来去畅达。鉴湖作为上源，在南宋之后，调蓄功能很可能由于更多的围田而有所递减，所以在后来主要作为观赏水面和舟行绍兴城的水道而存在。

说到镜湖和鉴湖，不能不提到曾经隐居在那里的唐代诗人方干。与其前后同时期的诗僧虚中在其《悼方干处士》诗中说，“先生在世日，只向镜湖居”。方干也经常去鉴湖，其《采莲》诗写得尤为生动：“采莲女儿避残热，隔夜相期侵早发。指剥春葱腕似雪，画桡轻拨蒲根月。兰舟尺速有输赢，先到河湾赌何物。才到河湾分首去，散在花间不知处。”

绍兴的鉴湖和东湖，以及附近的镜湖湿地，现在已经由诸多景点和水陆道路连接起来，湿地公园恢复了十几平方公里的水面。在这个惜土如金的时代里，不仅很难得，而且也为绍兴古运河的走向作了历史标定。绍兴最早的古运河，上有古鉴气，下有古运气，二气合一，再加上会稽山散发的天地浩气，自然会引发出一种难得的古运河感受。

对鉴湖，宋金诗人和词人向来是不吝赞美之辞的。如诗：“世人若便无知己，应向此溪成白头。”金元诗人元好问也曾来过，并唱道：“鉴湖春好无人赋，岸夹桃花锦浪生。”大名鼎鼎的姜夔更在《水龙吟》中与友和词：“夜深客子移舟处，两两沙禽惊起。红衣入桨，青灯摇浪，微凉意思。把酒临风，不思归去，有如此水。况茂陵游倦，长干望久，芳心事、箫声里。”

这些词几乎都是文不加点一气呵成的，然而姜夔既曰“不思归去”，为何又盼“长干望久”，原来那又是鉴湖里的一个独特的风景线，也就是分开鉴湖水的那条古纤道。鉴湖水和柯岩石已经给人不少的神奇感，柯岩古桥内外的古纤道更为神奇。这条古纤道从柯岩鉴湖开始，贴着古运河道一直伸向了上虞的曹娥堤和曹娥堰。人们看到过长江崖头的古纤道，很少见过湖堰里这条全长近百里的古纤道是如何地宛若一条彩带，在运河桥下和河湖港汊里飘来飞去。

运河的船从来是上下往返而行的，顺水可以推舟，逆水就要挽舟，柯岩山毕竟有一定高度。在一些段落里，需要过塘行的一众纤夫来助力。在长江上，人们听惯纤夫们留下的号子，那是船工们的歌，绍兴古运河也会有属于他们自己的歌，是另一份异常珍贵的非物质文化遗产。在人们的推想里，越音越语的运河号子一定会更动听，但这歌声消失了太久太久，要想听到，也还得找行家里手们去。唯一的念头，还是从乌篷船上一跃而上，结结实实地踏在水中纤道的石板上，即便听不着曾经灌入姜夔耳中的那种箫声，也会听到在古纤道上嬉戏的年轻人的欢笑声。这古纤道也许太过吸引人，很多电影如《祝福》《舞台姐妹》《阿 Q 正传》的取景地，都选在了这里。

在柯岩太平桥下细看了古纤道的一些遗存，据说最早是土路，但在明初改为清一色的石板道。纤道历经风吹日晒，有些坑坑洼洼，却依然坚实，石板已经染为斑驳的褐色，但能够看得出来，这也是柯岩山崖上凿出来的青石板。绍兴古运河纤道最经典的一段，在钱清镇板桥至谢桥一线，像一条长飘带。柯岩不仅用自己的身躯打造了古运河的堤坝，也铺就了与运河伴行并与鉴湖同在的“三尺道”。谁能说在这样一条青石路上，走过的只是纤夫，而没有走过更多的运河诗人和商者。

与鉴湖东西相望的东湖，人工水利工程痕迹也很明显，有说在东湖箬箦山取石更便利。自然也会有更多的来自那里的石头和石板，用来构筑古运河的堤堰和古纤道。“箬箦”一名，当来自竹筐之类的盛石盛土的家什，点明了东湖箬箦山与古运河的构建关系。

因为绍兴人历代辛劳治水，运河不仅向着东南流，也驱动鉴湖水一直流到曹娥江。这条山石铺凿出来的古运河和古纤道，也就断断续续地同杭甬运河大开大合起来。现在，新的更为宽展的运河形成千船竞发的景观，有了更不寻常的气象。人们也会进一步领悟到，所谓运河的活力再生，呈现在多个方面，在新的运河河道出现的同时，也让古老的运河河道成为居民的亲水乐园。不仅可以各得其所，而且更符合经济与自然的运作规律。

## 三

浙东古运河的经济意义和文化意义皆大，它是大运河直接通向海上丝绸之路的神经末梢。在宋元明时期，明州设有市舶司。昔日里日本、韩国和南洋诸国的遣宋使、遣明使、留学生和僧侣，在季风吹起的时节，从明州港口络绎登岸，绍兴便是他们北上进中原的中转地。据载，天台山国清寺是由智者大师建造的。唐贞元二十年（804）就有从明州登陆的日本僧侣最澄前来取经。他到过天台山国清寺。他回到日本不久，天台宗便成为日本佛教的一个大宗。

毋庸说，浙东古运河也是国人为之骄傲的诗歌载体。古诗人的镜湖影像和鉴湖“以船为车，以楫为马”的诸般景象，令镜湖和鉴湖的月更明，水更亮。它承载的不仅是货船，同时也是文化与诗歌。从东晋的“兰亭修禊”到南北朝时的谢灵运，一直到唐宋，这里都是诗歌的王国。

“初唐四杰”之一的王勃，从运河进入浙东。他曾经仿照兰亭雅集，写有《修锲云门献之山亭序》，仍意犹未尽。同年秋天再次集会，写有《越州秋日宴山亭序》。也是在这年秋天，他还写有《山中》一诗，调子多少有些低沉，大约与他父亲被贬交趾的境遇有关。即便如此，他还是写有感情深厚的《他乡叙兴》：“缀叶归烟晚，乘花落照春。边城琴酒处，俱是越乡人。”如果不是急着到交趾去看望父亲，他会不会留居在越州，在运河上下到处去游览，人们不得而知。

骆宾王出生在浙江义乌，成长在山东。他与越州有剪不断的牵挂，尤其在担任临海县丞的时候，必然要过往山阴古运河。卢照邻身染重疾，远游不是他的长项。杨炯是常山郡公杨初之后，字令明，是华州华阴人。唐显庆四年（659）时举神童。十一岁时待制弘文馆，因为写有《青苔赋》《幽兰赋》《浑天赋》《庭菊赋》，在朝野有一定影响。曾经掌管过东宫内务，但在唐永淳三年（684），因为其伯父杨德干的儿子杨神让跟随徐敬业在扬州起兵讨伐武则天，父子均被杀。杨炯也受牵连贬官梓州，唐天授元年（690）回京，分值习艺馆。尽管他给武则天献上《盂兰盆赋》，称颂武则天“周命惟新”，但还是被外放到盈川。唐代盈川就是现在的龙游，与剡中只隔一重山，过越州走运河也是必然的路径。

晚唐一代名相李德裕，曾经与唐武宗一起营造了短暂的“会昌中兴”，后被贬潮州和崖州。唐长庆二年（822），他又被外放为浙西观察使，把地方治理得井井有条，临海太守曾经给他寄赠赤城奇石，李德裕以诗回赠。这临海太守其实就是明州（宁波）刺史，那方奇石从明州运到浙西，最直接的路线就是走浙东运河。

盛唐诗人宋之问，第一次被贬的地方是越州，任为越州长史。他在越州创作大量诗歌，质量远远超出他在宫中所作的应制诗。他不仅在《灵隐寺》中写有“楼观沧海日，门对浙江潮”，还有“犹闻可怜处，更在若耶溪”（《泛镜湖南溪》）的诗句。他似乎在绍兴古运河上找回了自己。诗传洛阳，时人争唱，为他被贬回朝打下基础，本应觉今是而昨非，但回去后故态复萌，酿成后来的悲剧。

崔峒生于河北博陵安平（今河北省安平县），任过左拾遗、集贤院学士。

在安史之乱中也曾避地江淮，有诗句“远水浮云随马去，空山弱筱向云低”（《越中送王使君赴江华》），还有“皂盖春风自越溪”的诗语。晚唐诗人温庭筠原本是山西祁县人，与王维是同乡，但幼居姑苏，常年漂泊在外，到长安求仕无果，也就在唐会昌二年（842）回到了姑苏。他从姑苏去越中，写有“篷声夜滴松江雨，菱叶秋传镜水风”（《寄湘阴阎少府乞钓轮子》），过萧陵也即萧山时，在钱塘江上写有“地势萧陵歇，江声禹庙空”（《江上别友人》），人未到越州，心已飞到了镜湖。

白居易做过杭州刺史，对越州自然不会陌生。他在黄巢兵乱中曾经避难越州，写有《江楼望归》，“满眼云水色，月明楼上人”；更有一首诗题很长的诗作《闻崔十八宿予新昌弊宅，时予亦宿崔家依仁新亭，一宵偶同，两兴暗合，因而成咏，聊以写怀》：“陋巷掩弊庐，高居敞华屋。新昌七株松，依仁万茎竹。松前月台白，竹下风池绿。君向我斋眠，我在君亭宿。平生有微尚，彼此多幽独。何必本主人，两心聊自足。”说的是他在新昌新居念友。他的好友元稹也做过越州长史，常与时任杭州刺史的白居易相唱和，“舟船通海峤，田种绕城隅”“堰限舟航路，堤通车马途”。他吟的舟航路也就是山阴故水道。

诗人皮日休也游过天台山，所写的《寄题天台国清寺齐梁体》，更接近于白描，“十里松门国清路，饭猿台上菩提树”。这不仅表明他走完了剡中的全程，也通过齐梁体的语感，传达了他对南朝越州山水诗歌的赞美。皮日休曾任苏州刺史，他在同隐居苏州甫里的陆龟蒙往来酬唱时，作有《奉和鲁望四明山九题》，也是关于越州的诗作。陆龟蒙的“九秋风露越窑开，夺得千峰翠色来”，讲的是越窑，也在讲越州。他们都是越州水路上的常客。

李贺的《南园十三首》就更值得关注了。《南园十三首》不仅有“男儿何不带吴钩，收取关山五十州”，也有“花枝草蔓眼中开，小白长红越女腮”。这是一组田园叙怀诗。这个南园在河南宜阳，但吴越的形象和人物多次出现在组诗和南园里，这显然同他的吴越经历有直接关系。他从长安回到昌谷后专门到了吴越，先去金陵，后去杭州、湖州，写有《拂舞歌辞》《江南弄》《苏小小墓》《送沈亚之歌并序》。他还有一首《还自会稽歌》，写梁朝诗人庾肩吾避难越州，遍寻他的遗文不见，有感而咏：“吴霜点归鬓，身与塘蒲晚。脉脉辞金鱼，羁臣守迍贱。”

李贺去吴越时的年龄，要比李白到吴越的年龄还要小些，但他的思维成熟度要高一些，他并没有把兴趣放在耶溪和采莲女身上，而是直奔他所心仪的对象，这个对象不是谢灵运而是庾肩吾。庾肩吾是南朝文学家和书法家，祖籍河南新野，世居江陵，曾经做过梁朝度支尚书，也即财政总管。李贺特意去寻找庾肩吾的遗文，可见他的诗歌追求同李白还是有差异的。李贺为什么要去寻找庾肩吾的遗文遗迹呢？因为在侯景之乱中，庾肩吾摆脱侯景的纠缠，隐居会稽伺机转赴江陵，能够洁身自好。他居留会稽时间比较长，那里很有可能存有他的遗文轶事。从运河归来，李贺写了《南园十三首》，既是对吴越文化和风物的追忆，也表达了一种对吴越文化的由衷喜欢。他在昌谷努力营造一个北方的越地环境，或者说，他的诗魂早已经融化在吴越之地。

此外，晚唐诗人李商隐曾随盐铁转运使柳仲郢到淮阳吴越，去过越闽之交的龙丘，越州也是必经之地，因此也留有诗句“越鸟巢干后，归飞体更轻”（《晚晴》）。大约是走浙东运河的人太多了，观察使孟简在唐元和十年（815）主持开凿了新河，大大缩短了水上距离。唐大和十年（836）王元晦又修建了新堰，增加了更多的运河水源，绍兴的水路和唐诗流转之路也就更加通畅。

王维去没去过越州，似乎有争论。他写过《西施咏》，也去过吴楚之地，这不能作为他到过越州的依据。他对西施的评价并不高，“朝为越溪女，暮作吴宫妃。贱日岂殊众，贵来方悟稀”，实乃咏史之作。至于他晚年是否在越州度过，就他的三隐蓝田辋川的时间经历而言，是不大可能的。

为绍兴进一步添彩增辉的，倒是几百年后的南宋末词人蒋捷、周密、王沂孙和张炎称为“宋末四大家”。在“宋末四大家”里，王沂孙是绍兴山阴人，字圣与、咏道，号碧山、中仙，家住玉笥山，别号“玉笥山人”，曾经做过鄞县学正，有《碧山乐府》存词六十四首。据夏承焘《周草窗年谱》所考，他擅长咏物，存词中咏物占一半。他与家居杭州的周密往来密切，常到绍兴。蒋捷约生于公元1245年，宜兴人，字胜欲，号竹山，人称“竹山先生”。因为他的词里有“流光容易把人抛，红了樱桃，绿了芭蕉”，因此又被戏称为“樱桃进士”。他比周密年岁小近两轮，是南宋咸淳十年（1274）进士，登第时年仅二十九岁。蒋捷或许是南宋最后的一批进士。他的词洗炼缜密，遣词造句独树一帜，多抒发故国之思与山河之恸，风格在峭拔之外兼有寥远疏爽之感。

张炎是南宋最后一位重要的词人。张炎，字叔夏，号玉田，生于公元1248年，殁于公元1320年。他是南宋名将张浚的六世孙，是与姜夔关系亲密的词人张镃的直系后代。其祖父张濡是武将，父亲张枢也是词人。二十九岁前，他一直生活在富贵之家，养成恃才傲物的性情。元军攻入临安，镇守独松关的张濡部下误杀了元使，元军破城后杀了张濡，没收家产，张炎的境遇从此一落千丈。入元后曾为生计所迫，到大都抄写金泥字藏经。一年后南归，生活难以自给，漫游吴越。晚年流落山阴，后以卖卜为生而终其余生。张炎精通音律，审音拈韵无不精准。有《山中白云词》八卷，存词三百多首。他个人有词学理论和专著《词源》，上卷论乐，下卷论词作，对同时代人作品多有评议。分为制曲、句法、字面、清空、意趣、用事、咏物、节序、赋情等十三个部分，主张“骚雅”“清空”风格，有较大的词学价值。张炎后期词里说不出的亡国哀婉，情绪摹写生动逼真。至于南宋词人吴文英，属于词作数量高产的词人。他的活动范围主要在苏杭，但晚年流落绍兴，并埋骨绍兴。

从周密到张炎，他们晚年词作境界或者更高一些。宋末雅词盛于一时，除了词人本身的填词修养已经臻于无以复加的境地，也是当时的时代大环境使然。从某种意义上讲，雅词雅作体现了宋词主要是婉约词的唯美特征，又是时代的产物。同人吟唱，以雅对雅，以骚对骚，也是一种相互之间一点即通的遗民诗歌语言，有着如同悲剧一般的审美价值。雅词的出现，也意味着宋词在内容形式上面临着新的分化，主要表现在两个方面：一是引出宋词过渡到元曲的文学路径，二是雅词与民间词曲出现承接和分离。宋词过渡到元曲，出现了元曲诸宫调的雏形，这个过程也是在越州完成的。因此，要说绍兴运河只是一条唐诗之路，还是不够的，它实乃经历了唐诗宋词乃至元曲早期发展的全程。甚至可以这样说，在唐诗发展到宋词，最终走完自己与歌唱越来越密切的吟唱道路之后，又为新一轮的诗歌艺术和戏剧艺术相互交融开辟了新道路。从这个意义上讲，山阴故水道，既是后来元曲的一个地理源头，也是中国古诗歌的收尾之地。

值得一说的是，绍兴鉴湖研究会的研究人员还钩沉出明代青藤画派鼻祖徐渭在其故乡的文化活动。徐渭不仅写有那首著名的《鱼虾螺蟹》诗，也有通俗生动的《镜湖竹枝词》，如“杏子红衫一女郎，郁金衣带一苇航。堤长水阔家何处，十里荷花分外香”，诗中有画。他是诗书画皆佳的旷世通才。他有《水利考》收入《青藤书屋文集》卷十八，是他所编撰的万历《会稽县志》中一篇关于绍兴运河的力作。有学者认为，《水利考》是马尧相等人的著作，他只是县志的编撰收集者。纵是如此，也见出他的兴趣广泛和眼光独到。该文详述了山阴故水道在东汉太守马臻的治理下，如何流通镜湖以受诸山之水，沿堤置斗门以行船，揭开了山阴故水道的新的一页。在他狂狷的表象里，一直藏着一颗向美向实之心。

绍兴是人文渊薮、人才辈出的地方。且不说从大禹的五世孙少康庶子开始受封越地传至勾践，以及勾践吸引来的范蠡、文种等一干人才，以及出现过冶金巨匠欧冶子；只说从汉代到近现代，又有多少人物在这里出现和成长，从王充到王守仁再到黄宗羲，从嵇康、贺知章到陆游，从秋瑾、鲁迅、许寿裳、孙伏园再到蔡元培、马寅初、范文澜等，历经几多时代，养育了几多文化大家。

在绍兴，曾经两次入住建在旧城龙山一隅的宾馆，那里颇有绍兴古建韵味，处闹市而自清静，范文澜故居就在那里。宾馆所在地又是明末清初大史学家张岱旧居，是全面复建保留还是拆掉呢？绍兴人在处理这种复杂的古今历史文化关系方面，还是很有一套办法的。在显眼的过廊边，突出保留了张岱故居的庭院、门厅和石桌、石凳、石花坛，旧居并没有破相，神韵如故，但也不碍宾馆的一应功能。在这里，人们尽可以谈说张岱百科全书式的遗作《夜航船》，为他实践读万卷书行万里路的传统史学精神而感叹不已。《夜航船》是中国式的百科全书。举凡人物考古、文学、花卉、九流等皆有记载，但不能以类书目之，而是一部活的社会历史记载，开创了中国口述历史的道路。张岱曾说，“天下学问，惟夜航船中最难对付”，因为船人见多识广包罗万象。他说，“学问之富，真是两脚书橱，而其无益于文理考校，与彼目不识丁之人无以异也”。他还评说民间的深藏不露的大学问，“余因想吾八越，惟余姚风俗，后生小子，无不读书，及至二十无成，然后习为手艺。故凡百工贱业，其《性理》《纲鉴》，皆全部烂熟”。张岱治学严谨，特注重运河上的讲述和学问之道。运河是物流和人流的载体，也是信息流和文化流重要的载体。

在离开绍兴的时候，拜谒了鲁迅纪念馆，也顺道去了南宋诗人陆游吟唱的沈园。沈园已经完全修复，不似多年前初游时所见的枯叶残荷遍地。里面建有陆游纪念堂。陆游其名字有故事，其父游宦京城，他出生在汴堤运河的船上，后来游职于蜀中和杭州，逝于绍兴故土，也算应了其父给他起的名字。在生命的最后岁月，他唱出了“城南小陌又逢春，只见梅花不见人”（《十二月二日夜梦游沈氏园亭》）。他既是一位爱国诗人，也是爱情情感中一个真正的沉淀者和捍卫者。晚年住在城外的鉴湖湖畔，每次进城，都要经过和眺望沈园，虽然“沈园非复旧池台”且“沈园柳老不吹绵”，毕竟是忘不掉“伤心桥下春波绿，曾是惊鸿照影来”。春波桥原名罗汉桥，因为陆游的这首诗，春波桥一直叫到了今天。那是绍兴古运河上的一座古桥梁，无论它的原来位置是在昌坊路边还是在禹迹寺前，都应该是绍兴古运河的一个历史见证者，也完美诠释了人的基本情感。

# 从三江口到河姆渡

流经绍兴的古运河是一个精美的运河艺术品，余姚的古运河，则与之相差无几。堰多坝多闸也多，是它们共同的特点。上虞有著名的曹娥堰、梁湖堰、通明堰和清水闸，余姚则有斗门闸、云楼下坝等。西渡坝也即大小西坝。虞姚古运河越过曹娥江后分为两支，一支从上虞的曹娥江连接入姚江，一支由四十里河从通明坝汇入姚江，进入宁波鄞州区高桥镇的大西坝后，分出了西塘运河和后来的杭甬运河，运河干流在三江口与护城河和奉化江汇合，正式进入了甬江，并在镇海招宝山桥东入海。

至此，浙东运河走过了它的全程，但它的脚步并没有停留，它还有更重要的使命，那就是与海上丝绸之路完美对接，实现人类文化和文明的进一步发展。浙东运河是京杭大运河的延长，而非简单接续和延长，它从一开始就有更大的抱负和使命。

镇海运河港是中国成功申报运河文化遗产中唯一的出海港口。镇海在骆驼街道贵胜弄口河岸边，那里曾经发现三块与运河修浚相关的碑，碑文明确地显示，古老的浙东运河由闸和桥连接的三个接续段落，从化子闸至长石桥、长石桥至大兴桥、大兴桥至骆驼桥。浙东运河既内向又外向，用今天的话来讲，它就是彼时内外循环的经济文化交流不可或缺的内河水运载体。

浙东运河经历了从自发到自在，再到自觉的历史生命过程。至少从唐代开始，明州港就出现了。用船桨，用风帆，用轮舵，用罗盘，用不断发展更新的地理定位工具，走上了一条劈波斩浪的国际商业文化交流之路。这样一种持续不断的努力，从宁波港口的历史演变和港口的不断更名中，可以清楚地看出来。

在一段时间里，宁波港是由宁波、镇海、北仑三个港区独立形成的，此外还有统称为舟山港的沈家门港、定海港和老塘山港。宁波港是明代的港口称呼，它的前身就是唐代的明州港和元代的庆元港。南宋时期还出现了舟山渡，在明代更名为沈家门港。1986 年，沈家门港与定海港、老塘山港合并为舟山港。2006 年又正式启用了“宁波—舟山”的统一港名，并在 2015 年进入实质性的一体化运营。宁波港口港名的变动，不只是港名的变更和航运资产的优化重组，也反映了宁波港口进入了河海联动的最新阶段。

原来的甬江港区结构经历了快速衍化。镇海港既是外海港又是运河港，由姚江、奉化江和宁波护城河组成的三江口老宁波港，是一个内外转换港，后起的北仑港则是外海港。从内河驶来的船只，要在这里转换更大的海船，从七公里长的甬江进入海上，因此这是一种连续转换的双核和多核港区结构。在一个时期里具有较好的航运适应性，同时也形成了以三江口为中心的宁波城市发展结构，即从灵桥开始，出现了江东、江北和海曙三个主要城区，层次分明。宁波港口的这种既联动又分工的多元航运关系，也使它在物流内外循环中占尽了地利。不同吨位的船只各听其便，位于三江口市中心的老港区，既可以通过三千吨到七千吨的大船，也可以航行小些的驳船和散货船。1974 年后，镇海港区建设了新港。1978 年建设了拦海大坝。1983 年又建设了导流堤，港口综合功能大为提升。集装箱运河船开始亮相，大小船只都可以直接平安地走向出海口，宁波港口呈现了满天星式一体布局。镇海港口群全面担起河海联运的责任，浙东运河内外腾挪的空间大为拓宽。

宁波运河也发生了快速变化，从 20 世纪 70 年代开始，建立了多个客运港。宁波与舟山群岛之间有密集的客轮，在运河的一些段落里也出现了现代客船，这在国内运河中具有首创性。舟山跨海大桥更是神来之笔，与杭绍甬高速公路无缝对接，水路陆路齐全，人们说起沪杭大湾区的发展前景，也就有了更大的底气。

历史上，宁波与扬州和广州、密州（诸城）以及杭州、泉州港口群并列。鸦片战争之后，宁波也是“五口通商”口岸之一，尽管这里也带有民族痛苦记忆，但它的运河和海运天衣无缝对接，更具贸易循环的便利和通透性。这种便利和通透性，早在明代的一位朝鲜学者官员崔溥撰写的《漂海录》中就有所记载。明弘治三年（1490），崔溥一行人泛海遇险，漂流到毗邻宁波的台州上岸，转向了宁波，他们从浙东运河一路北上，从北方的陆路回到了朝鲜。其在浙东运河线上的大致行程，是从宁波长春门进入大陆，出西门乘舟，由西塘河到大西坝，再经姚江驿和江桥至余姚，在曹娥江挽舟上行，到达上虞，从萧曹运河渡过了钱塘江，从北方的水路和陆路进入北京。《漂海录》留下对中国浙东运河认定的第一手外部信息资料，比较真实地记录了浙东运河和京杭大运河的畅通状况。

宁波的风景也是看不够的，前年逛过三江口的老外滩，在跨江桥上观景，到甬江边上去品茗。去年又到天一阁寻闻《四库全书》的书香，自然也少不了要去舟山普陀，或者亲身去体验跨海悬索大桥上水天一色的寥远风光。这一回冲着运河而来，一定要去看看独一无二的庆安会馆，去看看鄞江镇的它山堰，还有西塘河和大西坝，终点放在余姚的河姆渡。大西坝有候渡亭和古明州驿站，那里是现代浙东运河与西塘古运河的交汇处。在人们的心目中，它们代表着宁波的海运文化和运河文化，河姆渡则展示了华夏民族在宁波的一支悠长水上和岸上文明。至于姚江河畔的郑家渡和丈亭古渡老街，正在整理复原，无由去逛，也就等下一回吧。

庆安会馆位于宁波市区三江口东岸老外滩附近，占地五千平方米。会馆由当年甬埠北洋船商们投资修建，也是国家公布的第五批全国重点文物保护单位。会馆里有中式宫门、挂着大红灯笼和雕龙石柱的仪门，还有大殿、后殿。大殿之前有前戏台，后殿前有后戏台，还有多处厢房，昔日打理会务的文案、司账、庶务、司书，就在这些厢房里忙碌。会馆还有石雕、砖雕和朱金木雕，是宁波传统雕刻工艺品，但真正使人刮目相看的，除了那被称为全国现存七大会馆之一的硬名头，主要是作为海运商会会馆的唯一性。庆安会馆始建于清道光三十年（1850），先是取名为“安澜”，清咸丰三年（1853）落成后改名为“庆安”。从安澜到庆安，虽然大体意思上差不多，但是后者更多显示了一种自信。那时的中国，被动的五口通商局面早已形成，已经完全进入积贫积弱期，西来的船商势力很大，宁波的船商们要占据更大的市场份额，必须做大做强自己的品牌。

品牌大，不只要展示自身的财力，最要紧的是不忘记自己的航海文化核心。庆安会馆里有两座戏台，一个对外，另一个则是专为祭祀妈祖而设立的。如果简单地认为两个戏台只是为了热闹和炫富，怕是小觑了他们内心的商业精神追求。

妈祖不仅是沿海渔民非常信奉的“保护神”，也是中国的航海女神，护佑海事平安顺遂。她的形象和气质，与古希腊神话中的海神波塞冬很不一样，手中并没有挥舞着的“三叉戟”，也没有从英雄到怪兽的庞大联盟。希腊神话中的海神也有女性，在中文里译作忒提丝，虽然说她是大洋女神多丽斯膝下最贤惠的一个女儿，是五十个海仙姐妹中的姣姣者，但也曾招来过百臂巨人，引起过一场战争。在希腊神话里，她嫁给了密尔弥冬人的王佩琉斯，婚礼没有邀请不和女神厄里斯出席，引出了“金苹果事件”，后来又引发了很可能实有其事的特洛伊战争。不能说这个忒提丝没有一点儿海神魅力，但我们的海神妈祖原型，来自平民人家，集无私、慈爱、善良和英勇于一身，甚至承担了消弭病灾、延续后代的责任，因此也被尊称为妈娘。有海事处必有妈祖庙，她就是站在你身旁最有亲和感的亲姑姑。庆安会馆把妈祖信仰当作核心信仰，可见宁波船商们的内心世界。

他们知道，在国家积贫积弱的情况下，安澜和庆安并不容易，因此在会馆落成第二年，引进了装有大炮的首只机动轮船“宫明轮”。这些装备就展示在会馆里附设的全国首家海事民俗博物馆里。宫明轮不是摆设，有过对付海盗的战绩。在清末国势衰微的情况下，宁波船商们的努力也许是杯水车薪，但也传达了一个明确的认知，只有自重和自强，才能保护自身航海和经商的权益。据说，上海也有过宁波船商举办的类似会馆，但现已不存在，因此这个庆安会馆遗址弥足珍贵。

海曙区鄞江镇西边的它山堰，是一个更难得一睹真容的水利国宝。它山堰与秦国在关中兴建的郑国渠、李冰修建的都江堰、广西桂林附近的灵渠，一同被誉为中国古代四大水利工程，如果还有第五大水利工程，大约就是泰山脚下的戴村坝了。它山堰建成于唐大和七年（833），木石结构的堰体，历千年而不毁，至今仍在为鄞东和鄞西灌溉和城乡供水，是盘活运河航流的基础设施，其构思建筑之巧妙，令现代水利专家为之叹服。2015 年，它当之无愧地进入世界灌溉工程遗产名录。

去它山堰的路程不远。在沿海地区，海潮来袭是一个令人头疼的问题，海潮虽会带来观潮的快意，但也会带来水质和土质卤化。潮到之处，良田不再是良田，淡水不再是淡水，而且潮汐反复袭来，地将不地，家将不家，四顾不毛。它山堰的首要功能，就是建立了挡咸蓄淡的有效人工河堰系统，平时蓄淡，潮来挡潮。堰建成后，堰上之水，涝时七分入运河，三分入堰；旱时三分入运河，七分入堰。如此这般的设计，化解了一个看似老大难的海潮问题。

它山堰设计的精妙还在于，上面是坝体台阶，上下两侧由三十六阶石条砌成，堰体中间居然是由高低不一大木支撑的空心状态。是为省工省料吗?当然不是。一是彻底根除了引起盐碱渗透的“毛细管”现象，二是很难出现坝塘滑坡之类的隐患，但这需要多少精确力学的数学计算呀！中国的建筑素有一木顶千斤的奇力，那就是中国人的力学智慧。它山堰经历一千多年而不毁，当时能浇灌数千亩良田，后来经过不断扩展改进，出现了“九坝、五堰、十三塘”的连锁格局，农田受益面积达到了二十四万亩。

眼前的坝体，长一百三十多米，高三米，宽近五米，竟然会有这样长久的寿命和建筑效应，这是世界水利史上的一个孤例。有很多水利专家这样说，建造它山堰的许多工程力学和数学原理，有一些是在20世纪中期才发现和认定的。一千多年前的中国古代水利工人已经熟练地运用，其工、其法、其智，令人难以置信。

在它山堰的台阶上行走，要比走寻常坝塘舒坦，阶石宽平，如果要在上面骑自行车，也会有惊无险的。不高的坝顶下就是一泓清水，不用极目远望，两面青山排闼而来，没有芦苇荡飘絮，没有潜流和激浪，平和自然，它山堰的伟力，也许就凝聚在这平和之中。

在堰头一侧，有一座很平常的小庙。说是供奉和纪念为修堰而亡的“十兄弟”的，他们的名字当然没有详细地留存下来，多半是王大和李二，但人们还记得带着他们谋划修堰的县令王元暐，甚至可以明确地讲出他当时的年龄是三十七岁，生日是农历十月十日。也许是要凑个准日子纪念他，这里居然传下了一个地方性的十月十日古庙会。它山堰的实际设计者是不是这位县令，无法去考证，但督办了好事大事，民众就不会忘掉，那倒是真的。比较普遍的说法，他曾经受过本地僧人法常禅师的指点，又有“十兄弟”全力相助，也就成全了这个旷世的水利工程。

它山堰不仅防海潮、灌田，也通过南塘河给明州城里供水，而且也是调节运河水量的重点水坝。在鄞东，它山堰在横溪镇连接中塘河，中塘河的河道虽然细小一些，但也很重要。在鄞西，它山堰直接连接西塘河，而西塘河便是浙东古运河的传统水道。西塘河向来有“官塘河”的别称，也就是说，无论是官宦就任离任，仕子赴考还乡，抑或行商在运河上押货，大多都要走这条古水路。

西塘河从宁波旧城西门进入护城河，客商们既可以从三江口入甬江，也可以从西塘河乘舟北行，经过望春桥、高桥镇的大西坝，进入姚江。这与明代写有《漂海录》的朝鲜海上遇险者崔溥北行的路线，是完全一致的。在那时，商船也可以从镇海甬江口出发，过骆驼镇、化子闸、慈江闸直接进入姚江运河，全长约五十公里，河身比较宽，水少的时候也可以载得起三百吨的木船，现在的杭甬运河主航道通过那里，在更早的年代里，则要经由西塘运河北行，还是一个比较常规的选择。

西塘运河上的望春桥颇有些意思，此桥建于北宋元符元年（1098），有千年历史。桥门口有一高一低两棵槲树，有人说它们形同母子。小树偎依着大树，一道扎根在桥门一块石板缝里，长势都很旺盛，但树与桥门共存，树亡桥门亡，树旺桥门更坚实。说得蛮像，但有些神秘感。古树与古桥门共生，自有其共生的道理。这对母子树与桥门结成一体，类似的子母连体树在南方并不少见，呵护它们而不是这里掰掰，那里晃晃，才是正理。凡生命都有自己的感知，物与物、人与物互为环境，对动物、对植物、对表面无情的水体，都应该用相互依存的关系去认知它们。

高桥镇的那座高桥，引起人们更大兴趣。高桥是座单孔石拱桥，大西坝堰和大西坝河就在高桥下，可以通过较大船只。唐宋八大家之一的曾巩，在其《广德湖记》里曾经写到“航舶过往风帆不落”，指的就是此高桥。《广德湖记》是曾巩应当时的鄞县县令张峋寄给他的一幅《广德湖图》所感而写的，并不是望图生意，因为他自己也曾在越州当过短时间的通判官，对于南湖多年荒废不治，颇有知晓。闻说源出四明山的广德湖水，经久不治后，由张峋“为出营度”“计工赋材”“筑环湖之堤，广倍于旧”，由是“田不病旱，舟不病涸”，也就欣然写下了《广德湖记》。曾巩所在的越州与明州相邻，曾巩未必亲眼见到过它，但有共同的水利感受。时间已越千年，广德湖在哪里？名称或早已发生变化，但曾文中除了提到高桥“航舶过往风帆不落”，文里还提到高桥“与望春、白鹤之山相直”。广德湖旧迹，也许就在现今的天童湖或四明湖水库处，或者就在这望春桥和高桥一带，而这里的大西坝水源向来充足，当与此不无关系。

想必是那时古广德湖连接姚江，形成后来的相得益彰的两支运河流。姚江古称舜江，主源在四明山夏家岭的梁弄溪，或称大岚眠岗，四明江与通明江等溪流在这里汇合，进入大西坝，就有些气势磅礴起来。1959 年，宁波市政府开始在江北湾头地区兴建了姚江大水闸，成为浙东运河的一个重要枢纽和运道分流口。

从鄞县的高桥上望，晴朗的天幕边隐约可见梁山伯庙的轮廓。那里应是上虞的地界，听身边人说，要想夫妻伴长久，梁山伯庙走一走。梁祝文化在民间深入骨髓。与梁祝文化可有一比的，是北方的花木兰文化，但风格截然不同。重要的是，女扮男装的花木兰，故事原型出自哪里？现在也争论不休，唯有上虞的《梁山伯与祝英台》故事，谁也抢不去，在浙东乃至全国民间传说有着独一流传性，但它的流传之广，还是因为运河水路带来的文化传播效应。花木兰文化讲女子的超人志气，梁祝文化讲女子执着的爱情，而动人的双飞蝴蝶持久演绎，造就了民间文化的一朵奇葩。然而人们更懂得其中的价值所在，因此从越剧的《十八相送》到现代的小提琴协奏曲《梁祝》，也就更加有了动人的艺术定位感。

回京之后，我也曾特意找来几个剧种的曲盘，尤其是越剧《十八相送》的曲盘回放，一是想了解剧中唱词的异同，二是想听里面有没有相关运河的内容。在《常香玉》豫剧版的伴唱里，也还听到了“前面到了一条河”，但事后自己想着也好笑，十八相送的戏眼在学堂和书院外，毕竟不在长长的运河上。但她们的演绎背景，肯定也缺不了曲折相连的浙东古运河。

余姚城去过两次，城区位于缓坡之上，以前登过建在五米高城墙上的舜江楼，和一大两小三个孔的“浙东第一桥”通济桥，龙泉山下王阳明讲学的寿山堂也去过。这龙泉山很有故事，一是北宋范仲淹曾经登临，并写有“余姚二山下，东南最名邑。烟水万人家，熙熙自翔集”（《送谢廷评知余姚》）的诗。所谓余姚二山，龙泉山与四明山并列。二是南宋高宗赵构躲避北方金人的兵锋，南走而路过余姚龙泉山，喝过此山的泉水后念念不忘，回銮时居然拉了十几大瓮运到临安去。秦末汉初有“商山四皓”之一的夏黄公，还有东汉时期著名隐士严子陵，明代的王阳明和明末清初的黄宗羲、朱舜水也是余姚人。此外，还有“初唐四大家”之一的虞世南，不仅逝后享祭凌烟阁，也写得一手好诗，有《从军行》《出塞》等，发唐代边塞诗之先声。他的咏蝉诗也别具一格，“居高声自远，非是藉秋风”，后来，他葬于长安。虞世南其故里观海卫镇离余姚城尚有一段路程，无由去访，在余姚用过午餐，也就直奔河姆渡遗址所在的河姆渡镇去了。

河姆渡之所以叫河姆渡，有渡口是真切的。宁波有四大古渡，河姆渡赫然在列。至于河姆的地名何来，多少有些费解。通常的说法，河姆是“黄墓”的方言音转，因为《史记》所记载的“商山四皓”之一夏黄公的墓在那里。夏黄公曾给汉高祖刘邦讲讲爱听或者不爱听的话，最终回乡养老并安然逝于余姚的山中。有人分析，黄墓渡改名河姆渡，是否是后来人觉得以墓称地名不吉利。那不一定是理由。浙闽的古代中原移民甚多，比如闽地，就有这个厝那个厝的村名，在祖宗墓边结庐而居，族人的存在感更饱满，所以方言语音变换说更合情理。但这一音转，还真呼出有七千年历史名扬中外的新石器母系社会遗址，要比夏黄公的时代早出近五千年，进一步夯实了中华文化多元一体且时代遥远的研究结论。

其实，河姆渡口就在眼前的覆船山下，有“黄墓渡茶亭碑”立在那里。渡口的上首，是陆游曾经赋有“姚江乘潮潮始生，长亭却趁落潮行”（《发丈亭》）的另一个渡口亭。

河姆渡遗址不是头一次来，但遗址整理保护的水平更高了。这里是世界稻作农业的发祥地，也是发现中国南方栏杆式房屋建筑遗迹出现最早的地方，来时心中有一个暗想，说不定会有过去没有注意过的古船痕迹。在这里，七千年前的古独木舟当然还没有现身的信息，但心中总有一种隐隐约约的感觉，河姆渡所在的覆船山，山形像覆船，但数千年前沉于河底的阴沉木里或有独木舟的一些线索，会不会有。还好，在河姆渡人的原始泥塑工艺品里，也还是见到了小巧的颇似独木舟的一些古代工艺形状，也算稍稍满足了一丝心愿。余姚山水俱美，水势浩大，造成了浙东大运河贯流的运道，舟船作为显在的古老文化符号，也许会有那么一天，或者就在附近，会有更为古老的独木舟现身，这河姆渡才是更完美的姚江古渡。

龙泉山离四明山主峰很近，四明山也称句余山，山体主要分布在余姚、鄞县和奉化。四明山的大俞山峰有个四窗岩，因为日月星光可以从四个窗洞照射到里面，也就有了四明之称。四明山的海拔不高，但相对高度还是高的，要到四窗岩去，除了要走较长的曲折山径，抄近路也还需要攀岩。据说蒋介石在“引退”溪口的那段时间里，乘着滑竿上过两次，但他对四明残照有过什么样复杂的感受，只有他自已知道。不知道那位自号“四明狂客”的贺知章，到过这里没有。李白有诗作，“四明三千里，朝起赤城霞。日出红光散，分辉照雪崖”（《早望海霞边》）。晚唐著名诗人陆龟蒙也在四明山住了一段时间，他有吟山咏的四明山组诗，“云南更有溪，丹砾尽无泥。药有巴赍卖，枝多越鸟啼”（《四明山诗·云南》）；“一半遥峰雨，三条古井烟。金庭如有路，应到左神天”（《四明山诗·云北》）；“野蔓垂缨细，寒泉佩玉清。满林游宦子，谁为作君卿”（《四明山诗·鞠侯》）；“樊榭何年筑，人应白日飞。至今山客说，时驾玉麟归”（《四明山诗·樊榭》）。原籍江西的唐代诗人施肩吾也曾游过四明山，诗句有“半夜寻幽上四明，手攀松桂触云行”（《同诸隐者夜登四明山》），并有“爱彼山中石泉水，幽深夜夜落空里”（《忆四明山泉》）。

从余姚归来，一头扎到鄞县的四明山麓下。那里有天童寺，时任鄞县县令的王安石曾作有游记诗《天童山溪上》：“溪水清涟树老苍，行穿溪树踏春阳。溪深树密无人处，唯有幽花渡水香。”这首诗似乎有些禅味。王安石虽然是政治家，但写景抒情也很有禅理。人说他是“拗相公”，其实是个拿得起放得下的官场达人。鄞县县令是他登第后除授的第二个职务，他曾经放舟姚江，有诗：“轧轧橹声急，苍苍江日低。吾行有定止，潮汐自东西。”（《泊姚江》）姚江一线也是他变法的牛刀初试处。他不仅在青黄不接时毅然开仓放粮，农家秋收后加二分息归还，形成后来青苗法雏形，也很关注兴教办学，写有《慈溪县学记》。他对鄞县充满了感情，在任满多年离开后也还写了一首《忆鄞》：“明州城廓画图传，尚忆西亭一舣船。投老光明非复苦，当时风月故依然。”在鄞县，他还疏导了田渠，整顿了水利工程。鄞县的吏风一直相对不错，与王安石这般实干家的不断出现有一定关系。宁波的六横有王安石庙，宁波人对他一直很忆念。

与宁波有关的诗人，除了南宋的朱熹，还有南宋词人吴文英。吴文英本身就是四明（今浙江宁波）人，常年游于苏州、杭州、越州，也到过镇江、淮安等地，五十岁后居绍兴。他本姓翁，过继吴家改姓吴，这层关系大概是他很少回到四明的原因。他年轻时离开四明，先后为嗣荣王赵与芮和浙东安抚使吴潜的门下客。赵与芮是宋太祖赵匡胤的十世孙，宋理宗的同母弟，其子赵禥继统为宋度宗，地位太显赫，因此他与吴潜的关系似乎更近一些。他的词作有五十余首，精品比较多，最早的作品是作于南宋绍定五年（1232）的《声声慢》，咏四明家乡的词也有一首，其余多数为游吴越的作品，举凡苏州胜迹，几乎都有他的词踪。他在杭州所作的最有名的词是《西平乐慢》《三姝媚》《莺啼序》等。《莺啼序》是超长词，作于南宋淳祐十一年（1251），且大书于壁，引起了很大轰动。吴文英号梦窗，其词自命“梦窗词”，也许是出于想象力丰富，作词如临梦幻。他是一位古代朦胧诗人。

对于吴文英的评价，词学家夏承焘有言：“宋词以梦窗为最难治。其才秀人微，行事不彰，一也。隐辞幽思，陈喻多歧，二也。”（《吴梦窗词笺释》）这个分析是有一定道理的。对于他的词，在他离世前和后，评价就是两个极端：褒之者说，“求词于吾宋者，前有清真，后有梦窗。此非焕之言，四海之公言也”（《梦窗词叙》）；贬之者说，“吴梦窗词，如七宝楼台，眩人眼目，碎拆下来，不成片段”（《词源》）。后来的评论家如陈廷焯说：“为此论者，不知置东坡、少游、方回、白石等于何地。”王国维则说：“梦窗之词，吾得取其词中一语以评之，曰：‘映梦窗，凌乱碧’。”但也有折中的说法：“白石，仙品也；东坡，神品也，亦仙品也；梦窗，逸品也；玉田，隽品也；稼轩，豪品也。”《四库全书》总序则以“词中李商隐”誉之，将吴文英抬到与苏轼、辛弃疾和李商隐比肩的地步，总之是评价着眼点不同罢了。不久之后，南宋覆亡，吴文英也在穷困潦倒中告别了这个世界。他不失为南宋末词坛一大词宗，但生不逢时，到过的地方也有限，否则他会成为一个更有影响的优秀词人。

宁波除了有诗人，也是一座美食城。宁波汤圆、溪口千层饼、宁波蟹糊、雪菜黄鱼、余姚的杨梅和榨菜，还有奉化的芋艿头和新起的阿拉老酒。宁波的席编工艺也是历史名品，所产编席光滑如水。有一则或真或假的历史逸闻很有趣，说的是南宋名将张浚镇守明州，金朝骑兵夜里进袭，遇到满街满巷预先铺好的编席，水溜光滑，金朝骑兵纷纷马失前蹄，张浚赢得了完胜。宋金之间有没有在宁波打过一场这样的恶战，没有详查，不过张浚能打仗会智取是真的，宋高宗即位后，他曾经一度伴宋高宗退据明州和舟山，船上议事，史有其事，是草席战救了驾，还是运河船救了驾，说不清也说不准。宁波的编席确乎是席中上品。离开的时候，想买一席，不好带，改买了枕席。夏日里午休垫头，很是凉爽，似乎入睡难些，因为会想起宁波的庆安会馆、它山堰和余姚的河姆渡。

# 刺桐花怎样开放

三月泉州，正是刺桐花怒放时。刺桐雅称瑞桐，花开时火红吉祥，向来被人视为瑞木。刺桐也叫海桐，它虽然在内地有分布，但更多生长在泉州的海边溪旁。它又叫山芙蓉或者象牙红，因为它的花红而没有杂尘。最有趣的是，刺桐花未开时，枝叶翠绿，树干直刺苍穹，花开时绿叶落尽，仅有一树繁花，所以诗人们常用“万绿眼”来形容它枝叶繁茂时，又用“欲烧空”来形容它的花朵凌空独放。有很多花树，是先开花后抽叶，如玉兰、桃花、杏花、梨花，气场很大，但多数是花叶并发。刺桐花开前绿叶满枝头，花开后才有绿叶萌生，花开得天独红，倒也同刺桐大港的令名非常相称。

泉州的刺桐树，是五代时期从马来半岛和印度半岛引进来的外来树种，速生速长，可以长到六丈高。在长达一千多年的时光里，国际商者可以不知道泉州的中国行政地理名字，却一定会知道这个一眼就能认得出来的大港标志。它是泉州的市花，来自海上丝绸之路，又同海上丝绸之路一道大成气候。

晚唐诗人曹松和徐夤，或者来过泉州，或者有好友在泉州，他们创作的诗歌，都有泉州的明确指向。曹松有诗句“候马春风馆，迎船晓月溪。帝京须早入，莫被刺桐迷”（《送陈樵校书归泉州》），表达了送友人归泉州而恋恋不舍的委婉情绪。徐夤有“归日捧持明月宝，去时期刻刺桐花”（《春末送陈先辈之清源》），则希望在离世时，墓碑上能刻上刺桐花。可见刺桐花在他心目中等同于“明月宝”，那份珍重，几乎与他的生命等值。

到泉州的几天里，我不仅又见刺桐花开，而且也见到久违了的泉州港和晋江港的古码头遗迹。去了开元寺、清净寺和六胜塔、洛阳桥，以及泉州古城的朝天门、德济门码头，此外还有泉州博物馆里收藏的南宋沉船和门前的石敢当。在看泉州的拱北墓地时，又一次仔细端详那些墓志铭文上写的，哪个是阿拉伯文、波斯文和古叙利亚文，哪个又是古拉丁文和蒙古八思巴文。

再次拜谒了泉州九日山“四贤祠”，那里供奉着四贤：姜公辅、韩偓、秦系和欧阳詹。前三贤都是晚唐入闽的大官员和大诗人，欧阳詹是在他们影响下的闽中才子，也是闽中最早得中的唐朝进士。姜公辅在被贬前任晚唐宰相，原籍在今越南中部的顺化，最终病殁于福建南安。据说越南顺化也有姜公辅祠，估计那里有他的旁系后人。越南也把姜公辅当作他们的先贤和大诗人，是很耐人寻味的事情。韩偓不仅是李商隐的亲外甥，也是晚唐重臣，他在朱温弄权后自请到江西任职，然后辗转入闽。李商隐的那一首被人们经常引用的诗句“雏凤清于老凤声”，就是写给少年韩偓的。韩偓入闽后在九日山结庐耕种，泉州成为他的第二故乡。秦系则来自会稽，是一位隐士诗人，与姜公辅、韩偓常饮酒吟诗，他由会稽入闽，后来又去到江淮，活的时间很长，大约逝于江淮。他的诗文水平不在晚唐各位诗人之下，同时也是来去自如的出入闽地的文化名人。中唐诗人刘长卿游越州，有《赠秦系》：“向风长啸戴纱巾，野鹤由来不可亲。明日东归变名姓，五湖烟水觅何人。”

闽中本地，还有一位唐代著名诗人黄滔，与韦庄是好友。他去过长安，也到过广州，游踪很广。后来看清了晚唐的混乱局势，回到福建南安，办学育人，教诲子弟，在闽中形成了一支黄姓文化望族。其后人黄公度，就是南宋很有名的一位状元诗人。他和九日山四贤，在个人生活命运和文化交流上，都与大运河的延长线交织在一起。他们的入闽和出闽，更多借助于浙赣水陆相因的道路系统，正是由于这样水陆相通的交通纽带，才有后来泉州国际海港地位。

闽中的水上通道，在王审知主闽时代，尚是一个局部的水运循环系统。在宋代特别是南宋时期，泉州的对外贸易规模开始快速发展，世界大港地位开始凸显。特别是在黄巢攻陷后，广州商事一度陷入混乱，两宋对泉州港口的重视日胜一日，尤其是南宋朝廷政权偏安东南一隅，更需要进一步加强东南方向海外贸易。北宋时期设立的市舶司，地点分布在密州、杭州、明州和广州，南宋时主要是泉州。元沿南宋制，泉州迎来了自己发展的巅峰。公元1162年，泉州市舶司税收就增至百万缗，占到全国税收总额的十分之一。明永乐三年六月十五日（公元1405年7月11日），明代航海家郑和在泉州首航下南洋和西洋。2005年4月25日，中国政府决定把每年7月11日定为中国航海日，中国航海日的诞生地就在泉州。

泉州市舶司设立的时间，是北宋元祐二年（1087），比广州稍晚一些，但在南宋和元初后来居上。现在，不仅泉州市舶司的旧址修复了，而且泉州老城南门外的不少船体构件遗存，也得到妥善保护。

泉州刺桐大港的兴起，主要有五个方面的原因：一是宋代尤其是南宋对外经济比较繁荣，东南经济社会相对稳定。二是正如《隆庆府志》所言，“泉居八闽之南，山势蜿蜒，不见刻削；海港逶迤，不至波扬”。泉州港口众多，水域比较宽深，海岸线也比较曲折，有“三湾十二港”的出船进船自然优势。三是内陆经济腹地深广，丝绸制品生产供应链长，还有茶叶、蔗糖、生铁和白银大量流通，沿途又有浙江的龙泉窑、婺州窑和武夷的瓷窑。四是造船业发达，航海技术先进，形成直接的产业支撑和技术支持。五是有大运河作为物流后盾，这种优势从宋代、元代一直持续到明初。这段时间里，中原虽然政权频繁交替，但泉州的世界第一港口地位非但没有被撼动，反而后劲更足。尤其在元代，随着大汗帝国版图扩张，西亚海上贸易不断强化，甚至元朝的阔阔真公主西嫁到伊尔汗国，也要从泉州乘船南下西去，连带着久居中国的马可·波罗父子和叔父三人，也以参与护送的名义回到了威尼斯。

要说泉州开始出现衰落迹象，有多种历史探讨角度。控制港口贸易的蒲寿庚家族，因与元朝统治者利益分配而引起的冲突和动乱，影响过港口经济的稳定，但这都是偶发的历史事件，并没有对后来国际商业活动产生长远影响。明朝中后期海禁政策对海上丝绸之路的影响，也是相对的，海禁政策并没有完全摧毁中国东南沿海的外贸活动，反倒催生了“第三地贸易”。大量闽浙商人去到马尼拉开展转口贸易，外贸由官营更多转向民营，开启了闽人下南洋的历史一幕。泉州贸易大港地位的衰落，其实是晚清中国东南沿海大门被西方列强用坚船利炮打开后出现的，所谓五口通商之一中的重心，转向厦门，泉州的区位优势递减。但在改革开放后，泉州和许多沿海城市进入了全面开放的发展格局，迎来新的发展周期。

人们是不会忘记中国辉煌航海史的，尤其是在宋元之间的几百年里，泉州刺桐大港的中枢地位，和它作为大运河最重要的出口和进口市场所产生的世界贸易效应，它曾经塑造了世界贸易版图，刺桐港是当时世界贸易最为厚重的一部历史百科全书。

元代全面开通了京杭大运河物流线，是一个定论。在贸易的驱动下，元初不仅全面改造了隋唐大运河，先后通畅了卫运河和贾鲁运河，也开始连通了京杭大运河，修建了通惠河、会通河和济州河。贾鲁运河的开通，延长了隋唐大运河的寿命，会通河和济州河一度打通京杭大运河的北方关节。元代还对卫运河进行了疏通整理，运河网络相对完善。但人们不免也会有一个疑问，那就是内地货物到达福建泉州，或者泉州的海外珍奇运到北方，南去的最后一段路程是怎么走的？也就是说，通惠河的开通是京杭大运河连接大都的精彩一笔，运河进入浙东再进入福建，那“最后一公里”路程又在哪里？

元人在贸易道路选择上向来是百无禁忌的，能走水路走水路，水路不通走旱路，运河受阻就海路行。古代东部地区的几段海运河也主要出现在元明两朝。在通往泉州刺桐港的道路上，江浦古道是一个转换枢纽，也是京杭大运河和钱塘江上游水运的陆路补充。商者从金华和衢州江山开始舍舟登岸，越过栖霞岭，一段一段地走向泉州。也就是说，大运河末端水运和陆运的重要节点，既在栖霞岭，也在金华和钱塘江上游。这一点儿，从李白游越州的诗和李清照在金华所作的词里可以得到佐证。

金华江也即婺江，与浙东大运河并不直接相连。但金华江是义乌江和武义江汇合而成的，这些水道是相通的。大约在李白第二次游越州时，见到了老友京兆韦参军，作有《见京兆韦参军量移东阳二首》，其中有“闻说金华渡，东连五百滩。全胜若耶好，莫道此行难。猿啸千溪合，松风五月寒。他年一携手，摇艇入新安”的句子。金华江古来有渡口，后来出现的木梁廊桥通济桥，那是元代建造的。此桥在清嘉庆年间改为石桥，在古金华渡南岸埠头。现在金华江老桥旁的江心岛上，还真有一个与黄宾虹公园隔街相望的五百滩公园。“五百滩”的名称，来自溯江而行需有五百个纤夫来拉纤。是金华江水浅还是流急，从其另一个名字“磨船滩”来看，水浅滩高当是主因。在金华江北面，还有一个灵溪洞，起点在金华河盘桥的西边，这里地势更为高险，这灵溪洞倒像有些人工小运河的痕迹。

李清照在金华时，将自己的几多感慨和几多惆怅写成著名的《武陵春·

春晚》："闻说双溪春尚好，也拟泛轻舟。只恐双溪舴艋舟，载不动、许多愁。"双溪是义乌江、武义江的民间叫法，在义乌江和武义江交汇的燕尾洲处交汇，那里的水同五百滩一样清浅，可以行舟但过不得大船。因此金华的婺港，在古代是河运的重要转接点。但在那时，五百个纤夫来拉纤，舟船才可以进入衢江。衢江是钱塘江上游河流，水势比较大，船只可以抵达江山港口，再转入江浦古商道。

衢江也称信安江，历来就有很多港口。2019 年，连接衢江的钱塘江中上游航线宣布开通，五百吨级船可以顺利通过，龙游港也可以通千吨货轮。沿河主要港口有富春江船闸、金华港（婺港）、衢州港、常山港，其运能相当于一条复线铁路。

从现在来看，五百滩和双溪的浅水，也还是宜游则游的好去处。浅水借助钱塘江和新安江水库之水开辟的新航道，航行的已经不是舴艋舟，而是载重百吨以上船舶，可以直上江山，与福建浦城的乌溪江源头逐步实现对接，从而出现了江山与浦城之间水上互通的前景。钱塘江上游有衢江河、江山河和乌溪河，乌溪河是江山河的源头之一，水浅滩高难以行船的过往历史开始结束。钱塘江上游航线的开通，为打通入闽水道奠定了新的基础。

金华西南是衢州，这是一个千年不改名的古名州，浙、闽、赣的商气和文气在这里汇聚。衢州也是"南孔"所在地。从南宋时代开始，孔子文化在这里生根散叶，成为传统文化传播的一方沃土。福建尤溪是朱熹的诞生地，之所以能够创建宋代理学，并不是泛泛一句"礼失求诸野"所能解释，其实与儒学南传是分不开的。

初去江浦古道，是在三年前，我晓得这古商道也叫闽浙古道，或者栖霞古道。在唐代称为七尺官道，山路长度约有一百二十公里。这里有黄巢起义的遗址，有烟萝洞摩崖石刻。在这条古道上，不仅走过众多商人，也走过众多的诗人。唐代的张九龄走过，泉州九日山四贤姜公辅、韩偓、秦系、欧阳詹走过，在衢州居留了近二十年的晚唐词人韦庄，也曾往来其间。南宋诗人陆游、杨万里和宋理学创建者朱熹以及明代的旅行家徐霞客，都是江浦古道上的常客。杜甫的祖父杜审言和杜牧之子杜荀鹤，也在这里留下了足迹。这里有二十六块诗碑的碑廊，是他们留下的部分文化印记。

尤其是南宋词人辛弃疾，中年和晚年居住在上饶，曾经赴任常山和福建提点刑狱司，一路上不住地观赏农村风景，对江浦古道一带更为熟悉一些，写有《浣溪沙 · 常山道中即事》：“北陇田高踏水频，西溪禾早已尝新。隔墙沽酒煮纤鳞。 忽有微凉何处雨，更无留影霎时云。卖瓜人过竹边村。”他的“山远近，路横斜，青旗沽酒有人家。城中桃李愁风雨，春在溪头荠菜花”（《鹧鸪天 · 代人赋》）更为著名，也是在常山一带吟成的。南宋绍熙三年（1192），朝廷曾经提拔他为福建提点刑狱，已经年老的辛弃疾第二年才去上任，而江浦古道就是他的入闽之路。他在福建提点刑狱任上做了不到一年，又被贬到武夷山主管冲佑观，一直到南宋绍熙六年（1195），他在铅山县期思渡的新居落成，题为“停云堂”，再次瓢泉赋闲。他对这里的山水充满了感情。

然而，不管他们脚下的路是如何走的，从江浦古道入闽或出闽，那最后一公里路，一定会有多条，有从福州到泉州的沿海海路，或者可以从莆田南下，也可以从浦城抵达南平，进入三明的尤溪，转趋晋江上游，直抵泉州。晋江上有名的安平桥会留有他们的足印。

泉州和福州一线海岸也是直通东北亚和东南亚、南亚、西亚的外交外贸脐带。尤其在明初至清末，大批来自朝鲜、日本、琉球、占城、暹罗、真腊、满剌加、爪哇、苏禄、古里乃至拂林的商人、使者，由此登岸，出江浦古道，渐次走向京杭大运河，直向京师。尤其是琉球，在有明的二百多年里，遣使三百余次，且有大量福建人迁居琉球，形成了“闽人三十六姓”，此后一度成为中国的藩属国。

听说，福建目前正在研究闽水南调工程项目，在尤溪和泉州之间规划了安溪水库。安溪水库或许会成为泉州最大的“水柜”。除为城市供水外，恐怕也会出现包括水运在内的多种效能。令人高兴的，还有泉州老港的再次复兴。泉州港的集装箱码头开始投入使用，在十多年时间里，集装箱吞吐量突破了一百万标箱。2011 年泉州港港口总吞吐量突破亿吨，现在恐怕已翻倍。

泉州城市的新发展，也很有条不紊，正在从一个古老港口城市向现代化港口城市转变。泉州港出现在五代时期，繁荣于唐宋元，最初只有一条与码头平行的长街，在王审知主闽的时代，开始兴建三里城垣，至今仍是老市区的核心区。后来增建了罗城也即外城，扩至二十里。泉州因城形似鲤，也被称为鲤城。南宋绍兴年间再次扩至晋江附近，因此在去往晋江的方向，有一堵三百三十八丈长的高墙遗迹，很是令人瞩目。

晋江的刺桐树似乎更多一些，这同古泉州港的扩容和港口重心曾经的调整有关。晋江市作为泉州管辖的县级市，在经济上同泉州一体。这一片风水宝地展现的，不仅是影响古代世界贸易的过去，注定还有新的未来。

# 四卷

# 河阴前传

如果你不是郑州人或者荥阳人，不一定会知道板渚的确切方位。黄河板渚是隋唐大运河通济渠的起点，也是隋炀帝引黄河水进入汴河的最早入水口。古汴河也称浪荡渠（蒗荡渠）或者狼汤渠，汴河流经开封的一段运河得此名，倒也没有什么特别的故事。这个名称出现较早，从词义上讲，蒗荡应该是人们对沟渠水貌的形容，也许是因为这里的渠水浩大，波光荡漾，浩荡流来，浩荡流去，多少有些气势磅礴，所以“蒗荡”这个叫法，应是民间由来已久的叫法。《汉书·地理志》说，“睢水首受陈留浚仪，狼汤水也”，既可以视其为浚仪渠（浚仪是汉代开封的县名）的别称，也可以等同于鸿沟的延长。

通济运河初开时，并不会有后世那么完备的河闸技术和非常坚固的堤坝系统。一切都要因水就势，更需要古来所谓大小“水柜”来调蓄和控制水流，古荥泽就是个“水柜”。在隋唐时期，荥泽水势已经不是很大，需要吞吐转接黄河水流，扩大运河水量，才有板渚一举。

两千多年前，梁惠王从河西迁都大梁也即开封地区，曾经两次开凿鸿沟。第一次是在公元前360年，从黄河边上的圃田泽引水，主要是为了灌田而航运次之。第二次是在公元前339年，再次从古汴河引水，引水口在古荥阳即现在郑州牛口峪一带。鸿沟后来一直延展到徐州附近，一开始就不是诸侯国之间单纯的防御线，主要的功能还是放在了灌溉和运输上。春秋时代的诸侯国，独立性是很强的，在其辖地和占领的土地上利用既有河道开辟运河，习以为常。在大梁开凿鸿沟之前，吴国开凿有子胥渎也即古胥河与邗沟，越国开凿萧绍运河，齐国开凿淄济运河，秦国开凿郑国渠，楚国开凿荆汉运河和巢肥运河，都是不约而同的举动。

据记载，东汉永平十三年（70）时，也曾经疏浚过浪荡渠，并出现南北两支渠流，一支到太康引入涡河水和另一支汳水，这个汳水就是汴水。东汉时的浪荡渠，曾经给汉末曹操打击袁绍的官渡之战廓清了水运粮草的道路，是隋代通济渠的原型。隋炀帝在板渚引河水，先入荥泽，再向东南流去，一路上吸纳了诸如睢水、蔡水乃至泗水等淮河北源的一干大小河流，随着地势向东南流去，最终流到盱眙和泗州城外。进入淮河，转向淮阴，形成了全长约六百五十公里的通济渠。

为了看看这个板渚现在是怎样的一种模样，我们专程去了一趟板渚所在的汜水镇。汜水镇在荥阳北部，有虎牢关，也叫汜水关，或者成皋关、古崤关、武牢关，是古洛阳的东门户。虎牢关相传是穆天子养虎囚虎的地方，即《穆天子传》中所记载："天子猎于郑，有虎在葭中，七萃之士擒之以献，命蓄之东虢，因曰虎牢。"汜水之汜略同于祀，所以这里也可以视为祭祀河神之处。虎牢关与祀水，南濒嵩岳，北邻黄河，又有广武山在河之南，应是东周都城洛邑的后花园，也是历来的兵家必争之地。临河上下的这一片，即是《三国演义》描写的三英战吕布的战场，有吕布点将台、关羽三义庙的附丽传说，也有《隋唐演义》中秦王李世民大战窦建德的章回，想必那少林十三棍僧救秦王的桥段，也是在这里上演的。这里居然还是春秋时鲁军大败燕军的地方，但鲁燕两军怎么会打到了虎牢关，若不是他们在朝觐周天子时发生了卫队冲突，那就是另有戏码上演。擒拿老虎的七萃之士原是郑人，作为周天子的奖励虎牢关归了郑国，否则梁惠王是不可能将鸿沟源头一直修到牛口峪去的。

荥阳不仅是重要的楚汉相争之地，也是楚河汉界。西汉时，桑弘羊也把荥阳列为天下名郡，与蓟（今北京市）、邯郸、洛阳并列，因为它是黄河两岸的粮食转运中心，而隋唐时代武牢仓和河阴仓的相继建立，进一步加强了它的经济战略地位。

"有虎在葭中"，点出这里自古有不少蒹葭苍苍的湖泽。既为黄河引水提供了条件，也为梁惠王鸿沟的开凿和隋炀帝从板渚引水提供了理想的场所。荥泽现在虽然消失了，但荥阳的水域还是不少的。在建筑颇有层次的荥阳市区和郑州上街区，湖水荡漾，索河流过，是人们日常出游的好地方。目前，虎牢关也成为人们的旅游之地，河边有游船，游人也可以在船上把酒小酌，搞巧了，也许还会有条久违的黄河鲤鱼来尝尝。

我们是从开封沿连霍高速公路进入荥阳的，经过通向郑州黄河国家湿地公园的路口。在路上，与我同行的小侯随时指点着，哪里是开封新修的西湖，哪里又是圃田泽旧地。将近一个小时的车程，我们很快进入荥阳和郑州上街区地界。穿越东北方向公路，第一眼看到的，不知是什么年代开始出现的运河渠道，更引人注意的还是桥头上南水北调中线的大字标牌。一到荥阳，已经感受到这里平缓中的险要。荥阳不仅是中国最早的一条系统运河通济渠源头地，也是南水北调的要道。荥阳之于黄河，从来非等闲。

板渚在哪里？按旧时资料，是在北邙乡刘沟村的黄河边上，也有人说在河中。自合乡并镇之后，北邙乡已经撤销，只有高村镇和一个比较明显的北邙陵园地标。有了这些路标，我们终于找到了板渚的所在地柳树沟，它就在临河交叉处的路口上。

北邙山从洛阳迤逦东来，形成了黄河南岸的一道自然护堤，公路穿越陡立的峡，不是石峡，是浑如在黄河上游三门峡两岸的壁立黄土隘。从峡口到黄河河边，一去二三里，多少有些曲径通幽。那隋炀帝的理水之臣，能够找到这样一个能开能阖的特别出水口，见识还真是不一般。通向板渚道路的两侧，现在有长长的施工绿色围栏，看来是有大的施工项目。板渚不再是沉寂已久的吊古之地，在郑汴一体化发展和黄河生态带建设中，正在迎来新变化。

板渚的黄河就在眼前，河面很宽阔。它的主河道显然在北边，南边的这一侧，河中有一条可以缓冲的沙洲，像是一块大船板。我们在河边的临时停车场边驻足，欣喜地望着东流河水，也看到河岸左边，已经修好但尚未投入使用的郑焦黄河大桥。那桥的位置，似在鸿沟起点牛口峪附近。在右边，还有一座比较有年头的郑焦黄河大桥，但河道略有弯曲，又有沿河公路林荫阻挡视线，目力一下子捕捉不到。

停车的地方有柳树湾工程项目的牌子，旁边就是施工现场。引人注目的是，一台挖掘机正在眼前的一个河汊里，疏挖芦苇乱草历年积下的淤塞，一斗一斗地倾倒在岸上，堆出一座待运的小山。清淤处有一座三层楼高的新渠闸。这渠闸通向哪里？问施工指挥，他大手一挥说，公路下边有西去的渠道，是通往牛口峪方向的河沟。说也巧，向他打听板渚这个古地名，他居然就是板渚自然村的人，板渚自然村远在天边，近在眼前。

在路口的拐弯处，有一位大嫂站在摩托三轮旁，售卖刚下树的大石榴。

买一个剥开来，红宝石般的软籽石榴好甘甜。大嫂说，这是她自家园里摘的，如果多买，价钱还可便宜。我想起来，一路上石榴树遍坡和遍峡口，黄河岸边的土地天然肥料多，黏沙土质配合适度，能够结出这等异果来。荥阳的石榴原来就很有名，要是打出板渚的品牌，没等下树石榴就会被抢购一空，但要闯出板渚石榴的新品牌，先要恢复板渚的历史知名度。

这里为什么又叫柳树沟？自然与汴堤柳有关。汴堤柳是昔日运河边最重要的景观。《隋书》里也有对汴堤柳和隋堤的明确记载：“炀帝自板渚引河达于淮海，谓之御河，河畔植柳树，名曰隋堤。”板渚、隋堤和汴堤柳进入成语入于诗，传之久远。就连清代诗人王士祯也有关于隋堤的诗句“空怜板渚隋堤水，不见琅琊大道王”（《秋柳四首》其二）。诸如“万缕春风窣汴堤，锦帆何处柳空垂。流莺应有儿孙在，问著隋朝总不知”（《汴堤柳》）之类的咏隋堤柳诗歌，更是屡见，但民间总归有自己的叫法，沟堤之上长满柳树，不叫柳树沟又叫什么呢。

柳树沟工程刚刚开始，黄河边堆有不少青石和木料。怎么个施工，修建一个什么样的新板渚，只有竣工后才能看出来。那耸立在路旁的工程规划图板，清楚地描绘了沿河的整理规划，这里标有邙山提灌站，那里标着牛口峪引黄，此外还有黄河风景区的建设和索河的整理等，这无疑是一个系列工程的开头。然而，板渚毕竟是通济渠最早的开端，不能不对这个地方和隋炀帝高看一眼。

隋炀帝从公元604年即位，在位十四年。公元605年开通了通济渠。公元608年开通了永济渠，接着又致力于开发江南河。十多年里，除了攻灭吐谷浑割据势力经略西域和征高句丽外，他的大部分时间都花在开凿和连通大运河上。他骄奢淫逸，在通济渠沿线修建了四十多个行宫，全然没有留意到愈演愈烈的社会矛盾和统治集团的内部矛盾，终被近臣宇文化及在江都缢杀。就运河的修造来讲，晚唐诗人皮日休所咏的“若无水殿龙舟事，共禹论功不较多”，是一个更为客观全面的历史评价。

诚然，任何一项杰出的工程，都是站在前代人肩膀上才能够完成的。通济渠运河的开凿，在裂土分疆的春秋战国时代的鸿沟就开始了。河溪与河沟的区分，前者更多体现自然河流的属性，后者则是一个动名词，体现了人工运作的某些特质。梁惠王的鸿沟，给隋炀帝开凿通济渠打下了最初的基础。

如果说，对大运河的开通，后来还有什么有影响的人物出现，那就是汉魏的曹操，他首战袁绍获胜，仗的是官渡之战获胜，官渡获胜必然会利用鸿沟运兵运粮。在此前后，曹操的部将张辽在逍遥津之战中大败东吴十万水军，也离不开与鸿沟南北呼应的巢肥运河水运路线，鸿沟原始运河的历史影响，远远超出了它本身。

站在板渚的黄河岸边，人们想得更多的是，通济渠为古代的中原和东南地区带来几多繁荣。它存在了七百多年或者更长时间，经历过哪些必然和偶然的变迁和灾难？究竟是什么原因让它归于沉寂，抑或能不能在未来出现起死回生的奇迹呢？

通济渠为古代中原和东南地区带来至少七百多年的繁荣，这是确切的。唐代坐享了繁荣，盛唐时代的玄宗皇帝也有过维修通济渠的举动。唐开元二十二年（734），唐玄宗为了便利漕运，在汴河口修建了河阴仓，并将汜水、荥泽连同武陟的一部分划归河阴县。河阴和河阳成为重要的古地域名，出现在黄河两岸。荥阳向来是河阴的核心区，这里遍植桃李，有“花县”之称。

李白到过荥阳广武，作有怀古诗。王维也到过荥阳，作有“因人见风俗，入境闻方言。秋野田畴盛，朝光市井喧”（《早入荥阳界》），并有《宿郑州》《渡河到清河作》的诗作，记录了他被贬济州后的一段经历。其中有“前路白云外，孤帆安可论”和“此去欲何言，穷边徇微禄”说不尽的感慨。他从齐地和淇上归来再过荥阳，复有《寒食汜上作》一诗：“广武城边逢暮春，汶阳归客泪沾巾。落花寂寂啼山鸟，杨柳青青渡水人。”他走的是黄河水路，“泛舟大河里，积水穷天涯”（《渡河到清河作》）。他是否要经过汉魏的白沟运河回长安，路线并不是很清晰，然而白沟水道原本就是黄河故道，因此怎么理解都是可以的。

荥阳之所以称作荥阳，自然是因为它在荥泽之阳。荥阳在战国时一度归入韩国，韩国在荥泽北岸筑城，板渚的特殊地理位置以及与黄河水的地形流向，造成了它与通济运河的源头关系。或者说，黄河竟是汴运河的源头，而板渚是当时所能选择的比较理想的黄河出水口。板渚之板，或者缘于黄河三门峡下游中条山同样的地形，或者出于《山海经》中的“孟门东南有平山，平水出于其上”，但也与这里的深壑高丘有着直接的关联。

通济渠东去，得益于淮河的扇形水系，淮河的多个支流从西和从东北流来，一路上给通济运河提供了许多水源，也让黄河水不再孤军奋战，出现了运河来水的接力，推动船帆一路走向东南。在淮河的内外水系和众多的淮河支流里，除了源自桐柏山的正源，当时最大的水流就是古汴河和源于曲阜的古泗水，它们在今天的徐州附近交汇，在黄河与淮河很长时间里相安无事的时段里，自然地形成了另一个汇合口，也形成了一发不可收的通济运河流势，养育了众多的中原和江淮古代名城。

在中唐和晚唐之前，通济渠虽然时有阻塞，如白居易在新乐府诗歌《隋堤柳》中就这样吟唱过：“隋堤柳，岁久年深尽衰朽。风飘飘兮雨萧萧，三株两株汴河口。老枝病叶愁杀人，曾经大业年中春。大业年中炀天子，种柳成行夹流水。西自黄河东至淮，绿阴一千三百里。大业末年春暮月，柳色如烟絮如雪。”杜牧有“夹岸垂杨三百里”的描写，还有“千万长河共使船”的吟咏。在安史之乱和安史之乱后，由于朝廷无心治理，通济渠中断多年，一直到唐广德二年（764）才再次得到疏通。

从隋唐到北宋，中国的政治、经济、文化中心一直在长安洛阳开封一线，东南向和东北向水路连通，是基本的经济地理走向。这种连通不仅开创了开封八朝古都中至少七朝古都的兴盛地位，也催生了北宋时代的经济文化繁荣。北宋中期，黄河泥沙再次淤塞，宋神宗下令开通“引洛济汴”河道，从洛河流来的一股清水，部分抵消了黄河泥沙淤塞，延长了通济渠的寿命周期。

南宋初，由宋金战争引发人为的“黄河夺淮”，造成通济运河面临的一次最大灾难，也造成了多年的运河闭锁。入元之后，在继续开凿连通京杭大运河的同时，对隋唐大运河包括永济渠和通济渠进行改道和维护，同样付出了巨大努力。一直到明清时期，京杭大运河日臻完善，按照用进废退的一般规律，通济渠才开始逐步了结它的无可替代的历史作用。

通济渠的衰败，按一般的说法，是在南宋建炎二年（1128），东京留守杜充为了阻挡金兵南侵，从滑县李固渡掘开黄河堤，开启了“黄河夺淮”的第一幕；也有宋高宗为了偏安，下令决河堤阻断南北往来的考证，那无疑造成了一种破坏性惯力，但这种破坏和冲击也不是一次性的，而是有一个积重难返的渐进过程。金明昌五年（1194），黄河从郑州之北的原阳决口，也曾拦腰斩断了汴运河。元初在努力凿通京杭大运河会通河的同时，也作出过挽救通济渠的努力，那就是贾鲁运河的开通改道。贾鲁河源出伏牛山的大周山，流经荥阳流向东南，绕郑州北经中牟县、开封县朱仙镇，过尉氏县，进入扶沟后至商水入颍水。其在郑州的一段称金水，在开封以南称为惠民河，贾鲁河在民间也叫运粮河，可见那时它已经成为通济渠漕粮北运的主要通道。

元代的贾鲁是山西晋城人，是元代著名的河防官员，曾任工部尚书、治河防使。他有多项治理黄河的成功治水政绩，让汴河重新南流淮河。人们为了纪念他，将他居住过的地方定名贾鲁村。有研究说，“贾鲁河”也有小黄河之称，水域丰沛，成为汴运河的替身和很长时间里的正身。尽管明朝弘治年间，黄河再次决口，贾鲁河也出现过淤塞，经对黄河和贾鲁河道的继续治理，通济渠又迎来北宋之后的又一个黄金发展期。贾鲁河经过的朱仙镇码头，日泊船达二百艘。这样的景象一直延续到清朝中叶。进入清朝道光年间，贾鲁河又一次淤塞，面临内忧外患的清政府已经无力应对，贾鲁运河连同隋唐北宋以来的老通济渠，也就一并成为运河形态的物质文化遗产。

如今，老汴河大多已经成为陈迹，与下游淮海之间，则出现了两条新汴河。这些新汴河与老汴河并无水源上的承继关系，或者说，汴河是对通济渠运河的特定称呼，可以由板渚引黄来体现，后来也由贾鲁河来担当，而鸿沟是一直没有完全中断的运河原型。在人们对通济渠的一般概念里，以开封为界，以西是西汴河，以东以南是东汴河，西、东汴河合起来就是通济运河。在这里，汴河云云，并不是自然河流的概念，其实就是流经开封的通济运河的主渠道。

作为运河，汴河也是一条方法智慧之河。汴从卞，卞的原意是方法。史籍中有一个卞庄子刺虎的故事，说卞庄子欲刺虎，馆竖子止之，说不可用蛮力。方法得当与否是一种智慧。黄河从来是一条险河，要利用它，更需要智慧。通济渠从板渚引水而再次利用了鸿沟，就是一种方法和智慧。这样的智慧和胆识，司马迁似乎早就预见到了。他在《史记·河渠书》中这样评说：“荥阳下引河东南为鸿沟，以通宋、郑、陈、蔡、曹、卫，与济、汝、淮、泗会。”汉武帝时代尚没有开通通济渠的想法，但司马迁提前意识到了，因为他已经看清了鸿沟一线的地理走势。他虽然没有机会去推动和实施后来的隋唐东南运河，但眼光是独到的。

# 河阳后传

从黄河南岸引水，在中国历史上并不鲜见。西汉就有六辅渠、白渠等水利工程，都与黄河关联密切，从黄河北岸直接开渠北行，却要受到中国总体地形西北高东南低的地理制约，还有一个由海河河系形成的西南东北向倾斜带。中国以洛阳为中心向北放射的河阳运河体系，也就因此出现了特别的格局。隋大业四年（608），北向的永济渠首先开通，正像通济渠利用了梁惠王开凿的鸿沟一样，隋炀帝也利用了汉魏曹操开凿的白沟，一条鸿沟一条白沟，构成了隋唐大运河的全部构建和运作基础。

白沟是利用黄河改道中形成的故道而成的，最早的水源来自发源于太行山上党地区的沁河。沁河是黄河的一级支流，大部分向南流入黄河，一部分向东流入长明沟，也即小丹河，并与清河水相连。或也有沁河一支从武陟向东流，经卫辉进入卫河。武陟和修武东关码头遗迹尚存，卫辉小河口的“宿胥故道”遗迹犹在，以焦作为轴，南去洛阳和荥阳，北通海河下游和涿郡的北运河雏形出现了。包括沁阳、博爱、武陟、修武、温县、孟津在内的河阳地区，也成为黄河北岸的又一个漕运中心，永济渠和通济渠南北呼应，构成了隋唐大运河系统完整的弧形水运带。无论是小丹河和沁河，还是卫河，都属于黄河下游河系。所以一定要说，河阳地区的运河，引的也是黄河水，从水脉逻辑上讲也是成立的；或者说，白沟和后来的卫运河就是黄河的“外孙女”。

焦作在宋代称为怀庆府，位于太行山的南麓，气候宜人。博爱一带至今有大片的毛竹林，因此这一带也是“竹林七贤”故事的原生地。东汉末年被废的东汉献帝也曾被曹丕移居到焦作的山阳，降为山阳公。上古传说中的共工治水、大禹父子治水和“刳木为舟”的故事等，在这里广为流传。《左传》中所记秦粮输晋的运道也要经过这里，主要是利用黄河的自然水路。河阳地带沿黄河二百里，是隋唐时代经济文化的又一个核心区。河阴有河阴仓，再向北还有浚县的黎阳渡和黎阳仓，馆陶则有徐万仓。在农业社会里，民以食为天，社会的安定和北方经略也系于仓廒，系于运河系统。

在隋文帝时代，为了保证洛仓的储运，曾经开通河洛之间的运道，洛河水清，洛口不会发生淤塞。洛仓“穿三千窖，窖容八千石以还”，这样的粮仓有三千座之多，总储量达到两万四千石，曾经占到隋代全国粮食仓储的一半。隋炀帝移都洛阳开凿通济渠，也是从巩义东北部的洛口开始解缆东巡，舟船两万只，浩荡绵延二百里。从板渚入汴河，直抵扬州江都。许多大船包括他的龙舟都要在洛口打造。人们把洛阳作为隋唐大运河历史原点，主要是从这个角度上讲的。

但是，洛阳和洛口对中国运河的重大意义，主要在于连通北方，隋唐皇朝的核心集团成员来自关陇，隋朝杨氏来自北周旧族，甚至还有鲜卑族的母系血统。李唐出自河西兴于太原，所需要的物质资料也常常需要从北方调转，北方水运的开通也就成为必要。也就是说，隋唐时代洛口仓，需要经由河阳地区转运充实，而北方各路士人汇聚到洛阳长安一线，也要经由河阳地区。

河阳的山河很美。李白有诗作，“河阳花作县，秋浦玉为人。地逐名贤好，风随惠化春”（《赠崔秋浦三首》）。杜甫有诗作，“河阳县里虽无数，濯锦江边未满园”（《萧八明府堤处觅桃栽》）。李商隐也有“河阳看花过，曾不问潘安”（《拟沈下贤》）。河阳在孟津的东北，黄河的北岸，也叫河内地区。这里有韩愈的故里，也是江淹《别赋》中吟咏“又若君居淄右，妾家河阳”的地方。

多年前去过焦作，武陟的威风锣鼓也看过两次。那时对运河的事情倒并不在意，对于济源的济渎庙和古济水如何入河，曾经想寻找一个答案，但终究没有弄清楚。沁阳也去过，只记得那里有个很大的水库，也分布着北方绝无仅有的一群猕猴，与游人争抢花生果。但也从未想过，这里的沁水南流入河，还有一支流入了白沟。更未想过，同样发源于太行山的淇河，怎么就在曹操手里转了方向，成为隋唐永济渠后来卫运河的一个重要起点。

永济渠和卫运河是在白沟基础上开通的。从运河全局上讲，中国的历代帝王，对运河开通有大贡献者，莫过于这十三人，有吴王夫差和梁惠王，有汉光武帝刘秀和隋炀帝，有唐宪宗和宋神宗，有金章宗，有元世祖忽必烈，有明朝永乐皇帝及万历皇帝，有清朝的康熙、乾隆皇帝，此外就是魏武帝曹操。夫差开邗沟，梁惠王开鸿沟，刘秀开阳渠、千金渠，隋炀帝开通济渠和永济渠，唐宪宗手里完成了丹阳运河，宋神宗主导了“引洛济汴”，忽必烈推出了“通惠渠”“会通河”“济州河”和“贾鲁运河”，永乐帝再次开通了会通河，万历时代则有里运河的出现，康熙帝打通了鲁运河，乾隆帝督办了中运河，而曹操则是北方运河开凿的第一人。曹操开凿的白沟并不是很长，但有两个影响后世的创意，一是“遏淇水入白沟以通粮道”；二是由白沟沿黄河故道北上，一步一步形成了京杭大运河北段永济渠和后来卫运河的基本走向。

曹操在黄河两岸开通的运河约有六条。一是黄河之南的睢阳渠，即东去商丘，从开封到中牟的官渡；二是自宿胥渎北延白沟；三是修建平虏渠，即从沧州青县木店门北通泒水，南接滹沱河，成为后世南运河的基础河段；四是开凿泉州渠，也即北运河武清河段；五是开新河，在天津宝坻附近；六是利用漕渠，即引入漳河水，兵船直下邺城。

曹操的儿子曹丕也曾沟通过颍水和汝水，旧迹在哪里？既清楚也不是很清晰。那也许会勾起人们关于北宋词人苏轼和欧阳修身后事的一些推想。宋徽宗即位后，苏轼从海南放归，没有等到去许昌与苏辙相聚就病逝于常州，他的灵柩是如何运到河南郏县，长眠于汝水边的“三苏坟”的？陆路行固然可以，但舟船也可以起运，如果那时运河通畅，他的灵柩是可以从常州起运到千里外的郏县的。欧阳修的陵园在新郑的欧阳寺村，但他在北宋熙宁五年（1072）卒于颍州（今安徽阜阳），北宋熙宁八年（1075）赐葬开封府新郑县，灵柩起运，同样也少不了走这条水运线。

其中最重要的还是北方运河的走向。东汉建安九年（204），曹操通过修建睢阳渠大胜袁绍，袁绍退回到邺城，曹操乘胜追击，率军渡河北上，一举攻占浚县附近的黎阳。但在这里并未仓促用兵，而是据守黎阳，先下了一盘运河大棋，那就是在淇门遏淇水，令其东北流，运兵运粮，包围了邺城。白沟的开凿固然出于军事用途，但首次开启了北方运河通道。

1999 年出版的《辞海》对古白沟是这样描述的：白沟起自浚县西，发源处接近淇水东岸，东北流下接内黄以下的古清河，上起枋堰，下至今河北省威县以南的清河，皆称白沟。这个解释应当来自《汉书 · 地理志》的“淇水所出，东至黎阳入河”。所谓淇门，也就是淇水南流的一处关节点。遏淇水令其东北流并不是一件很容易的事，首先要有蓄水的大水库，这就是要在淇河西北的“宿胥渎”修建“枋堰”。什么是“宿胥渎”，什么又是“枋堰”？“宿胥渎”在《战国策》有记载，是自然形成的水泊，在浚县西南新镇附近。因为那里有过接待一般官员之类的驿站，也就被称为“宿胥渎”。“宿胥渎”的出口叫“宿胥口”，在这里建枋堰，就是在水边打入大木桩也即枋头，犹如现在钢筋水泥打桩一般，先固湖堤地基，用来修建蓄纳淇水水流的更大“水柜”。从此以后，“枋堰”名称取代了“宿胥渎”，成为白沟向北流的一个居高临下的大蓄水库。淇河流来，进入“枋堰”，蓄积了巨大流量，接着又引入漳河水，纳入安阳的洹水，南下邺城，攻克了袁绍的老营。但战事并未就此结束，袁绍的儿子袁尚北窜乌桓与之结盟，成为漏网之鱼，北击乌桓的大战又开始了。曹军顺着白沟河道，经内黄、魏州（大名）、馆陶、清河、临清、武城、长河（德州）、东光、南皮、清池（沧县）等地，至天津海河口，甚至进到了昌黎的碣石地区，遂有气势磅礴的《观沧海》一诗。

这些运河是随着战事进程分段打通的，前有从德州开始的平虏渠，乌桓军退蓟城，曹操又在泉州（武清）修建了直向蓟城和涿郡的运河泉州渠。这既是隋炀帝永济渠的走向，也是后世京杭大运河北运河的基本走向。据《资治通鉴》记载：“发江、淮以南民夫及船运黎阳及洛口诸仓米至涿郡，舳舻相次千余里，载兵甲及攻取之具，往还在道常数十万人。”流经华北地区的白沟和卫运河，是它的前名和后名，而永济渠才是它曾经用过的雅名。

有趣的是，白沟虽然扬名于民间，但细究起来却有多种歧说。新乡的一小段或由地质地貌引起，或在它的童年期，就像乡间的孩子一样，没有先生给取名字，顺口叫作白沟。或者出于军事原因，曹操也没有给它起一个诗情画意的名字，但其作用巨大，白沟的名字也就在民间一直流传下来。倒是白洋淀北边的白沟和至今兴旺的白沟小镇，一直让人犯糊涂。这白沟镇明明不在白沟运河的那条主线上，怎么给自己起了白沟的名字？细细推究，这个白沟北邻拒马河，从古至今也是海河河系的九河之一。在辽宋时代是一条界河，燕云十六州归辽之后，那里一直有过很大的榷场。即便是清末民初，也有小货轮在天津和白沟之间往来穿梭，它加入白沟的家族即卫运河的家族，有很充分的理由。只是那里的地貌并没有白色土壤，当地人只好解释说，其时的河湾里开满了白莲花，花开时节，银白一片，不叫白沟又叫什么？

倒是卫运河和漳卫运河的雅称，大约是从《诗经》里感悟出来的，淇水流经卫懿公好鹤之地。《诗经》里涉及淇河的诗也有五十多篇，其中有《卫风》《邶风》《鄘风》等，《卫风》五占其三，邶国、鄘国后来并入卫国。于是"淇水在右，泉源在左。巧笑之瑳，佩玉之傩"，人多情，流水也很大，而《淇奥》的"瞻彼淇奥，绿竹猗猗"，也有无限风光在其中。白沟主源在淇水，将其称作卫运河很贴切，真正的文章却在"白沟"和后来的卫运河。所谓南运河，离开淇水和白沟，也就没有了水源的持续支撑。

鹤壁之东的浚县，之所以能够成为历史文化名城，并不偶然，主要来自千年历史的白沟黎阳渡。黎阳渡曾是魏晋南北朝以来名重一时的北方运都。宋代知名的大名府也显赫一时，同样都来自白沟即卫运河的关照。宋人把这条运河称为御河，或是因为赵官家的原籍在北京南面的涿州，他们要去祭祖，也得依靠白沟卫运河。澶渊之盟签订前后，龙舟更要从这里行走。在很长时间里，这里是从河阴、河阳进入范阳也即古代北京的主要水陆通道。

卫运河也称漳卫运河，来自卫河和漳河的合流。新乡有一个合河村，就是卫河的一个地标。卫河流经馆陶徐万仓，引入漳河水，也就有了漳卫运河的名称。淇河原本是卫河的支流，卫河也有自己的主源，前段流经卫辉市，其市内至今还有东码头、西码头遗迹，城西有百泉湖、百泉陂、百门陂、苏门陂等地名。因此全方位的卫运河，也可以从浚县黎阳渡更南的河阳地区算起，也可以追溯到卫辉。

卫运河或漳卫运河进入京杭大运河的南运河，到达天津后，直线长度已经超过四百公里。卫运河的名称是在明代才叫开来的，此前的大名和小名就是永济渠和白沟。白沟的主运道，是曹操利用周定王五年（前602）黄河迁徙后留下的故道开通的。无论怎么去讲，它的重要性并不亚于隋唐永济渠和后来的京杭大运河，没有卫运河，也就没有南运河和鲁运河的交错对接，京杭大运河也很难迎来它的全盛时代。从运河全局意义上看，隋唐大运河、京杭大运河和卫运河是一母同胞年龄有差的三兄弟，同属于中国运河嫡亲的一个大家族，共同形成了总长度超过两千多公里的中国运河骨干体系。

# 汴京大传

## 一

开封是一座不同凡响的历史文化名城，在公元13世纪之前，它是世界上首屈一指的国际大都市。经济文化发达之程度，在国内历史上，只有唐代的长安、洛阳和明清以来的北京可比。若说北京是运河上漂来的城市，开封则是隋唐大运河的直接营造者和受惠者。

从河流地理的自然形势上看，黄河这条悬河在大部分时间里从开封北边流过，开封周围有沱河、浍河和后来由乾隆皇帝赐名的惠济护城河等，除了黄河，并没有其他大的自然河流贯穿，但从鸿沟和在鸿沟基础上出现隋唐大运河以后，创造了北宋时代举世无双的城市崛起和繁荣奇迹。城市功能在运河环境中不断优化，成功地建造了一座名扬世界的古都城。运河兴，城市兴，运河亡，城市衰，这是古代运河城市发展的一条重要规律。

多年前数次去开封，在记忆中留下的是宁静和安详，此外就是有些残破的琉璃铁塔。那个时候，开封府衙、天波府和大相国寺，仿佛就是开封的全部文化缩影。至今想起，也觉得眼光有些短浅，有时还会把口口相传的戏文演义当成开封的历史精华，以为《杨家将》《五鼠闹东京》《铡美案》《鲁智深倒拔垂杨柳》等，就是开封文化的主要桥段，有意无意地忽略了这本厚重城市历史教科书的更重要的章节。

开封的城摞城早有耳闻。考古探明，北宋城墙离地三米，明城墙在二米八左右，清康熙城墙在二米二以下。这也说明，愈到后来，水患愈严重。与它情况相近的还有商丘和徐州，但究竟是怎么经历几度繁华，又遭受几多严重的衰变，还需要从大量的灾难史料中去一一寻踪。张择端的《清明上河图》给人以繁华的历史遐想，他还有另一幅存世名作《金明池争标图》，同样记录了东京的历史繁荣。金明池是与北宋皇城金水河相连的近域湖泊，一如清代的北京昆明湖。原湖位于古城西南即现在的金明大道上，要恢复，牵动会很多，近年来，开封市便在城市西部建设了新的“西湖”。

张择端是琅琊东武即山东诸城人，字正道。早年游学东京，宣和年间任翰林图画院待诏。《清明上河图》是他进献给宋徽宗的作品。画中有不同身份的形神兼备人物八百多个，汴河虹桥下漕船往来，汴河桥上街市林立，生动立体地描绘了北宋都城运河市场景象与社会生活场景，是透视和回顾北宋汴运河繁荣历史的第一手写真资料。开封目前的清明上河园是《清明上河图》的历史景观的现代再现，也是园林再创作，有不少神来之笔，但不是《清明上河图》的全部复原。

最近两次到开封，正值开封第三十八届菊花文化节开幕，开幕会场就在清明上河园的新虹桥边。洛阳牡丹甲天下，开封的菊花也名满天下，菊花韵，运河情，城里城外各色菊花齐开放，名贵品种有一千二百多种，有金越山、银越山、绿朝云和紫强大、满红及破阵子等，更多的品种都叫不上名字来。开封种菊大约有一千六百年的历史，中国第一本专业性著作《菊谱》也出自开封。每年十月，开封人迎来的盛大菊花节，堪称是中国的第一菊展。

因为城市建设需要考虑多种因素，所以清明上河园并没有建在内外城之交的古代水门边，但最新的考古挖掘成果显示，清明上河园中的虹桥与画中的虹桥，在位置上差不了许多。清明上河园并不是简单的复制和再现，但保留了运河和古代市场的神韵，融入了现代园林的文化元素，气氛和格调比较和谐。当晚的仿古舞台演出，演出了《菊花韵·水润菊香》《欢乐宋·东京梦华》《黄河情·大河新唱》三个乐章。演出一直延续到后半夜，观者才陆续散去。

在北宋时期，开封就是一个不夜城。从宋太祖诏令开封府“令京城夜市至三鼓以来，不得禁止”开始，夜市就是它的最大特色。如《东京梦华录》中所记载，“夜市直至三更尽，才五更又复开张”“虽大风雪阴雨，亦有夜市”。虹桥上下如此，州桥和大相国寺每月也要开放五次，金明池一年也要开放一个月，且“四方珍异之物，悉萃其间”。金明池中的大澳，是世界最早的一个大船坞。

开封的不可移动文物遗存一千九百多处，名胜古迹二百七十四处，国家级文物保护项目十九处。其城里及周边地区，也有很多古迹。除了建于北宋皇祐元年（1049）的开元寺琉璃铁塔和龙亭、明代周王和郡王府邸遗迹，还有清真东大寺、翰园碑廊以及建于清乾隆四十一年（1776）的山陕甘会馆，还有元代全真道教的延庆观斋堂，此外则是明嘉靖二年（1523）建造的禹王台。那里有李白、杜甫和高适三位文豪的三贤祠。然而令人更为关注的，还是开封的古运河、古桥和古城墙，以及老城区里的珠玑巷。

古开封的运河主干汴河，一开始主要指的是城西近十公里的河段，后来成为与泗水交汇之前运河段落的代称和全称。汴河对于宋代的开封，具有城市发展的全局性意义，就漕运来讲，经汴河运来的粮食，在宋太祖时是数十万石，在宋太宗时就达到了三百万石。

宋太祖赵匡胤对开封的运河是引以为傲，在钱镠王进献一条宝犀腰带的时候，他曾经这样说："汴河一条，惠民河一条，五丈河一条。"在他的眼里，运河带比什么腰带都珍贵。开封的运河，船来船往，常常以纲来计算船只流量，一纲三十只，置纲二百个，合为六千只。有着"红杏尚书"诗名的宋祁之兄宋庠，曾有一首《汴渠春望漕舟数十里》："虎眼春波溢宕沟，万艘衔尾饷中州。控淮引海无穷利，枉是滔滔本浊流。"浊流云云，自然是指夹带泥沙的黄河水，"控淮引海无穷利"倒很十分准确。这些船主要从汴河、蔡河和五丈河行驶而来，其主要港口，在春秋战国时是大梁港，在隋唐时是汴州港，在北宋时是东京港和朱仙镇港，以及柳园口港等。

开封众多的古运河名称，需要进行一些细分。它们虽然是相互连接的，但又不在一条直线上。隋代通济渠在唐代名之为广济渠，宋代则通称为汴河。唐代命名的广济渠流经开封城北部，连接着五丈河，五丈河又连接着汴河和蔡河。北宋时代兴建的延丰仓、永丰仓与顺城仓，就在汴河和蔡河附近。因此从开封运河物流结构上看，也可以说开封是一渠多河，主要指的是汴河、蔡河、五丈河和杞县流来的惠济护城河。

北宋时期，东京城三重城或四重城里外曾经流过的六条河，最重要的是流形也呈平面虹状的蔡河，那很可能是分流船舶的弧形越河河道。《清明上河图》描摹的，应当是蔡河上临近内城的其他运河河段的景象。对上河的叫法，我一直有些搞不明白，它是清明时节过河图景再现，还是对宋代皇帝治下开封运河的特定尊称呢？从隋代起，这些运河就被统称为御河，宋沿隋规，皇帝出巡，也要走这条运河，上河也可能是一种特定的含义。

对于通济渠的千古功用，古代诗人从来都是给予多方面肯定的。刘禹锡和白居易创作的《浪淘沙》曲牌也提及了隋唐大运河，刘禹锡的《浪淘沙九首》写在夔州，借万里黄河、洛水琼沙、鹦鹉洲头、锦江岸边和海门大潮，抒发了人生艰难的感慨，但可以看出他是乐观的，其诗句有“汴水东流虎眼文，清淮晓色鸭头春。君看渡口淘沙处，渡却人间多少人”。诗人们对汴河，还有多首咏史和述怀诗，如《汴河怀古》《隋堤柳》《汴河阻冻》和《隋苑》等。杜牧在《隋堤柳》中吟道：“夹岸垂杨三百里，只应图画最相宜。自嫌流落西归疾，不见东风二月时。”在《汴河阻冻》里发出“浮生恰似冰底水，日夜东流人不知”的宦途感慨，在《扬州三首》中也对隋炀帝开通运河委婉地给予肯定，甚至发出了“自是荒淫罪，何妨作帝京”的反问。

开封的城墙，是国内保存比较完好的古城墙之一，中轴线从未移动过，这在世界筑城史上也是一个奇迹。宋城城墙在地下第三层，有复原模型在龙亭和山陕甘会馆展出。古宋城有皇宫内城、外城三层，呈双回字形，这也是后世营建都城的标准模式。

到内城的老城区去，由于好奇，人们都会到赵匡胤兄弟出生的双龙巷去看一眼，殊不知双龙巷正对面的珠玑巷里的故事更重要。广东南雄的珠玑巷脱胎于这里，凡有珠玑巷的南方城市，都有开封珠玑巷的影子。因此在前几年，海内外的很多客家人，聚会开封珠玑巷，以资纪念。珠玑巷里建有守望阁，表达了当年留守在开封人内心的心声。

开封本来号称七朝古都，加上夏朝的老丘，也可以称为八朝古都。老丘在开封西北，夏帝在此建都。甚至传说中的帝高阳早期居留地，也在开封杞县的高阳镇。根据《竹书纪年》所记载，姒杼是第七代夏王，到第十三代才迁都安阳。老丘时代凸显了开封的史前地位。进入春秋时代，梁惠王迁都大梁，开始修建鸿沟，开封进入第一个历史发展周期。郑庄公在朱仙镇地区修建了启封——那时的开封叫作启封，后来因为要避汉景帝刘启的名讳，改为开封。开封在西汉为浚仪县，东汉归属陈留郡，“浚仪”这个名字一直沿用了八百年左右。北周武帝时改为梁州，隋唐改为汴州，五代中的四代皇朝在此建都。周世宗扩建了外城，北宋九帝在这里君临天下，“八荒争凑，万国咸通”的东京开封府，也就进入了它最辉煌的时代。

诚然，在通济渠或曰广济渠的修缮上，也不能说唐代毫无作为，唐玄宗即位后五次修缮了淮阴山阳渎。这条运河在安史之乱中八年未曾疏浚。唐宪宗时修建了高邮的平津堰并开通了到扬州的直河，同时也开通了丹阳水道。但真正重视和扩大通济渠或曰广济渠功能的，还是在北宋。当时，开封较大的运河桥梁至少有三十六座，东水门西水门就有十四座。有七里虹桥、五丈河桥、相国寺桥、五岳观桥，甚至还有蔡京家门口的太师府桥。七里虹桥的技术含量最高，据《东京梦华录》记载，“其桥无柱，皆以巨木虚架，饰以丹雘，宛如飞虹”。这种叠梁拱桥是古代中国特有的桥梁技术。

开封后来的几次起落，都与黄河洪水有关。梁惠王时期鸿沟出现到秦灭魏国，秦将堵截鸿沟并使黄河水直灌梁都，这也许是开封城摞城的最下一层。此后的几百年里，开封一直在郡县的行政状态下存在。在东汉末年的官渡大战中，曹操开凿的睢阳渠，或许有助开封的复苏，但在一片战乱中，开封的闭锁还是难免的。进入隋唐时代，随着通济渠的开通，开封迎来了发展机遇，真正使开封进入黄金发展期的，还是在北宋时代。

开封出现城市发展的较大曲折，以致城摞城灾难叠加，可以举出很多时段和具体成因。其中有黄河流域普降暴雨形成百年一遇洪水的自然原因，也有战乱和战争的人为原因。如公元1128年，宋金对峙，南宋东京留守将黄河洪水作为抵挡金兵南下的军事手段。公元1234年，蒙宋联合灭金，再次掘开黄河寸金淀，导致黄河洪水三支南流。公元1290年，再次河决开封。此外，明崇祯十五年（1642），李自成军下开封，久攻不下，与守城的巡抚展开了相互间的水淹战，十多万城民沦于洪水，也曾造成了巨大灾难。

黄河洪水对开封的威胁和打击，不止这几次。北宋庆历八年（1048），就有过濮阳决口，洪水漫灌梁山泊，迫使黄河从沧州入海。这一次洪水没有对开封城造成大的毁灭性影响。金明昌五年（1194），黄河又在郑州的原阳决口，也就在祸不单行中对开封再次构成直接威胁。进入明代，黄河决口同样频繁，也都直接或间接影响到了开封。对于这些灾难事件，有各种背景和成因解释，但不论其真相如何，开封并没有被完全击垮，它不断地浴“水”

重生，又不断地承受着连续不断的灾难。

开封的兴衰，从总体上看，运河的演变与开封城市功能的演变，还是一个较长的过程。由于黄河水多沙多，从宋代开始，通济渠就不断出现段落性的淤塞，先有宋神宗时的“引洛济汴”，改善运河水质，延长了通济渠寿命。后有元代贾鲁河开通，也在运河改道中有效地盘活了通济水运。即便在明代，开封县并入祥符县，在明朝洪武年间也有过再都开封的谋划，并做过十年时间的明朝陪都。十年后朱元璋放弃了这个计划，将开封改为周王封地，封给了吴王朱橚。明成祖迁都北京，开封的古都地位也就结束了，但真正的变化发生在清道光年间，黄河在铜瓦厢决口，再次出现黄河大改道。清末光绪年间，通济渠漕运正式退出历史舞台，开封的城市位势也随之完全改变。

这既是历史的遗憾，也不全都是遗憾。因为开封不仅有历史的繁华，也留下了奋斗不息的精神。一段时间里，开封的运河考古也有了显著进展，先后发现了东水门遗址和州桥遗址，斗门、粮仓和古寺庙遗迹多有发现，西水门运河走向也开始清晰起来。祥符区段运河故道和杞县区段运河故道，也进入探测视野。与此同时，开封古运河文化建设，以及黄河生态带、护城河旅游带建设正在起步。目前，开封人正在不断推进“四带三区”的建设规划，“四带”是沿黄生态旅游休闲带、郑汴产学研带、开港经济带和南部经济带；“三区”则是宋都古城文化产业示范区、中心商务区和开港经济区。开港经济带的建设将为古运河的新形态作出新努力。

二

在开封的几天里，除了去看清明上河园，更想看到地上运河的旧景，看到贾鲁运河边的朱仙镇。一天中午省去了午休，到离市中心有二十公里的陈留镇。陈留镇属于开封市祥符区，是一个在历史上多频次出现的古地名，在开封主市区的东边，位于当年通济渠向东延伸的要路口上。陈留曾属梁国，但被陈国占据过，也就叫作了陈留。三国时代曹植因被封为陈留王，所以这一带也有他的坟茔。山东省阳谷县阿城镇有他的封地，考古也发现过他的坟茔。这是怎么回事呢？想来也很简单，阿城是曹操称魏王时封给他的封地，陈留却是曹丕称帝后封给他的封地。曹操有过七十二疑冢，他有多个墓头也可以理解，只是不能完全确定，哪个是他埋骨地，哪个又是衣冠冢。

陈留镇比较古老，人口密度大。走入镇街，并没有发现什么古河道，只好停下来问街上一位摆摊的老住户，这里有运河吗？也许是口音的原因，他摇了摇头，我改口说老河道，他明白过来，说你走过头了，来路上有座桥，桥旁有一堵砖垒的墙，墙里就是老河沟。返回去一看，果不其然，桥下有很宽的河道，西向东南拐，只是河水不怎么流动。在东边的岔路口上有门楼，门楼上有“运河小镇”几个大字赫然标出。走进去看看，沿河柳树成排，一直伸向远方。小镇虽然还没有成形，但轮廓和线条分明。再向前去，似乎不知是哪个年代留下的码头遗迹。看来，陈留镇的运河很快会有动静。

陈留是汴运河从开封城东去到杞县的第一个码头，沈括在《梦溪笔谈》里曾经讲到，熙宁初，京东水门下至雍丘（杞县）、襄邑（睢县）的运河河深一丈二尺。眼前老河的深度似乎与之相合，陈留老城在汉魏时期就衰败了，别说为郡治时的城垣，后来的县衙乃至各种庙宇，多数废毁，很难看到昔日的模样，但它终究还有运河环绕，因此留有一种古来的灵气。回到运河桥头，不由得想，开封城里的古运河，多数被叠压在城摞城里。它在经历岁月沧桑后，陈留运河还是顽强地保留在城外，连同那沿堤的杨柳和一泓清清的运河水。

离开开封前，去了一趟朱仙镇。朱仙镇不仅是中国四大名镇之一，也是见证通济运河多次繁荣的历史运河大镇，尤其在元代贾鲁运河开通以后，朱仙镇一度成为开封的外河港，对开封的继续繁荣发展举足轻重。清道光二十年（1840），铜瓦厢黄河决口后，洪水漫流，朱仙镇受到了威胁，朱仙镇的五孔石桥，也曾无言地看到过这一幕。贾鲁运河从此开始逐渐衰退，但在民国初年尚有船运，运河遗迹也就比较完整地保留下来。

朱仙镇在最兴旺繁盛时，人口有三十万，完全是古代较大城市的框架。它也有过另一个名字“聚仙镇”，因为它曾是“窃符救赵”的信陵君得力助手朱亥封地，故改名为朱仙镇。它又是开封古都名称的直接地理源头，这里启封故城就是明证。虽然不能说是先有朱仙镇后有开封城，但朱仙镇与开封城表里河域，实为一体，或者用今天的语言来讲，朱仙镇就是开封的副中心。

且不说，在元初、明初和清初，长达五华里的朱仙河河面上，每日停靠二百余艘商船，也不说运河上的红石桥和运河边的岳飞庙、朱亥墓、韩世忠墓和后蜀主孟昶墓，也演绎了不少历史故事，只说有着一千多年历史的得胜鼓和拥有几百年历史的木板年画，以及豫剧“祥符调”，也够人琢磨一阵子了。朱仙镇的运河古商气，更多留在镇内的“验粮楼”“信义桥”和“下八行街”，以及晋商会馆里，百多处寺庙建筑里也有弥漫，这都是开封运河文化的历史珍贵遗存。

如果从京汉铁路通运开始，朱仙镇的商业地位有所弱化，但它的发展前景依然很光明，尤其是旅游业、文化产业和物流产业，发展势头良好。它有四个专业市场，拥有近两千个个体商业网点，仅木板年画一项的销售额，就年达三千万元。朱仙镇年画强烈的乡土气息和独特的民间美学价值，吸引来很多中外游客。他们计划着在十年里投资近百亿，要在运粮河两侧建设国家文化生态旅游区。朱仙镇拥有丰富的历史人文资源，是旅游业、服务业的“富矿”。在通济渠、贾鲁河渐次进入运河城镇复苏中，朱仙镇将会迎来新的变化。

## 三

离开朱仙镇和开封，沿路到处有菊花。开封菊花也称黄帝菊或仓颉菊。在菊花的浅香里，回顾渐渐远去的朱仙镇和开封，一线金黄底色。对于朱仙镇和开封，似乎有一种说不清的感慨，把它比作风韵犹存的迟暮美人，似乎不妥，要说她的美和全部华贵气质已经归来，似乎也不准确。它是一座不老城，与历史所展现的或者人们想象的，或者还有一定的历史距离，但正如著名学者陈寅恪说过的“华夏民族之文化，历数千载之演进，造极于赵宋之世”。而另一位英国历史学家也会不无比较地说：“如果让我选择，我愿意生活在中国的宋朝。”他们的研究视角并不完全相同，也不能说宋代的开封就是历史的理想模板，但他们对开封的文化历史评价，也有眼光独到之处。毕竟，在有宋的几百年里，开封是世界上首屈一指的国际大都市。

在历史上，开封的商业和文化开放度，只有盛唐时代可比。如果说，明清时期的北京是“漂来”的，那么北宋时代的开封，既有“漂来”，也有“漂出”去的。毕昇漂来了，他的活字印刷术漂向了东北亚和西亚；发明火药的道家们漂来了，火药配方也漂向了西亚；还有世界最早的货币“交子”，以及登峰造极的丝绸产品汴绣和宋瓷，无一不是宋代独步世界的高技术产品。其中有些发明现场或者就在开封城里和周边地区。

开封的文化底蕴也不是一般的深厚，从后梁到北宋，开封便有昭文、集贤、国史三馆；宋太宗时还建有“甲于内庭”的崇文院，藏书有五万多册，是古代很大的图书馆。中国画的国家画院也诞生在开封，供职的画家有两百多名。宋代瓦子勾栏兴盛，最大的瓦子可以容纳数千人。外商和留学生云集开封，多国族群以及多种宗教文化都在这里落地，从而专门建有“居藩坊”，而铁塔之下，也是夷门之地，即外商集聚处。犹太人和犹太教也是在北宋时期进入开封的，时称“一赐乐业教”和“蓝帽回回”。他们在中国享有平等的政治文化权利。一位叫左唐的犹太读书人，在明代还高中了进士。他撰写的《尊崇道经寺记》碑，至今仍保存在洛阳博物馆里。马可·波罗来到开封，也在他的游记里说，开封“代表中国，开封故都有百万中国人，而且还有十几个国家的侨民”。

开封也是人物辈出的地方，商朝的伊尹是杞县空桑人，西汉郦食其及汉魏蔡邕、蔡文姬父女，还有红杏尚书宋祁兄弟，皆是杞县人。宋词人史达祖和明代的史可法是开封祥符人。阮籍是尉氏人。崔颢是河北安平人，但出生在开封。通许还有一个十九岁就中了状元的王拱辰，至于两宋的许多“赵官家”后裔，包括元代画家赵孟頫的原籍自然也是开封。

开封文学艺术源远流长。《诗经·郑风·溱洧》中的“溱与洧，方涣涣兮。士与女，方秉蕳兮”，是一篇爱情叙事咏叹诗篇。唐宋散文八大家一多半是宋人，开封更是宋词发展和传播的中心，许多诗人词人云集开封，其中以开封为主要生活创作背景的有柳永、晏殊父子、欧阳修、周邦彦和李清照。

晏殊父子是婉约派宋词的开山者。晏殊，字同叔，生于公元991年，出生在临川进贤。他五岁能文，十四岁便与数千名来自各地的考生，一道参加了廷试。据沈括《梦溪笔谈》记载，他应试时“神气不慑，援笔立成”，受到宋真宗的嘉奖，当即赐同进士出身，意味着不管他在其他考试中名次如何，已经成为不可改变的天子门生。他小小年纪便被任命为秘书省正字，留阁继续读书，学习勤奋，从不参加官场宴会和应酬，但他也会实话实说，宋真宗问他为什么不去参加宴会，他的回答是囊中羞涩，因此，宋真宗很器重晏殊。三年后诏试中书，出任掌管朝廷礼乐大典的太常寺奉礼郎。十八岁时又升任光禄寺丞，父丧丁忧回乡，服丧未满便被召回，同判太常寺。母丧未准回乡，转任太常寺丞、王府记室参军。后来做了太子舍人、翰林学士、左庶子，辅佐尚未成年的太子，即后来的仁宗皇帝。宋仁宗时代，他一路升为侍读学士、礼部侍郎，迁枢密副使，并在北宋明道元年（1032）升任参知政事加尚书左丞。他也曾贬亳州、陈州，复召为刑部尚书兼御史中丞。北宋庆历二年（1042），晏殊官拜宰相以枢密使加平章事，被称为仁宗朝的“太平宰相”。晚年时，他遭到蔡襄等人弹劾，以尚书衔贬西安和洛阳，但归京治病时又被宋仁宗留在朝内讲解经学。晏殊去世后，宋仁宗亲自前往致哀，赠司空，谥号“元献”，可谓哀荣备至。他的词比较含蓄隽永，最有名的就是在商丘所作的“昨夜西风凋碧树，独上高楼，望尽天涯路”（《蝶恋花·槛菊愁烟兰泣露》）。

晏几道是晏殊的第七子，字叔原，号小山。他生于公元1038年，自幼潜心六艺，旁及百家，雅好藏书，工于诗词，尤喜乐府。在要风得风要雨得雨的优游生活环境里，晏几道养成了孤傲不群的性格。能与他谈得来的，只有同是江西派诗人黄庭坚，即便当时已经成为翰林学士的苏轼，也想通过黄庭坚的关系来拜访，他居然也以“今日政事堂中半吾家旧客，亦未暇见也”（《砚北杂志》），而一推了之。由此可见，他在人际关系上并不活络。晏殊故后，晏几道的路越走越窄，满腹才情，最终只做到开封府判官。他在六十九岁时致仕，七十三岁时郁郁故去。

对于晏几道的性情和才情，黄庭坚所作的《小山词序》中云为“四痴”：“仕宦连蹇，而不能一傍贵人之门，是一痴也；论文自有体，不肯一作新进士语，此又一痴也；费资千百万，家人寒饥，而面有孺子之色，此又一痴也；人百负之而不恨，己信人，终不疑其欺己，此又一痴也。”其中“费资千百万，家人寒饥”是乐于助人；所谓“不肯一作新进士语”，即并不随意表扬新人新词，因为他更相信时间对艺术的考验，所以以导师自居。说是孤芳自赏可以，说是唯美主义也可以。当然，晏几道的仕途不畅，也不全然是性格缺陷，与反对王安石新政罪名有关联。他的一位词友郑侠反对新政，献上一幅《流民图》，不幸被治罪。言官在晏几道的词里也发现，“春风自是人间客，主张繁华得几时”颇有些讥刺新政的意思，因此也被系于狱中。虽然不久被释放，但他在三十六岁盛年时遭此打击，万念俱灰，淹留诗酒，也直接或间接地造成他后来的各种仕途不顺。

说他是花间派的传人，并不准确。他确乎工于言情，词风深婉，笔调哀伤，但语言清丽，感情真挚，个性鲜明，艳而不俗。小山词有三百多篇，其中传世名篇有《鹧鸪天》《阮郎归》和《临江仙》。晏几道的代表作品多为回忆之作，他的情场词也有几种类型，一类是回忆关系密切的歌伎，一类是歌唱民间少女，一类是对遇人不淑女子遭遇的感慨，一类是对自身少年感情生活的反思。他在《小山词》自序中讲过他进出歌楼的若干细节：“始时，沈十二廉叔、陈十君宠家，有莲、鸿、苹、云，品清讴娱客，每得一解，即以草授诸儿。吾三人持酒听之，为一笑乐”，但后来“君宠疾废卧家，廉叔下世”，相知歌女也俱流转人间，昔日在一起听歌品曲的生活也随之烟消云散了。为了纪念他们在一起有过的欢乐，他为莲、鸿、苹、云都作了忆旧词。小莲大约是其中最天真无邪的一个，因此在《鹧鸪天》和《破阵子》中有过多次描写。如果我们不知道这些词是在忆旧，会以为遇到了一位招蜂引蝶的浪子。他似乎很喜欢小令。最短小令《长相思》只有三十六个字，其中还有四次“长相思”歌词的复沓。言简意赅是他追求婉约的最高境界。

北宋大中祥符元年（1008），二十四岁的柳永信心满满地来到汴京。第二年春闱赴考，颇有不占鳌头誓不休的气势，作有天下承平的歌赋，极尽华美之词，但素来不喜文辞铺张的宋真宗专为大考下达诏书，命主试者不取属词浮华者，柳永自然也就没了登第的希望。初出茅庐的柳永曾为此愤然不平，便有了《鹤冲天·黄金榜上》中的“忍把浮名，换了浅斟低唱”。这首《鹤冲天·黄金榜上》更多是“愤青语”，但也成为他从此踏上填词度曲业余歌场生涯的宣言词。以至《苕溪渔隐丛话》引述《艺苑雌黄》的这段话说：“柳三变字景庄，一名永，喜作小词，然薄于操行。当时有荐其才者，上曰：

‘得非填词柳三变乎?’曰:‘然。’上曰:‘且去填词!’由是不得志,日与狷子纵游娼馆酒楼间,无复检约。自称云,‘奉圣旨填词柳三变’。”一段上曰上云,到处传播,“奉圣旨填词柳三变”便成了他的另一个名头。但《苕溪渔隐丛话》引述《艺苑雌黄》的话,本身就很可疑,将宋真宗对举子文章要求放在了他儿子宋仁宗身上了,殊不知仁宗即位后很快就放宽了考试的文体限制,而柳永后来得中进士,恰恰也是在仁宗即位的第一年里。

在诗词创作上,他没有为了谁和为了什么。此时的柳永,在汴京城里就是一个标准的“京漂”,浪迹歌榭是生活面临的必然选择。他也知道,词的生命力不仅仅在于阅读和品味,更不在于交际和酬唱,而在于歌唱,他要填能够传唱的词,不同乐工与歌女厮混在一起,又要到哪里去找寻这样的创作灵感?但这恰恰又是最要他命的问题,即要把一位诗人抹黑,让他在科场上永世不得翻身,最好就是把他描绘成科场失意、情场得意者。而柳永不会把他的词与别人去比较,他只是想作能够传唱而且传播面广的词。他真的达到了预期想法。士人们并没有发现这样一个词特性和词现象,但被来汴京出使观光的西夏使节发现了,因为有井水处就有柳词。

在京师,他也写过一些色调明朗的词,大多是有关歌舞升平的内容,如《迎新春·大石调》,“鳌山耸,喧天箫鼓”。他对民俗天然亲和,有关的词作还有《破阵乐·露花倒影》和描写七夕的《二郎神》以及歌咏清明节的《木兰花慢·拆桐花烂漫》。这些民俗文化无疑也是他的诗词养料。

欧阳修因为参与修史,也是较早将怀古题材引入词作的北宋诗人和词人。然而《六一词》中最惹眼的是《渔家傲·十二月鼓子词》。鼓子词是民间艺术,十二节气歌更是传唱广泛的民间歌谣。《渔家傲》词,在唐五代中不见,属于宋代首创,其词牌名出自晏殊的“神仙一曲渔家傲”。欧阳修把节气歌和鼓子词用到《渔家傲》中,别有味道。十二首《渔家傲》起兴于十二个节令,从“正月斗杓初转势”到“十二月严凝天地闭”,每个月都有社会风俗描写,也有风景速写和词人的感受。如“二月春期看已半,江边春色青犹短。天气养花红日暖。深深院,真珠帘额初飞燕。　渐觉衔杯心绪懒,酒侵花脸娇波慢。一捻闲愁无处遣。牵不断,游丝百尺随风远。”虽然属于文人创作,却充满了雅俗共赏的生活意趣。欧阳修词风与他的学生苏轼有同有不同，后者更偏于豪放，但接地气，则是共同追求。

周邦彦，北宋词人，字美成，号清真居士，浙江钱塘人。据有关资料记载，他青年时喜读诗书但性格急躁，更喜欢音乐，因此不为地方府学所器重。宋神宗元丰初年到汴京，入太学，曾经写有《汴都赋》，得到了宋神宗的赞赏，破格提为太学正。但此后的十来年一直没有得到升迁机会，在而立之年曾被外放，做过庐州教授和溧水知县。他回到汴京后，在哲宗朝被提拔为国子主簿、校书郎，转迁考功员外郎、卫尉和宗正寺少卿。他在政务上偏于主张变法的新党，因此在复杂的人事关系中免不了浮沉动荡。徽宗即位后提举过大晟府，成为专业词官，此前此后有过知河中（永济）、顺昌（阜阳）、隆德（长治）和明州（宁波）的经历，回京后为秘书监。总的来看，他的人生经历除了两头，当中的一段仕途还算顺风顺水，没有多大波折。晚年他曾经流落宜城约五年，宜城在襄阳汉水中游。北宋宣和三年（1121），周邦彦病逝于应天府（商丘）。

从周邦彦流传于世的著名词作来看，更多贯穿交织了失恋、失意和思乡三种情愫。情感、怀人怀乡和羁旅感怀是重要的主题，间或有节日描述和怀古，如“山围故国绕清江，髻鬟对起。怒涛寂寞打孤城，风樯遥度天际”（《西河·金陵怀古》），词境生动自如，很有口语感。周邦彦的词作，以在外放和流寓中为最多，集中于壮年和晚年时期，很少见到他在汴京生活的直接描述。特别是提举大晟府时，如果不是看他的经历而是只看词作，那段时光甚至像是一段空白。其实他的成就更多在于精通音律，打通了词与曲之间的隔膜。许多研究者说，李清照在青年时代所作的《词论》，对柳永、晏殊、欧阳修、苏轼等二十位北宋词人都有评论，独不见对周邦彦的只言片语。有说是因为大晟府是官乐府，有所忌讳。但未必是这样，周邦彦有影响的作品集中在后期，李清照的《词论》在那时可能已经写完了。

从柳永到晏几道再到周邦彦，甚至欧阳修，能够看出歌唱与词的天然联系。我们也能看出，宋词的繁荣发展，同其总体文化艺术气氛的形成，是分不开的。

李清照生于北宋元丰七年（1084），字易安，济南章丘人，一说是历下，历下大约是祖籍。她的父亲就是“苏门后四学士”之一的李格非。李格非刻意于词章，他的学养、藏书以及宽松的家庭文化气氛，为李清照的成长和成才提供了优越条件，尽管家境并不宽裕，但养成了李清照超群的诗词气质和文化素养。

十八岁时，李清照嫁给左仆射赵挺之子赵明诚。赵明诚是金石家，李清照的学识视野进一步拓宽，文化眼光也超越了同时代书香门第中的一般女性。在这个时期里，他们夫妇生活还是平静的。尽管赵明诚不时负笈远游，李清照也为此写有多首离思词，如“起来慵自梳头。任宝奁尘满，日上帘钩。生怕离怀别苦，多少事、欲说还休”“念武陵人远，烟锁秦楼。惟有楼前流水，应念我、终日凝眸”（《凤凰台上忆吹箫》），此外还有经典名作《一剪梅》，“云中谁寄锦书来？雁字回时，月满西楼”“一种相思，两处闲愁。此情无计可消除，才下眉头，却上心头”。赵明诚亡故后，她有多首悼念赵明诚的词作，如“藤床纸帐朝眠起。说不尽、无佳思。沉香断续玉炉寒，伴我情怀如水。笛声三弄，梅心惊破，多少游春意。 小风疏雨萧萧地。又催下、千行泪。吹箫人去玉楼空，肠断与谁同倚。一枝折得，人间天上，没个人堪寄”（《孤雁儿》）等，显露了他们非同一般的夫妇感情。

李清照最早的成名作是在开封创作的，那就是充满天真烂漫少女情愫的游词《如梦令》，“常记溪亭日暮，沉醉不知归路。兴尽晚回舟，误入藕花深处。争渡，争渡，惊起一滩鸥鹭”。在开封忆读这首词，我们不仅看到了少女时代李清照的顽皮模样，也很想知道溪亭在哪里，是五丈河的小河汊吗？那争渡的地方又在哪里，是汴河还是蔡河呢？虹桥下弯曲的蔡河是运河闹市，惊起的一滩鸥鹭，又怎么会出现在那儿？李清照离开开封后，一直没有机会回去，但她后来的词作里都有不少开封的影子。李清照在开封的故居地在御街西，开发修整后很多人都去游览过。唯不知想象中的故居是否有谱，她毕竟是一位女诗人，而非如蔡京那样拥有太师桥的达官，但有一个念想和凭吊的地方，还是很好的事情。

# 风雨白马津

滑县在安阳，北邻汤阴，紧邻北宋末年的黄河边上。《诗经》中“执子之手”和“静女其姝”的诗篇出自这一带。这里还有著名的瓦岗寨。《隋唐演义》中的一些角色，如程咬金、秦琼、徐茂公、单雄信、王伯当、侯君集乃至魏徵，都出自瓦岗寨。这里的道口镇更有名，有知名的道口烧鸡。道口烧鸡的牌子，创始于清顺治十八年（1661），迄今已有三百多年的历史，据说是从一个张姓小作坊干起，得到御厨的指导，立字号为“义兴张”。清嘉庆皇帝南巡时路过道口品尝之后，也就成了“贡品”。

滑县原来归属浚县，在秦汉时也叫白马县，这是卫运河开通后渡口也得名白马的由来。白马古渡在哪里？历来有五陵镇之说。五陵镇在县城西北五里处，去那里看了看，渡口没有了，遗址倒是有迹可循。据传，滑县在周朝时是周公之子的受封地，曾为胙国，后来入于卫国。在周定王时黄河向北迁移，这里一度成为黄河故道。土壤比较肥沃，适合农耕，因此古来就有“滑县熟，顾九州”的说法。对于滑县是不是古滑国的旧地，历来是有争议的。有周公之子被封于河南睢县而为滑伯国的记载，也有秦国欲袭郑国，被得知消息的贩牛商人弦高预先通报，郑国做了准备，因此秦军佯作过境，顺手灭掉了滑国的历史故事，这在《左传》里有记载。贩牛的方向一般是在北方，因此一定说滑国在郑国之北的地方，也即在滑县，是讲得通的。

不管怎么说，滑城在很长时间里面临黄河一度北移，这里就出现了一些空河道。汉末曹操北上追击退至邺城的袁绍，这里和黎阳渡就成了曹操的部队驻地，先是围而不打，在黄河故道上“遏淇水北流”，浚县黎阳渡出现大名头，滑县的白马渡也跟着火了起来。

白马渡也叫白马津，在很长时间里与浚县黎阳渡隔河南北相望，成为姊妹渡口。白马渡在滑县五陵镇，黎阳渡在浚县新镇。高适诗歌“黄河曲里沙为岸，白马津边柳向城”，讲的就是这样一种情势。李白北上幽州，经过的第一大渡口也是白马津。他的“将军发白马，旌节度黄河”的诗歌，写的就是这里。

在汉魏时代，这里也是白沟的重要节点。北宋时黄河再次回到滑县的道口镇边，相邻的渡口就是那个著名的李固渡。白马渡在黄河之南，白沟运河在黄河之北，形成了后世卫运河发展的较大地理背景。在明永乐年间，白马渡口日过船七百艘，最大的船可载货一百三十吨。中华人民共和国成立后，为了增加水源，曾经在这里引黄河水入胜利渠再入卫运河，一直到 20 世纪 80 年代中期，河流量和船流量才开始有所减少。

滑县的风景多，除了需要清晰定位的白马津，还有东湖、西湖。白马津的得名，在《史记·荆燕世家》有记载，楚汉相争时，汉王刘邦派刘贾、卢琯率领两万人从这里入楚，所以李白有白马咏史诗，诗里虽然没写刘贾、卢琯如何从燕地入楚，却写到滹沱和燕然，分明在暗示，他要从白马津北上，而不是单纯的吊古和对历史的感伤。李白的《发白马》，其实是他由此进入幽燕之前的一首定场诗。

苏轼在《送欧阳主簿赴官韦城四首》中，有“白马津头春水来，白鱼犹喜似江淮”的诗句。这里居然出产江南太湖地区才有的白鱼，这是稀罕事，或者他把白鲢当作了白鱼。但不管怎样说，“白鱼犹喜似江淮”一句，还是道出了他对白马津不是江淮却似江淮的由衷喜欢。同时也说明，在北宋时期，白马津还是很吸引人的地方。

滑县的西湖是一个调蓄湖泊，现在叫千翠湖，在县城西。东湖位于城关、老店和上官三镇交界地，是引黄灌区的重要调蓄工程，比较狭长，湖中有岛。这两个湖是否是在当年白沟老河道上形成，或者就是白马津的旧迹？有可能，但不确定。

在滑县，看过两段相连的古城墙，一段比较完整，依旧矗立在城关镇八街村东；一段残损，在八街村东南角。城墙内有明福寺塔，是当年的一座镇水塔。这城墙，应当是滑县古县城的城墙遗址，道口镇就在城墙遗址的东边。这个道口镇，不仅以道口烧鸡扬名，古运河一如南方的运河城镇也从镇里穿过，西边连接着西湖，有古码头、古民居、古庙宇、古商号，星罗棋布，有近千间。道口镇的街道，线条不像南方运河镇那样细腻，并不见小桥流水，但有中原的风物气派，有大的集街，也有“水胡同”连在一起，似乎又有南方运河的集市景象。从市场布局来看，不仅有过码头集市，也还有过水上集市，而这样的风光只能在江南运河小镇找到。街上还有座黎南书院，是昔日的义塾，小小道口镇有过这样的市场和文化气场，其底蕴怕不是一只美味烧鸡可以道尽的。

滑县城外，居然也有十二景，有的名称很儒雅，如天台表胜、龙门夜雨、双潭秋月，也有茅屋白云、狗脊云封这样的乡风野韵。“茅屋白云”相传是元末的一位隐士修建的，他结庐在运河的高堤上，白云飘过屋顶，遂有其名。茅屋就是茅屋，不说是草堂，滑县人是够爽快。明代的一位文人刘三吾，还特地为茅屋白云写了一篇《白云茅屋赋》，赋之于高堤深河，白云深处，再现了北方运河山水风光。“狗脊云封”来自古城西北的狗脊梁山，因为山形像狗背，所以狗脊云封也就更有些雅俗共赏了。这里的河桥不算多，最有名的是位于四间房乡的广济桥，它是明万历二十九年（1601）修造的，三孔石拱，也有狮猴石雕，是一个袖珍版的小卢沟桥。

道口的庙宇文化也很独特，如同扬州、常州同名的金龙大王庙一样，这个大王庙叫北大王庙，也是不供神灵供凡人的庙宇。扬州邗沟大王庙，供的是同运河有关的战国吴王夫差和汉吴王刘濞，这里供的是战国时代的李冰，南宋的谢绪，明代的张居正、黄守才，还有清代的朱之锡，庙宇是道口人自己集资修建的。人们都知道李冰和张居正，后者任用了治水能臣潘季驯，与运河事务有关。谢绪、黄守才是谁呢？在传说里，谢绪是元军攻入临安时赴水殉国的一位文人，这倒没有什么，但元末朱元璋与元军大战，他的不散英魂居然掀起黄河巨浪把元军的战船悉数打翻，被人们封为专司河事和漕运的金龙大王，有些近乎神话传说。有人分析，谢绪音近“泄蓄”，和运河水源有关，因此在明代以后就有了兴旺的香火。但金龙大王庙是朱元璋时在各地敕建的，似乎码头城市里都有，因此带有朱明反元色彩，也是必然的。2020年，江苏对常州大王庙遗址进行了考古和考察，进一步揭示了明代以后形成的金龙大王庙的水神崇拜，“金龙四大王”是黄河和运河流域城镇的“水神”标配。

“金龙四大王”中的黄守才，倒是明末货真价实的一位民间治水人，他出生于河南偃师，一辈子行船经商，识水性也识水路。崇祯末年洛阳大水，黄守才提出退水之策。清顺治二年（1645）金龙口决堤，他也曾经带人封堵了决口，因此被人们誉为“河神”。朱之锡有些搞不清来历，也许是滑县本地的一位治水能手。滑县作为北方的一个运河节点城市，有强烈的运河情结，不管他们真有过治水功德，还是附丽于传说，只要对运河事业作出贡献，就会被人纪念。

在滑县，让人最上心的，还是白马渡口的确切遗址，因为它是黄河也是后来白沟运河和卫运河最古老的渡口。尽管记录多多，也有李白、苏轼等诗人确凿无疑的诗作为证，但时间已经历千年，黄河的河道数经变化，它究竟在哪里，现在又是什么样子，很难一眼看清。可根据几条线索来求证事实的真相：一是在 2009 年，安阳市文物考古队勘察过白马墙村，在留固，也在滑县旧城的边上。为什么不叫渡不叫津而叫作墙呢？说是此地原称白马城。朱温称帝后，为了避其父朱诚之讳，将城改为墙。但叫城的地方比比皆是，怎么只有这里改为墙呢？既有白马的冠名，说它就是白马城和白马渡旧址也有道理。只是希望它所在的留固，不是南宋开封留守杜充曾经扒开黄河河堤的那个李固渡。所谓音转，最能打“擦边球”，又经常会出现。

二是据《重修滑县志》和《清一统志》记载，说在滑县城东北有个酸枣庙村，那里现在属于浚县。村南面有叫白山子的土山，也有关帝庙、白马坡和白马城，其南边就是有名的瓦岗寨。我实地去看，土山早已成平地，也不见有什么白马城，刨根问底才知道，那白山子的土质倒与白沟要经过白垩涂层相合。从这里我们可以看到，白马坡和白马津或者早已化为了平畴。

还是有些不死心，按着历史资料的提示，到五陵镇去寻找。五陵镇倒是有，也不远，但现在属于汤阴县，处于汤阴、浚县、内黄三县交界。五陵是个大集镇，在历史上也曾归属过滑县，且在卫运河的一条线上，但这里的渡口不叫白马渡而叫桃花渡，渡口就在小宋村。小宋村是汤阴唯一属于卫运河系统的古镇码头。这里有隆兴寺、会福寺，还有千年古槐树，而小宋村的桃花渡，也是东汉建安九年（204）开凿白沟前后才出现的。

到五陵镇，恰逢风雨大作，一边到路边店里避雨，一边打听桃花渡的来历。不用说，没有标准答案。店主指着周边的一大片桃树林说，你要是春天里来，桃花开了，八里桃花十里香，这渡口当然叫桃花渡了。

夏天的风雨，说停就停，说下就下。买了把雨伞，在时下时停的风雨里遛了一遭。我来时做过一些功课，五陵镇应该有过隆兴寺的地标，明清时的港口也是漕粮运输要道，有过生产“贡砖”的官窑。在清末民初的时候，舟船可以直通天津。在桃花渡时，并没有找到隆兴寺的旧迹，更没有看到多少舟船，只见运河里的桃树落叶顺水流去，也像是几叶小舟。虽然不敢断定，这里就是要寻找的白马渡，但它至少是白马渡的一个姊妹渡。

在风雨消停后，从原路返回滑县，经过一个森林公园时，又看到了一条不知名的河。我向同车人打听了一下，这里的河流很多，有金堤河、柳青河、大堤河、贾公河，还有人民河等，不用说，光听金堤河的名字，就会联想到昔日运河的一段或者分支。他们说，靠五陵镇更近一些的金堤河，正在引水到黄龙潭去，建设一个大水库，新的水库名字叫龙湖，水域面积要达到近两万平方米，那要比滑县的东西湖面积大很多倍。这个水库会给滑县人提供更有兴味的游弋去处，但也不免会琢磨，有大水面去游玩当然好了，除此之外，与卫运河的复兴还会发生一些什么样的关联呢？记起阅读《重修滑县志》时看到的一段，其大意是说，在汉代黄河流经此地，留有常年不涸的一方水泽，“内有黄龙潜焉，故名”。黄龙自然是指黄河，是否就是曹操开凿白沟时的那个宿胥渎旧地呢？并非没有这个可能性。如果是这样，这个黄龙潭在重新加大蓄水之后，会不会成为昔日白沟和后来卫运河的新水源地，在卫河和淇河的再整理过程中，重新流动起来，造福一方。倘若如此，滑县将为卫运河的三生再造居功莫大。那白马渡或者五陵桃花渡，也可能在新的运河布景下，再一次展露出自己的真容，而滑县已经修缮过的大王庙，除了那五位历史人物的塑像，还有滑县全体人。

# 黎阳渡头说淇上

到黎阳就要到浚县去，因为它们就是一回事。汉初所立黎阳县就在浚县。黎阳渡与白马渡，在那时隔着河水遥遥相望。所谓淇上，鹤壁的淇河流水，也在黎阳之西。

浚县是河南省入选国家历史文化城市中唯一的一个县级文化名城。这是百里挑一的。浚县境内名胜古迹有三百多处，这是任何一个县城都难望其项背的。其中国家级文物单位有十项一处，省级文物单位有十一项五处，重要的建筑和古院落有四十四处。整个县城分为四大景区，有着比较完整的古城风貌，此外就是穿城而过的卫运河。这里有自古享有美誉的黎阳仓，有浮丘山的道家文化，还有国内年代最早的大伾山大石佛造像。

以前到过一次浚县，那是在一个春节里去逛浚县庙会。别看浚县是个县城，其庙会位居河南四大庙会之首。河南的大庙会，有周口淮阳的太昊陵庙会，但那里的春节庙会没有赶过。在没有庙会的时候，集市也很红火热闹。曾经在集市上购过一套“泥泥狗”图腾五彩小泥塑，也见过太昊陵庙台前种植的蓍草。蓍草是演《周易》爻卦用来作算筹的，说也奇怪，蓍草只有太昊陵和孔林里有生长，其他地方很少见到。河南的庙会还有开封的万岁山庙会和翰园庙会，这在《东京梦华录》里都有详细记载。还有郑州的城隍庙会和登封的中岳古庙会，以及安阳的正月二十七到二十九的火神庙会。浚县庙会之所以有名，不仅是因为它有一千六百多年的历史，还因为举办的时间跨度也很长，从正月初一直到二月二“龙抬头”，庙会持续整整一个月的时间。浚县古庙会同山东泰山庙会、陕西白云山庙会和北京妙峰山庙会，合称为华北地区四大庙会。

这里的五彩泥塑玩具，与太昊陵庙会的“泥泥狗”绘彩上有相似之处，但质地和玩耍功能不太一样，能吹响的，当地人叫“泥咕咕”，大约是从古老的泥质乐器埙演变来的。这“泥咕咕”的制作也很特别，它是用小的竹框架敷黄胶泥制作而成，上彩后在小土窑里烧制，因此有一些陶瓷的性质。浚县庙会的吃食，好似淇河名吃的大展卖，淇河鲫鱼有名，缠丝鸭蛋更有名，因为它只产在淇河的芦苇丛里，腌制后蛋黄里有一圈圈的色环。淇河鲫鱼、缠丝鸭蛋同鹤壁的无核枣，被列为“淇河三珍”。

首次到浚县，不是在春节，而是在初秋。趁着天气凉爽，仔细看看它的城垣和运河、大伾山石佛和浮丘山的千佛洞。浚县现存城墙的一段在运河边，长不到一千米，南边的一段尚有夯土基，大的形状依然保留，成为国家重点文物保护项目。卫运河穿越全境，长达七十多公里，河床宽六十米到八十米，河上有著名的云溪桥。这桥的珍贵之处，一是它同新乡合河桥，是卫运河上仅存的两座古桥，初为木桥，明嘉靖三十三年（1554）建成，后因大水坍塌，明嘉靖四十四年（1565）重修，改为石桥。二是五孔石拱桥，也可以行走较大的舟船。新乡合河桥是七孔桥，也有悠久的历史，是明隆庆六年（1572）所建，时间稍晚一些。

云溪桥有一段故事。明嘉靖四十四年（1565）重修此桥时，有乡人主张桥孔建小一些，大船过不来，货物就要上岸去转运，地方上多了挑夫的营生，县衙也能多征些过路钱。但主持工程的知县魏廉川并不以为然，认为运河连着上下游各方的利益，不能只从一个县收银多少去着想，力主在八十米宽的河上建成五孔石桥，大孔口径十米宽，小孔口径也有五米多，于是船运大通。后人追忆魏廉川的决策，也就将这云溪桥称作为廉川桥，但20世纪50年代，这廉川桥居然担负起了公路桥的新功能，石头栏杆被拆去了，人们不知是该为此桥的加固叫好，还是为那时人不知珍惜古物而感到遗憾。这是浚县人提起来就会摇头的事情。

浚县的骄傲是城里的运河。“引黄济卫”工程竣工，一向重视运河的浚县曾经在境内开挖了大小航道三百多条，总长达三千多公里，基本上形成了乡乡通运河的运河网，成为北方罕见的运河水乡。那时，大大小小的造船厂出现了近五十个，但这样的运河胜景，维持到20世纪70年代就开始消退了。随着运河持续缺水，河道水位降低，这面全国河网船运化的“红旗”，也就不能继续飘扬起来。

在浚县，与运河有关的地名有一百多个，淇门村就不用说了，郭渡、王渡、吴摆渡和赵摆，还有老码头、新码头以及枋头城。一方面显示了昔日运河水道的繁多和运河码头的普遍，另一方面也为古渡口的寻找，提供了地名上的线索。码头村在县城西北，那里有明清老宅，有关王庙，还居住着仍然会唱船工号子的老船工。白寺村也在老运河边，那里的老宅多为石头建筑的，出产的花斑石曾是皇家专用的石料贡品，它是用运河船运往北京的，现在更多用来修建自己的家园。

然而老黎阳渡口的具体位置在哪里呢？与白马渡一样，也是一个待考的问题。《汉书·地理志》记载，“黎山在其南，河水经其东”，黎山就是大伾山，在今天的浚县城东二里处，当地人称为东山。山的南边就是黎阳镇，现在是浚县的一个大的街道办事处，但这里是不是黎阳渡古渡口和黎阳仓旧址所在，还要细细研究。古黎阳镇在黎山南或称大伾山北麓的东关村，那里有黎阳仓的遗址，有仓城，有护城河，还有旧日漕渠的遗迹，已经受到了严格的保护。这城有一千四百多年历史，仓区里曾经分布有八十四个仓窖。在隋唐时代，黎阳仓是四大名仓之一。现在还有四个储仓，每座储仓有二十万公斤的储粮容储量。

黎阳古镇与大伾山紧密相依，大伾山东麓就是天宁寺和后赵时期建造的著名大石像。这石像是不是石佛，似乎有争论。因为它是在石勒的后赵时期出现的，石勒建立后赵的时间是公元 319 年。云冈石窟开凿的时间是北魏时期的公元 460 年，大伾山的石刻造像要比云冈石窟早一百多年，那时的佛教石窟营造尚未成风，且民间称其为黄河上的镇河将军，佛教既然在东汉传入洛阳，出现了著名的白马寺，这里出现原始的佛教造像，也有合理性。造像手心向外，像是信佛者所说的“无畏印”，只是线条粗放，显示了有关造像的早期特征。从后来的发展来看，说它是中国的第一座佛教石刻造像，也并非完全妄断，那里的大佛寺就是北魏时期增建的配套建筑，明正统年间重修。这里还有依山而建的天宁寺，筑有七十二个石磴，也是北魏时期的建筑。那时的黎阳已经成为北方最大的水旱码头，出现佛教早期石刻石雕，也顺理成章。

石窟营造有一个规律，一般都建在商道的交叉路口，处在重要商道上，也要标识商道的走向。北魏开凿的云冈石窟，西去的麦积山和炳灵寺石窟，以及河西走廊西端的敦煌千佛洞，乃至南到洛阳龙门石窟，和更南的大足石刻，在总体走向上都体现了这一点。邯郸附近的响堂山石刻，也呈现出这样的地理分布特点。黎阳大伾山的石像建造在黄河和后来的运河边上，是商道的一个地标，这位“镇河将军”和后来出现的众多石菩萨，体现的还是古人保佑商路特别是水路平安的愿望。在抗日战争中，这里也发生过保卫卫运河的战斗，这场战斗同台儿庄运河战场一样，是中国抗战史上比较重要的一个战例，只是规模有所不同。因为黎阳运河军民壮烈抵抗，这里还发生过震惊中外的浚县大惨案，数千人被日寇杀害。所以浚县也是一座悲壮之城，黎阳古渡则是英雄的古渡。浮丘山上也曾有过激烈的战斗，山上的小城和宫观见证了七十多年前的这一幕。

浮丘山在县城西南，与大伾山相望，地形很有特点，山临运河水，其状若浮舟，因此叫作浮丘。浚县旧日的南城墙横跨山上，城边有座尼姑庵，因此又叫小姑山或南山。道教建筑碧霞元君宫就在山顶，也有一座千佛洞，具有佛道并存的特点。在社会相对安宁的时候，传统的庙会就在这里举办。

然而淇门呢？淇门在狭义上是指浚县新镇的淇门村，这里是曹操遏淇水北流的关节点，也是运河重要的驿站码头和水陆要冲。后赵石虎曾经在这里营建过都城，元初的王重阳在这里创建了全真观，“全真四子”也在这里传过道，所以这里有“四仙碑”和“升仙塔”的传说。不知为什么，这里冬天很少下雪，也就留下“淇门飞雪”的民间传说。但是，人们最关心的还是白沟的开凿和淇水的流向。淇水不是一条普通的河，在人力改变流向中，也改变了北方的交通道路布局。

淇河原是卫河的支流，以前是南向流入黄河的，但曹操让它在淇门村转头北上，连带着卫河也出现了“战略转移”。淇河有深厚的历史文化积淀，在这条河流上，曾经有过商朝灭亡前最后一个国都朝歌，同时也是卫懿公好鹤故事的发生地。《诗经》里的《淇澳》，歌咏的是这个地方。春秋时期许穆夫人吟唱的《竹竿》和《诗经》中的“淇水汤汤”，也在这里诞生。而曹丕有《黎阳作三首》，也是古人对淇水上下更多的感受。自从曹操开凿白沟，淇水已经不再是局部地区的自然河流了，它的流域范围扩大到包括白马渡所在的滑县和汤阴，以及黎阳即浚县。在李白北上幽州路经黎阳渡之前，陈子昂和宋之问随武攸宜从军幽燕，也要经过淇上，所谓陈子昂的《征东至淇门答宋十一参军之问》，也可以说是陈子昂至淇门时答其诗友宋之问的一首诗。

我到鹤壁市不下三次，第一次在20世纪80年代末，被原来的鹤煤集团建设的新区感动了，一个企业能够新建那么大的职工新居，并在环保事业和碳交易中走在了前面，是一件十分了不起的事情。第二次去鹤壁，则是奔着淇河中上游去的，虽然不会想到淇河的源头在哪里，但它流出太行之后出现绕行的一个阴阳太极图形，给人印象深刻。黄河在陕北的吴堡也流出这样的图形，可以近距离观看阴阳太极图形，还是第一回。怪不得鬼谷子要隐居在这里，罗贯中晚年也长居这里呢。

淇水之清是少见的，在20世纪河流污染最严重的时日，这里就是一类水质，下到河边掬一捧淇河水大口大口地牛饮，那痛快的感觉现在还记忆犹新。第三次就是在这里学些关于淇河的古诗词了。

在唐代，这里有位善写踏歌词的本土诗人谢偃，“逶迤度香阁，顾步出兰闺。欲绕鸳鸯殿，先过桃李蹊。风带舒还卷，簪花举复低。欲问今宵乐，但听歌声齐”（《踏歌词三首》）。当时淇河上还有一位白话诗僧王梵志，诗歌多佛理，但佛法的宣喻寓于嘲讽戏谑之中，如“你孝我亦孝，不绝孝门户。只见母怜儿，不见儿怜母”。后人将他的白话诗收集在一起，有三百余首。在这样一种自然环境和文化氛围里，很多文人雅士也都把淇河上下当作既隐居又创作的方外之地。

“经历万岁林，行行到黎阳”，是曹丕《黎阳作三首》中的句子。除此，他还有《黎阳作诗》：“奉辞罚罪遐征，晨过黎山巉峥；东济黄河金营，北观故宅顿倾；中有高楼亭亭，荆棘绕蕃丛生；南望果园青青，霜露惨凄宵零；彼桑梓兮伤情。”从中我们也看出他对淇上的喜欢。

王维笃信佛教且喜欢自然山水，在仕途失意之时，也曾选中了这个地方。在他一生中，除了辋川和终南山，曾经短期隐居的另一个地方就是淇上。王维是蒲州（今山西永济）人，祖籍祁县。他少年丧父，作为家中的长子，十四岁就到两京求取功名。他与弟弟王缙一道干谒名宦，投递行卷，因为诗写得好又精通音律，善弹琵琶，因此出名较早。他出生在一个信仰佛教的家庭，据其《请施庄为寺表》所言，其母崔氏信佛三十多年，而王维的名和字也来自佛教的《维摩诘经》。《旧唐书》记载，王维晚年“在京师，日饭十数名僧，以玄谈为乐。斋中无所有，唯茶铛、药臼、经案、绳床而已。退朝之后，焚香独坐，以禅诵为事”。他过的是僧侣一般的清淡生活。

二十岁出头时，王维考中了进士。先任太乐丞，因为将只有宫廷盛典方可演舞的黄狮舞具，出借给不应当享用的人，受到牵连责罚。任职一年，他便被贬至山东济州任司仓参军。在济州待了四年多，他作有《赠祖三咏》和《齐州送祖三》，“良会讵几日，终日长相思”。祖咏是比他晚一年中进士的好友，那时他已经是齐州（济南）太守。相比之下王维是很不走运的。在齐州时，他到过聊城，作有《鱼山神女祠歌二首》等。他离开齐州，也许是任期已满，更可能是母亲亡故而丁忧。在这段时间里，他的妻子也因难产撒手人寰。

他居于淇上，在嵩山和淇上之间往来，曾经在这里写有《淇上田园即事》：“屏居淇水上，东野旷无山。日隐桑柘外，河明闾井间。牧童望村去，猎犬随人还。静者亦何事，荆扉乘昼关。”大约从这个时候起，王维诗中有画、画中有诗的禅意风格就开始形成了。比如，他在嵩山所写的《归嵩山作》：“清川带长薄，车马去闲闲。流水如有意，暮禽相与还。荒城临古渡，落日满秋山。迢递嵩高下，归来且闭关。”有点像孟浩然隐居的鹿门山诗风。但淇上远离京城，不得不再回长安去谋前程，他从宋之问手里盘下辋川别墅，在进退有余中的一段禅诗生活。他也曾奉旨到边塞，写出“大漠孤烟直，长河落日圆”，同样禅味十足。辋川别墅门前有一条小溪，现在是一个小镇，当年恐是一片幽静的小山川。他也在终南山结庐居住，而在辋川生活的时间最久。他一生留有四百多首诗，与辋川有关的诗作大约占总诗作的十分之一，在淇河所作的诗也有十多首。如果不是为了生活和仕途，他也许会在淇上一直住下来。

沈佺期有“淇上风日好”。韦应物则有“淇水长悠悠”。边塞诗人高适更有《淇上酬薛三据兼寄郭少府微》的长诗，“东驰眇贝丘，西顾弥虢略。淇水徒自流，浮云不堪托”。那是他从蓟北归来，路经淇上所发的人生感慨。高适在进士登第前，曾在易水之南的淇上隐居了一年多。他前后两次到幽燕，一次是在唐开元二十二年（734）去投军，作有《信安王幕府》《蓟门不遇王之涣郭密之因以留别》《真定即事奉赠韦使君二十八韵》《赠别王十七管记》《塞上》和《蓟门五首》等诗，但投军没有结果，还得回到长安参加考试。第二次是唐天宝八年（749），他进士及第后担任封丘县尉，翌年到范阳青夷军送兵，直抵幽燕，并作有《使青夷军入居庸三首》《送兵到蓟北》和《自蓟北归》等诗。因为封丘毗邻新乡之南，他送兵丁的路线，从白马渡北上的可能性更大一些。在两次赴幽燕的间隔里，他在淇水边置下小的别业，《淇上别业》云："依依西山下，别业桑林边。庭鸭喜多雨，邻鸡知暮天。野人种秋菜，古老开原田。且向世情远，吾今聊自然。"他在这里拜会过本地官员和诗人朋友，写有《酬陆少府》《逢谢偃》《淇上送韦司仓往滑台》《送魏八》和《自淇涉黄河途中作十三首》。

在这段时间里，高适有没有去过易水，在他的诗歌里并没有表现。后来与高适齐名的边塞诗人岑参，虽然没有周游淇上的诗歌记录，却到过黎阳，"黎阳城南雪正飞，黎阳渡头人未归"（《临河客舍呈狄明府兄留题县南楼》）。狄明府，字博济，是大名鼎鼎的狄仁杰的曾孙，或许那时正在黎阳做县尉。本身就是范阳涿州人的贾岛，为僧时从幽燕到洛阳去游方，黎阳也是必经之路，因此也在这里留有诗作《黎阳寄姚合》。李丹原是一位淇上隐士，是姚合写有"去年别君时，同宿黎阳城"的一位唐代诗人。

高适除有专咏《淇上别业》的诗，还有《自淇涉黄河途中作十三首》，不仅为人们进一步弄清淇上的地理概念提供了诗歌佐证，也为唐代诗人吟咏黄河的诗歌给出了大致的地理脉络。即便是李白的"黄河之水天上来"，也并不是人们想当然地认为是他在黄河中游或者壶口的所见所思，应当是在白马渡的老黄河老河道上。淇上和黎阳是北向幽燕的第一道门户。在李白的有关诗文里，也有黄河走马的诗文。他的《留别于十一兄逖裴十三游塞垣》一诗，"且探虎穴向沙漠，鸣鞭走马凌黄河。耻作易水别，临歧泪滂沱"，是借黄河说自己的有志难伸。诗中的于逖、裴十三是他在易水新结识的两位朋友，而李白入幽州路线，也因此相应地比较清晰起来。

高适咏淇上的诗，从来不厌多。他的《淇上酬薛三据兼寄郭少府微》中有"北上登蓟门，茫茫见沙漠""拂衣去燕赵，驱马怅不乐。天长沧州路，日暮邯郸郭"，其实也指出了由淇上去到幽燕的路径。高适的《自淇涉黄河途中作十三首》，无疑是李白幽州行的地理向导。其之九有“南登滑台上，却望河淇间。竹树夹流水，孤城对远山。念兹川路阔，羡尔沙鸥闲。长想别离处，犹无音信还。东入黄河水，茫茫泛纡直。北望太行山，峨峨半天色。山河相映带，深浅未可测”，“古堰对河壖，长林出淇口。独行非吾意，东向日已久。忧来谁得知，且酌尊中酒。朝从北岸来，泊船南河浒”大体上标出了唐代诗人由此北去南来的走向。他在《淇水别刘少府子英》中也吟咏，“近来住淇上，萧条惟空林”，还有《淇上送韦司仓往滑台》和《送魏八》中的“更沽淇上酒，还泛驿前舟”，以及《酬陆少府》中的“朝临淇水岸，还望卫人邑”，都留下这样的印痕。后来北宋邵雍在《寄杨轩》中有“淇水清且泚，泉源发吾地”，南宋魏了翁《寄题王才臣南山隐居六首·竹亭》有“西山抱孤洁，淇水凝寒绿”，元朝马德华有《淇门飞雪》中的“淇水日夜流，沙堆积晴雪”，也都是咏淇上的名篇。

淇河茂林修竹，闲云野鹤，河水清澈，充满了自然的原生气息。在这里，淇河曾经实现了运河地理流向的华丽转身，白马渡和黎阳渡也为后来作了地理铺垫。到了明清时期，繁荣一时的临清和德州开始崛起，天津市的前身直沽寨和天津卫也相继出现了，而这些城市蝶变与淇上这个重要地理节点都是分不开的。

# 睢阳、济阳、柳孜

开封东南的商丘，是中华古老文明的重要发祥地。它虽然没有更多的古都之名，却是人们公认的商王朝的开基之地，即所谓“汤始居亳，从先王居”（《史记·殷本纪》）。南亳在商丘市虞城县谷熟镇西南三十五里处，北亳在今曹县与商丘梁园区的交界处，西亳则在洛阳偃师，殷商王都后来还有几迁，但这里是它的出发和再出发原点。商丘之于商王朝以及在中国古代天文学甚至青铜冶炼术史上，或有不可撼动的划时代贡献。商丘还是汉王朝的“龙兴之地”，所谓刘邦斩白蛇而起事的地点，就在商丘永城的芒砀山上。汉梁王墓出土的壁画《四神云气图》，展示了汉代帝王对中华龙的较早由蛇变为龙的形象理解，而曾经对经略中国北方作出重大贡献的曹操，其名义祖籍也在如今永城的辖地里。他与名医华佗是同一个村里的人，这个村现在叫华佗村而不是什么曹武魏村，因为华佗与村人有着更直接的服务关系，与曹操攀上龙凤关系，并不能保佑他们岁岁平安。

商丘的每个区县，都能讲出自己的先贤，比如孔子的祖籍在夏邑，庄子的出生地在商丘县北二十二里的“小蒙”，墨子的家乡在已经叠压于睢阳城下的宋国故都里，而南朝作有《恨赋》和《别赋》的江淹，则是现今民权人。此外，写有“红杏枝头春意闹”的宋祁和他一同中进士的兄长宋庠，乃至对自己族属毫不隐讳的匈奴族诗人张方平，也都是商丘人。诗人石延年祖籍在幽州，后迁居宋州即商丘。至于夏朝中兴之王少康和殷商先人阏伯、王亥，开国君主成汤和被封为宋君的微子启，记录也就更确凿了。阏伯台是祭火神星宿之台，有着四千多年的历史，比张衡在洛阳建造的灵台早出两千多年。商丘人还会骄傲地说，商丘是中华子姓、汤姓、宋姓、戴姓、朱姓、华姓、武姓、钟姓、殷姓、葛姓和穆姓等姓氏的源头地。为了展示商的姓氏文化之根，他们还特意修建商祖祠和广场，红沙石铺就的场地上，嵌有用各种字体字形写成的“商”字，有近两万个。

商丘的古文化灵气，也展现在它的周边。睢县（襄邑）的“锦襄”，与古来箭不能穿的“鲁缟”和定陶的“缣”，一样有名气。夏邑古城西南的“燧皇陵”，是更为古老的十大古王传说中的地标。宁陵则是一个以天干命名的古县城，曾经叫作己吾，是中国古代蒸馏酒的发祥地，同时也是北宋范仲淹的第二故乡。范仲淹幼年时随改嫁的母亲谢氏生活在商丘宁陵，一度改从继父之朱姓，母殁后才恢复了原姓。他在商丘应天书院苦读五年并中进士，其划粥割齑的励志故事，也发生在宁陵。应天书院在睢阳城南湖边，居宋代四大书院之首。范仲淹不仅是那里的学生，在为母丁忧其间，还在那里执教过两年。宁陵和应天书院培养出这样一位史上极负盛名的杰出人物，是商丘的历史荣光。商丘永城不仅有砀城遗址，还有陈胜墓，同时也是淮海陈官庄战役的发生地，杜聿明兵团在那里覆灭。2009 年落成的烈士碑，记下了两千三百多名英烈的姓名。

比较有诗歌文化故事的是虞城的木兰祠，那里是北朝民歌《木兰辞》中女主角花木兰的故里。花木兰的故里有虞城说和延安说的争议，笔者早年是倾向延安说的，主要从花木兰“旦辞爷娘去，暮宿黄河边”“旦辞黄河去，暮至黑山头。不闻爷娘唤女声，但闻燕山胡骑鸣啾啾”的从军地理走向着眼。《木兰辞》虽然是文人加工过的民歌，毕竟会有本事来源。现在看来，虽然多说各有道理，虞城说或者更贴近。诗歌中的一些用词，如一会儿是“可汗大点兵”，一会儿是“天子坐明堂”，其实也好理解，诗歌可以跳跃，而且当时的虞城属于北齐，也是少数民族主政的地区，遣词造句的多种互借，反映了当时中原文化融合的复杂状况，犹如后来的清帝王称祖称宗，误不了他去封贝勒贝子一样。那时发生过北齐对柔然的战争，主战场在固原和延安，但北齐的北部边境如幽州也并不平静。从“但闻燕山胡骑鸣啾啾”的指向来看，花木兰从军的军队是北齐军，也合于历史逻辑。

木兰之名，来自原产中国中部浅山地区的木兰花，木兰树也就是辛夷树，或称紫玉兰，有香气，木质紧，可以造船。自唐以来的大船舶，通称木兰舟。不知道虞城的木兰现在有没有分布，但延安确乎不是其原生地，他们给女儿起名为“兰花花”倒更符合常理。花姓主流源于姬姓，也有少数民族的来源，但举村姓花，黄河以南多见。虞城又有木兰祠，祖宗祠堂可是不会胡乱编排的。

商丘的地名，最早见之于《左传·昭公元年》的记载，这个记载其实是对商丘古老历史的第一次明确地理认定。后来的睢阳地名，则是因为其城居于睢水北岸。睢水也就是濉水，是淮河的一条重要支流，因此商丘周边留下一串与睢有关的县名，如睢县和安徽的濉溪县等，由于历史变迁，人们已经看不清睢水初始的流向。但有一个十分明确的历史事实，就是东汉末年曹操发起官渡之战时，开凿过一条早于隋唐大运河五百多年的睢阳渠。在永城附近仍有曹操运兵之道的旧迹。对后来的隋唐大运河来讲，濉河是最有运河连通价值的河流，由此可以直下淮北、宿州，迅速抵达官渡。

商丘“东临沿海，西扼中原，北接齐鲁，南襟江淮”，也必然使它成为隋唐大运河的重要节点。这一带在濉河之外，还有蔡河、包河、涡河，古运河从开封和杞县流来，进入睢县、宁陵县、梁园区、睢阳区、虞城县、夏邑县和永城市，历来是隋唐通济渠的流经之地。从虞城芒种桥到永城，古运河的河床轨迹明显。1970 年和 1996 年人们拓宽公路时，还发现过一条唐代沉船。在睢阳古城南关进行考古挖掘时，又发现了南北岸的运河码头遗址和大量唐宋陶瓷器残片，发掘遗址面积四十万平方米。北岸码头是石木结构，显示了较高的建筑规格。2011 年和 2013 年，人们又在夏邑县济阳镇依然繁华的西街上，发现了长达二百米的运河堤，堤上有官道遗迹，堤外也有长长的道路。

这些运河遗址的发现和发掘，给人们一个明确的历史信息，即隋唐大运河带上，商丘是仅次于开封的另一个大的运河城市。尤其是在北宋时期，作为宋朝应天府的陪都，它在运河上的地位是相当重要的。

去过商丘多次，但都在睢阳南关运河遗迹尚未发现之前，那时的注意力，主要集中在阏伯台、应天书院和完好的归德府古城墙，以及城周的护城河湖上。曾经为商丘老城的水城景象感到惊奇，在豫东地区，如此河湖围绕的城市所见不多。后来知道了，周边的永城和虞城同它一样到处是水，只是不如商丘那么水绕城、城绕水罢了。

睢阳城周的水是哪里来的？总不能是天降的雨水一直留下来的吧。自打对隋唐大运河历史发生兴趣，就开始留意到，这通济渠来自荥阳板渚，千里流长，一路上经过虞城、夏邑和永城，是需要不断补充水源的。汴泗汇流是一次最大的水源补给，而通济渠从开封流到商丘，还能保持偌大的流量，一定会同古濉水有关。濉水现在的流向和源头复杂，但撰于北魏时代的《水经注》认为，古濉水的故道在陈留经杞县、宁陵和商丘以北，以及虞城南和永城北，然后东流淮北、宿州、灵璧，泗洪入淮。商丘的睢阳之名，可以解释为睢阳山之南，也可解释为濉水之北，这样的运河流向，既决定了隋唐大运河入淮的迂回方向，也给运河不断补充运力寻找到了水源上的依据。

这一次到商丘是应群众万人徒步活动组织者刘洪先生的邀请。几年前，就曾参加了他组织的河北迁安万人徒步活动，参加者有在国际体坛上获得金牌的运动员。这次来的是商丘老乡、女篮球星郑海霞，她是商丘柘城人。十六岁就进入国家队，之前曾经在睢阳水面小岛修建的篮球场上，开始了她的篮球生涯。她参加商丘首届万人徒步活动，不仅是要回乡看看，更多的是出于对群众健身活动的认知。无论是应对新冠肺炎疫情也好，还是加强对其他疾病的抵御，最终都要通过经常性的体育锻炼去增强免疫力。目前新冠肺炎疫情尚未结束，商丘没有邀请更多的体育明星，但郑海霞的参与，给商丘群众万人徒步活动提了气。

记得上一次迁安徒步，是从迁安的滦河大桥出发，终点是迁安北部长城口。这一次，是围绕着商丘新修日月湖的好人广场开始。日月湖处于睢阳未来商务区的中心，是商丘城乡一体化区域水系整理的一部分，具有调蓄、灌溉补水的功能，也是商丘居民的运动和休憩之地。日月湖别名也叫应天湖，是一个新的湿地和小型水库，目前可为曾经连接开封的蔡河以及包河下游的十二万亩农田正常灌溉，也为商丘在建的新商务区增添了从未有过的新景观。

日月湖给人启示多多，一个是公园设计糅合了古今文化观念，设有归德台、服牛台、逍遥台和圣火台。归德有两个意思：一是商丘也曾为归德府；二是四归载德，天下归心。服牛台来自商之始祖王亥驯牛贩牛，搞活了流通，开启了商朝的几百年商业文化根基。逍遥台来自庄子的《逍遥游》，给人一种精神思维的放松。圣火台既是阏伯在天文历法方面作出的历史贡献，也是远古燧人氏钻木取火文明初夜的重要传承。在日月湖边徒步，也为群众体育活动提供可持续的场所。在这里，突然想起，商丘曾经是第一届全运会的取火点之一，让夏邑的燧人氏台成为国内外各种大型运动会的法定取火点，并非是多此一举。

日月湖与汉代梁园景观也有直接的关系。梁园是西汉梁孝王刘武，在特殊的政治时代背景下营造的特大型园林，方圆三百里，宫苑游猎之地相连，有三陵台和养虎、珍奇异兽、禽鸟的地方。但梁园宫阁却在梁园所在故址平台集上，因为古人称“虎”为“於菟”，梁园也被称为“兔园”。刘禹锡就有“遥想兔园今日会，琼林满眼映旗竿”的诗句。古梁园的价值并不在于当年宫阁如何富丽堂皇，梁孝王又如何“得赐天子旌旗，出从千乘万骑。东西驰猎，拟于天子”，主要在于它是一方具有浓重文学色彩的历史文化地标。梁孝王曾经招来贾谊、司马相如、枚乘等到此，吟诗作赋，那场面并不逊于汉武帝的柏梁台的文苑之举。贾谊写下了《治安策》，枚乘写下了《七发》《柳赋》和《梁王菟园赋》。生病的司马相如则写下《子虚赋》，发出了“梁园虽好，不是久恋之家”的思乡之情。唐宋诗人词人也把自己的历史理解和喜怒哀乐，常同梁园联系在一起。李白有“兴从剡溪起，思绕梁园发”（《淮海对雪赠傅霭》）。诗名也盛的储光羲在失意时，也曾在《登商丘》中吟唱，“河水日夜流，客心多殷忧”。白居易有“久作龙门主，多为兔苑宾”，岑参有“梁园二月梨花飞”，韦庄则有“鬓白似披梁苑雪”，而杜甫也有“愧似相如为大夫”之语。

李白的“十载客梁园”尽人皆知，李、杜、高的“三人游”也是诗坛千古佳话。在梁园，李白有“歌且谣，意方远。东山高卧时起来，欲济苍生未应晚”（《梁园吟》）之吟唱。高适在商丘生活多年，不仅写有赠给从洛阳流落商丘的宫廷乐师董庭兰的诗歌《别董大》，“莫愁前路无知己，天下谁人不识君”，还吟咏商丘的诗歌如《由商丘入永城途中作》。到了北宋，商丘作为南京，更是朝臣和诗人的常来常往之地，因此堪称一方历史文学胜地。

但梁园宫阁在哪里？从明代起就有不同的说法。例如有将开封城郊的禹王台作为梁园故址的，因为那里有李、杜、高“三贤祠”。据《新唐书·杜甫传》所记：“尝从（李）白及高适过汴州，酒酣登吹台，慷慨怀古，人莫测也。”在禹王台上，高适当场作有《古大梁行》，“忆昨雄都旧朝市，轩车照耀歌钟起”。在商丘，他也有“登高临旧国，怀古对穷秋”的感慨，而李白后来也有追忆信陵君“大梁贵公子，气盖苍梧云”的诗歌，以及“天长水阔厌远涉，访古始及平台间。平台为客忧思多，对酒遂作梁园歌”的诗歌。在明人的笔记中，多数将商丘古城东南二里平台集定为梁园核心宫殿旧地，其主要建筑在隋唐时代已经不存在，而日月湖地理定位恰在这个平台集上。所谓平台，应当是梁孝王宫城毁后留下的平台地。经历了千年沧桑，已经演变成一种地理文化指代，断不会因为李白“三人游”的游踪所至，就贸然地去判定梁园所在。或者说，在汉梁国历史上，开封和商丘从来是连为一体的，皆可包括在梁园的大概念里。恢复梁王宫阙并没有必要，还景于民，还景于水，无论从哪个方面看，日月湖广场的营造，比复建一座古宫殿要好得多。

按比较久远的文字记载，大的梁园概念“筑东苑，方三百余里”，小概念则是“广睢阳城七十里，大治宫室，为复道，自宫连属于平台三十余里”。这些在《史记·梁孝王世家》里都有明确记载。也就是说，它的边缘，大可以东至虞城、永城，西到开封附近，北到菏泽和濮阳，几同于梁孝王的封地。汉梁园后来解体为五个小封国。诗歌语言同地理行政语言有区别，一定要明确梁园的具体范围所指，并没有特别意义。

在日月湖边徒步，也使人联想到，徒步活动可以围着日月湖而行。一旦引黄条件成熟，日月湖附近或许会有更大的“水柜”出现，古运河也将会迎来它的新生。那时的日月湖不仅带来了新景观，也会蓄满有人们对古今运河继续流淌的希望。

商丘古运河长有两百公里，睢阳南关运河码头和古市场遗迹，在那里的高速公路和国道之间走走，两边显露出的陡立运河河岸，呈现垒石和夯土结构。听工作人员讲，上层的断代应为北宋，那就意味着，这段运河道在南北宋之交就开始废弃了。古睢阳运河在沈括的《梦溪笔谈》里就有所提及，在北宋熙宁年间，濉阳下游曾经有人发汴堤淤田，造成运河堤坝的破坏。幸亏有位都水丞急中生智，将运河水截流在上游的古城下，抢出一段修复堤坝时间，让运河继续运转下去。那商丘城周长约一里的水泊，是不是那时形成的，无疑也是一条可以追溯的历史线索。

曾经去过商丘的夏邑和永城，夏邑保留有一段较好的古运河水面。据《商丘县志》记载，这段运河在当年有过较高的驳岸，在明嘉靖年间还有船只行走。夏邑最大的运河古镇，是离县城十五公里远的济阳镇。20 世纪末，济阳镇出土两只古沉船，也有考察过一些与运河有关的村名如关仓村、全宁驿、十里铺，和多个“道口”，“道口”也即渡口。有意思的是，其中还有一个叫作马头寺的老地名，有一块不知立于何时的“宋康王南渡处”石碑。康王赵构于公元 1127 年在商丘登位，所谓“泥马渡江”，给人的印象是渡过了长江，不料夏邑人给他穿了帮，敢情就是在马头寺渡口渡过了运河。

曾经在济阳西街和运河堤外行走，当年隋堤植柳的景象早已消失，但运河穿街而过，痕迹犹存。也猜想过，古济阳镇的形成，一定是与运河码头的繁荣有关。令人惊讶的是，济阳至今遗留的水面居然长二十多公里，在太阳光下依然闪闪发光。河道足有三十米宽，两岸芦草茂密，不知名的水鸟在古运河里嬉戏，一派野运风光。偶尔有一只小船从岸边滑向水中央，涟漪荡漾，很有些野河味道。这段运河道离黄河故道较远，并没有受到南迁黄河的直接侵扰，因此运河经历了岁月的湮没和侵蚀，还是顽强地生存下来，似可以视为隋唐大运河弥足珍贵的液态“活化石”。恋恋不舍地告别了这一段古运河之后，在很长一段时间还会想到它。它是那么的有耐心有韧性。也许它正在同济阳人一起耐心等待着，终有那么一天，它会迎来新的船歌和笑语。

从济阳到永城，还有较长的一段路，在高速公路不断转换车道，大方向是东南，先过永城，再经铁佛镇，那里有铁佛而不是石佛，多半是因为此地无山一马平川。在一般判断里，铁佛铁塔好像是宋金时期多见的佛像，以铁佛代替石佛，也是一种变通。正行驶在古老商道的一侧，前面就是通向淮北的路口，不禁想到关于隋唐大运河通济渠走向的另一个认知分歧。即运河既然东到徐州去实现汴泗交汇，就很难去到东南方向的淮北和宿州，但那显然是一个预设的推理。运河并非一直要循着直线运行，它是随地形和自然河流湖泊分布而走的，弯曲也会是它的一个重要特征。尤其在开凿技术还很有限的状态下，人们开凿运河，更需要利用自然地理而不是违背自然地理走势。因此，对这个运河流向的三角区域，要有更为实际的认知。一是从商丘以东以南，本身就是一个自然河流和运河纵横交叉的水网地带；二是宿州、徐州和宿迁本身同属一个徐淮地域文化区，相关的历史经济文化联系，要比我们想象的更复杂，萧宿运河的出现也证明了这一点。

萧县是徐州的西门户，萧宿运河也可以说是三角地带出现的一条回环运河。汴水与泗水的对接很重要，是运河与濉水的连接，同样不是可有可无。通济渠在既有睢阳渠较早运河走向上运行，又与汴河和泗水对接，相互之间并不排斥，这是一个因势利导且更为睿智的水流线路选择。

永城也是一个古运河老县城，唐宋时代的县治在酂阳镇，那里的运河也像夏邑济阳镇的一样，穿过了老街。北宋时期的日本僧人成寻来华寻求佛法，曾经写有日记《参天台五台山记》，其中就有他从明州登岸，一路迤逦，循通济渠北上经过酂阳的记载。虽然对酂阳着墨不多，但也讲到了酂阳的运河桥。酂阳曾是汉萧何的封地，在北宋时代，苏轼到江南赴任，曾经路过商丘，对酂阳也应当不陌生。宋代的大书法家蔡襄转任中也曾经路过酂阳，并在乡间行走，曾作有悯农诗《酂阳行》。这诗篇幅较长，类如古风和乐府："春秋书大水，灾患古所评。去年积行潦，田亩鱼蛙生。今岁谷翔贵，鼎饪无以烹。继亦掇原野，草莱不得萌。剥伐及桑枣，折发连檐甍。谁家有仓囷，指此为兼并"，"荒村但寂寥，晚日多哭声。哭哀声不续，饥病焉能哭。止哭复吞声，清血暗双目。陇上麦欲黄，寄命在一熟。麦熟有几何，人稀麦应足。纵得新麦尝，悲哉旧亲属。我歌酂阳行，诗成宁忍读"。彼时酂阳先涝后旱，民不聊生，便有感而发。诗里并没有提到运河的事体，但在那个时代和环境中，即便有运河长流，也解决不了农民的基本农业生计问题。

淮北离永城大约有三十公里，同永城一样，这也是一个重要的煤炭工业城市。运河流经淮北，也是穿城而过。周边有相山，现在有运河湿地公园。近年来，淮北的运河考古工作也出现了突破性进展，主要是在柳孜古镇的运河故道南侧，发现了八只唐代沉船和宋代的砌石码头，以及二十多个窑口的古瓷器。宋代运河的砌石码头两侧有夯土护坡，从码头的形制和出土的文物上去看，柳孜古镇的运河码头极有可能是一个货运专用码头。也有考古人员据此对这一段运河流向有新的解释，即在人们的一般认知推导中，通济渠在这里的流向应当一直向东南流的，但运河的流向轨迹显示，古运河在这里拐了一个弯，拐向了北面。细细想来，古运河原本就是因山势河势盘曲开凿的，这里又是通济渠主河道的一个岔口地带，东北方是汴河与泗水交汇的徐州，东南方则是宿州，运河不到徐州，汴泗不会合流，运河不去宿州，也不能完美地完成运河通淮的使命。如果是这样，柳孜古镇的砌石码头，也就不仅仅是货运与客运码头了，更可能是货物分流中转的一个中枢码头。唐代沉船的大量出现也显示，这里曾经是一个较大的船舶停靠港，一些沉船是在某次灾难的叠加中被打翻在运河湾里。

这也说明，对于通济渠来讲，濉河无疑具有十分重要的导流作用，它发源于芒砀山黄河故道之南的桐柏山太白顶（大复峰），流经河南、安徽进入洪泽湖，上游河道长约三百八十公里，全长近千公里。沿途经过凤台的峡山、怀远的荆山和五河的浮山，也形成了一组“淮河三峡”，碧空倒影，流势浩荡。与它大体平行流动的，还有洪河、颍水、涡河、西淝河和北淝河。清咸丰年间，兰考铜瓦厢黄河决口，也曾占据过濉河的部分河道。1968 年截流后，出现过一条新濉河，起点为宿州张树闸，长达一百四十公里。其上游成为萧宿新河的河道。柳孜古镇则在濉溪县，离淮北市区西去二十多公里。那里现在也有一个颇具规模的运河文化园。运河留下的河湖很清湛，岸边的欧式建筑倒映在水光里，几只黑天鹅在水中游弋，较远的地方还有大片的薰衣草。尽管少了点中国古运河小镇的味道，但还是值得一看的。

柳孜镇也是“竹林七贤”之一嵇康少时居住的地方（一说嵇康故里在绍兴上虞的罗村西，大约这里是祖籍和年少时居住地）。柳孜镇与商丘市睢阳区、永城市酂阳镇以及夏邑县济阳镇，形成了一张略似横向菱形的古人工运河水网，包括基本上由西向东平行流动的包河、浍河、沱河，古运河的连接线就在这几条河流之间。

从徐州去往商丘的路上，还有一个被列入国家重点文物保护的临涣古城镇。城墙呈正方形，目前只留有东西城墙、四门和四角楼。可别看轻了临涣古城镇，其城同样古老，始建于春秋战国时代，据说是秦相蹇叔的故里。有人认为嵇康和刘伶也在这里住过。至于刘伶裸身醉酒，有说朝廷来人征召他去做官，他则说为何要进入他天地做成的裤胯中。这件事是不是发生在这里，并不确凿，总之这里留有他的一些踪迹。它同古陈留一样，是汉晋时代临涣郡的治所，所以有高大的城墙，它距离濉溪的柳孜古镇不远，都在通济渠运河错落四环的线上。那里的文昌宫里，曾经设有淮海战役总前委指挥部旧址，决定新中国命运和前途的淮海战役就在文昌宫里运筹帷幄。临涣也是茶叶的著名流转地，那里的“棒棒茶”通过运河走向全国各地，至今还保留着“老虎灶”煮茶的习惯。临街有很多茶馆，为过往行人提供方便。

从柳孜和临溪归来，傍晚抽空再去看睢阳的古城，这座国内保留最完善的古城垣，也有新的变化。一些与古城景区并不和谐的，说老不老说新不新的建筑拆除了，但它依旧是旅游和人们居住生活两不误的开放式旅游古城，因此人气还是很旺的。这里有商宋微子墓，有上演过血滴桃花扇一幕的壮悔堂，只是，缺少了一些反映在唐宋诗人作品中的细节性景点。有道是观景不如听景，故事细节才是景观的要领。

但人们更关心商丘的古运河何时能复兴。商丘人对运河事业是很上心的，20世纪50年代末和60年代初曾经为运河的恢复做过艰苦努力。1958年，在全国各地“河网化”运河开发潮中，他们与周口人联手，从周口镇开始开挖过一条流经淮阳（古陈州城）、柘城、太康和商丘、夏邑，止于永城夫子山的周商永运河，连接了黄河故道、涡河、惠济河（即曹丕开凿的颍汝古运河），引来蒋河、大沙河、古宗河、沱河、虬龙沟和王引河水系的水，建设七十个运河设施。在那时规划中，还要连接许昌，但最后建成的只有商丘的刘店、虞城西关以及永城的洪楼船闸、节制闸和商丘北关的凯旋桥等。商丘到永城的一段河道，宽四十米，水深两米，水流平稳，曾经行船两百多艘，集调水、蓄洪、航运、发电于一体，但在设计上有违运河西北东南流向的地理规律，加上那时正值“三年自然灾害”，许多工程陆续“下马”，兰考引黄计划也搁置了，后来也就停止了航运。现成为一条开放共享的绿色长廊。

对于商丘人来说，周商永运河是一个试验。在济阳镇看到的运河段落，也可能是周商永运河的一段正身。2011年，商丘市再次进行了新的努力，开通了从梁园区到虞城、夏邑、永城再到安徽濉溪和固镇县的新河道，有些段落还是可以通过五百吨船的四级河道，但其间也有不少“卡脖子”河段，例如从商丘到永城的一段，只能通过十吨左右的航船。问题还是在于水源不足。如果能更好地解决水的来源，从商丘以下的运河恢复，应该是一个时间问题。

河南省发布了《河南省大运河文化保护传承利用实施规划》，提出了

“两轴三极七片区”的设想。“两轴”自然是古通济渠和古永济渠。“三极”是指洛阳、郑州、开封三大古都历史资源富集优势和辐射带，“七片区”是指洛阳、郑州、开封、商丘、焦新、安鹤和濮阳。焦作、新乡、安阳、鹤壁和濮阳都与永济渠也即卫运河走向有关。洛阳、郑州、开封、商丘则与通济渠走向关系密切。这在两条古运河上，有四个世界级文化遗产单位和两百多处重点保护文物，分布着河南的四大古都和七座文化历史名城。按照规划，要在2020年到2035年，全面实现宜航则航、宜游则游，并同生态建设规划密切结合在一起。这是一个新的努力目标。

# 符离集、埇桥与新汴河

从淮北到宿州约有五十公里，乘火车和汽车都很方便。宿州最早是古宿国地，与徐州的徐国南北相邻，曾经是周朝东夷徐偃王的势力范围和后来的淮人文化之根。春秋战国时归楚，古宿国人在徐淮之间不断迁移，因此宿迁与古宿州人从来就有了很多的文化经济联系。宿州也是孔子“七十二贤”之一闵子骞的故里。从唐代开始，宿州就成为一座州城，其时辖有符离县、临涣县、蕲县和虹县。虹县在清初泗州城没入洪泽湖后成为泗州的新替代县治，符离和蕲县现在都归入了宿州埇桥区，符离镇离宿州主城区十二公里。

说起符离镇，不仅其烧鸡南北有名，还有唐代诗人白居易在那里生活了十多年的重要篇章。这里是他的第二故乡。白居易从符离到长安不久，就以一首《赋得古原草送别》，产生了洛阳纸贵的轰动效应，且让前辈诗人顾况一改新来者居长安大不易的态度，为他的诗作站了台，也就很快摆脱了“京漂”困境，一举高中了进士。这事搁在今天，也是一个奇迹。这自然与白居易在符离集与“符离五子”一道刻苦学诗分不开的。甚至他那“离离原上草，一岁一枯荣。野火烧不尽，春风吹又生”的千古绝唱，也极有可能是在宿州符离居住时打好了腹稿，因为他的故居就在一块并不大的古草原上。从《赋得古原草送别》一诗来看，他的诗作从一开始就有平舒悠缓意味深远的风格，他最终成为唐代“新乐府”的旗手，也是不令人奇怪的。

白居易祖籍山西太原，生于河南新郑。因为中唐以后藩镇割据，其父在担任彭城县县令时，说服隋朝的徐州刺史拥唐有功，升任徐州别驾。为避徐州战乱，将他与他的母亲和兄弟送到了族兄所在的符离集。不承想，符离不仅成为他的人生起点，磨炼他的诗才，还收获了一段无果初恋爱情。

白居易的原籍在哪里？一般认为原籍在下邽，生于河南新郑。根据他的《宿荥阳》里所言，“生长在荥阳，少小辞乡曲。迢迢四十载，复向荥阳宿。去时十一二，今年五十六。追思儿戏时，宛然犹在目。旧居失处所，故里无宗族”，荥阳是他儿时的居所，在符离集他度过了青少年时期。在符离，他与邻家女陈湘灵发生了青梅竹马式的感情依恋。十九岁时，他就写有一首诗《邻女》：“娉婷十五胜天仙，白日姮娥旱地莲。何处闲教鹦鹉语，碧纱窗下绣床前。”还有《昼卧》《夜坐》《暮立》《有感》等，大胆地描绘湘灵如何聪明美丽、能歌善舞和他对她的爱恋。唐贞元十六年（800），二十九岁的白居易考中进士后，曾向母亲多次提出与湘灵谈婚论娶的请求，但都被看重门第的母亲拒绝了，最终随母亲离开了符离集。在即将离开之时，除写下“艳质无由见，寒衾不可亲。何堪最长夜，俱作独眠人”（《冬至夜怀湘灵》）之外，还有早期的乐府诗歌《潜离别》：“不得哭，潜离别。不得语，暗相思。两心之外无人知。深笼夜锁双飞鸟，利剑春断连理枝。河水虽浊有清日，乌头虽黑有白时。唯有潜离与暗别，彼此甘心无后期。”在仕途奔波中，湘灵的身影一直在他眼前晃动。四十四岁他被贬江州后与夫人同行路遇漂泊的湘灵父女，抱头痛哭。他为什么会在江州写下《琵琶行》，也可以从中见出个人生活的共鸣。他的爱情也恰如后来的南宋诗人陆游一样，被一道无形的鸿沟始终隔开，这道鸿沟隔开陆游和唐婉，也隔开了白居易和湘灵。待到白居易在宦途上一路奔波，杭州刺史任满后，湘灵已经不知所踪。他的不自由与湘灵的不自由，想起来就使他感到一阵心痛，于是在他人生的不同阶段里，写了多首思念湘灵的诗作。三十七岁时他就写有六首。有些诗直接以“怀湘灵”“逢旧”“寄远”为题，有一首诗是《夜雨》：“我有所念人，隔在远远乡。我有所感事，结在深深肠。乡远去不得，无日不瞻望。肠深解不得，无夕不思量。况此残灯夜，独宿在空堂。秋天殊未晓，风雨正苍苍。不学头陀法，前心安可忘。”他还有一首《长相思》，“人言人有愿，愿至天必成。愿作远方兽，步步比肩行；愿作深山木，枝枝连理生”，毫无一点儿掩饰。日后再经宿州时，他也在《汴河路有感》中吟道：“啼襟与愁鬓，此日两成斑。”他著名的《长恨歌》，虽然写的是唐明皇与杨贵妃的爱情悲剧，但“天长地久有时尽，此恨绵绵无绝期”，其实也包含着他个人对爱情生活的感遇。在颇讲含蓄蕴藉的诸多唐代诗人中，他实在是一位很少见的感情直白者，表达个人爱情从不踌躇。

少年白居易住在符离镇，离宿州州府很近。宿州曾经有过一座与开封虹桥一样有名的埇桥，也是叠木架构，是单孔如虹大桥。但在白居易生活的中唐时代里，此桥还没有建起来。从白居易留存的诗稿里，也不见埇桥的身影。埇桥现已不存在了。埇的原意，有地貌不平的意思，想必是埇桥飞架在濉水和运河之上，两岸会有高低衔接错落，其气势与平河起势的开封虹桥并不完全相同。

唐宋很多诗人都来过或吟咏了宿州，如张先、司马光、苏轼、苏辙、梅尧臣、杨亿和南宋诗人洪皓和范成大。洪皓与范成大，他们是前后出使金国路过宿州的。梅尧臣在其《送陆子履学士通判宿州》一诗中云，“淮境秋传蟹螯美，郡斋凉爱蚁醅醇”，是羡慕宿州的佳肴。苏轼在宿州度过一个元宵节，在《南乡子·宿州上元》中，有“此去淮南第一州”的赞美。但对宿州有深厚感情的，还要属“苏门四学士”之一的张耒。他有关宿州的诗很多，如《宿州》《宿州道中》《离宿州后寄兄弟》等。《宿州》讲气候，也讲人情，有“野云不作雪，仲冬气犹蒸”“昨日饮我者，主人出金觥”的诗句。他虽是亳州人，但在《思淮亭记》中自称“予淮南人也”。他曾经做过泗县主簿和泗州知府，在《宿州道中》云，“眼明初见淮南树，十客相逢九吴语”“殷勤买酒谢船师，千里劳君聊转橹”。在《离宿州后寄兄弟》一诗中，则表达了“幅巾会作淮南叟，白发相收一钓船”的流放心情。

到宿州，要先看文脉和水脉。现在的符离，是一个具有现代商业生活场景的大镇。整个埇桥区市场也很繁荣，文化气息很浓，傍晚时分有广场舞，还有少年儿童的歌舞表演，宿州人热爱歌舞。白居易也喜欢歌舞表演，晚年在洛阳家里有很多歌女与舞女，那大概也是自幼来自宿州歌舞之乡的熏陶。

在春秋战国时代，古符离镇曾是关隘地带，有古城寨的残墙，名之朝斛城。《战国策·秦策三》里就有“南有符离之塞”的说法。汉称符离塞，俗名黄山头。符是这里生长的一种似兰一类的香草，叫符草，离即隔开，但不是出自兵符离合之义。古符离城还要靠北一些，那里曾经有官道驿站，称为黄桥驿。在唐代，符离集已在今地。在白居易居住过的地方，曾有过一座白公祠，在宿州符离县毓村的高地上，建有“东林草堂”，以示宿州人不忘这位由他们养大的杰出诗人，但“东林草堂”如今已不复存在。

我们是从商丘经过永城和淮北，从高速公路进入宿州，第一眼看到的就是符离集。符离是个大镇，在寻找白公祠和东林草堂遗址的时候，曾经往返两次，在短短的主街上，至少看到了三条由西向东的平行河流，有的有河流的自然形态，有的一看就是穿越街中的运河。但一下子又分不清哪条是濉河，哪条是沱河，哪里又是河运合一的河流段。符离的交通很方便，铁路、公路和古运河就在镇区里交叉，可谓四通八达。从符离白居易古迹遗留的总体状况来看，这里现在是交通的交织地带。20 世纪中叶以后，陆续建设的铁路、公路和桥梁、水闸犹如蛛网，几乎覆盖了符离镇的整个空间。这也是我们一下子聚焦不到白居易故居和白公祠遗迹的原因。放眼望去，道边宽阔的一条河在流淌，鬼使神差地吸引了我们。顺着这条紧傍着河岸的小道，右边是一片绿油油的低洼田，后来才知道，那里就是“东菜园”。走不了几步，就是一个有着街巷的小村庄，再向前，是一座崭新的大水闸，闸的一边是与小村相连的一线浅丘高地。后来也知道，那里就是白公祠和东林草堂的遗址所在。

一直走到闸边，向年轻的垂钓者询问得知，目前这个景区正在规划尚未复建的计划。路旁的河长负责制公示牌在提醒，眼前的河，就是大名鼎鼎的萧濉新河及引河；眼前的闸，就是濉河和沱河或者唐河的交汇闸；眼前的小村庄，就是符离村和白居易居住过的符离集旧址。

遍寻寻不见，见到在眼前。我蓦地想起村头看到的一排宣传画，急忙折回去，细细地观看起来。说这组画是符离新八景规划解说，可以说是对古符离及白居易旧居的解说，更消除了我们寻而不得其景的焦躁。这组画也画得有意思，色彩鲜明，图文并茂，是市委组织部人才中心一位驻村干部带领村民绘制的。宣传画不仅展示了以白公祠为中心的历史文化景观，如“东林草堂”就在河闸北边的高地上，他们准备在“东林草堂”遗址前种植两千亩紫薇，再现白居易“独占芳菲当夏景，不将颜色托春风”的新景象；也展示了濉水和运河给符离带来的历史繁荣，如在“符离晓渡”的附言里，引用清朝李心锐的一首诗，“谁唤符离渡，苍茫送客舟”“两岸人声聚，中流浪影浮”。

这组画还传达了几个重要信息，一是为了改善符离集的生态环境，津浦铁路和 206 国道正在准备改道，让符离旧貌再现出来。二是三个没料到：第一个没料到，符离集有一条自唐代开挖的，从河南夏邑经永城、濉溪流来的二百里唐河（也许就是在曹操开凿的睢阳渠基础上形成的），河中居然有一座保存完整的九孔桥。此桥能够过得较大船，设计巧妙，每个拱洞之间都有箭状分水线面，可以校正船头，也可以疏导洪水压力。造型也很美观，两个分水线面上方各有一个“龙头”，总数九个，所以叫作“九龙桥”。第二个没料到，是老符离原来是有砖木结构房屋的小城，有城门，有文庙，那大约是符离为县时的老建筑。据老人们回忆，一色房瓦漆黑老宅满半街。第三个没料到，是村里也即旧城池里有月（越）河，组成了自然河流和人工运河形成的水道组合。这虽然是一组画面，但比规划图鲜活。按照这个画面，一个既有千年古韵味，又有现代环保意识的符离集，出现在人们面前。但这些河流与运河在哪里汇合？在推断里，应该是在埇桥所在的地方，因为重要的桥梁都在河流的岔口和接合部上，那里往往也是主要的码头市场。

符离集是一座重要的运河城镇，宿州也是通济渠上的一座重要运河城市。在唐宋元明清时期，在商丘东来和徐州南来的官道上，一直有四个睢阳驿站设置在睢阳古道上，符离集驿是其中最重要的一个。从宿州东行几十公里就是灵璧，古代水路和陆路都在宿州和符离集交叉，也都要经过著名的埇桥。熟悉宿州的人告诉我们，宿州始建的年代，是唐元和四年（809）。唐宪宗是唐代皇帝里对运河有直接贡献的一位，江苏丹阳运河同江南运河的最终连通，和宿州埇桥的修建，都在他手里完成。符离集的九孔桥，大约也是同期建造完成的。那时白居易已经作古，因此在他的诗文里没有寻到任何踪迹。

古运河从宿州一路向东，轨迹十分清晰。在灵璧修国道时，曾在河道里发现过宋徽宗时代“花石纲”沉河遗迹。一般来讲，灵璧石主要出自灵璧东部，在靠近宿州的洼道里集中出现散落的灵璧石，这就同史载的因“花石纲”水路运输引起船兵哗变事件对上了卯。近年来人们对灵璧灵城镇张氏园亭遗址的考察，也印证了古汴堤即通济渠宿州段的确切走向。张氏园亭是北宋时代的一个私家园林，苏轼从徐州转任湖州时，由运河经宿州、灵璧过淮之前，曾在张氏园亭小住，应主人张硕之请，写有《灵壁张氏园亭记》。他的《墨竹图》石刻陈列在埇桥的扶疏亭内。

宿州通济渠古河道，是在今天的宿州市淮海路西侧发现的，有南北对称的宋代运河码头，出土了四十多枚锚锭和宋残船。埇桥遗址于 1987 年市政建设时被发现，位置在淮海路大小隅口附近偏西。这里是古驿道与运河的交叉点。其大小隅口的老地名，也暗示了这里的水陆交汇的历史。1995 年，在埇桥遗址东南，还出土过唐代蕲县的县界碑，进一步印证了通济渠的流向和古宿州的城郊运河结构。埇桥是在宋仁宗年间，由宿州知州陈希亮主持建造的。宿州运河横穿了现在的主城区，因此宿州市政府将其作为重点工程，进行规划设计和招标。

到宿州符离集，一改往常对通济渠的陈旧印象，这里的运河居然是“活着的”。20 世纪 70 年代，宿州人用了四年时间，就让一条新汴河出现在宿州东边。“新汴河”之水来自宿州西北的戚岭子，流经宿州市、灵璧县、泗县、江苏省泗洪县，在洪泽湖西缘进入洪泽湖，过往船只，既可以由那里转向东南到盱眙、淮安和淮阴，也可以北去宿迁，进入京杭大运河的中运河。因为这条新汴运河平行于昔日隋唐大运河东北流的旧河道，但又在功能上部分替代了老运河，也就取名为“新汴河”。

由此看来，在隋唐大运河的大地理概念里，不仅有西汴和东汴之分，也有北汴和南汴之分。但给我们的感悟，不仅仅是这样一种河流地理认知更新，在宿州，也想到前些时候，从盱眙到宿迁路过泗洪县青阳镇和半城镇，在匆匆一过中，只晓得泗洪以西，还保留着十五公里长的活体通济古渠，还有那里的古徐君墓和城墙呈半圆形的古城。怎么也不会想到，从宿州延伸而来的“新汴河”居然与泗洪保留的那段古运河，在几十年前就连通了。目前这条“新汴河”还载不动百吨以上较大的船，但毕竟通航已久。在人们已经固化了的概念里，隋唐通济渠已经是一个无可挽回的历史陈迹，只能当作珍贵的物质文化遗产去保留保护，殊不知在新的历史条件下，它的生命不仅可以再生，或许还会呈现焕然一新的景象。

宿州人很懂得运河的重要性，在 2016 年时就作出了发展新规划，要让宿州成为区域性综合交通枢纽和现代物流中心，其中涉及水上运输的部分设施可不少。例如建设从埇桥到灵璧和老汪湖新的蓄洪区，既可以抗洪涝，也可以调节新汴河水量。他们还要建设多个湿地保护区，推动沱河、浍河和新汴河航道全面升级，并计划启动东北方向的萧濉新河航道开发。他们并没有扯旗放炮地去大讲隋唐大运河的过去，但所做的事，桩桩件件又关系到隋唐大运河新生命周期的延续。

在宿州时，也想到商丘市在 1958 年和 2011 年所做的那两次努力。他们也曾开通了从梁园区到虞城、夏邑、永城再到安徽濉溪，开辟再和宿州固镇县对接宿州的新河道。这些努力发生在不同的年代背景里，但其意义都不寻常。国家的国力愈来愈强盛，技术创新也让我们不会再去搞效率低下的“人海战术”。如果有关地区能够再次借助淮河水系之水，不断地开拓水源，并在裁弯取直中充分利用河湖分布的地理优势，也许会出现更令人惊奇的结果，至少是商丘以南宿州以东的运河，会实现正常通航。倘若如此，又一条更长的新汴河，将会出现在世人面前。

# 隋唐大运河原点

访问隋唐大运河旧迹，最终还需要到洛阳去，它不仅是隋唐古运河在历史、政治、经济、文化活动中出现的动力原点，在洛阳古运河的地理走向上也是一个原点。在汉魏、隋唐时代，洛阳向有“十省通衢”之称。

然而，要想比较清楚地看出这些曾经被历史尘埃厚厚蒙盖过的原点轨迹，需要去了解两个历史变化因素：其一是曾经作为“十三朝古都”的洛阳，其王城和皇城遗迹的区位坐标分布——水道的开掘往往与城市的营建密不可分。其二是洛阳的河流关系及走势变化。这两个变化因素有助于对洛阳运河历史结构，包括历史上有过什么运河，甚至伊洛水是纯粹的自然河流还是屡经人工改造的准运河等，作出一定的还原与判断。因此，这一次到洛阳，并没有去看龙门石窟和白园，而是花了两天时间在洛阳的西工区、洛龙区和老城区里转悠。

洛阳有四条重要河流，除了洛河和伊河，还有涧河和瀍河。洛河的源头在陕西省的商洛市蓝田县；伊河源头在熊耳山南麓的栾川县陶湾镇，都是从三门峡谷流向洛阳的；瀍河发源于西北的孟津县横水镇，流经邙山，在古代，两岸遍植樱桃树，“瀍壑朱樱”曾是洛阳一景；涧河也从西北流来，流程很长，它发源于陕县，流经函谷古道，它对洛阳运河体系的影响更直接。从东周时代开始，一直到东汉及隋唐，它都是洛阳最早运河阳渠水的来源。

涧河流经洛阳火车站所在的西工区，首先要去看的是在西工区和涧西区之间的洛阳东周王城遗址。这个周王城遗址是20世纪50年代被发现和发掘的，现在是一个很大的王城公园。园里有洛阳最大的牡丹园，因为花事已过，也就少了些流连，主要精力集中在涧河水的流向上。

涧河流向从西北向东南，那无疑是周公旦选择营建洛阳王城址的重要前提。涧河不仅为这些都城提供不可或缺的水源，也提供了漕运的补充便利，而东汉洛阳阳渠的出现，与涧河、洛河都分不开。

阳渠的地理含义，可以理解为黄河之南的渠沟，它虽然行不了大船，却“营养”了汉魏时代的洛阳。因为年代太过久远，这些人工河道在东周灭亡后逐渐消失，后人很难找到其确切的踪影。一直到东汉定都洛阳，再次从北部引入谷水（也即涧河），整理和修建，阳渠理所当然地开始出现在汉光武帝刘秀的视野里。根据历史文献记载，这条阳渠的开凿过程有些曲折。公元29 年，东汉河南尹王梁主持开凿，很可能是水流没有越过“水脊”，渠成而水未流，第一次开凿失败了。公元48 年，改由大司空张纯主持勘察，再次穿渠为漕，第二次开凿终于获得成功。郦道元在《水经注》中将这条阳渠的开凿归功于张纯并作出用于漕运的有关记载。

公元69 年时，“王景治河”拉开大幕。王景是乐浪郡（今朝鲜平壤西北）人，原籍山东即墨，八代祖避居乐浪。他精通《周易》，是一位杰出的水利专家。作为河堤谒者，修复过黄河堤防，疏浚了自荥阳以东浚仪（今开封）的汴河河道，这可以说是开凿隋唐大运河的前奏。王景还修复了北方的平虏渠、中原的睢阳渠以及百尺渠，在有意无意中为隋炀帝开通永济渠做了准备。他还发明了斗门（陡门）活动河闸，并对洛阳的阳渠进行了一次大的整修。

阳渠是洛阳首个有明确走向的运河河道。东汉营建的皇城也即人们熟知的汉魏故都遗址位置，在白马寺之东。阳渠分为两支，汇合后注入洛河，流程不算短也不算长，是彼时重要的漕运渠道。公元231 年，东汉明帝为了保证洛阳都城的漕运和城市用水，再次令下都水使者陈协在阳渠之西修建了千金渠，阳渠水量增加，漕运更为畅通。北魏孝文帝迁都洛阳后，再次重修了阳渠和千金渠，即史载中的“丁亥，将通洛水入谷，帝亲临观”，记录的就是这件大事。可以说，从东汉到北魏前后的几百年里，这条阳渠一直是洛阳都城的生命线。

隋炀帝迁都洛阳后，开建了当时全国最大的回洛仓，进一步强化了阳渠和洛河的漕运地位。而隋炀帝“发河南诸郡男女百余万，开通济渠，自西苑引谷、洛水达于河，自板渚引河通于淮”的记载也明确指出，他的板渚引水，与引谷、洛水达于河，是同时进行的。他还下令主持运河河务的大臣宇文恺在洛阳上修建了“月陂”，在洛阳城里开挖了通津渠、漕渠，修建了伊河和瀍河贯穿其间的“里坊门”，构建了比较完整的水上交通网。

月陂遗址在现今牡丹桥东河中，留有堤石遗存三百多块。工程完工，隋炀帝从洛阳出发，一路东行，龙舟队伍走了一个弯曲的“M”形路线，即从“阳渠”入洛，北上黄河，从板渚南入通济渠，辗转进入了江都扬州。

进入唐代，洛阳唐城在武则天的治理下，再次成为政治、经济、文化中心，在至德坊开辟了可以泊船的新潭，复令河南尹李适之整修了“积翠”“上阳”和“月陂”，洛阳的运河水道有了更大气象。在此之前，唐太宗已经在瀍河西北修建了可以储粮五百多万石的含嘉仓，替代了安全系数不高的回洛仓，吸纳和储藏来自黄河之北的漕粮，漕船可以从瀍河水道直接进入含嘉仓。这样一个运储系统，从唐代至北宋，一直沿用了五百多年。彼时的洛河俨然已经不是完全的自然河流，而先后演变为一条设施比较齐全的“准运河”。事实上，考古人员也在洛河的河床里发现过两道石砌河堤残存，堤高二三米，残长八百米，坐实了洛河的“准运河”地位。

作为隋唐大运河的原点，阳渠和洛河在漕运中发挥了独特作用。其中有两个因素：其一是早在隋文帝时代，就从关中的大兴城西北引渭水，循着汉代漕渠故道至潼关入黄河，称为“广通渠”，后改称为“永通渠”。长约二百里，将谷水和洛阳河道连接起来，黄河大拐弯的一些重要段落，也就如此这般地成为长安与洛阳的漕运河道，并在后世出现了风陵渡、大禹渡等四个黄河渡口。由于漕运线路长，中转环节过多，唐玄宗在开元年间实行过漕运管理制度改革，即“江船不入汴，河船不入渭，江南之运积扬州，汴河之运积河阴，河船之运集渭口，渭船之运入太仓”，在分段运输中提升漕运效率。其二是因为黄河水携带着大量泥沙，时间一长，通济渠的一些段落很容易成为“悬河”。所以在宋神宗时代，从瓦子亭开辟了西向引洛水进入通济渠的新渠道，洛河水成为通济大运河的新源头，即从巩义地区开挖引河，在瓦子亭进入老汴河。这条运河全长三十四公里，是板渚引水的扩容和部分替代，是宋代对隋唐大运河作出的重大贡献。“引洛济汴”是通济渠的后板渚模式，一直在有效运转。

这个瓦子亭在哪里呢？我探访荥阳板渚时也曾打听过，似乎遍寻不见，只有一个洼子村离洛河水最近，且在广武山虎牢关的南出口。瓦子与洼子一音之转，位置也相当，这里也有旧河道，可以连接荥阳的索河贾鲁河，因此这个洼子村会不会是“引洛济汴”的主要节点，可以深入探讨。“引洛济汴”之事不可轻看，沈括在《梦溪笔谈》中涉及此事，即在熙宁初，京城（指开封）东水门，下至雍丘（杞县）、襄邑（河南睢县），河底皆高出堤外平地一丈二尺余，因此有了引洛济汴之议。他虽然没有指明在哪个地方引洛河水的，但强调了这个工程的重要性。如果没有洛水的及时相助，通济渠不一定会运行七百年那么长的时间。从此以后，所谓板渚引黄的历史也就告了一个段落。

到洛阳谷水镇待的时间不长，那里正在修建综合交通枢纽，到处是工地，行动起来很不方便，便到白马寺东的汉魏洛阳故城遗址去，那里正在施工和考古。所以还是从车站一路南去绕道而行，去看位于老城区中心的隋唐古城，顺路到西大街去看唐代的新潭遗址，去看位于金元故城对面的隋唐大运河博物馆。洛阳真不愧为十三朝古都，稍不留神，就会错过重要的古迹。能够原汁原味地保留古城框架，同时适合现代居住交通条件的大的古城区，可以说唯此一处。武则天登基和接见第八次日本遣唐使的五层圆形含元殿（明堂），已经在城建中发现的殿基上完全复建，气势恢宏，线条圆润。对面就是堪称巍峨壮丽的应天门，这样一座古今文化融为一体的千年古皇城，即便是不特意进入里面，也能感觉到盛唐洛阳的逼人气势。在隋唐时代，洛阳城由皇城、宫城、内城、外郭城组成，外郭城在洛河两岸，有十二个城门。应天门是内宫城门，洛水南岸就是里坊区。白居易在履道坊的故居遗址居然能够被发现，那也是一个奇迹，这也说明，洛阳的城郭框架保存得很完整。

隋唐大运河博物馆设在山陕会馆旧址，馆藏文物不多，但图文说明要言不烦，能够帮人整理出洛阳运河的大致走势。山陕会馆是清雍正年间的建筑，坐落在洛河北岸，紧贴南关码头。约略看过，剩下的时间就要到鼎鼎有名的洛阳天津桥遗址去看看了。

天津桥遗址在今龙门大道与定鼎南路的洛阳桥附近。天津桥的原名也叫洛阳桥，坐落南北，昔日里皇帝后妃、文人墨客和各色中外商人无不登临此桥。此桥上照河汉，下过洛水，正面对着神都苑，北边是太微皇城，向东对着上阳宫，南面则是拥有北市、西市和东市的里坊居民区，而天津桥也就成为隋唐洛阳的古都坐标。唐代诗人雍陶吟咏的《天津桥春望》：“津桥春水浸红霞，烟柳风丝拂岸斜。翠辇不来金殿闭，宫莺衔出上阳花。”讲的就是这般情景。此桥始建于隋大业元年（605），由隋炀帝诏令杨素和宇文恺督造，最初为木桥，唐初改为石桥，废弃于元代。遗址在今洛阳桥西约四百米河中，那里发现了四个桥墩，间距十五米。

天津桥令人遐想。根据它的复原图像，这是一个三桥一体的超长单孔拱桥组合，北为黄道桥，南为星津桥，中间才是天津桥。它有四个角亭，桥南的董家酒楼就是当年李白与旧友喝酒的地方。白居易也有诗赞曰：“上阳宫里晓钟后，天津桥头残月前。空阔境疑非下界，飘遥身似在寥天。星河隐约初生日，楼阁葱茏半出烟。此处相逢倾一盏，始知地上有神仙。”（《晓上天津桥闲望偶逢卢郎中张员外携酒同倾》）李白在《忆旧游寄谯郡元参军》中吟道：“忆昔洛阳董糟丘，为余天津桥南造酒楼。黄金白璧买歌笑，一醉累月轻王侯。”李益也有“何堪好风景，独上洛阳桥”（《上洛桥》）的诗句。杜牧则在《洛阳秋夕》中唱道：“泠泠寒水带霜风，更在天桥夜景中。清禁漏闲烟树寂，月轮移在上阳宫。”

天津桥有诗气，古洛阳各处的风光，也吸引了全国各地的文人骚客。尤其在武则天临朝之时，一场场“夺锦袍”的诗歌赛事引得诗人竞折腰，另一些仕途失意的诗人，却尽情地享受洛阳风景带来的更多诗歌灵感。

洛阳曾是唐代的政治中心，也是人文坐标和唐诗流布的重要原点。在杜甫的笔下，是“今日时清两京道，相逢苦觉人情好”（《戏赠阌乡秦少公短歌》）。在储光羲笔下，是“洛水春冰开，洛城春水绿。朝看大道上，落花乱马足”（《洛阳道五首献吕四郎中》）。李白在洛阳告别了老朋友，结识了新朋友，这里是他漫游的一个目的地和出发地，他与旧友在天津桥董家酒楼上痛饮后，一同访随州、渡太行、游太原，感受颇多。既在洛阳留下离别长安后“流恨寄伊水”的惆怅（《秋夜宿龙门香山寺，奉寄王方城十七丈，奉国莹上人，从弟幼成、令问》），也有解闷的诗作：“白玉谁家郎，回车渡天津。看花东陌上，惊动洛阳人。”（《洛阳陌》）同时还有更加放松的《春夜洛阳闻笛》：“谁家玉笛暗飞声，散入春风满洛城。此夜曲中闻折柳，何人不起故园情。”他在《感兴八首》中也有对洛水女神的遥想，“洛浦有宓妃，飘飖雪争飞”“香尘动罗袜，绿水不沾衣”，但也不无取笑地说，“陈王徒作赋，神女岂同归”。在洛阳，他还写有笔调诙谐的《君马黄》：“君马黄，我马白。马色虽不同，人心本无隔。共作游冶盘，双行洛阳陌。”

洛阳是杜甫生活的故土，他很小就寄居在这里，并在这里结识了一生中最重要的诗友李白，开启了“快意七八年”的齐鲁吴越游历生活。面对渺渺洛水，杜甫的感觉既有“百川日东流，客去亦不息”（《别赞上人》），也有“江边踏青罢，回首见旌旗”（《绝句》）的离乡伤感。他青年时代直接咏洛阳景的诗作不多，但流落蜀中之后，洛阳是出现在他诗里频次最高的地理名词之一。有些回忆诗作写得很真情，“冬至至后日初长，远在剑南思洛阳”“愁极本凭诗遣兴，诗成吟咏转凄凉”（《至后》）。他甚至还比较过长安和洛阳的优劣，“天开地裂长安陌，寒尽春生洛阳殿”。在他看来，长安给了自己太多痛楚的记忆，洛阳才是他心中的所爱所思。他离开洛阳之后，至死未能回去。多年之后归葬巩义，离洛阳近了些，这对他或许是一个最后的安慰。

对洛阳，诗人们从来不悭吝赞美之词。从南北朝范云的《别诗》开始，诗人们就有“洛阳城东西，长作经时别。昔去雪如花，今来花似雪”的描述。到了唐代，如花似雪的诗歌更是洋洋洒洒，漫天飞舞，连唐太宗李世民也写有“华林满芳景，洛阳遍阳春”（《赋得樱桃》）的诗句。而比较喜欢舞文弄墨的唐玄宗，自然会有“洛阳芳树映天津，灞岸垂杨窣地新”（《初入秦川路逢寒食》）的题咏。名相张九龄也要凑热闹，“三年一上计，万国趋河洛”，更多着眼于社会经济生活。此外则是宋之问的“桂林风景异，秋似洛阳春”，韩愈的“洛阳东风几时来”，李益的“金谷园中柳，春来似舞腰”，以及李贺的“洛阳吹别风，龙门起断烟。冬树束生涩，晚紫凝华天”等。洛阳的吟诗作诗氛围，也让素来满身禅意的王维分外活跃起来，不仅咏有“绿艳闲且静，红衣浅复深。花心愁欲断，春色岂知心”（《红牡丹》）以及“洛阳才子姑苏客，桂苑殊非故乡陌”（《同崔傅答贤弟》），居然还唱起了“洛阳女儿对门居，才可颜容十五余”（《洛阳女儿行》）。此诗虽然别有题旨，意在富家女与贫家女的境遇对比，但也有禅诗之外的创作冲动。在洛阳，他曾奉诏与太子诸王“三月三”在“龙池”修禊，也写下了“赋掩陈王作，杯如洛水流”的赞语。

但是，对多数诗人来说，洛阳的花事更值得流连。刘禹锡从边远之地回到洛阳，不仅脱口吟出了“唯有牡丹真国色，花开时节动京城”（《赏牡丹》)；也在《浑侍中宅牡丹》发出惊叹：“径尺千余朵，人间有此花。”他还在《思黯南墅赏牡丹花》中吟道：“偶然相遇人间世，合在增城阿姥家。有此倾城好颜色，天教晚发赛诸花。”白居易则有“惆怅阶前红牡丹，晚来唯有西枝残。明朝风起应吹尽，夜惜衰红把火看”（《惜牡丹花二首》）。李商隐的《牡丹》诗更特别，“锦帏初卷卫夫人，绣被犹堆越鄂君”。罗隐的《牡丹花》亦夸张：“似共东风别有因，绛罗高卷不胜春。若教解语应倾国，任是无情也动人。”晚唐诗人徐凝也对着牡丹花高歌：“何人不爱牡丹花，占断城中好物华。疑是洛川神女作，千娇万态破朝霞。”（《牡丹》）连耽于思考而平素不易激动的柳宗元也唱出，“凡卉与时谢，妍华丽兹晨”（《戏题阶前芍药》）。

诚然，在咏洛阳的古代诗作里，赏花写花只是一些插曲，诗眼独到的是王昌龄、王建和晚唐的韦庄。王昌龄的《芙蓉楼送辛渐》“寒雨连江夜入吴，平明送客楚山孤。洛阳亲友如相问，一片冰心在玉壶”，写在吴越，心在洛阳。他不是洛阳人，却表达了对洛阳的远方思念。王建倒也实在，到洛阳的各色人等太多了，以至吟出“北邙山头少闲土，尽是洛阳人旧墓。旧墓人家归葬多，堆著黄金无买处”（《北邙行》）。而韦庄吟得更痛切，“洛阳城里春光好，洛阳才子他乡老”（《菩萨蛮》）。

洛阳不仅迎送了许多诗人，也有自己为之骄傲的杰出人物。玄奘大师是偃师县陈家河人，唐代的长孙无忌、方绾、张说、元稹、李贺（洛阳昌谷），北宋的富弼、吕蒙正和理学大家程颢、程颐（伊川），也都是洛阳人。洛阳居住过白居易这样的“诗王”和刘禹锡这样的“诗豪”，也培育过像杜甫这样的“诗圣”。所谓“唐诗半河南”，这个“半”主要是指洛阳。在盛唐中唐时代，洛阳的诗溪流纵横，无论是流来的诗，还是漂走的诗，都要在这里打个旋涡，穿过洛阳“八节滩”，并在东西龙门的山壁上发出回响，在呼啸声里汇入更大的诗的海洋。

# 巩义散记

从洛阳到郑州，必须经由巩义，巩义的洛汭又是伊洛河的入黄河口，与隋唐大运河有着更为直接的关系。隋炀帝东行扬州，龙船要在洛口打造，船顶装配的琉璃瓦也需要在巩义的窑口烧制。因为这里的地势较高，多黄土，水运又方便，洛口仓即兴洛仓也设在了这里。在唐代，东都洛阳有四大仓，洛口仓即其一。

巩义很古老，在夏朝有过夏伯国，在夏太康时为斟鄩地，西周时也有过巩伯国，因为“山河四塞，巩固不拔”，秦时取其义为巩县。在历史上被称为“东都锁钥”，大抵也是这个意思。这里也是北宋七帝八陵的陵寝地，因为北宋宰相寇准曾在巩义安过家，死后也随葬宋神宗墓旁，前后随葬的还有包拯和蔡齐等。这里还有一个很有名的寺院——慈云寺。白马寺叫上寺，慈云寺叫下寺；少林寺叫武寺，慈云寺叫文寺。此外建于北魏熙平二年（517）的石窟寺以及杜甫的故里和陵墓，亦在巩义。

巩义北部的南河渡和洛水入黄河的洛口，是我们要去的地方，这里被称为“洛汭”。洛汭有大量的上古传说，上至女娲造人、伏羲结网，以及舜避丹朱于南河渡等，好似一部上古史演义；甚至郦道元的《水经注》，在确认“洛水成皋西入河是也，谓之名汭，即什谷也”之后，也对巩义作了大量记述。而清乾隆十年（1745）修成的《巩县志》里，也这样深信不疑地讲：“南河，在县北，即今南河渡，舜避尧子于南河，即此。”这虽然是传说，但作为非物质文化遗产，于2014年被收入国家非物质文化遗产名录。最吸引人的并不完全是这些上古神话，也不完全属于自然现象的伊洛奇观。比如在黄河洛水交汇处，在洛河水流量大时，常常会出现类似泾渭分明的不同水色对流，当地人称之为“鸳鸯涡”，但更多的关注还在于洛汭和河洛汇流本身。

到巩义市区时，天色已经开始逐渐变暗，且雨点有些稀稀拉拉地飘落下来。恰有最后的一班旅游专线公交车要发车，我犹豫了一下，跳了上去。司机师傅问我到哪里去，我说去洛口终点。他笑了起来，这么晚了，天又要下雨，不如晚上住在中途的河洛镇里，明天一早公交经过镇里，你再乘车过去。既然已经上车，焉有退下的道理？我赶忙点头，旅游专线公交车也就按部就班地发车了。

这一夜，睡在了河洛镇石关村的小旅馆里，被褥很干净整洁。在我的设想中，这里离洛口已经不远，明天起个大早，吃完早点就出发，时间肯定绰绰有余。于是，我便在河洛镇美美地睡了一觉，连袭来的大雨也浑然不知。一早起来等车，雨已经停了，顺眼看看站牌，经过的没经过的站名一大排：伊洛桥头、蔡沟、古桥村……要看的都在线路上，心中不由窃喜，盘算着先去洛口，再倒过来游走。

车来了，三弯五绕，很快到了神北村。如雷贯耳的洛口，就在神头山下。车停在了村头，一眼望去，视野开阔，前面是一座浑圆高耸的山头，那就是神头山了。为什么叫神头呢？同车的一位朋友一边走一边告诉我，这山也叫神都山。别看它是土山，满山是树，连着邙山，是黄河的自然堤坝，再大的洪水也冲不毁，所以叫作“神堤”。从山腰的梯磴攀上去，正面看黄河，侧面望伊洛河，两河就在山下交汇。山上的小亭叫太昊亭，登上亭子再看河洛流向，河洛流出一个“太极”图形。人们所说的“鸳鸯涡”，就是太极图中的旋点。他说得那么煞有介事，巴不得马上去登山，但我还是先到两河交汇的河岸去了。

两河交汇的河岸边立有“神堤控导工程”的石碑，是新立的，黄河上历来有险工段和控导段，这里虽无险但要导流。岸边有林荫路和精心设计的防护堤坝，方便人们从各个角度观察正在交汇的河洛水。昨夜下过雨，河面平静，洛河上游也在整修，来水并不翻腾，“鸳鸯涡”没有出现。我看到，伊洛河与黄河水色一体，并无明显区别。是黄河水返清了还是伊洛河水变小了，没有答案。因为时候尚早，游人不多，正好在这里静静地走走。伊洛河一段水面上，有一个小的游船码头。从“神堤控导工程”的石碑处四望，神头山下，西边是车来车往的通向黄河之北温县的公路大桥，东边是流淌的海海漫漫的黄河水，来路上是有着滨河花圃的村庄。两块说明牌引起我的注意，其中一块是基本农田保护公示，保护数量是五千亩。细细看去，这里到处是菜园、葡萄园和大片的树林，有人在田间忙碌，不远处还有保护得很好的“河神庙”。在神头山的山腰下还有几孔已经无人居住的窑洞，那应该是早年间神头人的住处，他们前几年已经搬迁到新的瓦房院里去了。

登神头了，我从太昊庙往上攀，虽然石阶有些陡，歇一两回还是上去了。这里有平台，亭子是后建的，视野很开阔。说这里是古人祭祀的天然祭台，无论从哪个方面看都有可能。从神头顶上下望黄河，真如一条飘带在空中舞来，伊洛河好像是它连接着黄河飘带的一绺流苏，如此清晰而又居高临下地看黄河，还是第一遭。我努力地寻找河洛流过的那个“太极”图形，还真有那么一点儿意思，黄河蜿蜒而来，与洛河形成了“S”形的曲线，如果黑白比较分明的“鸳鸯涡”出现了（这在过去是有可能的），不是一个太极图形又是什么？看来“洛汭”地区确乎有些神奇，联想到附近的“洪沟”出土过古老的石器时代文化遗存，证实“洛汭”是古人类的聚集地，看来各种传说并不完全是子虚乌有的神话。所谓河图其实就是古代的天文数学和地理定位，太极图形既然有可能是从河洛“鸳鸯涡”具象而来的，其中何尝没有古人对宇宙天地的一种想象？

回来的路上，我们路过香玉坝，问这是怎么回事。同车的本地人笑了，说上一个站点就是豫剧名家常香玉的故里，这香玉坝是她捐款修建的。这可是一个意外的收获，常香玉原来是神头岭孟寨人，自小就生活在伊洛河边。这巩义的今古名人太多了，除了诗圣杜甫和他的祖父杜审言，还有苏秦、桑弘羊、潘岳。苏秦墓在鲁庄镇苏家庄。桑弘羊也是鲁庄镇桑家沟人。潘岳是中牟人，但年幼时移居巩义，也算半个巩义人。

说话间石窟寺到了，就在神头岭余脉大力山东麓的路边，前面是大雄宝殿，后面就是石窟造像。虽然游过洛阳龙门石窟，也别小看巩义石窟，一是它开建在通向河洛镇大路边，可见洛口也是繁荣的古商道。二是它与龙门石窟开凿的时间差不了许多，始建于北魏熙平二年甚至是更早的景明年间，不仅有北魏孝文帝时的《帝后礼佛图》，唐太宗也在这里礼过佛。三是石窟有五个，千佛龛一座，石佛雕像七千多尊，虽然规模不算大，但该有的都有。尤其是北魏雕刻《帝后礼佛图》，龙门石窟那幅早已被西人窃走，这里居然留有三幅，皆用玻璃隔板保护了起来，成为国内孤品。

石窟寺背山临水，对面就是弯月形的伊洛河。现存的石窟屋檐是清同治年间修造的。我去的时候，一对男女画家，一个正在描摹，一个正在进行油画写生，油画接近完成。在光线明暗有度的石窟寺前作油画写生，他们算是找对了地方，在光线直射的石窟造像前，画面层次感和质感很强，这一幕让人印象深刻。

离开石窟寺，在伊洛河大桥边下了车。这里是伊水洛河的交汇处，南河渡就在周边。这是一个三岔路口，向西可到杜甫墓所在的康店镇康吴村，他与他的两个儿子宗文、宗武都葬在那里。他的故里在离南河渡不远的站街镇南窑湾村，祖坟在康店，两地的距离也有二十多里。值得一看的是杜甫故里附近的“十里窑厂”，那里是唐三彩的原产地。所谓洛阳三彩，其实是巩义三彩，那时巩义属洛阳，市场也在洛阳，因此以洛阳三彩名世。

顺道转向西，瞻仰了杜甫墓，献上心香一瓣，但没有到杜甫故里去，因为我更想在伊水、洛河的交汇处多逗留一些时间。这里正在施工，一是续建大桥临水公园，让人更好领略伊水洛河交汇风光；二是整修伊水洛河交汇河道，因此伊水暂时断流，但这也给了我了解伊水的机会。我沿着伊水堤岸走去，发现有很长的一段河道是砖石砌就的，露出水面的坝体很自然，至于它的深部呢，隔着深水不好推测，也无处去问。我边走边想，这一段伊水该不也是一种“准运河”的形态吧。这伊水洛河、黄河和隋唐通济渠的关系太密切，也太深刻了，许多谜团还需要陆续解开。我沿着伊水堤岸一直走了下去，直到它转了弯，才回到旅游专线的另一个站牌前。

在回市区的车上，我的思绪还在伊洛河桥头，在洛河镇、石窟寺和杜甫墓前，甚至还在神头岭下伊洛河、黄河交汇处。不知触动哪根神经，骤然间浮出一个念头，这伊洛河桥的繁忙工地，也该是引黄济洛工程的一部分吧。引黄济洛的入水口在哪里，没有机会去打听，但少不了在上游一线。黄河可以济洛，终不会只为了沿着洛河走一圈，再从洛口回到黄河里去，引黄济洛完全有可能去做更多的事。如果灌满了黄河水的伊洛河，一如千年之前“引洛济汴”的一幕出现，随着隋唐通济渠的再生，那也未必不是最可憧憬的一件盛事和大事。

# 世纪运河

江西去过多次，那里并没有明显的古运河遗迹，但江西有可能做一篇中国运河的新文章。在探访杭州运河、浙东运河和钱塘江航道的时候，就不时听到江西传来的信息，江西的老表们，正在为几条新的世纪运河而努力。这些世纪运河，将会连接粤港澳大湾区和呼之欲出的杭州湾大湾区，这就是赣粤运河和赣浙运河。

江西要做运河文章，初衷是要改变江西既是经济洼地，又是四围皆高地的经济发展状态。这篇文章做起来，必然会大大改变优化中东部的区域经济结构。江西的水资源丰富，物产丰饶，别说“秋水共长天一色”的赣江，鄱阳湖在高水位时，广达四千平方公里，水深二十多米，与长江直接连通的水域面积，在中国的淡水湖中，无出其右者。但这个“大水盆”也有地理瓶颈，金玉流不出去，财气难得进来，纵然北有庐山，南有梅岭，西有宜春，东有上饶，中有巍巍井冈山，水资源禀赋了得，却缺少如同峡江一样的能够流动的大水道，在其后续发展中总是缺笔多多。因此，要成就世纪运河梦想，是他们长久以来既显在又略显遥远的心愿。

就拿“南北大水道”最初设想来说，远在唐开元四年（716），出生在粤北的张九龄，在任唐朝宰相之前，就做过沟通章江（赣江支流）和珠江北江浈水的大庾岭“梅岭古道”的文章。这条古商道，是在秦始皇三十三年（前214）开辟的横浦关基础上出现的。道旁多植梅树，故以梅岭名之。白居易曾经这样形容：“大庾多梅，南枝既落，北枝始开。”张九龄正是从梅岭古道一路南下，去到了广州，他不仅目睹了广州的古老光塔和珠江边的海岸，也写下了脍炙人口的“海上生明月，天涯共此时”和“乘槎自有适，非欲破长风”。从梅岭古道南去，少不了要乘坐北江上的船。这条水陆相因的商路，其实是一条经由陆路转运的南北通道，可从韶关一直辗转去到广州。张九龄对广州比较熟悉，年轻时就去过。他也到过西江，“悠悠天宇旷，切切故乡情”（《西江夜行》），也到过赣江边的石头驿，看到“万井缘津渚，千艘咽渡头”（《候使登石头驿楼作》）。张九龄还有诗作，“去去虽殊事，山川长在哉”（《使至广州》）。

张九龄对鄱阳湖也情有独钟。他先后写有《自彭蠡湖初入江》《彭蠡湖上》和《自豫章南还江上作》，还有《自湘水南行》。在岭南，他写有《浈阳峡》。按他的心愿，是一定要连通赣江和北江的，但当时他能够做的，也只能是进一步打通梅岭古道，从陆路上缩短赣粤的距离。

梅岭古道同连通浙闽的江浦古道如出一辙，后者是福建与大运河之间的陆路连接部分，前者是粤地与赣江的水陆连接部分。五代十国割据，梅岭古道一度断绝，宋元祐年间重修。元蒙大军南下，走的也是这一条路。到了明代郑和下西洋的时代，明朝大学士解缙，也曾上书永乐皇帝“凿赣江通南北”，不久后解缙被陷入狱，此事也就不了了之。清康乾时期忙于进一步打通京杭大运河，此事顾不过来。到中华民国成立前，孙中山在建国方略里提出建立鄱阳港改善韶关以下的水路交通的构想。1938 年，日军占领广州，广东省政府迁往韶关，也曾议论过韶关运河，因时局动荡，并无结果。1958 年，在珠江流域有关规划报告里，首次提出开辟南岭航道，由于“三年困难时期”（1959—1961）到来，此计划最终也未能列入议程。进入 20 世纪 80 年代，交通部提出《长江航运发展报告》，涉及南北水道，并在 1992 年进行过踏勘。进入 21 世纪，国务院在振兴赣南老区的重要意见里，再次提出开通赣南到吉安连通峡江的水运线，这都为世纪运河的设想设定了框架思路。

江西省发布了江西交通强省的有关意见，再次提出建设南北水道设想，并研究规划了全长近两千公里的赣粤运河水道。其中在江西境内长达一千二百公里。有关专家强调，开凿这样一条运河，不仅将江西这个内陆省份与粤港大湾区和长江紧密连接起来，也会出现南北交通更加通透的大格局，虽然匡算投资额高达三千二百亿元，但在长远经济发展和运输成本核算比较上，有明显的长远效益。根据他们的测算，水运的运价是公路运价的八分之一，是当前铁路运价的十八分之一。这大约是目前听到的最为乐观的陆运水运市场运价比较。这个规划目前还处于论证阶段，但很有吸引力。仅是这条赣粤运河，潜在运货量就在三亿吨左右。

2018 年或更早一些时候，江西省有关部门曾多次研究过浙赣、赣湘、赣鲁、赣闽四条新运河，其中最优先的是浙赣和赣闽运河。他们要在南昌龙头港建设一个综合码头，一路向南向东连接闽西和闽中，沿途振兴瑞金红色老区，也要借助长江支流信江，与地理关联度较高的浙江钱塘江水运复兴工程结合在一起。浙江钱塘水运有独特运营优势，与钱塘江、瓯江、甬江、飞云江、鳌江水系连通，进一步利用浙南运河体系的水资源优势。用好这些优势，对杭州经济大湾区的最终形成，以及浙赣水上通道的打通，无疑具有很大的可操作性。如果加上赣粤水运道和赣湘、赣鲁水运道，令其相互结合起来，中国中部东部的经济循环不仅有了新的通道，也会形成一张水运网。

对这样一些新运河路线设想思路，历朝历代也有很多人，在经意和不经意中有不少涉及。例如晚唐最后一位诗人韦庄，就走过浙赣湘水道的几乎所有重要节点。韦庄是杰出的晚唐诗人，也是前蜀的开国宰相。唐广明元年（880），黄巢占领长安，他与弟妹在战乱中失散。两年后他到洛阳，翌年进入镇海军节度使周宝幕中，由此大跨度地迁居到浙南，并前后在衢州客居近二十年。在此期间，他有过三次大的远游，累加起来，远游半径比李白的游踪还要大上一圈。

唐德宗因朱泚之乱退避汉中，镇海军北上润州救驾，唐室陷入一片混乱。他从衢州赶到凤翔，进入汉中。唐德宗还都长安后，他作为此时并不显要的一个人物，沿着渭水、黄河，计划返回军营，但此时中原战事频仍，道路断绝。他只得从孟津上岸，在许昌、开封一带辗转，不得不转头向北，从济源登上太行山，先后去到天井关（晋城南）、貂黄岭、壶关，打算从齐鲁绕道回浙西，但此路依然不通。只得一路向北，从正定一直去到长城的古北口（今北京密云），并沿着长城到了榆关（山海关），然后南下蓟县，沿永济渠再返江南。

太行山给予他极大的震撼："李白曾歌蜀道难，长闻白日上青天。今朝夜过焦崖阁，始信星河在马前。"（《焦崖阁》）他路经徐州，拜谒了淮阴侯庙。在扬州，也写有带有不同视角的"二十四桥空寂寂，绿杨摧折旧官河"（《过扬州》）。在金陵，游了台城、蒋帝庙、长干里，写有《台城》《金陵图》《长干塘别徐茂才》《上元县》等怀古诗。这些诗都很有绘画感和镜头感。他沿江南下，经当涂县至苏州、湖州，继续南下富春、桐庐，折向越州（绍兴）和明州（宁波），在婺州（金华）小住，终于回到衢州。这一大圈走下来，足足用了三年时间。

唐龙纪元年（889），韦庄已经年近五十，从卜居地衢州出发，进入江西，先到信州（饶州），沿信江逆流而上到了饶州（鄱阳），斜穿鄱阳湖去到浔阳（九江），访友并登上庐山，寻访了东林寺僧，然后从潜江章台故地南下洪州（南昌）、抚州（临川），向西到了袁州（宜春）。在洞庭湖，他也写有几首纪游诗，但没有淹留很久，便从这里直趋邵阳和娄底，又东南转向耒阳，到了赣州，再向东进入西江（会昌）、建昌（南城）。唐大顺二年（891）秋天，他从建昌经上饶回到了衢州。这是一个近乎椭圆形的旅行路线，行程也有上万里，时间也将近三年。

唐景福元年（892）秋，韦庄再次到长安应试，从衢州出发，按照第二次远游的路线，从信州到九江，转黄石、鄂州到夏口，由汉水进入商南到达长安，但这次他又落榜了。在好友诗人黄滔的劝说下，只身去找一位郑尚书，而这位郑尚书家在绥州（陕西榆林绥德）。他说走就走，遂有西北之行。在绥德发思古之幽情，“一曲单于暮烽起，扶苏城上月如钩”（《绥州作》）。这条路线很少有古诗人能够走到。这一次西北远游，虽然称不上万里，却也是一条不短的旅行路线，尤其是第二次远游，围着鄱阳湖行走，他的耐力和坚韧不拔，在古代诗人里实属罕见。他后来进入蜀地，协助王建建立了前蜀政权。如果不是在花甲之年中了进士，他也不会进入四川，也许会选择在衢州长住。会不会绕着鄱阳湖和赣水再游历几回，也未可知。或者他后来不是前蜀的开国宰相，而是彼时吴楚列国的首辅，也许会提出修建赣中运河的事来，因为他是一位有谋略有眼光的人物。他的第二次远游，可以略等于对赣中河湖的一次全面踏勘，所到之地几乎囊括了如今赣中运河预想的各个路线节点。

在古代诗人里，对江西水系比较熟悉的，还有南宋词人辛弃疾，他在湖南做过转运使，在江西南昌做过隆兴知府兼江南西路安抚使，到过赣州一线。隆兴是宋孝宗的潜龙之地，因此也有过隆兴北伐之议，也不能说朝廷就一直没有重用过他。他在湖南训练过飞虎军，在江西平抑和筹集粮食，但他更希望北临前线，收复中原失地。在过赣州时他写下了著名的《菩萨蛮·书江西造口壁》:“郁孤台下清江水,中间多少行人泪。西北望长安,可怜无数山。 青山遮不住,毕竟东流去。江晚正愁余,山深闻鹧鸪。”

赣州有古城墙、古浮桥,还有城里的灶儿巷和城墙边的贺兰山。因为笔者早年曾经在西北的贺兰山麓生活过一段时间,对赣州也会有贺兰山,一开始感到奇怪,后来才知道,这里也叫田螺岭,山体不高但孤峰突起,像只田螺。叫贺兰山或有那时的家国寓意,但也因为山色青白,像一匹卧槽骏马。而“贺兰”一词来自鲜卑语,也有骏马的意思。

赣州郁孤台的名字想必很早就有,至少在北宋,苏轼在被贬惠州经过赣州时,也写过一首《郁孤台》,“山为翠浪涌,水作玉虹流”,并有“他年三宿处,准拟系归舟”的祈愿。也难怪,面对章江和贡江合流处的浩大水面,谁个不会为水路的戛然而止喟然长叹呢!自然,苏轼此行也少不了舟入鄱阳湖,他写有著名的《石钟山记》并在文中议论,渔工水师要比士大夫们更有见识,石钟山的“钟声”来自水石相搏,而不是水底有什么钟,其唯实的思维跃然纸上。他对石钟山的描写,也让人了解了鄱阳湖浩然的水运能量。

鄱阳湖古名彭蠡,最大库容水量可达近三亿立方米。鄱阳湖分有北湖南湖,还有东西水道,湖水满时浩渺无涯,水位低时河道分明,旱涝皆可航行,因此它是长江航运的重要咽喉。湖口在长江的主航道上,长达六十五公里,常年可行千吨船。这里有过都昌码头和双港码头。湖以松门山为界,分东西;以星子县为界,分南北。湖中有四十多座盆景般的岛屿,其中最大的是长山岛,可以停靠千吨大舟。

鄱阳湖可以开发的水运线其实很多,浙赣运河是首要的一条,可以借力于正在开发的钱塘江水运。从江西上饶的信江到钱塘江上游的常山港,也只有三十公里的陆地直线距离。信江古称余水,信江的西大河,流经贵溪、余干,与赣江在鄱阳湖湖口汇合,加上饶河之水,是一个天然的“三江口”。上饶原本就是河港之城。上饶之饶,因为其地富饶,也多少含有围绕鄱阳湖之义,它或者就是鄱阳湖“金三角”里最重要的一条水线。

辛弃疾后来一直居住在上饶,也许是因为那里离南宋的政治中心更近一些,有关北伐的消息更灵通一些。辛弃疾在上饶带湖和铅山瓢泉生活了两个十年,这也是他诗词创作最频繁和文化活动活跃的两个十年。他在镇江所写的《永遇乐·京口北固亭怀古》，或许最能影响他内心的风云世界，带湖词和瓢泉词却可见出更多的深沉和斑斓色调。他向朋友一面诉说了“万事到白发，日月几西东。羊肠九折歧路，老我惯经从”（《水调歌头·和郑舜举蔗庵韵》），一面鼓励同道，“莫射南山虎，直觅富民侯”（《水调歌头·舟次扬州和人韵》）。他在《太常引·建康中秋夜为吕叔潜赋》中还吟道：“乘风好去，长空万里，直下看山河。斫去桂婆娑，人道是、清光更多。”这是他在上饶度过蹉跎岁月的重要精神支撑。

辛弃疾居瓢泉，需要适应闲居生活。瓢泉在铅山，瓢泉如瓢，他在那里建有瓢泉书院。他在瓢泉写有《贺新郎·甚矣吾衰矣》，“我见青山多妩媚，料青山见我应如是。情与貌，略相似”。瓢泉新居门前，植有五柳，有些五柳先生的意思，但与其说有退意，不如说是诗词创作呈现多样化。比如《丑奴儿·书博山道中壁》：“少年不识愁滋味，爱上层楼。爱上层楼，为赋新词强说愁。　而今识尽愁滋味，欲说还休。欲说还休，却道天凉好个秋。”辛弃疾是一位全能派诗人，无论人品词品都居于高端。他的《清平乐·村居》也不乏柔媚：“茅檐低小，溪上青青草。醉里吴音相媚好，白发谁家翁媪？　大儿锄豆溪东，中儿正织鸡笼。最喜小儿亡赖，溪头卧剥莲蓬。”还有《清平乐·检校山园书所见》：“连云松竹，万事从今足。拄杖东家分社肉，白酒床头初熟。　西风梨枣山园，儿童偷把长竿。莫遣旁人惊去，老夫静处闲看。”

也是一种机缘巧合，他晚年曾经复出，任绍兴知府兼浙东安抚使，赴任常山时，一路上观赏农村风景，“北陇田高踏水频，西溪禾早已尝新”（《浣溪沙·常山道中即事》）。唯不知，他在上饶去常山的行程路上，曾否想过，信江与常山竟会有后来实现水上连通的设想。辛弃疾担任过多年的江西、湖南转运使，少不了与船与水打交道，也修过渠围过堰。如果他不是一门心思放在北伐上，也许会将赣浙甚至赣湘和赣粤水运，当作他的《美芹十论》中的外一章吧。

那么，古来人们一直关心的“南北大水道”，究竟有没有前景呢？人们目前的主要精力诚然还放在梅岭隧道开通上，赣粤两省水路连通的大事，毕竟需要省际协调，江西这边雷声大，广东那边的雨点并不小。2020 年 11 月，珠江北江航道在飞来峡举行完成仪式，韶关附近的孟洲坝顺利通过了千吨船。整个北江的潜在运能每年在两千万吨以上。无独有偶，在本书各篇将要集结时，《广西日报》在2021年6月9日刊出一篇报道，一条平陆运河的编制报告正在完成，计划2022年开工建设。

平陆运河起点是西江干流西津库区横州市平塘江口，可以打通桂东南的分水岭，跨越沙坪河，让西江水沿钦江干流南下，进入钦州港。这条运河设计为一级航道，全长一百四十公里，可以行走五千吨级船舶。广西货流直向北部湾，要比绕道广州近约五百六十公里，将为广西、贵州、云南三省的货流开辟更为便捷的出海通道。

平陆运河的筹划并不突然。在唐代，这里就有过一条潭蓬古运河。据《新唐书·高骈传》所记，潭蓬古运河由高骈执掌安南都督府所督开，是一条直通北部湾的海运河。安南都督高骈曾经在《过天威径》一诗中吟咏："归路崄巇今坦荡，一条千里直如弦。"在当时，这条海运河连接了防城和珠浦，舟楫无滞，是进出北部湾的重要水上通道。伴随晚唐的覆亡，潭蓬运河逐渐被废弃。1982年成为国家重点文物保护单位，并定名为潭蓬运河。现在的平陆运河工程构想更为宏大，是潭蓬运河的复兴，也是"一带一路"倡议走向东南亚和海南自贸区的一条高质量发展的重要战略水道，是新的世纪运河的重要组成部分。

从赣粤、浙赣和北部湾的规划平陆运河来看，是否可以这样说，世纪新运河轮廓已经隐约可见。中国运河不仅可以在复兴中永生，也会迎来新的"第二春"，而南北大水道的成形，将是中国运河跨越千年之后的激动人心的运河"新乐章"。